浙江水利年鉴

2018 YEARBOOK OF ZHEJIANG WATER RESOURCES

浙江水利年鉴

《浙江水利年鉴》编纂委员会　编

中国水利水电出版社
www.waterpub.com.cn
· 北京 ·

内容提要

本书以详尽的资料，全方位、多角度记录了2017年浙江省水利工作的基本情况，客观反映了这一年浙江省水利改革发展的进程。本书主要包括综述、大事记、重要文献、水文水资源、防汛防台抗旱、水利建设、水利管理、依法行政、能力建设、地方水利、厅直属单位、附录12个专栏。

本书适合各地各级水利工作者尤其是浙江省水利工作者阅读，也适合对浙江省水利工作感兴趣的读者参考。

图书在版编目（CIP）数据

浙江水利年鉴. 2018 / 《浙江水利年鉴》编纂委员会编. -- 北京 : 中国水利水电出版社, 2018.12
ISBN 978-7-5170-7249-2

Ⅰ. ①浙… Ⅱ. ①浙… Ⅲ. ①水利建设－浙江－2018－年鉴 Ⅳ. ①F426.9-54

中国版本图书馆CIP数据核字(2018)第298109号

书 名	浙江水利年鉴2018 ZHEJIANG SHUILI NIANJIAN 2018
作 者	《浙江水利年鉴》编纂委员会 编
出版发行	中国水利水电出版社 （北京市海淀区玉渊潭南路1号D座 100038） 网址：www.waterpub.com.cn E-mail：sales@waterpub.com.cn 电话：（010）68367658（营销中心）
经 售	北京科水图书销售中心（零售） 电话：（010）88383994、63202643、68545874 全国各地新华书店和相关出版物销售网点
排 版	杭州尚艺坊文化艺术策划有限公司
印 刷	杭州捷派印务有限公司
规 格	184 mm×260 mm 16开本 22.75印张 465千字 6插页
版 次	2018年12月第1版 2018年12月第1次印刷
印 数	001—900册
定 价	280.00元

凡购买我社图书，如有缺页、倒页、脱页的，本社营销中心负责调换

版权所有·侵权必究

2017 年 7 月 19 日，浙江省委书记、省人大常委会主任车俊（前排左二）考察兰溪市溪东片防洪应急工程（梁　臻　摄）

2017 年 3 月 26 日，水利部部长陈雷（前排左二）考察东茗溪河长制工作情况（郑盈盈　摄）

2017 年 6 月 5 日，浙江省委副书记、代省长袁家军（中）检查指导湖州市德清县防汛工作　　（张　剑　摄）

2017 年 3 月 31 日，水利部副部长陆桂华（前排中）考察湖州市蠡山村治水清河项目　　（柳贤武　摄）

2017年4月6日，浙江省副省长孙景淼（前排右二）调研临海市水利工程建设情况（卢　蔚　摄）

2017年5月25日，浙江省水利厅厅长陈龙（前排中）调研宁波市澥浦闸站工程建设情况（宁波市镇海区农业局　提供）

2017 年 10 月 18 日，浙江省水利厅组织厅系统干部职工收看中国共产党第十九次全国代表大会开幕式 （柳贤武　摄）

2017 年 3 月 30—31 日，全国水资源管理工作座谈会在湖州市召开 （柳贤武　摄）

2017 年 2 月 6 日，全省剿灭劣Ⅴ类水工作会议在杭州市召开

（梁 臻 摄）

2017 年 12 月 6—7 日，全省水利工作暨冬春农田水利基本建设现场会在诸暨市召开

（柳贤武 摄）

2017 年 9 月 29 日，《浙江省河长制规定》贯彻实施新闻发布会在杭州市召开

（柳贤武　摄）

2017 年 5 月 26 日，浙江省暨台州市防汛抢险演练在三门县举行

（柳贤武　摄）

2017 年 6 月 29 日，姚江上游余姚西分工程举行开工仪式

（余姚市水利局　提供）

2017 年 10 月 20 日，龙游县高坪桥水库大坝工程举行开工典礼

（吴森邦　摄）

2017 年 4 月 26 日，杭州市第二水源千岛湖配水工程分水江穿江隧洞顺利贯通

（杭州市千岛湖原水股份有限公司　提供）

2017 年 3 月 17 日，新昌县钦寸水库下闸蓄水

（柳贤武　摄）

2017 年 11 月，杭州市闲林水库通过水利工程标准化管理省级验收

（杭州市闲林水库管理处　提供）

2017 年 8 月，长兴县环太湖大堤长兴段（夹浦至南横港）通过水利工程标准化管理省级验收

（长兴县水利局　提供）

2017 年 9 月 2 日，苍南县横阳支江除险加固及绿化提升工程（上游段）正式投入使用 （苍南县水利局　提供）

2017 年 12 月 17 日，在全国首届“寻找最美家乡河”大型主题活动中，仙居县永安溪被评为全国“最美家乡河” （仙居县水利局　提供）

《浙江水利年鉴》编纂委员会

主　任　马林云

副主任　徐国平　冯　强　赵向前　蒋如华　李　锐
杨　炯　施俊跃　江海洋　裘江海

成　员　邬杨明　范波芹　严齐斌　陈永明　宣伟丽
钱燮铭　张日向　董福平　王春来　张郦丹
赵法元　钱银芳　韩连宏　柯斌梁　符宁平
江　影　张志荣　唐巨山　叶永棋　陈韻俊
李云进　陈森美　虞开森　柴红锋　王杏会
王卫标　黄黎明　王亚红　卢健国　华德法
劳可军　白洪楞　罗安生　李泉明　张宪疆
潘炉生　王盛洪　王　勇　李起福　徐为民

《浙江水利年鉴》编辑部

主　任　邬杨明　柴红锋

副主任　郑盈盈　曾　剑　叶碎高

编　辑　郭友平　张坚樑　黄　超　郎忘忧

姚小槐　徐苏焱　周海鹰　朱欣超

编 辑 说 明

一、《浙江水利年鉴》是浙江省水利厅主办，反映浙江水利事业改革发展和记录水利事实、汇集水利统计资料的工具书。从 2016 年开始，逐年连续编辑出版，每年编印一册。2018 年卷主要收录 2017 年的资料和情况。

二、《浙江水利年鉴 2018》共设 12 个专栏：综述、大事记、重要文献、水文水资源、防汛防台抗旱、水利建设、水利管理、依法行政、能力建设、地方水利、厅直属单位、附录。

三、专栏内包含文章、条目和表格。标有【 】者，为条目的题名。

四、正文中基本将“浙江省”略写成“省”。

五、《浙江水利年鉴 2018》文稿实行文责自负。文稿的技术内容、文字、数据、保密等问题均经撰稿人所在单位和处室把关审定。

六、《浙江水利年鉴 2018》采用中国法定计量单位。数字的用法遵从国家标准《出版物上数字用法》（GB/T 15835 — 2011）。技术术语、专业名词、符号等力求符合规范要求或约定俗成。

七、《浙江水利年鉴 2018》编纂工作得到浙江省各市水利部门和省水利厅各处室、直属单位领导和特约撰稿人的大力支持，在此表示谢忱。限于编辑水平和经验，《浙江水利年鉴 2018》难免有缺点和错误，敬请广大读者和各级领导提出宝贵意见，以便改进工作。

2018 年 12 月

目　录

综　述

大事记

重要文献

水文水资源

防汛防台抗旱

水利建设

水利管理

依 法 行 政

能 力 建 设

地方水利

厅直属单位

附　录

综　述

Overview

2017 年浙江水利发展综述

2017 年，是党和国家历史上具有特殊重要意义的一年。党的十九大和省第十四次党代会胜利召开，为水利工作指明了方向，确定了重点，赋予了重要使命。浙江水利系统牢记使命担当，扎实履行职责，圆满完成了年度目标任务，取得了可喜的成绩。

一、全力防御钱塘江中上游洪水和多次台风影响，防汛防台抗旱取得全面胜利

防汛防台抗旱取得全面胜利，实现了“不死人、少伤人、少损失”的目标。坚决贯彻新时期“两个坚持、三个转变”防灾减灾新理念，认真落实中央领导和省委、省政府、国家防总领导重要批示指示精神，提前周密准备，加强监测预警，科学分析研判，精准调度水利工程，有力应对梅汛期钱塘江中上游大洪水、多次台风影响以及局部地区出现的旱情，将灾害损失降到最低程度。2017 年全省洪涝台直接经济损失 47 亿元，仅为 2001 年以来年平均值的 30%，实现人员“零伤亡”，得到省委、省政府和国家防总领导的充分肯定。特别是钱塘江兰溪发生中华人民共和国成立以来第二高水位洪水，组织协调上下游团结抗灾，科学调度流域水利工程，充分发挥已建工程设施防洪能力。与 2011 年“6·20”洪水相比，兰溪受淹面积减少 2/3。

二、工程建设进度与质量安全并重，实现“三提前两没有一提升”

2017 年，全省完成水利投资 577 亿元，超年度计划 15%，实现年度水利投资计划、百项千亿防洪排涝工程年度计划和中央投资计划的“三个提前”完成。抓好农田水利建设，全省新增高效节水灌溉面积 1.87 万 hm^2，改善了 100 万农村人口的饮水安全条件，均超额完成了省、部计划任务。因“地方水利建设投资落实较好、中央水利建设投资计划完成率较高”，得到国务院和省政府的通报表扬。坚持工程建设进度与质量安全并重，在建重大水利项目没有发生质量事故，没有发生较大及以上安全事故。连续第三年获得水利部建设质量工作考核 A 级优秀，名次升至全国第一，实现了“三提前两没有一提升”目标。继续以“千人万项”蹲点指导服务为抓手，落实 1 775 名专家解难题、促进度、督质量，全年投入 7 万人次，发现问题 816 个，解决率达 90% 以上，为促进水利投资计划的顺利完成，保证在建工程的质量、安全发挥了积极作用。

三、全面落实“河长制”、最严格水资源管理制度，水利管理水平有效提升

以深化“河长制”为契机，推动《浙

江省钱塘江管理条例》《浙江省河长制规定》等地方性法规的修订和出台，在绍兴、舟山等市试行“湖长制”，进一步加强水域空间管控力度。提前 3 个月达到国家对“河长制”工作的要求，在全国实现河长制工作地方立法、完成省级验收、推行“湖长制”、河长信息化管理全覆盖、建立河长制学院的“五个率先”，得到国务院有关部门的充分肯定，获得奖补资金 4 000 万元。认真落实最严格水资源管理制度，实行水资源消耗总量和强度“双控”行动，建立省、市、县三级水资源管理目标控制体系。深化取水许可审批“最多跑一次”和“放管服”改革，加强水功能区监管，完成全省入河排污口审核登记和信息入库工作。全国水资源管理工作会议在浙江省召开并参观考察现场。在最严格水资源管理制度国家考核中，浙江省连续第三年获得优秀，名列全国第二，比 2016 年度提高一个位次，获得奖补资金 6 000 万元。继续推进水利工程标准化管理，完成大中型水库管理等 4 个“省标”的制定发布和小型水库管理等 8 个“省标”的立项评估，完成 3 308 个水利工程标准化创建，5 567 个工程与监督服务平台完成数据对接，基本实现“痕迹化”管理。全省水利管理经费增加到 58 亿元，有效提升水利工程运行管理水平。继续开展“三改一拆”涉水专项行动，指导各地创建无违建河道 5 000 多公里，拆除涉水违建 504 万 m^2。与地方联动，攻坚克难，整治违法采砂，结束了钱塘江杭州段 30 多年的采砂史。指导创建 2 个国家级水管单位和 3 处国家级水利风景区，浙江省国家级水管单位和国家级水利风景区数量分别位居全国第二和第三。

四、扎实推进重点领域深化改革，科技创新取得积极进展

继续推进“放管服”“最多跑一次”改革，通过“一刀切”确定事项、“一体化”修编办事指南、“一图式”告知、“一窗式”受理、“一条龙”服务、“一张网”办理、“一库式”共享，优化审批流程，23 项事项实现“最多跑一次”，申报材料数量减少近 1/2，平均办事效率提高近 1 倍。在省直单位中第一个完成高频事项数据共享整合改造工作。省领导多次批示肯定省水利厅“最多跑一次”改革工作。积极拓宽水利建设投融资渠道，6 个水利工程建设项目开展 PPP 投融资改革试点，9 个 PPP 项目完成签约，吸引社会资本 57.5 亿元，有力推动水利工程建设。开展农业水价综合改革，11 个市 21 个县相继启动改革试点。在全国率先完成 4 个产权制度改革和创新运行管护机制试点县验收。省水利河口研究院改革试点方案经省政府批复实施。完成省水利水电勘测设计院改革工作方案上报。省水利厅机关探索实行《全员学法用法案例批注共享本》制度。研究制定《关于建立改革创新容错免责机制的实施办法（试行）》。创新科研项目管理，全年共立项科技项目 87 个，列入省级重点研发计划、部示范项目 2 个。获省、部级科技进步奖二等奖 2 项、三等奖 2 项。2 所厅属高校共获批 3 个省级优势专业、7 个特色专业，新增 5 个本科专业，获得教学及学

科技能竞赛奖 100 余项。

五、坚决贯彻全面从严治党要求，党的建设和队伍建设取得新成绩

认真组织学习党的十九大精神，深入学习贯彻习总书记系列重要讲话精神，学习省第十四次党代会精神，平均每月召开一次以上党组理论学习中心组会议。深入推进“两学一做”学习教育常态化制度化，用科学理论武装头脑，指导实践，推动工作。继续大力倡导“守规矩、有作为、讲奉献”。加快推进省水利厅系统党支部标准化建设，完成第二批创建任务。省水利厅党建工作得到上级有关部门的充分肯定，在全省机关党建工作会议、长三角地区机关党建论坛上提供典型经验交流，全国党建研究会机关专委会研讨会代表到省水利厅参观考察，江苏省水利厅等省内外单位到省水利厅参观考察达 20 多批次。严格落实党风廉政建设“两个责任”，坚持实施廉政谈话等“六项制度”。修订完善省水利厅党组全面从严治党巡察办法，扎实开展巡察工作，及时发现和整改不足。在党风廉政风险排查的基础上，开展岗位失职渎职风险排查工作，完善预防机制。切实转变工作作风，严格执行干部选拔任用制度，努力营造风清气正、干事创业的良好氛围。在水利工程建设保进度、保质量、保安全的同时，守住了“干部不能倒下，不被抓负面典型”的“两条底线”，展现了过硬浙江“水利铁军”精神。

大事记

Memorabilia

2017 年大事记

1 月

3 日 由中国水利报社主办的 2016 水利十大新闻评选活动揭晓。浙江省全面推行水利工程标准化管理入选“2016 水利十大新闻”。2016 年以来，浙江出台 11 类工程 12 项管理规程，落实创建及管护经费 14.8 亿元，1 695 个工程完成水利工程标准化管理创建单位考核评估，实现工程管理的“制度化、专业化、信息化和景观化”。

4 日 水利部公告 2015 — 2016 年度水利建设质量工作考核结果，全国共有 13 个省（市）考核结果为 A 级，省水利厅位列第四名，比 2014 — 2015 考核年度再进一位，已连续第二年获此荣誉。

6 日 省水资源监控能力建设项目办公室在杭州召开会议，会议审查通过《国家水资源监控能力建设二期项目浙江省总体方案》及年度实施方案。省水利厅水资源水保处、省农村水利局、省水资源水保中心、省水利河口研究院等项目办成员单位代表，金华、衢州等地水利部门以及相关企业人员参加会议。

12 日 省机关事务管理局、省水利厅和省节约用水办公室联合下发通知，公布第二批 56 家浙江省省级公共机构节水型单位名单，省环境保护厅等 8 家省级机关及省钱塘江管理局等 48 家省级行政事业单位被授予“省级公共机构节水型单位”称号。

13 日 省水利厅召开厅务会议，认真学习贯彻党的十八届六中全会、省委十三届十次全会、中央和全省经济工作会议、全国水利厅局长会议精神，回顾总结 2016 年工作，研究部署 2017 年水利工作任务。厅党组书记、厅长陈龙主持会议并讲话。陈龙强调，新的一年要进一步提振精神，以更加科学的理念、更加有效的举措、更加有力的干劲，大力弘扬求真务实之风，狠抓各项目标任务的贯彻落实，打造全面建成小康社会标杆省份的水利样板。

18 日 在“最美浙江人——2016 年度浙江骄傲人物”表彰大会上，省水利厅与省民政厅、省司法厅、省红十字会等“9·28”苏村救援集体成功当选为“最美浙江人——2016 年度浙江骄傲人物”。

20 日 省水利厅召开 2016 年度机关职工大会，回顾总结 2016 年水利工作，表彰先进集体和优秀个人，部署 2017 年工作任务。厅党组书记、厅长陈龙强调，新的一年要认真贯彻落实党的十八届五中、六中全会和省委十三届九次、十次全会精神，积极践行新时期水利工作方针，按照“只争朝夕、大干水利”“聚焦防洪排涝、防灾减灾”“把防洪排涝作为‘五水共治’的核心任务来抓”的新要求，以翻篇归零再出发的心态扎实做好各项工作，主要抓好“四重四严”：以完善基层防汛防台体系为重点，全力抓好防汛防台抗旱工作。以提速百项千亿防洪排涝工程为重点，全力推进“五水共治”水利建设。以服务农业“两区”为重点，大力发展农村水利。以增加水利投入为重点，不断深化水利改革创新。严控质量与安全，努力打造水利优质工程。严抓水利工程标准化管理，着力提升水利管理现代化水平。严格落实河长制，持续强化水资源管理和水域空间管护。严管干部队伍，切实加强党风廉政和作风建设。

2 月

10 日　省水利厅组织召开全省水利局长视频会议，贯彻落实省“两会”、省委农村工作会议、全国水利厅局长会议等精神，部署 2017 年重点工作。厅党组书记、厅长陈龙强调，全省水利系统干部职工要深刻领会省委、省政府和水利部提出的新任务、新要求，牢牢把握水利发展的新形势、新机遇，实干、苦干、加油干，抓紧组织开展各项工作，勇夺水利开门红，确保完成全年任务。

14 日　全省水资源管理和水土保持工作委员会会议在杭州市召开。省水资源管理和水土保持工作委员会主任、副省长孙景淼强调，浙江省水资源管理和水土保持工作取得了较好成绩，但也要看到存在的问题，要有翻篇归零的心态、勇立潮头的精神，进一步加大工作力度。加快推进河湖清淤，强化入河排污口管理，加强水功能区监督管理，全力打好劣Ⅴ类水剿灭战；认真落实最严格水资源管理制度，严守三条红线，以国家水资源监控能力建设为契机，强化水资源监控，切实做到以水定需、量水而行、因水制宜，保证生态基流，确保河湖功能持续发挥、资源永续利用。要树立节水就是减排、就是治污的理念，进一步强化约束性指标管理，启动实施水资源消耗总量和强度双控行动，研究促进节水的政策措施，大力推进节水载体建设，严格限制发展高耗水项目，加大节水宣传力度，增强全社会的节水意识。要按照《浙江省水土保持条例》的要求，与地质灾害点治理、重大基建项目相衔接，严格执行生产建设项目水土保持“三同时”制度，认真落实水土流失防治措施，确保水土流失综合治理工作取得实效。要根据任务和分工，对照考核指标新变化、新要求，抓紧完善相关政策措施，补齐“短板”，加强对本系统的指导，总结推广先进经验，进一步提升水资源管理水平。

吉林省水利厅厅长张凤春带领有关部门负责人来省水利厅调研考察水利有关工作。省水利厅厅长陈龙会见考察组一行并主持交流座谈会。

19 — 21 日　水利部建设与管理司司长刘伟平、副司长徐元明，太湖流域管理局副局长黄卫良等一行 5 人，来浙江省调研水利工程标准化管理工作。调研组先后踏看杭州市三堡排涝枢纽、诸暨市石壁水库、宁波市姚江大闸、宁波市周公宅水库等水利工程，座谈听取省水利厅有关工作汇报。省水利厅厅长陈龙主持座谈会，有关处室（单位）负责人参加座谈。

20 — 22 日　为加快推动《浙江省钱塘江管理条例》修改立法工作，省人大常委会副主任程渭山率省人大调研组对《浙江省钱塘江管理条例》修订重点区域绍兴、宁波、嘉兴等地开展调研，省人大农委主任陈川，省水利厅厅长陈龙和地方人大、政府及水利部门等有关领导一道参加调研。

22 日 省政协副主席吴晶一行赴湖州市南浔区调研清淤治污工作，省水利厅厅长陈龙一同调研。

24 日 经省政府常务会议审定，省水利厅被评为“2016 年度省政府直属单位目标责任制考核优秀单位”。

27 日 中纪委驻水利部纪检组组长田野来浙江省调研指导水利系统全面从严治党和党风廉政建设工作，省委常委、省纪委书记任泽民，副省长孙景淼分别会见田野一行。田野强调，要认真学习党的十八届六中全会和十八届中央纪委第七次全会精神，坚定不移地推进全面从严治党，切实抓好水利系统党风廉政建设和反腐败工作。

28 日 副省长孙景淼带领省政府办公厅、省发展改革委、省水利厅等相关部门负责人实地调研萧山水利及经济社会发展工作。省水利厅厅长陈龙等一起参加调研。

3 月

3 日 省水利厅召开全省水利系统党风廉政建设工作视频会议，认真学习贯彻中纪委七次全会和省纪委六次全会、全国水利系统党风廉政建设工作会议精神，传达中纪委驻水利部纪检组长田野在浙江调研时的讲话精神，回顾总结 2016 年全省水利系统党风廉政建设工作，部署 2017 年工作任务。

15 日 水利部印发《关于公布 2016 年国家水情教育基地名单的通知》，确定 12 家单位为国家水情教育基地，浙江水利水电学院水文化研究教育中心入选。

17 日 新昌县钦寸水库下闸蓄水仪式隆重举行，省人大常委会副主任程渭山宣布钦寸水库下闸蓄水。

22 日 省水利厅召开 2017 年百项千亿防洪排涝工程推进视频会议，传达全省剿灭劣Ⅴ类水誓师大会精神，并就水利系统贯彻落实会议精神，推进重点工作作出部署。厅长陈龙强调，全省水利系统务必高度重视，迅速行动，以严实的作风，以铁军的精神，全面投入剿灭劣Ⅴ类水、河长制、“百项千亿”及防汛防台等各项重点工作，努力取得实实在在的成果。

26 日 国家防总副总指挥、水利部部长陈雷，率国家防总太湖流域防汛抗旱检查组来浙江省检查指导，并作重要讲话，就做好 2017 年防汛抗旱防台风各项工作提出要求。

27 日 省水利厅召开会议传达学习水利部部长陈雷讲话精神，进一步部署落实当前防汛防台抗旱工作。厅党组书记、厅长陈龙主持会议并部署当前防汛防台等各项水利工作。陈龙强调，要深刻领会陈雷部长来浙江检查时的重要讲话精神，以翻篇归零的心态，立足最不利的情况，作最全面的准备，强化责任、狠抓落实，奋力夺取今年防汛防台抗旱工作的全面胜利，以优异成绩迎接党的十九大胜利召开。强化防汛责任制落实，细致排查各类隐患，抓牢防台风、山洪灾害和城市内涝三大重点，夯实水利建设与管理基础。

30 — 31 日 全国水资源管理工作座谈会在浙江省德清县召开。会议总结交流 2016 年全国水资源管理工作成效和经验，研究部署2017年水资源管理重点工作任务。水利部副部长陆桂华出席会议并讲话，浙江省副省长孙景淼到会致辞，水利部总规划师张志彤主持会议。浙江省水利厅厅长陈龙在大会上就浙江省狠抓最严格水资源管理制度落实作典型交流发言。水利部有关司局、直属单位负责同志，各流域机构、各省（自治区、直辖市）水利（水务）厅（局）及计划单列市水利（水务）局、新疆生产建设兵团水利局分管领导和水资源管理部门负责同志参加会议。

4月

5日 省委常委、秘书长陈金彪调研指导绍兴市上虞区虞东河湖综合整治工程建设情况。陈金彪指出，上虞“六湖”整治项目叠加了防洪排涝、生态调整和休闲景观旅游等功能，一举多得，意义重大，希望各方抓紧工程建设，争取早建成早出综合效益，让人民群众有更多的获得感。

5—6日 副省长孙景淼调研台州市朱溪水库等百项千亿防洪排涝工程进展情况并强调，要加快水利基础设施建设，狠抓工程质量进度，力争工程早日完成，早日发挥作用，大力发展高效生态农业，推动经济效益、社会效益、生态效益有机统一，促进农民增收致富。

7日 省水利厅举行厅党组理论学习中心组扩大学习会，专题学习贯彻十二届全国人大五次会议精神和全国政协十二届五次会议精神；传达学习夏宝龙同志在领导干部会议上传达全国“两会”精神讲话摘要，以及在全省剿灭劣Ⅴ类水誓师大会上的讲话摘要；传达学习《要在旗帜鲜明讲政治上走在前列——任振鹤同志在省委党校2017年春季开学典礼上的讲话摘要》等。厅党组书记、厅长陈龙主持会议。

14日 省防指召开全体成员暨全省防汛工作视频会议，研究部署2017年防汛防台抗旱工作。省防指指挥、副省长孙景淼强调，各地各部门要迅速行动起来，提高思想认识、强化群防群控、强化建管并重，从最坏处着想、向最好处努力，高标准抓好2017年防汛防台抗旱工作，最大程度减少洪涝台旱灾害损失。省防指常务副指挥、省水利厅厅长陈龙通报汛前检查和各地、各部门防汛准备工作情况，并就下一步工作提出对策措施和建议。省气象局对今年的天气情况进行分析研判。

省政府办公厅下发《关于建立健全重大项目工作机制的通知》，强化重大项目谋划盯引、前期攻坚和建设实施，明确建立完善协调联动、谋划盯引、前期攻坚、建设实施、要素保障、稽察监管考核奖惩等六大机制，全力保障全省有效投资稳定增长。

17日 省水利厅组织召开第二次百项千亿防洪排涝工程推进会。百项千亿防洪排涝工程项目多、前期工作任务重、时间紧，会议要求各地进一步提高认识，努力完成2017年前期工作任务，进一步做细做实前期工作，科学论证工程建设方案，不为工程建设留下隐患和遗憾。

20日 农历谷雨，一年一度的公祭大禹陵典礼在绍兴市大禹陵祭祀广场举行。省委书记、省人大常委会主任夏宝龙主祭。水利部副部长陆桂华出席典礼并敬献花篮。省委副书记袁家军宣读祭文，省委常委、省委秘书长陈金彪，省人大常委会副主任姒健敏，副省长孙景淼，省政协副主席黄旭明出席典礼。省水利厅厅长陈龙参加典礼。

省水利厅党组书记、厅长陈龙一行，赴中国水利博物馆检查指导浙江治水馆建设布展工作，并与中国水利博物馆领导班子、治水馆建设相关人员进行座谈。

26日 省水利厅召开厅系统干部职工大会，传达学习中央和省委关于抓好意识形态工作文件精神，总结一季度水利重点工作情况，并研究部署下阶段工作。厅党组书记、厅长陈龙强调，厅系统各级基层党组织务必认真学习贯彻文件精神，切实落实责任制，扎实做好相关工作，迎接党的十九大和省十四次党代会胜利召开。

27日 国务院办公厅发布通报，对2016年落实推进供给侧结构性改革、适度扩大总需求、促进创新驱动发展、保障和改善民生等有关重大政策措施真抓实干、取得明显成效的26个省(自治区、直辖市)、90个市（地、州、盟）、127个县（市、区）予以通报表扬。2016年浙江省地方水利建设投资落实较好、中央水利建设投资计划完成率高，和安徽、山东、重庆、云南等省（直辖市）一同被通报表扬。

5月

3—4日 由水利部太湖流域管理局局长吴文庆带队的国家考核组，对浙江省2016年度实行最严格水资源管理制度情况进行检查考核。副省长孙景淼出席工作汇报会，省水利厅厅长陈龙作工作汇报，省政府办公厅副主任蒋珍贵，水利部水资源司副巡视员颜勇及省政府有关部门负责人参加会议。

9日 省政协在建德市举行“送科技下乡”活动，省政协副主席陈小平及省级有关部门负责人参加。省水利厅厅长陈龙率厅科技与标准化管理处、厅规划计划处、省农村水利局等相关处室负责人和专家参加本次活动。

省水利厅厅长陈龙参加完省政协“送科技下乡”活动后，不打招呼、不用带路，马不停蹄直奔桐庐县肖岭水库，对水库防汛及标准化管理工作展开明察暗访。陈龙强调，2017年是党的十九大和省第十四次党代会召开之年，确保水利工程安全度汛意义重大、责任重大。各地要进一步提高认识，始终保持高度警惕，切实抓好各项水利工程尤其是水库安全度汛工作；要进一步强化责任担当，通过明察暗访等方式，深入排查隐患，针对检查中发现的问题，逐一限期整改，确保各项整改措施落实到位；要深刻领会标准化管理工作的重要意义，对照水利工程标准化管理的要求，实现管理工作有章可循，有迹可查，履职到位；要结合各地各工程实际，充分运用信息化手段，狠抓标准化管理落地，切实提高水利工程运行管理水平，确保安全度汛。

11日 江苏省水利厅党组书记、厅长陈杰一行来浙江省考察调研“五水共治”、水利工程标准化管理、河长制及信息化建设等工作。省水利厅党组书记、厅长陈龙主持座谈会。

12 日 我国第 9 个防灾减灾日。省水利厅召开全省水库安全度汛暨运行管理工作视频会议，贯彻落实全国水库安全度汛视频会议精神，通报水库运行管理督查和明查暗访情况。省防指常务副指挥、厅长陈龙出席会议并讲话。陈龙强调，各地必须全面落实以地方政府行政首长负责制为核心的水库安全管理责任制，以水利工程标准化管理为抓手，真正把水库安全管理措施落到实处、抓到细处。针对暗访中发现的标准化管理工作重视不够、管理不落地等问题，各地要引起高度重视，认真抓好整改。下一步，各地要继续按照省里的部署，强力推进水利工程标准化管理，落实“一严两全三到位”措施。要严格开展标准化管理创建，真正从“要我创建”，成为“我要创建”，严而又严抓标准化管理。要全力推广应用工程运行管理平台和监督服务平台，全面开展水利工程运行管理人员培训。要落实水利工程管理责任、人员、资金，各地要进一步明确责任主体，按照集约化、专业化的要求落实管护人员，进一步加大投入，提高工程管护经费保障程度。

16 日 省水利厅厅长陈龙赴湖州检查指导防汛和水利工作。湖州市、吴兴区、长兴县领导及水利部门负责人等陪同检查。

17 日 为打击非法采砂行为、维护钱塘江杭州段水事秩序，保障饮用水源安全，钱塘江杭州段非法采砂联合整治行动暨首次水上联合巡查正式拉开帷幕。本次整治行动实行省、市多部门联动，从省河道总站钱塘江管理局，杭州市公安局、市林水局、市交通局、市环保局、市国土局等单位抽调 20 个骨干力量组成联合执法整治小组进行集中办公。积极联动严厉打击非法采砂行为，全力以赴打好钱塘江采砂专项整治攻坚战，全力保护杭州市主城区水源、重大涉水基础设施的安全，还民一江碧水，一方安宁。

17 — 18 日 省水利厅厅长陈龙带队赴温州市督查百项千亿防洪排涝工程建设，检查指导防汛防台、水利工程标准化管理等水利工作。温州市、鹿城区、瑞安市、平阳县领导及水利部门负责人等陪同检查。

19 日 副省长孙景淼前往中国水利博物馆检查指导浙江治水馆建设布展工作。省政府办公厅副主任蒋珍贵，省水利厅厅长陈龙等陪同。

21 — 22 日 省人大常委会副主任刘力伟、省人大农委主任陈川一行率督查组赴台州市开展剿灭劣 V 类水督导工作。调研督查组一行实地查看路桥区三桥埠头、椒江区珊浦闸、岩头闸消劣情况，听取台州市、路桥区、椒江区、黄岩区、温岭市、玉环市政府领导及有关部门关于剿灭劣 V 类水工作进展情况汇报。调研督查组对台州市前阶段剿灭劣 V 类水工作给予肯定，认为台州市在各级各部门的共同努力下，克服任务重、基础薄等不利因素，剿劣工作已初显成效。

22 日 省水利厅召开厅系统职工大会，学习贯彻习近平总书记关于推进“两学一做”学习教育常态化制度化的重要指示精神，中央和省委关于推进“两学一做”

常态化制度化座谈会上的领导讲话精神，部署厅系统“两学一做”学习教育常态化制度化工作。厅党组书记、厅长陈龙作专题讲话。在杭厅领导、厅机关全体干部职工、厅直属单位党政主要负责人，省水文局和学院路办公区中层以上干部参加会议。

23 日 省水利厅组织召开德清县农田水利设施产权制度改革和创新运行管护机制国家试点县验收考核会。德清县以高分通过试点验收，成为浙江省首个、全国 100 个试点县中率先通过验收的县。

25 日 省水利厅厅长陈龙赴宁波市、台州市检查指导防汛和水利工作。宁波市、台州市、江北区、镇海区、奉化区、三门县领导及水利部门负责人等陪同检查。

省水利厅印发《浙江省山塘安全管理办法》，明确山塘安全管理的事权划分以及安全认定与评估程序等内容，为进一步加强山塘安全管理，发挥山塘效能，保障山塘正常运行及下游防汛安全提供制度依据。

全省政府法制宣传信息工作会议在台州市召开。省水利厅被评为全省政府法制宣传信息工作先进单位，这是省水利厅连续第三年获此殊荣。

26 日 浙江省十二届人大常委会第四十一次会议第二次全体会议通过新修改的《浙江省钱塘江管理条例》，并公布施行。

2017 年浙江省暨台州市防汛抢险演练在台州市三门县举行，来自全省各地的 22 支防汛抢险队伍参加演练，相关设备厂家进行新型抢险设备展示。省防指常务副指挥、省水利厅厅长陈龙宣布演练开始并作总结点评。

31 日 省水利厅厅长、水利工程标准化管理领导小组组长陈龙专题听取水利工程标准化管理监督与服务平台建设开发情况汇报。陈龙充分肯定水利工程标准化管理工作启动以来取得的成效，要求省水利厅各处室各司其职，通力合作，按照年初确定的目标，继续全力推进标准化管理各项工作。推广应用水利工程运行管理平台和监督服务平台，是水利工程标准化管理的重要内容，是强化工程运行“痕迹化”管理，提升省、市、县水行政主管部门监管效能的重要手段。

6 月

2 日 在首个“全国科技工作者日”期间，省水利厅党组书记、厅长陈龙专程赴浙江省河海测绘院看望科技工作者，并对长期奋战在一线的全省水利科技工作者表示慰问和感谢。

5—6 日 太湖流域片第二次河长制工作交流会在绍兴市召开。水利部太湖流域管理局局长吴文庆出席会议并讲话；水利部河长办副主任、建设与管理司督察专员祖雷鸣到会指导。水利部新闻宣传中心、太湖流域管理局有关领导，江苏、上海、福建、安徽等省市河长办有关负责人或水利（水务）厅（局）有关领导出席会议。《人民日报》《中国水利杂志》《浙江日报》等 10 余家中央、省级媒体报道会议。

6 日 省水利厅与中国建设银行股份有限公司浙江省分行举行战略合作协议签约仪式。厅长陈龙，建行浙江省分行行长高强参加签约仪式并分别致辞。

8 日 经省政府同意，省水利厅等九部门联合印发《关于印发 2016 年度实行最严格水资源管理制度考核结果的通知》，公布相关考核结果。全省 11 个设区市考核等级均为良好以上，其中温州市、台州市、嘉兴市、舟山市、宁波市、绍兴市、湖州市等市考核等级为优秀。

省防指指挥、副省长孙景淼率省调研组赴舟山市调研检查防汛防旱防台工作。舟山市委书记俞东来，省防指常务副指挥、省水利厅厅长陈龙等陪同调研。孙景淼强调，要高度重视“三防”工作，牢固树立防大汛、抗大灾思想，未雨绸缪、精心部署，针对舟山地域特色和产业特点，重点抓好无动力船舶、施工作业船和城市防洪排涝等防防汛抗台工作。要全面落实责任，抓好安全隐患的排查整改，严格执行汛期 24 小时值班制度，尤其要加强对在建工程项目等薄弱环节的防范，防汛工作落实到位，确保工程建设正常实施。要把人民群众生命财产安全作为工作的出发点和落脚点，扎实推进地质灾害治理工作，持续推进地质灾害隐患综合治理“清零”行动，全面落实隐患排查、预警警报、应急抢险等各项工作。要两手抓、两不误，在抓好防汛防台工作的同时，统筹抓好防旱工作。

9 日 全力推进水利工程标准化管理工作，省水利厅举办水利工程标准化管理视频培训会。厅长陈龙强调，要以强烈的责任感和使命感，做好标准化管理各项工作。标准化管理的理念比工程设施环境改造更重要。建立长效机制比突击创建更重要。创建质量比进度更重要。信息化建设软件比硬件更重要。

13 日 省水土保持学会第二次会员代表大会暨学术交流会在杭州市召开。会议听取和审议第一届理事会工作报告、财务报告，选举产生第二届理事会理事，颁发学会优秀论文奖项，交流讨论水土保持学术成果。省水利厅厅长陈龙向会议发来贺信。中国水土保持学会副理事长刘国彬、水利部水土保持司副司长郭索彦、水利部水土保持监测中心主任沈雪建、省科学技术协会副主席姜长才、南方水土保持研究会副理事长何长高到会致辞。水利部水利水电规划设计总院王治国作特邀报告。106 名会员代表、39 名特邀代表参加会议。会议选举产生 63 名第二届理事会理事。冯强当选为第二届理事会理事长，叶永棋、李月明、陈永明、陈晨宇当选为副理事长，王亚红当选为秘书长。

省防指指挥、副省长孙景淼主持召开防汛会商会，了解水雨情及强降雨防御工作情况，并就抓好当前防汛工作提出要求。省防指常务副指挥、省水利厅厅长陈龙，省防指副指挥、省政府办公厅副主任蒋珍贵等参加会议。

16 日 省水利厅先后召开厅党组会、厅党组理论学习中心组扩大学习会暨机关干部职工大会，传达学习省第十四次党代会精神，围绕省委书记车俊的报告开展原文学习和研讨。省第十四次党代会代表、省委委员、省水利厅党组书记、厅长陈龙同志带头谈体会、谈认识，并对厅系统下一步学习贯彻省党代会精神进行专题部署。

厅领导、厅机关全体干部职工、厅直属各单位党政主要负责人等参加会议。

26 日 省委书记车俊主持省委常委会议专题研究部署防台防汛工作。会议强调，各地各有关部门要立足防大汛、防台风，立足长期防汛，立足防范地质灾害和次生灾害，做到思想认识到位、工作举措到位、保障跟进到位、责任落实到位。要始终坚持“不死人、少伤人”的导向，完善预案、科学调度、加强保障，抓紧补齐防台防汛工作上的“短板”，进一步加强水利基础设施建设，进一步落实电力、交通、通信等基础设施的抢险预案。各地要顾大局、讲担当，协同作战、同舟共济，形成防台防汛工作的强大合力，坚决夺取今年防台防汛工作的全面胜利。

29 日 备受瞩目的姚江上游余姚西分工程正式开工。副省长孙景淼宣布开工，省水利厅厅长陈龙、宁波市副市长卞吉安、余姚市市委书记奚明分别致辞，余姚市市委副书记、市长潘银浩主持开工仪式。

7 月

3 日 省水利厅召开厅党组扩大会议，专题听取 2017 年上半年各项主要改革任务进展，并对深入贯彻中央全面深化改革和省第十四次党代会“突出改革强省，增创体制机制新优势”有关要求，加快推进水利改革进行再部署再落实。厅党组书记、厅长陈龙主持会议，在杭厅领导和厅机关各处室（单位）主要负责人等参加会议。

4 日 省水利厅召开全省市级水利局长会议，总结交流 2017 年上半年工作，部署下半年重点工作任务。会议强调，要深入贯彻落实省第十四次党代会精神，凝心聚力，克难奋进，对照目标任务，谋划具体行动，狠抓工作落实，为实现“两个高水平”贡献水利力量。

18 日 省水利厅召开全省水利系统视频会议，全面回顾总结 2017 年上半年工作，研究部署今后五年水利改革发展重点工作。厅党组书记、厅长陈龙出席会议并讲话。陈龙强调，要深入贯彻落实省第十四次党代会精神，进一步增强使命感、责任感和紧迫感，狠抓改革落实，加快实现水利现代化，推进浙江水利事业继续走在前列，为建设“两个高水平”提供更加坚实的水利保障。全体厅领导参加会议。

省水利厅厅长陈龙专程前往省水文局水情中心调研指导全省水文预报工作。陈龙强调，全省水文部门一定要认真贯彻落实省委书记车俊和省长袁家军对防洪减灾的重要指示精神，按照省委常委会的要求，切实抓好水文现代化建设，提高水情预报精确度，为防汛减灾提供强有力的支撑。省委、省政府把水文精准预报提高到系统防灾减灾的高度加以重视、全力推动，水文部门一定要抢抓历史机遇，强化硬件建设，科学布局站点，形成系统网络，不断提升水文信息采集、传输能力，提高水情信息的准确性和实效性。要切实加强历史洪水研究，把握洪水规律，进一步完善洪水作业预报体系，建立省市县三级联动会商机制，加快开发三级共用共享的洪水预报平台，有效提高洪水预报精度，延长有效预见期，不断丰富水情预报产品，为江河湖库科学调度提供精准信息。要加强水文队伍建设，大力引进和培养高精尖人才，不断提高应急环境下预报分析水平；要继续倡导“守规矩、有作为、讲奉献”，扎根基层、深入一线、把脉江河、服务民生，为全省“两个高水平”建设作出水文人应有的贡献。

28 日 浙江省人民代表大会常务委员会第 60 号公告，《浙江省河长制规定》已于 2017 年 7 月 28 日经浙江省第十二届人民代表大会常务委员会第四十三次会议审议通过，现予公布，自 2017 年 10 月 1 日起施行。这是国内第一个省级层面河长制专项立法，标志着浙江省河长制工作有了全面的法律保障。

29 日 国家防总副总指挥、水利部部长陈雷主持召开国家防总部分成员单位、有关省市防指和流域防总防台风异地视频会商会，传达贯彻汪洋副总理重要批示精神，安排部署第 9 号台风“纳沙”、第 10 号台风“海棠”防御工作。

国家防总防台风异地视频会商会议后，省防指常务副指挥、省水利厅厅长陈龙立即主持召开防御 2017 年第 9 号、10 号台风视频会议，认真贯彻落实中央领导、省领导的重要批示以及国家防总防台风异地视频会商会议精神，对防御工作进行再部署、再落实。

2017 年第 9 号台风“纳沙”于 19 时 10 分登陆台湾宜兰，给当地带来了强风暴雨。20 时，省防指指挥、副省长孙景淼赶赴省防指，连夜主持召开第 9 号台风“纳沙”、第 10 号台风“海棠”防御工作视频会议，进一步认真贯彻落实国家防总的部署要求和省委、省政府主要领导重要批示指示精神，对防御台风工作进行再动员、再部署、再落实。省防指常务副指挥、省水利厅厅长陈龙，省防指副指挥、省政府办公厅副主任蒋珍贵，省防指副指挥、省气象局局长苗长明，省军区、省武警总队以及省防指其他成员单位有关负责人在主会场参加会议，11 个设区市防指在当地分会场参加会议。

30 日 省防指指挥、副省长孙景淼再赴省防指主持召开第 9 号台风“纳沙”、第 10 号台风“海棠”防御工作会商会，进一步部署落实有关防台防汛工作。省防指常务副指挥、省水利厅厅长陈龙，省防指副指挥、省政府办公厅副主任蒋珍贵，省防指副指挥、省气象局局长苗长明等参加会议。

8 月

1 日 副省长孙景淼赴兰溪调研防洪基础设施建设工作。省水利厅厅长陈龙、省政府办公厅副主任蒋珍贵，金华市、兰溪市有关领导等参加调研。

8 日 宁夏水利厅厅长白耀华带队来浙江省调研河长制、水利工程标准化管理等工作。省水利厅厅长陈龙及有关处室主要负责人陪同调研座谈。

14 日 省委常委会召开会议，专题研究部署当前浙江省防灾减灾救灾工作。会议强调，浙江省是自然灾害多发地区。全省各地各部门要认真学习贯彻习近平总书记、李克强总理等领导同志重要指示批示精神，提高认识、统一思想，保持高度警觉，坚决克服麻痹思想、侥幸心理，进一步增强防灾减灾救灾工作的责任心和使命感，结合实际重点做好台风、洪涝、地质灾害、火灾、交通事故等各种灾害和事故的防范应对。目前，浙江省正处于台风和高温季节，各地各部门要立足防大汛、防大灾，做好充分的防灾减灾救灾准备工作，加强预警预测，尽最大努力把可能带来的灾害损失降到最低。

18日 省水利厅深入学习贯彻习近平总书记“7·26”重要讲话精神，会议强调按照中央和省委的统一部署，要把学习习近平总书记“7·26”重要讲话精神作为首要政治任务，学深悟透、把握精髓，切实把思想和行动统一到讲话精神上来，振奋精神、恪尽职守，确保浙江水利事业改革发展继续走在全国前列，以优异成绩迎接党的十九大胜利召开。按照“言必行、行必果”的要求，抓好防汛防台、百项千亿防洪排涝工程、“最多跑一次”改革、水利工程标准化管理、河长制、党风廉政建设和队伍建设等各项工作的落实。

为加强防汛防台抗旱技术支撑力量，提高科学防汛水平，减轻洪涝台旱灾害损失，保护人民群众生命财产安全，经省编委办批复同意，省防汛物资管理中心（省防汛机动抢险总队）更名为省防汛技术中心（省防汛机动抢险总队），职责相应调整。

25日 省水利厅召开《浙江通志》水利类卷2017年编纂工作会议，厅长、《浙江通志》水利类卷编委会主任陈龙强调，各单位责任人要找准问题、狠抓进度、确保质量，全力以赴抓好下阶段编纂工作：各编纂单位主要负责人要主动关心关注编志工作，明确有能力、有担当的同志专门负责，组织开展集中编纂、集中审查，同时也可以请一些情况熟悉、经验丰富的老同志参与后期的编纂审查、改稿、统稿工作，尽可能地集中力量把工作抓上去。各编纂单位主要负责人要重新审视编纂任务安排的合理度，拿出切实可行的方案，每周检查编纂进度，找出问题，抓好落实，迎头赶上。认真编辑志稿，严格遵循编纂规范和要求，全力打造“精品志书”。编委会要切实担起领导责任，加强编纂工作的组织领导；编委办要加强对编纂工作的指导和督促检查。各编纂单位要各司其职、各负其责，按时保质保量完成编纂任务。编委会成员、编委办主任及《水利卷》《钱塘江卷》《海塘卷》《运河卷》各卷负责人、主编、副主编等参加会议。

28—31日 水利部太湖流域管理局局长吴文庆一行来浙江省调研指导全面推行河长制工作。省水利厅厅长陈龙，台州、丽水两地政府领导陪同调研。

9月

8日 省水利厅召开省政协十一届五次会议第44号《巩固“五水共治”长效，推进河道底泥“智慧周转”》重点提案办理工作专题座谈会。省政协副主席陈小平出席会议并讲话，省水利厅厅长陈龙主持会议，省政协、提案人农工党省委会和各提案会办单位相关领导参加座谈会。

12 — 18 日　由淮河水利委员会副主任姜永生带队的水利部第十考核组，对浙江省 2016 — 2017 年度水利建设质量工作进行考核，省水利厅厅长陈龙和相关市县政府领导陪同考核。

21 — 22 日　省水利厅厅长陈龙赴嘉兴调研检查水利工作。陈龙强调，各地要突出加强安全生产管理，扎实推进百项千亿防洪排涝工程建设、河湖综合治理、水利工程标准化管理等重点工作，凝心聚力加快水利改革发展，以优异成绩迎接党的十九大胜利召开。

26 — 27 日　水利部组织召开 2017 年全国农村水利工作会议，副部长田学斌出席会议并讲话。会上，省水利厅副厅长冯强作“积极探索‘三自一权’改革，努力构建农田水利良性建管机制”的典型发言。

27 日　省政府办公厅印发《关于表彰浙江省第二十一届水利“大禹杯”竞赛活动优胜单位的通报》（浙政办发〔2017〕106 号），对德清县等 18 个市、县（市、区）政府予以通报表彰。其中德清县、诸暨市为金杯奖，浦江县、杭州市萧山区为银杯奖，宁波市鄞州区、海宁市为铜杯奖，杭州市、绍兴市、台州市、建德市、宁波市奉化区、瑞安市、湖州市南浔区、安吉县、江山市、舟山市定海区、温岭市、景宁县等 12 个市、县（市、区）为提名奖。

28 日　省水利厅厅长陈龙率队赴诸暨调研水利建设管理工作。诸暨市委书记张晓强等陪同调研。

29 日　10 月 1 日起，《浙江省河长制规定》（以下简称《规定》）将正式施行。9 月 29 日，《规定》贯彻实施新闻发布会在杭州市召开。省人大常委会副主任袁荣祥出席并讲话。会议由省人大常委会副秘书长、法制委员会主任委员、法工委主任丁祖年主持。来自新华社、中央电视台、中央人民广播电台等省内外 20 余家新闻单位的记者参加会议。

30 日　省水利厅召开厅系统干部职工大会，传达中央和省委、省政府有关文件、会议精神，并就厅系统如何贯彻落实进行部署。厅党组书记、厅长陈龙强调，要坚持高站位谋划，高标准执行，进一步转作风、提效能、优服务，扎实推进厅系统“两强三提高”建设，切实提高依法行政能力和依法治水水平，确保圆满完成全年的各项任务。

10 月

14 日　国家防总防台风视频会议后，省防指紧接着召开全省防台风视频会议，省防指常务副指挥、省水利厅厅长陈龙对当前防台风工作进行动员部署。陈龙强调，各地要认真贯彻落实省委省政府领导重要批示指示精神，思想上务必高度重视，决不能低估秋台风的外围影响，思想上决不能放松，一定要坚持习总书记提出的“一个目标、三个不怕”防台抗灾理念，扎实做好防御工作。责任务必落实到位，要全面压实防汛责任，各级防指领导要亲力亲为，有关人员要到岗到位，确保事有人做，责有人负。措施务必落实到位，把保障人民群众生命安全放在首位，突出抓好灾害隐患点的巡查排险和人员的转移避险，强化山洪地质灾害和城镇积涝的防御工作，加强景区、农家乐、溪边、山边等灾难易发区域的防汛安全管理，做好海上作业船舶和人员的安全防范工作。

15日 省防指指挥、副省长孙景淼赴省防指主持召开强降雨防范工作会商会，进一步部署防御工作。省防指常务副指挥、省水利厅厅长陈龙，省防指副指挥、省政府办公厅副主任蒋珍贵，省防指副指挥、省气象局局长苗长明等参加会议。

16—17日 省防指常务副指挥、省水利厅厅长陈龙赴舟山市检查指导防汛救灾工作。陈龙强调，要以高度的责任心和紧迫感进一步抓好防汛救灾工作，努力将强降雨给群众、企业带来的损失降到最低。加强对水库山塘的巡查力度，针对当前水库山塘水位较高的情况，必须加密巡查频次。强化值班值守，充实人员力量，严格落实24小时值班制，定期检查防洪设施运转情况，确保泄洪排涝安全畅通。要全面排查地质灾害隐患点，确保人民生命财产安全。扎实做好灾后自救工作，尽快恢复公众正常生产、生活。舟山市副市长姜建明，定海区及普陀区主要领导陪同。

18日 中国共产党第十九次全国代表大会在北京开幕。省水利厅组织厅系统广大党员干部群众收看会议实况直播、收听广播，第一时间了解党代会会议内容。厅党组书记、厅长陈龙在收看结束后对厅系统各级基层党组织下一步贯彻学习十九大精神提出具体要求。

20日 龙游县社阳乡红光村高坪桥水库大坝工程开工典礼隆重举行。省水利厅党组书记、厅长陈龙出席开工典礼并致辞，衢州市委副书记、市长徐文光宣布工程开工。

20—22日 水利部参事咨询委员会副主任委员、原水利部总规划师张志彤率水利部调研组来浙江省调研智慧水利建设工作。省水利厅厅长陈龙陪同调研。

23日 省水利厅组织召开全省水利投融资推进视频会议，厅长陈龙强调，当前仍是浙江省水利大建设、大发展、大投入的重要时期。党中央、国务院和省委、省政府高度重视水利工作。各地必须充分认识水利投融资工作的重要性和紧迫性，摒弃“等靠要”的思想观念，转变思路，主动出击，切实把水利投融资工作作为推进水利改革发展的一项重要任务来抓，进一步加大水利投融资工作力度。省水利厅相关部门负责人，投融资项目签约单位相关负责人，PPP中介机构和社会投资方参加会议。

省水利厅印发《关于加强重大水利工程质量管理的意见》，要求各地着力打造优质精品工程，严格落实工程质量终身负责制，确保经得起历史检验，充分发挥水利工程综合效益，树立良好的行业形象。

25日 省政府副秘书长、办公厅主任王晓峰带领省政府办公厅有关处室负责人及省数据管理中心、阿里巴巴集团工作人员来省水利厅调研指导“最多跑一次”工作改革情况。省水利厅厅长陈龙出席座谈并汇报工作情况，相关处室负责人参加座谈。

27日 省水利厅召开厅党组理论学习中心组扩大学习会，专题学习党的十九大精神。厅党组书记、厅长陈龙主持会议并讲话，在杭厅领导、厅机关各处（室、局、总站）、厅直属各单位党政主要负责人参加学习会。

11 月

2 日 省水利河口研究院改革试点工作动员大会暨建院六十周年纪念活动在杭州举行。省水利厅党组书记、厅长陈龙出席会议并讲话。

3 日 在全国冬春农田水利基本建设电视电话会议结束后，浙江省紧接着召开全省冬春农田水利基本建设电视电话会议，传达贯彻全国会议精神，动员部署全省冬春水利建设工作。副省长孙景淼他指出，当前正值水利建设的黄金时期，各地要立即组织制定方案，挂图作战，倒排工期，组织发动干部群众，确保工程早落地、早开工、早建成、早受益。

3—4 日 水利部总规划师汪安南带领水利部规计司、移民司有关负责人一行来浙江省调研水利工作。省水利厅厅长陈龙，衢州市市长徐文光陪同调研。

7 日 省咨询委主任、原常务副省长章猛进一行赴绍兴市调研水利工作。省水利厅厅长陈龙，绍兴市委书记彭佳学等陪同调研。

10 日 浙江同济科技职业学院召开教师干部大会，宣布省委对学院党委书记调整的任免决定。省水利厅党组书记、厅长陈龙出席会议并讲话。省委教育工委副书记、省教育厅副厅长陈根芳出席会议。浙江同济科技职业学院全体领导、科级以上干部、副高以上专业技术职务人员、民主党派代表、离退休职工代表参加会议。

14 日 省水利厅厅长陈龙组织召开座谈会，专题听取省水利信息管理中心关于水利工程建设全过程动态管理平台建设情况的汇报。厅建设处、省浙东引水管理局和省水利水电勘测设计院有关人员参加座谈。

14—16 日 水利部新闻宣传中心组织中央媒体新闻采访团前往浙江省宁波市开展“水生态文明建设试点成效经验”主题采访活动。中央媒体新闻采访团由《人民日报》《光明日报》《经济日报》《科技日报》《人民政协报》、“新华社”“人民网”“新华网”和“澎湃新闻”等媒体单位记者组成，此行旨在通过重点采访宁波市水生态文明城市建设试点工作来深入了解浙江省水生态文明建设情况。采访团通过走访东钱湖、北仑小峡江、滕头外婆溪、水库群联网联调西线工程、姚江大闸和保丰碶闸站等现场，实地感受宁波市在推进水利工程标准化管理、全面实施河长制、创新河湖管护体制机制、加强江河湖库互联互通、实施水景观水文化建设等水生态文明方面取得的成果。

21 日 在第五届中国国际微电影展开幕式上，由省水利厅主办的“浙里人 · 这滴水”主题公益广告和微视频征集活动入选“2017 中国微电影十大新闻事件”。

22 日 副省长孙景淼实地调研指导缙云县潜明水库工程。孙景淼对潜明水库项目建设的顺利推进表示充分肯定并强调，潜明水库是省重点工程建设项目，也是缙云“五水共治”的重要内容，具有十分重要的意义。要及时总结宝贵经验，齐心协力、积极作为、加快推进，以人民满意为标准，扎扎实实抓好这一基础设施项目，力争早日发挥工程效益。

24—25日 水利部在金华市召开绿色小水电建设工作现场会。水利部副部长陆桂华出席会议并讲话。省水利厅厅长陈龙在会上致辞，并介绍浙江水利改革发展情况和绿色小水电建设工作情况。

26日 水利部副部长陆桂华赴江山、兰溪调研指导水利工作。省水利厅厅长陈龙及当地有关领导陪同调研。

27日 省水利厅召开厅党组理论学习中心组扩大学习会，专题学习《中共中央政治局关于加强和维护党中央集中统一领导的若干规定》和《中共中央政治局贯彻落实中央八项规定的实施细则》，并对厅系统学习贯彻提出具体要求。厅党组书记、厅长陈龙主持会议并讲话，在杭厅领导、厅机关各处（室、局、总站）、厅直属各单位党政主要负责人参加学习会。

28日 2017浙江“最美家乡河”推选活动专家评审会召开。围绕“安全、生态、美丽、富民”这4个核心评选标准，评委团综合考虑河流生态环境、历史文化、民生福祉、可持续发展、前后蜕变等因素，结合网络公开推选投票情况，淳安枫林港、桐庐富春江、北仑小浃江、柯桥鉴湖江、浦江浦阳江、开化马金溪、柯城石梁溪、仙居永安溪、松阳松阴溪、舟山盐仓大河（排名不分先后）等10条河道被评为“2017浙江‘最美家乡河’”。

12月

5日 由水利部主办的“关爱山川河流·保护城市水体”志愿服务暨公益宣传活动启动仪式在绍兴市举行。水利部副部长田学斌、太湖流域管理局局长吴文庆、省水利厅厅长陈龙等领导出席仪式。

6—7日 全省水利工作暨冬春农田水利基本建设现场会在诸暨召开。会议传达了省委书记车俊、省长袁家军分别对水利工作作出的重要批示。副省长孙景淼出席会议，他强调，要认真贯彻党的十九大精神，进一步解放思想、深化改革，贯彻新理念，落实新举措，加快推进新时代浙江水利现代化。坚持“水跟战略走”的原则，主动谋划一批重大水利工程、跨流域的水利工程。大力培育发展水利产业，综合利用水利生产、生活、生态等功能，让三者功能达到和谐统一。在发挥政府主导作用的同时，发挥好社会力量的作用，协调好政府有形之手、市场无形之手和群众的勤劳双手。创新水利投融资体制，大力推进科技创新，加强水利人才队伍建设，进一步增强水利发展的活力。按照“法治浙江”“标准强省”的部署，切实加强依法管水、按标管水。水利与有关部门要多沟通协调，统筹规划、共建共享，充分利用水利工程的多种功能，发挥综合效益。

17日 由水利部水情教育中心（中国水利报社）、阿里巴巴天天正能量、“新浪微公益”联合主办的首届“寻找最美家乡河”大型主题活动结果在陕西省西安市揭晓。浙江省仙居县永安溪等10条河流荣膺 2017 年度“最美家乡河”。水利部副部长魏山忠等领导出席揭晓仪式。

18 日 省水利厅列入“最多跑一次”前 100 高频事项的“浙江省水利工程建设从业人员资格认定”事项及其 3 个子项全部完成数据共享整合改造，通过省数据管理中心验收，成为省政府各厅局中第一个完成整项工作的部门。

21 日 省水利厅召开厅党组理论学习中心组扩大学习会。会议围绕《习近平谈治国理政》第二卷、习近平总书记关于“纠四风正作风的重要指示精神”以及省委贯彻落实中央八项规定精神实施细则、省委理论中心组“大力弘扬红船精神，奋力走在新时代前列”专题学习会精神等内容开展专题学习研讨。

22 日 水利科技创新会议和水利部科技委全体会议在北京召开，水利部授予全国水利系统在科学研究、人才培养、技术开发、成果推广和科技普及等方面做出突出贡献的优秀青年科技工作者“水利青年科技英才”荣誉称号。浙江省水利河口研究院总工程师、教授级高工曾剑等 10 人被评为第六届“水利青年科技英才”，并接受大会表彰。这是浙江省水利系统职工首次获得此项荣誉。

26 日 水利部公布 2016 — 2017 年度水利建设质量工作考核结果，全国共有 12 个省（直辖市）考核结果为 A 级，省水利厅位列第一名，已连续 3 年在水利部质量工作考核中位列前茅。

28 日 全国首家河长学院 —— 浙江河长学院在浙江水利水电学院正式成立。浙江河长学院的成立，旨在充分利用浙江水利水电学院独特的学科资源和人才优势，积极探索河长制教育新途径，构建集培训、研讨、参观、实践于一体的办学模式，建成服务全国治水工作的重要基地。

29 日 浙江省地方标准《水文测站运行管理规范》（DB33/T 2084 — 2017）经浙江省质量技术监督局批准发布，将于 2018 年 1 月 29 日起实施。

重 要 文 献

Important Literatures

重要文件

中共浙江省委办公厅　浙江省人民政府办公厅
关于全面深化落实河长制进一步加强治水工作的若干意见

（2017 年 3 月 8 日　浙委办发〔2017〕12 号）

河长制是浙江省在“五水共治”中形成的一项基础性、关键性治水保障制度。自 2013 年全面实施以来，浙江省已构建起较为完善的省、市、县、乡、村五级河长体系，基本形成以河长制为核心的治水长效机制和责任体系，有力推进了治水工作。为贯彻落实《中共中央办公厅国务院办公厅关于全面推行河长制的意见》精神，全面深化完善浙江省河长制，进一步加强治水工作，经省委、省政府同意，提出如下若干意见。

一、总体要求

（一）指导思想。全面贯彻党的十八大和十八届三中、四中、五中、六中全会精神，以邓小平理论、“三个代表”重要思想、科学发展观为指导，深入贯彻落实习近平总书记系列重要讲话精神和治国理政新理念新思想新战略，统筹推进“五位一体”总体布局和协调推进“四个全面”战略布局，全面贯彻五大发展理念，深入实施“八八战略”，坚定不移走“绿水青山就是金山银山”之路。按照“秉持浙江精神，干在实处、走在前列、勇立潮头”的新要求，坚持问题导向，以建设美丽浙江为目标，以绿色发展为主线，以防治水污染、改善水环境、保护水资源、修复水生态为主要任务，全面深化落实河长制，构建起责任明确、协调有序、监管严格、保护有力的水体管理保护机制，为维护浙江省各类水体健康生命、实现水体功能永续利用提供制度保障，为高水平全面建成小康社会和建设“两富”“两美”浙江提供持续动力。

（二）主要目标。通过全面深化落实河长制，到 2017 年底，全省全面消除劣Ⅴ类水。到 2020 年，全省年用水总量控制在 245 亿立方米以内；重要江河湖泊水功能区水质达标率达到 80% 以上；地表水省控断面达到或优于Ⅲ类水质比例达到 80% 以上；基本建成河湖健康保障体系，实现水域不萎缩、功能不衰减、生态不退化；保持河流、湖泊、池塘、沟渠等各类水域水体洁净，实现环境整洁优美、水清岸绿。

二、进一步明确主要任务

（三）加强水污染防治。深入实施《浙

江省水污染防治行动计划》，细化落实河湖、流域水污染防治目标和任务，坚持水岸同治、源头治理，进一步完善入河湖排污管控机制和考核体系。切实加强综合防治，全面控制水污染物排放，狠抓工业污染、城镇生活污染、畜禽养殖污染、水产养殖污染、农业农村面源污染、船舶港口和近岸海域污染等防治，完成水污染防治行动计划目标任务，着力改善水环境质量。优化入河湖排放口布局，加强入河湖排污口设置的审查管理。深入开展入河湖排放口整治，对合法保留的，实行“身份证”管理，到2017年底，全面完成入河湖排放口规范整治、统一标识。

（四）加强水环境治理。强化水环境质量目标管理，按照水功能区、水环境功能区确定的各类水体水质保护目标，逐一排查达标状况。加强协调联动，建立部门协作机制，定期研究解决重大问题。完善流域、区域协作机制。切实保障饮用水水源安全，科学划定饮用水水源保护区并落实污染源清理整顿工作。加强河湖水环境综合整治，推进水环境治理网格化和信息化建设，建立健全水环境风险评估排查、预警预报与响应机制。结合城市总体规划，因地制宜建设亲水生态岸线，完善“清三河”长效机制，严防垃圾河、黑臭河反弹。推进农村生活污水处理扩面提升，积极推进农村生活垃圾分类处置，综合整治农村水环境，推进美丽乡村建设。

（五）加强水资源保护。落实最严格水资源管理制度，实行水资源消耗总量和强度双控行动，严守水资源开发利用控制、用水效率控制、水功能区限制纳污三条红线，构建水资源合理配置和高效利用体系，强化水资源保护。实施规划水资源论证制度，建立健全水资源承载能力评价和监测预警机制。严格控制生态屏障地区和钱塘江、太湖流域等水环境敏感区域高耗水、高污染行业发展，高标准建设污染治理设施，最大程度地降低产业发展对水环境的不利影响。全面实行计划用水管理，推进重点用水户水平衡测试，严格实行水资源有偿使用制度。

（六）加强河湖水域岸线管理保护。加快推进河湖管理范围划界确权工作，明确管理界线，严格涉河湖活动的社会管理，有序推进重要河湖岸线保护与利用规划编制，科学划分岸线功能区，强化规划约束作用，严格河湖生态空间管控。推进河湖及水利工程标准化管理。严禁以各种名义非法侵占水域、围垦湖泊和采砂，对岸线乱占滥用、多占少用、占而不用等突出问题开展清理整治，恢复河湖水域岸线生态功能。

（七）加强水生态修复。推进河湖、湿地生态修复和保护，科学划定生态保护红线，禁止侵占自然河湖、湿地等水源涵养空间，有效保护沟、渠、塘等自然小微水体。加大重要湿地保护和发展力度，推进河湖水系连通，积极实施平原河网引配水工程，科学调度生态流量，维持河湖库塘一定的水面率和河流合理流量及湖泊、水库、地下水的合理水位。加快推进防洪和排涝工程建设，推进流域综合管理，加大河湖库塘清淤力度，探索建立清淤轮疏长效机制。加大河湖岸边绿化，增加水土保持、水源涵养和景观提升等功效。加强水生生物资源养护，提高水生生物多样性。建立蓝藻监测、预警、应急处置机制，开展河湖健康评估，强化山水林田湖系统治理。建立健全生态保护补偿机制，加强水土流失预防监督和综合整治，建设生态清洁型小流域，维护河湖生态环境。

（八）加强执法监管。加大河湖管理保护监管力度，完善省级督查、市级巡查、县级负责的监督执法机制。建立健全流域与区域、相邻区域之间和水利、环保、建设、公安、林业、综合执法等部门之间的联合巡查机制、综合执法机制，强化执法信息通报。完善行政执法与刑事司法衔接机制。依法严厉打击涉河湖违法行为，坚决清理整治非法排污、设障、捕捞、养殖、采砂、采矿、围垦、侵占水域及岸线等行为。

三、进一步健全工作体系

（九）健全河长架构。完善全省河道等级划分，公布河湖名录。健全省、市、县、乡、村五级河长体系，并延伸到沟、渠、塘等小微水体。省委、省政府主要领导同志担任全省总河长，跨设区市的重点河流水系（含重点湖泊，下同）由省级领导同志担任省级河长；市、县（市、区）、乡镇（街道）党政主要负责同志担任本地区总河长，所有河流水系分级分段设立市、县、乡、村级河长，由同级党委（党支部）和相应的人大、政府、政协、村（居）委会负责同志担任河长。对存在劣Ⅴ类水质断面的河道，所在地市、县（市、区）党政主要负责同志要亲自担任河长。河长人事变动的，应在 7 个工作日内完成新老河长的工作交接。县级及以上河长要明确相应的联系部门，协助河长负责日常工作。工业企业排污口较多及治理任务较重的河道要设立河道警长。完善河道保洁员配备，建立健全河道巡查员、网格员体系。探索推行对小微水体民间河长“认养制”。

（十）细化河长职责。各级总河长是本行政区域河湖管理保护的第一责任人，对河湖管理保护负总责。各级河长是相应河湖管理保护的直接责任人，要切实履行“管、治、保”三位一体的职责，负责组织领导相应河湖的管理和保护工作。其中，县级及以上河长的主要职责是牵头制定“一河一策”治理方案，协调解决河湖治理和保护中的重大问题，对本辖区内跨行政区域的河湖明晰管理责任，协调上下游、左右岸、干支流实行联防联控，对同级相关单位和下一级河长履职情况进行督导，对目标任务完成情况进行考核，强化激励问责。乡、村两级基层河长主要职责是对责任河湖进行日常巡查管护，及时发现和解决问题，并协助上级河长开展工作。各级河长是责任河湖剿灭劣Ⅴ类水第一责任人，要领衔制定工作方案、排出治理项目，并负责指导督促、跟踪落实。

（十一）严格河长巡查制度。将水域巡查作为河长特别是乡级、村级河长履职的重要内容，加大对责任河流的巡查力度和频次。市、县（市、区）要根据不同河流水质状况，在确定乡级、村级河长巡查周期的基础上，组织好河道保洁员、巡查员、网格员以及志愿者开展巡查，确保主要河流每天有人巡、入河排放口每天有人查。建立巡查日志制度，河长及巡查人员要按规定填写、记录巡查情况，发现问题及时处理和报告，做到问题早发现、早报告、早处置。

（十二）落实日常工作制度。各地要严格执行河长日常工作制度，确保河长规范履职、履职到位。落实督查指导制度，乡级及以上河长要定期牵头组织对下一级河长和同级相关单位的督查指导，发现问题要及时发出整改督办单或约谈相关负责人，确保整改到位。要落实河长会议制度，各级总河长每年至少召开 1 次会议，研究本地区河长制推进工作；乡级及以上河长定期组织召开工作会议，研究制定河湖治理措施，协调解决工作中的问题。落实河长报告制度，各级河长每年要向当地总河长述职，报告河长制落实工作。

（十三）完善信息化管理制度。各地要加快推进河长制管理信息系统、河长移动客户端（APP）或微信等公众平台建设，建立健全集信息查询、河长巡河轨迹和现场照片上传、信访举报、政务公开、公众参与等功能于一体的智慧治水平台，提高河长制信息化管理水平。到 2017 年底，全省实现河长制管理信息系统全覆盖，对河长履职情况进行网上检查、电子化考核。河长公示牌应标注河长 APP 或微信等平台网络二维码，乡级及以上河长要建立河长微信等联络群。

四、进一步强化考核奖惩

（十四）加强对河长制落实情况的考核。建立健全河湖管理保护监督考核和责任追究制度，将河长制落实情况纳入“五水共治”、美丽浙江建设和最严格水资源管理制度、水污染防治行动计划实施情况的考核范围，纳入同级政府对所属单位、县（市、区）对乡镇（街道）、乡镇（街道）对村（社区）的年度考核考评，并与绩效奖惩挂钩。

（十五）加强对河长履职情况的考核。各地要出台河长履职工作考核办法，实现河长考核全覆盖。根据不同河湖存在的主要问题，实行差异化绩效评价考核，将领导干部自然资源资产离任审计结果及整改情况作为考核的重要参考。各级河长考核由上一级河长制办公室具体组织实施，考核结果按照干部管理权限抄送组织人事部门。河长履职考核情况列为党政领导干部年度考核的内容，作为领导干部综合考核评价的重要依据。对成绩突出、成效明显的，予以表扬；对工作不力、考核不合格的，进行约谈或通报批评。对因未按规定对责任河湖进行巡查或巡查中发现问题不处理或不及时处理等履职不到位、失职渎职，导致发生重大涉水事故的，依法依纪追究河长责任。对垃圾河、黑臭河、劣 V 类水质断面严重反弹或造成严重水生态环境损害的，严格按照《浙江省党政领导干部生态环境损害责任追究实施细则（试行）》规定追究责任。

五、进一步加强保障措施

（十六）加强组织领导。各级党委、政府要把河长制作为推进“五水共治”和生态文明建设的重要举措，并与“五水共治”“三改一拆”、治危拆违、小城镇环境综合整治行动等紧密结合，切实加强组织领导，狠抓责任落实。各级人大、政协要通过组织人大代表和政协委员视察、执法检查、民主监督、专题审议、专题协商等形式，助推河长制落实。各级治水办和环保、水利等部门要建立协调机制，加强沟通、密切配合，共同推进河长制落实。各级组织、宣传、农办、发展改革、经信、财政、教育、国土资源、建设、交通运输、农业、林业、卫生计生、海事等部门和工、青、妇等群团组织，要各司其职、协调联动，形成河长制工作合力。

（十七）加强河长制办公室建设。省、市、县（市、区）应设置相应的河长制办公室，与“五水共治”工作领导小组办公室合署，统筹协调落实本地区的治水工作。乡镇（街道）可根据工作需要设立河长制办公室或落实人员负责河长制工作。各级河长制办公室要加强指导、协调、督查、考核，建立健全工作制度和台账，统一设立监督和投诉举报电话，明确各类管理、考核和督查督办要求，全力推进河长制实施。积极组织开展培训，提高河长履职能力。

（十八）加强各项保障。各地要认真落实河湖管理保护和实施河长制工作经费，积极引导社会资本参与，建立长效稳定的河湖管理保护投入机制。要以市场化、专业化、社会化为方向，加快培育水环境治理、河道维修养护、河道保洁等市场主体。将河长制落实情况纳入环境保护督察和“五水共治”等督查内容，省委、省政府“三改一拆”“五水共治”督查组，各级党委、政府督查机构和河长制办公室要加强对各地各有关部门落实河长制情况的督查。各级河长制办公室至少每季度通报1次本行政区域河湖管理保护情况。

（十九）加强氛围营造。各地要充分利用报纸、广播、电视、网络、微信、微博等各种媒体和传播手段，广泛宣传河长制，积极引导社会各界关心、支持、参与治水。积极发挥新闻媒体舆论监督作用，加大问题河湖、问题河长的曝光力度。广泛开展电视问政、公述民评等活动，使各级河长面对面接受群众监督。全面发动公众参与，大力推行设立民间河长和企业河长、组建护水志愿者队伍、聘请社会监督员对河长制落实和河湖管理保护成效进行监督评价等做法，营造全民治水护水的良好氛围。

各市党委和政府要在每年1月上旬将上年度落实河长制情况报省委、省政府。

浙江省人民政府办公厅关于印发浙江省农业水价综合改革总体实施方案的通知

（2017 年 10 月 31 日　浙政办发〔2017〕118 号）

各市、县（市、区）人民政府，省政府直属各单位：

《浙江省农业水价综合改革总体实施方案》已经省政府同意，现印发给你们，请认真贯彻执行。

浙江省农业水价综合改革总体实施方案

为完善农业水价形成机制，加快建立健全农田水利工程建设和运行管理机制，根据《国务院办公厅关于推进农业水价综合改革的意见》（国办发〔2016〕2 号）精神，结合浙江省实际，制定本实施方案。

一、总体要求

（一）指导思想。认真贯彻落实党的十九大和党中央、国务院决策部署以及省第十四次党代会精神，按照“绿水青山就是金山银山”的理念和节水优先、空间均衡、系统治理、两手发力的新时期水利工作方针，紧紧围绕保护粮食综合生产能力和保障农业绿色发展、农业供给侧结构性改革等用水需求，坚持市场调节和政府调控两手发力，以总体上不增加农民负担为前提，以创新体制机制为动力，以建立健全合理的农业水价形成机制和节水激励机制为核心，积极推行农田水利工程标准化管理，着力提高农业用水效率，加快农业发展方式转变。

（二）基本原则。

——坚持因地制宜、综合施策。根据不同地区水资源禀赋、灌溉条件、经济发展水平、种养结构、经营主体等实际情况，制定符合实际、便于操作的改革方案。方案制定应注重与其他相关改革的衔接，综合运用价格杠杆、节水奖励和精准补贴等措施，引导农业用水户自觉增强节水意识。

——坚持节水优先、稳粮促调。按照发展高效生态农业和推进农业供给侧结构性改革的要求，通过改变农业生产粗放用水的方式，大力推广高效节水灌溉和种养技术，在保障水稻等重要农作物合理用水需求的基础上，优化种植业结构，积极发展旱粮生产，确保浙江省粮食安全。

——坚持两手发力、建管并重。充分发挥市场在资源配置中的决定性作用和政府作用，加大农田水利基础设施建设投入力度，探索开展农田水利工程产权制度改革，采取多种方式吸引社会资本参与工程建设和管护。积极推行农田水利工程标准化管理，提高运行效率和服务水平，有效降低农业用水成本。

（三）目标任务。通过农业水价综合改革，到 2020 年，全省有效灌溉面积内初步建立科学合理的农业水价形成机制，农业水价总体达到或逐步提高到运行维护成本；基本建立农业用水节水奖励和精准补贴机制，逐步形成农业用水总量控制和定额管理模式；大力推广先进农业节水技术措施，农田灌溉水有效利用系数提高到0.6以上，基本实现农田水利工程持续高效运行，农业用水户的节水意识明显提高。

二、建立农业水价形成机制

（一）建立农业用水定价机制。统筹考虑供水成本、水资源状况、农业用水户承受能力、建立补贴机制等因素，合理确定农业水价。大中型灌区骨干工程农业水价原则上实行政府定价，具备条件的可由供需双方在平等自愿的基础上，按照有利于促进节水、保障工程良性运行和农业生产发展的原则协商定价；大中型灌区末级渠系和小型灌区农业水价，可实行政府定价，也可实行协商定价。跨行政区域的灌区农业水价由所跨行政区域的共同上一级政府或其授权的部门协调确定。各地可根据实际，区别粮食作物、经济作物、养殖业等用水类型，在终端用水环节探索实行分类水价；有条件的地区，应按定额管理的要求，逐步推行分档水价，探索建立超定额累进加价制度。

（二）建立农业水价调节机制。按照价格管理有关规定，建立配套完善的农业水价调节机制。加强政府定价成本监审，广泛听取各方面意见，增强农业水价调节机制的规范性、可操作性和透明度，把握好水价调整幅度和节奏。坚持价格调整、利益调节、合理补偿相结合，确保调整后的农业水价可接受、可实施。

三、推行节水奖励和用水补贴制度

（一）建立农业节水奖励制度。因地制宜，积极探索易于操作的农业节水奖励机制。鼓励实行“一把锄头放水”、集中统一管水，建立健全放水员工作考核等节水绩效奖惩制度。在完善农业水价形成机制的基础上，各地也可探索根据定额内节水量，对采取节水措施的规模经营主体、农民用水合作组织和农户给予奖励，提高农业用水户主动节水意识和积极性。对于因种养面积缩减或者转产等非节水因素减少的用水量，不予奖励。

（二）建立农业用水精准补贴机制。在完善农业水价形成机制的基础上，建立与节水成效、调价幅度、财力状况相适应的农业用水精准补贴机制。补贴标准根据定额内用水成本与运行维护成本的差额确定，重点补贴种粮农民定额内用水。定额内用水的提价部分由财政给予补贴，超定额用水不再予以补贴。各地自行确定补贴的对象、方式、标准、程序，以及资金使用管理等具体措施，并向社会公布，确保公开透明。

四、加强农田水利工程运行管理

（一）积极推行农田水利工程标准化管理。按照农田水利工程标准化管理的要求，以定职责、定经费、定人员、定标准为核心，突出抓好大型灌区、重点中型灌区、大中型灌排泵站等农田水利工程的标准化管理。政府投资建设的大中型骨干农田水利工程应由专门机构管理，鼓励通过政府购买服务等方式引入社会力量参与运行维护；小型农田水利工程的管护主体按照《农田水利条例》等有关规定确定，鼓励通过“以大带小”“小小联合”等方式加强运行维护。积极推广运用现代信息技术，提高农田水利工程管理效率。

（二）加快推进小型农田水利工程产权制度改革。以明晰产权归属为重点，探索开展小型农田水利工程确权发证工作，并由县级政府或其授权的部门负责颁发产权证书。积极探索通过股份量化、股份合作等形式，将村级集体所有的农田水利设施资产转为集体股权或量化到受益农户，壮大农村集体经济组织实力，增加农民财产性收入。探索以农田水利工程作为抵押，争取金融贷款等支持，拓宽农田水利基本建设等的融资渠道，调动各方参与建设和管护的积极性。

（三）强化用水定额管理。根据最严格水资源管理制度，科学核定农业用水总量。参照农业用水定额浙江省标准DB 33/T 769 — 2016，合理制定农业用水分类定额，保障粮食生产足额用水，满足经济作物和养殖业合理用水需求，控制高耗水、高污染农业用水。有条件的地区应积极探索建立农业水权制度。

（四）加强终端用水管理。鼓励发展农民用水自治、专业化服务、水管单位管理和用户参与等多种形式的终端用水管理模式。支持农民用水合作组织规范组建、创新发展，并充分发挥其在供水工程建设管理、用水管理、水费计收等方面的作用。按照因地制宜、公开透明、群众接受的原则，确定简便节约的用水计量方式。在实施高效节水灌溉建设、中低产田改造、高标准农田建设和粮食生产功能区、现代农业园区、农业可持续发展试验示范区建设等农田水利相关项目，以及推广节水技术时，将用水计量设施纳入建设内容。落实水费征收措施，加快形成“用水就要付费”的氛围，建立良好的用水节水秩序。加强计划管理和用水调度，促进节约集约用水。加强相关资金使用管理，自觉接受群众监督。

五、强化农田水利基础设施建设

（一）加快完善农田水利基础设施。突出农田水利建设规划的引领作用，统筹各类支农涉水项目和资金，加大公共财政对农田水利基本建设的投入，严格落实从土地出让收益中提取10%定向用于农田水利建设的政策。加强高标准农田建设，加快大中型灌区节水配套改造，全面开展小型泵站标准化建设。通过民办公助、先建后补等方式，引导受益区群众等自愿申报、自主建设小微型农田水利项目，解决“最后一公里”问题。

（二）大力推广农业节水技术和措施。重视发挥节水设施和技术的推广应用。继续推进高效节水灌溉“四个百万工程”（百万亩坡耕地雨水集蓄旱粮喷灌工程、百万亩农业园区智能化标准型微灌工程、百万亩林园地经济型喷灌工程、百万亩水稻区管道灌溉工程）建设，普及喷灌、滴灌、管灌等节水灌溉技术。积极推广水稻薄露灌溉技术等措施，提高农业用水精细化管理水平。积极推进国家农业可持续发展试验示范区建设，促进农业可持续发展。

（三）鼓励市场主体参与农业节水。各地应制定政策措施，鼓励各类市场主体以合同节水等方式，参与农业节水和农田水利建设管理。鼓励用水户转让节水量，政府或其授权的水行政主管部门、灌区管理单位可予以回购；在满足区域内农业用水的前提下，推行水量跨区域、跨行业转让。

六、实施步骤

（一）先行开展试点。到2017年底，德清县、平湖市、浦江县、江山市、舟山市定海区等5个第一批试点县（市、区）完成试点区改革。每个设区市选择1～2个县（市、区）作为第二批改革试点，其中国家立项高效节水灌溉项目区先行纳入试点。

（二）全面部署试点。2018年起，德清县等5个第一批试点县（市、区）要扩大到整县范围改革，第二批试点县（市、区）继续扩大试点范围，全省有农田水利建设任务的县（市、区）全面开展试点区改革。

（三）全省巩固完成。2019年，总结改革实践，探索建立不同区域、不同类型的农业水价改革方式，制定和完善改革配套政策，全省有农田水利建设任务的县（市、区）全面开展整县范围改革，基础条件较好的地区争取完成改革任务。到2020年底，全省基本完成农业水价综合改革，实现农田水利工程良性运行。

七、保障措施

（一）加强组织领导。各级政府要加强组织领导、统筹协调，指导和推进改革工作。财政、国土资源、水利、农业、林业、海洋与渔业、物价等部门要明确责任分工，加强协调配合，形成工作合力。各地要制定改革方案，明确改革时间表和路线图，细化年度目标和任务，确保各项改革措施落到实处。跨县级行政区域的大型灌区单独编制具体改革方案。各设区市要在省级总体实施方案发布之日起3个月内，将本市及所辖县（市、区）年度实施计划报送省水利厅。

（二）加强评价考核。建立农业水价综合改革工作绩效评价机制，评价结果纳入粮食安全行政首长负责制、最严格水资源管理制度、水利“大禹杯”等考核内容。各地要建立改革台账、监督检查和绩效评价机制，推动各项任务落到实处。

（三）加强资金保障。多渠道筹措农业水价综合改革经费，统筹利用各类农田水利资金，落实农业用水精准补贴和节水奖励资金、工程管护经费。强化资金管理和监督，明确使用范围和程序，定期公开公示，接受群众监督。建立资金分配挂钩激励机制，将农业水价综合改革工作绩效评价等考核结果，纳入中央财政水利发展资金和省水利建设与发展专项资金分配的绩效因素。省、市有关部门在安排中央财政大中型灌区续建配套节水改造、高标准农田建设、农业综合开发等涉及农田水利建设的相关专项资金时，应建立挂钩激励机制，加大对改革成效明显地区的支持力度。

（四）加强宣传引导。通过各类媒体，采取多种方式，组织开展改革政策解读，加强水情教育和节水宣传，引导农民群众增强节水意识，营造农业水价综合改革的良好氛围。

浙江省人民政府办公厅关于表彰浙江省第二十一届水利“大禹杯”竞赛活动优胜单位的通报

（2017 年 9 月 27 日 浙政办发〔2017〕106 号）

各市、县（市、区）人民政府，省政府直属各单位：

2014 — 2016 年，各地、各有关单位深入贯彻落实党中央、国务院和省委、省政府关于加快水利改革发展的决策部署，大兴水利，全力推进“五水共治”，水利事业取得了长足发展。为弘扬大禹治水精神，鼓励先进，经省政府同意，决定对德清县等 18 个浙江省第二十一届水利“大禹杯”竞赛活动优胜单位予以通报表彰。

希望受表彰的单位珍惜荣誉、再接再厉，继续发扬治水精神，以只争朝夕的责任感，进一步抓好水利工作，争取更大成绩。各地、各有关单位要以优胜单位为榜样，深入贯彻落实省第十四次党代会精神，主动抓好百项千亿防洪排涝工程、水利工程标准化管理、农田水利基本建设等各项水利工作，不断提高防汛防台抗旱和水资源保障能力，为浙江省实现“两个高水平”的奋斗目标提供更加有力的水利支撑。

浙江省第二十一届水利“大禹杯”竞赛活动优胜单位名单

一、水利“大禹杯”金、银、铜杯奖

金杯奖：德清县、诸暨市。

银杯奖：浦江县、杭州市萧山区。

铜杯奖：宁波市鄞州区、海宁市。

二、水利“大禹杯”提名奖

杭州市、绍兴市、台州市、建德市、宁波市奉化区、瑞安市、湖州市南浔区、安吉县、江山市、舟山市定海区、温岭市、景宁县。

浙江省水利厅关于印发浙江省水利厅行政权力事项网上运行管理办法的通知

（2017 年 1 月 22 日　浙水人〔2017〕6 号）

厅机关各处（室、局）、总站，厅直属各单位：

为推进依法行政，加强和规范省水利厅行政权力事项网上运行管理，明确各处室、单位工作职责，提高行政效能，经厅长办公会议审议通过，现印发《浙江省水利厅行政权力事项网上运行管理办法》，请认真贯彻落实。

浙江省水利厅行政权力事项网上运行管理办法

第一章　总　则

第一条　为推进依法行政，加强和规范省水利厅行政权力网上运行管理，明确厅机关各处室、厅直属有关单位职责，提高行政效能，优化政务环境，根据《浙江省人民政府关于全面开展政府职权清理推行权力清单制度的通知》（浙政发〔2014〕8 号）、《浙江省政府部门权力清单管理办法》（浙政办发〔2015〕109 号）、《浙江政务服务网权力库三级目录调整操作手册》等，结合省水利厅实际，制定本办法。

第二条　按照加快转变政府职能、推进简政放权、放管结合、优化服务的要求，认真贯彻落实省政府有关“四张清单一张网”（即权力清单、责任清单、企业投资负面清单、财政专项资金管理清单、浙江政务服务网）工作部署，推进省水利厅行政权力网上运行。

第三条　实行省水利厅行政权力运行信息化再造，优化流程，简化环节，加强权力运行制约监督，实现权力运行规范透明。

第四条　本办法所称行政权力，是指有关法律法规授权省水利厅的行政许可、行政处罚、行政强制、行政征收、行政给付、行政裁决、行政确认、行政奖励及其他对公共事务实施管理的行政权力。

第五条　本办法所称网上运行，是指行政权力事项在浙江政务服务网行政权力事项管理系统、统一行政权力运行系统（统一审批平台）、统一行政处罚裁量管理系统、投资项目在线审批监管平台上的运行。

第六条　建立统一规范的全省水利系统权力事项基本目录库，开展全省水利系统行政权力事项比对规范工作，明确权力事项类别、名称、实施依据等口径和标准，形成上下对应、事权清晰、相互衔接的职权体系。

第七条　本办法适用于省水利厅行政权力清单、责任清单、公共服务事项和行政权力事项网上运行等管理工作。

第二章　工作职责

第八条　省水利厅办公室牵头负责行政权力网上运行指导、协调、监督工作；

负责定期统计反馈各处室、单位在浙江政务服务网上办件数量等信息；做好权力事项办理从纸质办理向网上办理、从省水利厅内部公文系统运行办理向浙江政务服务网运行办理的协调监督工作；具体承担责任清单“年度重点工作目标”（省政府确定的一二类工作目标）的年度更新；牵头负责行政权力网上运行情况年度报告，报告内容包括：行政权力运行、行政监察、法制监督的基本情况，检查考核情况，影响行政权力运行的主要因素，以及省政府要求报告的其他事项。

省水利厅政策法规处负责做好行政审批事项清理工作；负责提出权力事项调整涉及法规规章修改的建议意见；会同有关处室审核省水利厅有关处室、单位提出的行政权力事项调整意见；协同省水利厅人事教育处开展权力清单比对规范，责任清单、公共服务事项组织梳理、修改完善工作。

省水利厅规划计划处等涉及固定资产投资项目审批审查等业务的处室、单位，负责投资项目在线审批监管平台上的运用，及时上传、更改、维护水利类投资项目信息，做好水利类投资项目网上审批办理。

省水利厅水政处负责统一行政权力运行系统（统一审批平台）、统一行政处罚裁量管理系统的信息上传、更改、维护，牵头做好行政审批事项网上办理；协助省水利厅办公室开展权力事项网上运行指导、协调工作；协助省水利厅人事教育处开展行政权力网上运行培训，权力清单比对规范，责任清单、公共服务事项组织梳理、修改完善工作。

省水利厅人事教育处负责牵头组织开展职权清理、审核上报工作；负责牵头组织权力清单比对规范、动态调整，责任清单、公共服务事项组织梳理、动态调整工作，会同有关处室审核省水利厅有关处室、单位提出的行政权力事项调整意见；负责责任清单内容中，涉及与其他省级部门和有关单位的职责交叉关系的协调；协助省水利厅办公室开展权力事项网上运行的指导、协调工作；组织行政权力网上运行有关培训工作。

驻省水利厅纪检组、省水利厅直属机关党委负责省水利厅行政权力运行的监督检查，对权力运行涉及的廉政风险点实施监控，对违反行政纪律、违反权力运行规范透明的行为，实施责任追究。

省水利信息管理中心负责依托浙江政务服务网推进行政权力运行信息化平台技术对接、信息数据维护等日常管理；按规定配置各处室、单位工作人员权限；负责省水利厅办公系统与浙江政务服务网功能的衔接；会同省水利厅人事教育处，做好基本信息调整工作；协助省水利厅人事教育处开展行政权力网上运行有关培训工作。

省水利厅各有关处室、单位负责实施权力事项网上运行工作，督促本处室、单位人员及时办理公务；负责动态调整有关行政权力、责任清单、公共服务事项运行信息，保障有关信息准确性；必要时按流程向省水利厅政策法规处、人事教育处、省水利信息管理中心发起基本信息调整申请工作；提出市县水利系统行政权力清单、公共服务事项比对规范意见。

第三章　动态调整

第九条　权力清单实行动态管理。有下列情形之一的，应当在浙江政务服务网对行政权力有关内容进行调整：

（一）法律、法规、规章新设行政权力的；

（二）行政权力设定依据失效、废止或更改的；

（三）行政权力因机构、职能变动调整的；

（四）行政权力运行信息内容发生变更的；

（五）其他应当予以调整的情形。

第十条　省水利厅行政权力事项按实际流程分为主项或若干子项，每项行政权力信息包括基本信息和运行信息两类。基本信息包括权力名称、基本编码、权力类别、实施依据等内容；运行信息包括实施主体、环节流程、岗位人员、受理条件、收费依据和标准、办理材料、办理机构、办理时限、办理地点、联系电话、监督方式、常见问题解答、服务指南、服务表格等内容。

第十一条　行政权力事项基本信息需进行调整（包括权力事项新增、减少、更名，类别变更，实施依据调整）时，按以下程序进行：

（一）发起调整申请。对于第九条第（一）、（二）项内容的调整，于法律法规规章公布之日起12个工作日内；对于第九条第（三）项内容的调整，于职能变动文件下达之日起3个工作日内，省水利厅有关处室、单位填写《浙江省水利厅网上运行事项基本信息变更表》，说明调整内容、理由，连同佐证材料一并提交省水利厅政策法规处、人事教育处进行审核。

（二）合法性审查和职能界定审查。省水利厅政策法规处、人事教育处对有关处室、单位提交的调整事项进行合法性审查、职能界定审查，在《浙江省水利厅网上运行事项基本信息变更审批表》上签署审核意见，并报提交处室分管厅领导审核同意。

（三）提交省有关部门审核。省水利厅人事教育处通过浙江政务服务网行政权力事项管理系统，向省法制办、省编委办提交调整申请。

（四）梳理调整事项信息。待省有关部门审核同意，省水利厅人事教育处负责在浙江政务服务网调整有关权力事项的基本信息。对于新增权力事项，由有关处室、单位梳理事项信息后，省水利信息管理中心负责导入浙江政务服务网。

第十二条　限于特定区域实施的法律、法规、规章设定的行政权力需调整时，由当地水行政主管部门于法律法规规章公布之日起12个工作日内在浙江政务服务网行政权力事项管理系统中发起调整申请，省水利厅政策法规处会同有关处室在5个工作日内完成初审，人事教育处通过浙江政务服务网行政权力事项管理系统提交省法制办、省编委办审核。

第十三条　行政权力事项运行信息需进行调整的，经省水利厅有关处室、单位主要负责人同意，各处室、单位自行在浙江政务服务网更改和维护。

第十四条 权力清单比对规范。根据省统一部署，开展水利条线权力清单比对规范工作。由省水利厅人事教育处牵头，会同有关处室、单位，梳理省、市、县三级权力事项目录，审核地方水行政主管部门提出的修改意见，汇总确定完善意见，并报省有关部门。

第十五条 责任清单实行动态管理。有下列情形之一的，应当在浙江政务服务网对责任清单进行调整：

（一）因职能转变和简政放权，职责有调整的；

（二）履职重点和主要工作任务发生变化的；

（三）新出现部门职责交叉问题的；

（四）事中事后监管制度有调整的；

（五）其他应当予以调整的情形。

第十六条 公共服务事项实行动态管理。有下列情形之一的，应当在浙江政务服务网对公共服务事项进行调整：

（一）因公共服务有延伸、拓展的；

（二）因公共服务内容发生变化的；

（三）因公共服务有关信息有更新的；

（四）其他应当予以调整的情形。

第十七条 省水利厅责任清单、公共服务事项调整程序参照权力清单调整程序。

第十八条 涉及省水利厅权力清单、责任清单、公共服务事项重大调整的，经省水利厅办公室、政策法规处、水政处、人事教育处等组成的行政职权清理小组讨论，提交省水利厅厅长办公会议研究决定。省水利厅权力清单、责任清单如有变化，在浙江政务服务网调整时，同步在浙江水利网上公告。

第四章 行政权力网上运行

第十九条 做好省水利厅公文办理系统与浙江政务服务网的衔接。省水利厅行政权力事项在浙江政务服务网运行办理流程，应与在省水利厅公文办理系统运行办理流程一致。列入省水利厅行政权力事项的主项及子项，适宜网上主动办理或接受申报的，须在浙江政务服务网上完成受理、办理的全过程。

第二十条 行政权力在浙江政务服务网上运行时，各岗位工作人员应密切关注行政权力运行进程，及时办理有关事务，提高工作效率。

第二十一条 省水利厅有关处室、单位应确定专人负责发起权力清单、责任清单、公共服务事项调整申请和权力事项运行信息更改维护工作。在发生权力事项增减、人员变动、流程再造等需对网上运行权力事项信息进行调整时，按照第十一条、第十三条规定的程序进行，并将《浙江省水利厅行政权力网上运行事项运行信息变更审批表》留存备查。

第二十二条 省水利信息管理中心确定专人负责行政权力事项所涉及的用户管理、权限配置、数据推送等技术运维工作，并将有关材料留存备查。

第二十三条 行政权力网上运行情况纳入省水利厅有关处室、单位工作考核内容。

第二十四条 本办法自印发之日起施行。

浙江省水利厅 浙江省发展和改革委员会关于印发《浙江省实行水资源消耗总量和强度双控行动加快推进节水型社会建设实施方案》的通知

（2017年3月9日 浙水保〔2017〕8号）

各市人民政府、省级有关部门：

《浙江省实行水资源消耗总量和强度双控行动加快推进节水型社会建设实施方案》已经省政府同意，现印发给你们，本文件自印发之日起施行。

浙江省实行水资源消耗总量和强度双控行动加快推进节水型社会建设实施方案

为贯彻落实《“十三五”水资源消耗总量和强度双控行动方案》（水资源〔2016〕379号）以及《全民节水行动计划》（发改环资〔2016〕2259号）、《水效领跑者引领行动实施方案》（发改环资〔2016〕876号）、《关于推行合同节水管理促进节水服务产业发展的意见》（发改环资〔2016〕1629号）等文件，加快推进节水型社会建设，促进“两富”“两美”浙江建设，制定本工作方案。

一、总体要求

（一）指导思想

全面贯彻党的十八大和十八届三中、四中、五中、六中全会精神，深入学习贯彻习近平总书记系列重要讲话精神，紧紧围绕统筹推进“五位一体”总体布局和协调推进“四个全面”战略布局，牢固树立创新、协调、绿色、开放、共享的发展理念，坚持节水优先、空间均衡、系统治理、两手发力，贯彻落实省委省政府“五水共治”决策部署，切实落实最严格水资源管理制度，控制水资源消耗总量，强化水资源承载能力刚性约束，促进经济发展方式和用水方式转变；控制水资源消耗强度，加快推进节水型社会建设，把节约用水贯穿于经济社会发展和生态文明建设全过程，为全面建成小康社会提供水安全保障。

（二）基本原则

坚持双控与转变经济发展方式相结合。量水而行，因水制宜，以水资源利用效率和效益的全面提升推动经济增长和转型升级，促进水资源承载能力与经济社会发展相协调。

坚持政府主导与市场调节相结合。强化政府目标责任考核，促进双控行动全面实施。完善市场机制，营造良好市场环境，更好地发挥市场在水资源配置中的调节作用。

坚持制度创新和公众参与相结合。制定完善配套政策，创新激励约束机制，形成促进高效用水的制度体系。加强水情宣传教育，推动形成全社会爱水护水节水的良好风尚。

坚持统筹兼顾与分类推进相结合。统筹考虑区域水资源条件、产业布局、用水结构和水平，分类推进各行业、各领域重点任务落实，因地制宜开展节水型社会建设。

（三）主要目标

到2020年，水资源消耗总量和强度双控管理制度基本完善，双控措施有效落实，双控目标全面完成，全省三分之二以上的县（市、区）基本达到节水型社会建设标准。各设区市、县（市、区）用水总量得到有效控制，地下水开发利用得到有效管控，全省年用水总量、工业和生活用水总量分别控制在224.0亿立方米和124.6亿立方米以内。万元国内生产总值用水量、万元工业增加值用水量分别比2015年降低23%和20%以上；农业亩均灌溉用水量进一步下降，农田灌溉水有效利用系数提高到0.6以上。

二、明确目标责任

（四）健全指标体系

严格指标管理，健全省、市、县三级行政区域水资源管理控制指标体系，2016年底前，省完成各设区市、市完成所辖县水资源管理控制指标分解。有序推进跨行政区江河流域水量分配。（责任单位：省水利厅牵头，省发展改革委、省统计局、省经信委等参与，设区市人民政府负责落实，并分解本辖区水资源管理控制指标）

到2020年，建立覆盖主要农作物、工业产品和生活服务行业的先进用水定额体系，定额实行动态修订。严格用水定额和计划管理，强化行业和产品用水强度控制。（责任单位：省水利厅牵头，省经信委、省建设厅、省农业厅等参与）

（五）强化目标考核和责任追究

全面实施最严格水资源管理制度考核，逐级建立用水总量和强度控制目标责任制，完善考核评价体系，突出双控要求。考核结果纳入党政领导班子和领导干部实绩考核评价工作。（责任单位：省水利厅牵头，省发展改革委、省经信委、省建设厅、省农业厅、省统计局、省环保厅、省财政厅、省国土资源厅等参与，各级人民政府负责落实）

建立用水总量和强度双控责任追究制，严格责任追究，对落实不力的地方，采取约谈、通报等措施予以督促；对因盲目决策和渎职、失职造成水资源浪费、水环境破坏等不良后果的相关责任人，依法依纪追究责任。（责任单位：省政府督察室牵头，省水利厅、省发展改革委、省经信委、省建设厅、省环保厅等参与，各级人民政府负责落实）

三、落实重点任务

（六）强化水资源承载能力刚性约束

推进以县域为单元开展水资源承载能力评价工作，建立预警体系，发布预警信息，强化水资源承载能力对经济社会发展的刚性约束。（责任单位：省水利厅牵头，省发展改革委、省建设厅、省环保厅等参与）

落实规划水资源论证制度，完善规划水资源论证相关政策措施，充分考虑水资源承载能力，以水定城、以水定地、以水定人、以水定产。重点推进国民经济和社会发展规划以及城市总体规划、重大产业布局和各类开发区规划水资源论证。（责任单位：省发展改革委、省水利厅牵头，

省建设厅、省经信委、省商务厅等参与）

严格落实取水许可制度。强化建设项目水资源论证，从严核定许可水量，对取用水总量已达到或超过控制指标的地区暂停审批其建设项目新增取水许可。开展节水评估，严格实施取水许可制度，对纳入取水许可管理的单位和其他用水大户实行计划用水管理。新建、改建、扩建项目用水要达到行业先进水平，节水设施应与主体工程同时设计、同时施工、同时投运。（责任单位：省水利厅牵头，省发展改革委、省经信委、省建设厅、省农业厅等参与）

（七）加快推进节水型社会建设

2019年底前，第二批节水型社会建设县（市、区）完成节水型社会建设任务；其他尚未开展节水型社会建设的县（市、区）在2017年全面启动，2020年底前基本完成达标建设。建立长效管理机制，已完成达标建设的县（市、区）应巩固成绩，提升节水型社会建设水平。（责任单位：省水利厅牵头，省发展改革委、省建设厅、省经信委、省机关事务管理局、省财政厅等参与，各市、县（市、区）人民政府负责落实）

推进农业节水，优化调整农业种植结构，大力发展节水农业。加快重大农业节水工程建设，加快大中型灌排骨干工程建设与配套改造，加强田间渠系配套、“五小水利”工程，完善农田灌排工程体系，大力推进高效节水灌溉“四个百万工程”建设，加快灌区节水改造，扩大管道输水和喷微灌面积，到2020年全省高效节水灌溉面积达到400万亩以上。（责任单位：省水利厅牵头，省发展改革委、省财政厅、省农业厅、省林业厅等参与）

抓好工业节水。开展水平衡测试，严格用水定额管理。加大对国家、省鼓励的工业节水先进工艺、技术和装备的推广力度，不断提高工业用水效率。加快推进园区循环化改造，以工业用水重复利用、热力和工艺系统节水、工业给水和废水处理等领域为重点，支持企业积极应用减污、节水的先进工艺技术和装备。到2020年，电力、钢铁、纺织印染、造纸、石化、化工、食品发酵等高耗水行业达到先进定额标准。大力推广工业水循环利用，开展重点行业高耗水企业水平衡测试工作，推进节水型企业、节水型工业园区建设，到2020年，全省建成1 000家以上节水型企业。（责任单位：省经信委牵头，省发展改革委、省水利厅、省财政厅、省建设厅、省质监局等参与）

加强城镇节水，加快推进城镇供水管网改造，推动供水管网独立分区计量管理。禁止生产、销售不符合节水相关强制性标准的产品、设备。公共建筑必须采用节水器具，限期淘汰公共建筑中不符合节水标准的水嘴、便器水箱等用水器具。加快推广普及生活节水器具，到2017年，全省城市节水器具普及率达到90%以上；加快城镇供水管网改造，到2020年，县级以上城市公共供水管网漏损率控制在10%以内。推进学校、医院、宾馆、餐饮、洗浴等重点行业节水技术改造，全面开展节水型公共机构、居民小区建设，到2020年，全部省级机关建成节水型单位，50%以上的省级事业单位建成节水型单位；50% 以上的市、县（市、区）级机关建成节水型单位。（责任单位：省建设厅、省机关事务管理局牵头，省水利厅、省发展改革委、省教育厅、省卫计委、省质监局、省财政厅等参与）

（八）加强地下水管理

严格执行杭嘉湖、甬台温地区地下水禁采区、限采区管理制度，建立和落实长效管理机制。建立地下水监测网络，实现地下水动态监测。未经批准的和公共供水管网覆盖范围内的自备水井，一律予以关闭。在地表水供水管网能够满足用水需求时，建设项目自备取水设施禁止取用承压地下水、限期封闭承压地下水井。（责任单位：省水利厅、省国土资源厅牵头，省发展改革委、省建设厅、省农业厅等参与）

（九）统筹配置和有序利用水资源

合理有序使用地表水、控制使用地下水、积极利用非常规水，进一步做好区域水资源统筹调配，减少水资源消耗，逐步降低过度开发河流和地区的开发利用强度，退减被挤占的生态用水。加快完善区域水资源配置，强化水资源统一调度，统筹协调生活、生产、生态用水。大力推进非常规水源利用，将非常规水源纳入区域水资源统一配置。（责任单位：省水利厅牵头，省发展改革委、省国土资源厅、省建设厅、省环保厅等参与，各级人民政府负责落实）

（十）稳步推进水权制度建设

加快明晰区域和取用水户初始水权，稳步推进确权登记，建立健全水权初始分配制度。2018 年底前完成杭州东苕溪、湖州市开展的水权试点工作。（责任单位：省水利厅牵头，省发展改革委、省物价局等参与，相关市县人民政府负责落实）

（十一）完善价格收费机制

加快水价改革，全面推进超计划用水累进加价和城镇居民用水阶梯水价制度，2020 年底前，全面实行非居民用水超定额、超计划累进加价制度。研究深化农业用水的总量控制和定额管理，探索农业水价改革。（责任单位：省物价局、省水利厅牵头，省财政厅、省建设厅、省农业厅等参与）

严格实施水资源有偿使用制度，切实加强水资源费征收和使用管理，严格按照规定的征收范围、对象、标准和征收程序，确保应收尽收。（责任单位：省水利厅牵头，省财政厅等参与）

（十二）提升水资源计量监控能力

加快推进国家水资源监控能力建设（2016 — 2018 年）项目，2018 年底前实现取水量 50 万立方米以上的工业取水户、100 万立方米以上的公共供水取水户和大型灌区及部分中型灌区渠首实现在线监控并纳入国家水资源监控管理系统。完善省水资源管理系统平台建设，健全水资源计量体系。结合大中型灌区建设与节水配套改造、小型农田水利设施建设，完善灌溉用水计量设施，提高农业灌溉用水定额管理和科学计量水平。（责任单位：省水利厅牵头，省财政厅、省经信委、省农业厅参与）

（十三）加强重点用水单位监督管理

建立健全省级重点监控用水单位名录，将许可水量10万方以上取水户和所有公共供水取水户均纳入省级重点用水单位，强化取用水计量监控，完善取用水统计，建立健全用水统计台账。引导重点用水单位建立健全节水管理制度，实施节水技术改造，提高其内部节水管理水平。（责任单位：省水利厅牵头，省经信委、省建设厅参与）

（十四）加快推进技术与机制创新

加快节水技术推广应用。推进节水和非常规水开发利用领域先进成熟技术成果转化和推广应用。重点推广节水和水循环利用、城市雨水收集利用、再生水安全回用、水生态修复等适用技术；不断完善高等学校、科研院所水资源方面创新平台研发与成果转化考核激励机制，切实强化产学研协同创新。（责任单位：省科技厅、省水利厅牵头，省发展改革委、省经信委、省建设厅、省财政厅、省教育厅、省农业厅等参与）

开展水效领跑者引领行动，定期公布用水产品、用水企业、灌区等领域的水效领跑者名单和指标，带动全社会提高用水效率。培育一批专业化节水服务企业，加大节水技术集成推广，推动开展合同节水示范应用，通过第三方服务模式重点推进公共机构、高耗水行业等领域的节水技术改造，到2020年末，建成一批合同节水管理示范工程。（责任单位：省发展改革委、省水利厅牵头，省经信委、省建设厅、省质监局等参与）

四、完善保障措施

（十五）加强组织领导

各级政府对本地区水资源消耗总量和强度双控工作、节水型社会建设负总责，明确任务分工，创新工作机制，采取有力措施，确保双控目标和节水型社会建设任务完成。省政府有关部门按照职能分工，加强指导、支持和监督管理。

（十六）创新支持方式

各级政府要制定出台节水奖励政策，积极筹措资金，支持重大节水工程建设、节水型社会建设、取用水计量监控等工作任务的落实。要积极探索合同节水管理等新模式，利用政府和社会资本合作（PPP）模式等，鼓励社会资本进入节水等领域。

（十七）夯实管理基础

积极推动水资源管理法制化进程，推进浙江省水资源管理和节约用水立法工作，修订取水许可和水资源费征收管理办法等规章制度，开展水资源管理标准化建设。依法对用水计量设备、设施实施计量监管。

培养、引进水资源管理专业技术人才，构建水资源管理创新团队。加强业务培训，不断提高队伍素质。积极培育水资源技术服务市场，提升水资源管理能力。

（十八）强化公众参与

开展全民节水行动，加强水情宣传教育，培育宣传教育基地，利用新媒体宣传手段，强化社会舆论引导，进一步增强全社会水忧患意识和水资源节约保护意识，形成节约用水、合理用水的良好风尚。大力推进水资源管理科学决策和民主决策，完善公众参与机制，各级政府要依法公开水资源信息，及时发布水资源管理政策，进一步提高决策透明度，健全听证等公众参与制度，对涉及群众用水利益的发展规划和建设项目，采取多种方式充分听取公众意见。

附表：

2020 年各设区市用水总量和用水强度控制目标

设区市	用水总量控制指标				用水效率控制指标		
	用水总量 / 亿 m^3			其中生活和工业用水量 / 亿 m^3	万元 GDP 用水量下降率 /%	万元工业增加值用水量下降率 /%	农田灌溉水有效利用系数
	地表水	地下水	总量				
杭州市	42.75	0.25	43.00	28.40	25	23	0.608
宁波市	23.73	0.07	23.80	14.50	19	16	0.593
温州市	23.70	0.20	23.90	15.20	23	18	0.587
湖州市	19.62	0.08	19.70	6.90	29	23	0.630
嘉兴市	21.90	0.00	21.90	9.20	23	18	0.659
绍兴市	22.00	0.20	22.20	13.20	23	18	0.591
金华市	20.50	0.90	21.40	11.80	25	23	0.581
衢州市	15.50	0.10	15.60	8.10	29	27	0.535
舟山市	1.90	0.00	1.90	1.60	19	16	0.687
台州市	20.46	0.34	20.80	11.40	23	23	0.580
丽水市	9.75	0.06	9.80	4.30	29	23	0.584

浙江省水利厅关于印发《浙江省山塘安全管理办法》的通知

（2017 年 5 月 10 日　浙水农〔2017〕16 号）

各市、县（市、区）水利（水电、水务）局：

为加强山塘安全管理，保障山塘安全正常运行及下游防汛安全，发挥山塘效能，省水利厅组织制定了《浙江省山塘安全管理办法》，现印发给你们，请遵照执行。在执行过程中如有意见和问题，请及时函告省水利厅。

浙江省山塘安全管理办法

第一章　总　则

第一条　为了加强山塘安全管理，保障山塘安全正常运行及下游防汛安全，发挥山塘效能，根据《农田水利条例》《浙江省水利工程安全管理条例》《浙江省水库大坝安全管理办法》等法规、规章，结合本省山塘管理实际，制定本办法。

第二条　本办法所称山塘是指毗邻坡地修建的、坝高 5 m 以上且具有泄洪建筑物和输水建筑物、总容积不足 10 万 m^3 的蓄水工程。

本省行政区域内山塘的注册登记、运行管理、巡查管护、安全认定与评估、报废及综合整治，适用本办法。

第三条　省水行政主管部门对全省山塘安全管理进行业务指导，建立全省山塘统一工作平台，组织拟订山塘的建设、综合整治、运行管理、巡查管护的技术标准。

设区市水行政主管部门对本行政区域内山塘安全管理进行业务指导，督促所属县(市、区)对全省山塘统一工作平台进行信息数据更新。

第四条　县级水行政主管部门负责本行政区域内山塘安全的监督管理，实施山塘注册登记，建立山塘安全监督管理规章制度。

设区市或县级水利、农业、林业、旅游、建设等有关部门和监狱（以下统称山塘主管部门）负责其直属单位所有的山塘安全管理的监督检查。

乡级人民政府（街道办事处）负责本行政区域内农村集体经济组织、民营企业、社会组织、公民所有的山塘安全管理的监督检查。

第五条　山塘所有权人对山塘安全管理负直接责任，是山塘运行管理、巡查管护及综合整治的管理单位或责任主体。

山塘主管部门、乡级人民政府（街道办事处）应定期公布所管辖山塘的安全管理责任人名单，并与山塘所有权人签订山塘安全管理责任书。

第六条　山塘综合整治或建设必须符合相关技术标准。

高坝山塘综合整治或建设还必须符合涉及大坝安全的国家和行业技术标准。

第七条　符合下列条件之一的山塘，应当通过降低溢洪道堰顶高程、扩大溢洪道泄洪能力、总体降低坝高等削减山塘总容积的方式进行综合整治，并在综合整治前由山塘所有权人在与山塘有关联的自然村和行政村予以公示：

（一）原功能萎缩或部分被其他措施替代但尚存在利用价值，削减山塘总容积后可保证山塘及下游防洪安全的；

（二）存在严重质量问题但实施报废有难度，削减山塘总容积后可正常发挥相应功能，并保证山塘及下游防洪安全的；

（三）原功能基本丧失但实施报废有难度，削减山塘总容积后可保证山塘及下游防洪安全的；

（四）对公共安全或者生态环境构成严重威胁，削减山塘总容积后可保证山塘及下游防洪安全的；

（五）因其他原因需要削减山塘总容积的。

第二章　注册登记

第八条　山塘主管部门、乡级人民政府（街道办事处）应组织所有权人向县级水行政主管部门申报注册登记，并提交山塘主要技术经济指标资料和山塘注册登记表。

第九条　县级水行政主管部门利用全省山塘统一工作平台对山塘予以注册登记，并于每年3月底前更新山塘统一工作平台信息数据。

第十条　已注册登记的山塘有下列情况之一的，应在3个月内向县级水行政主管部门办理变更事项登记：

（一）完成综合整治的；

（二）所有权人发生变化的；

（三）山塘主管部门或山塘所在乡级人民政府（街道办事处）发生变更的。

第十一条　经批准报废的山塘，山塘主管部门或乡级人民政府（街道办事处）应当在组织实施报废完成并验收后15个工作日内向县级水行政主管部门办理注销手续。

因工程建设或其他原因占用、拆除的山塘，山塘主管部门或乡级人民政府（街道办事处）应当在开始实施后15个工作日内向县级水行政主管部门办理注销手续。

第三章　运行管理

第十二条　山塘管理范围应报经县级人民政府批准，由山塘主管部门或乡级人民政府（街道办事处）组织设置界桩和公告牌。任何单位和个人不得擅自移动、损坏界桩和公告牌。

在山塘管理范围内不得增设与山塘安全管理无关的建筑物和构筑物，也不得进行爆破、打井、采石、采矿、取土、造坟等危害山塘安全的活动。

第十三条　山塘坝顶原则上不作为交通道路，只有满足必要的安全通行条件方可通行车辆。不具备通行条件的应当设置隔离设施。

山塘坝顶确需兼做公路的，公路主管部门应设置相应的安全设施和交通标志、标线，采取相应的安全加固措施并承担日常维护。

第十四条　高坝山塘和屋顶山塘所有权人必须按照国家和省有关技术标准，根据山塘安全监测和检查的实际需要，设置必要的安全监测设施。应设置安全监测设施但未设置的，或安全监测设施损坏失效的，应予以补设或修复。发现山塘有异常情况，应及时报告山塘主管部门、乡级人民政府（街道办事处），并采取防范和保护措施。

第十五条 任何单位和个人利用山塘开展旅游、养殖等经营活动，不得影响山塘运行，危害山塘安全，破坏生态环境。

通过租赁、承包或使用权流转等方式利用山塘开展旅游、养殖等经营活动，经营者应当协助所有权人做好山塘安全管理有关工作，具体可通过合同予以约定。

第四章 巡查管护

第十六条 山塘所有权人负责山塘的日常运行管理工作，依照有关规定落实巡查管护人员和巡查管护经费。

高坝山塘和屋顶山塘所有权人应当建立健全日常维护、安全运行、应急处置等相关制度，加强日常巡查、维修养护、控制运行等工作，完善技术档案，规范操作规程，保障工程完好和运行安全。

第十七条 巡查管护人员是山塘所有权人确定的山塘巡查管护具体责任人，其年龄应不超过65周岁、常年居住和生活在山塘所在地附近、身体健康、责任心强、熟悉所巡查管护山塘的基本情况。

巡查管护人员不得同时承担两座以上高坝山塘或屋顶山塘的巡查管护任务。

农村集体经济组织主要负责人不得兼任本农村集体经济组织所有的高坝山塘或屋顶山塘巡查管护人员。

第十八条 山塘主管部门、乡级人民政府（街道办事处）应督促山塘所有权人确定巡查管护人员，每年汛前公布所管辖山塘巡查管护人员名单，并组织一次巡查管护人员业务培训，帮助其了解水工建筑物维修养护规程和有关质量标准、掌握山塘工程运行管理方面的专业知识。年终对所管辖山塘巡查管理工作和巡查管护人员进行年终目标考核。

第十九条 山塘巡查管护的范围：包括坝体、坝趾区、泄洪建筑物、输水建筑物、启闭设备、蓄水区岸坡、管理设施以及水体、水质等。具有供水功能的山塘，应通过观察山塘水生物、水源浊度以及嗅觉等感官性状，关注水体、水质，防范危及饮水安全的事件发生。

第二十条 县级水行政主管部门应当依照山塘运行管理的地方技术标准，结合本地的实际情况，具体规定山塘的巡查管护项目及内容并统一记录表式。

第二十一条 高坝山塘、屋顶山塘和作为饮用水源且日供水能力200 t以上的普通山塘的巡查频次依照山塘运行管理的地方技术标准执行。

其他普通山塘的巡查频次可适当放宽。具体由设区市或县级水行政主管部门另行规定。

第二十二条 巡查管护人员在进行巡查时应当注意自身安全。有条件的地方应组织巡查管护人员参加意外伤害保险。

第二十三条 县级水行政主管部门应加强山塘巡查管理的技术指导，抽查复核山塘主管部门、乡级人民政府（街道办事处）对山塘巡查管理和巡查管护人员年终目标考核结果，考核合格的山塘给予一定的巡查经费补助。

对巡查工作到位、责任心强的巡查管护人员，有关部门应给予表彰，对于为保护群众安全或在山塘抢险中做出突出贡献的巡查员，应给予通报表彰。

巡查管护人员不按要求进行巡查、记录不规范、汇报不及时的，可视情况适当扣除其当年的巡查工作报酬；多次发生此类情况的，所有权人应更换巡查管护人员。对山塘出现安全隐患和发生安全事故，巡查管护人员不在现场或在现场知情不报的按有关规定追究责任。

第五章　安全认定与评估

第二十四条　山塘主管部门或乡级人民政府（街道办事处）应组织对高坝山塘和屋顶山塘进行安全技术认定。

高坝山塘和屋顶山塘安全技术认定每10年进行一次，当遭遇特大洪水或工程发生重大事故或发生影响安全的异常现象后，应组织专门的安全技术认定。

第二十五条　高坝山塘和屋顶山塘安全技术认定参照《浙江省小型水库大坝安全技术认定办法》执行，程序和工作内容可适当简化，认定的安全状况区分为危险山塘、病害山塘、正常山塘，具体认定分类标准另行制定。

第二十六条　山塘主管部门或乡级人民政府（街道办事处）应组织对普通山塘进行安全评估。

普通山塘安全评估可以不定期集中成批进行。当遭遇特大洪水或工程发生重大事故或发生影响安全的异常现象后，应组织专门的安全评估。

评估的安全状况区分为病害山塘、正常山塘，具体评估分类标准另行制定。

第二十七条　认定或评估为危险山塘、病害山塘的，由县级水行政主管部门予以公告，并督促山塘主管部门或乡级人民政府（街道办事处）和所有权人及时消除安全隐患。

高坝山塘和屋顶山塘认定为危险山塘、病害山塘的，县级水行政主管部门还应向省和设区市水行政主管部门报告。

第二十八条　山塘主管部门或乡级人民政府（街道办事处）应限期组织对认定或评估的危险山塘、病害山塘进行综合整治或者报废处理。病害山塘也可以降低正常水位或增加泄洪能力运行。

未进行综合整治或者报废处理的危险山塘，必须放空，不得继续蓄水。

第六章　报　废

第二十九条　山塘存在安全隐患，对公共安全或者生态环境构成严重威胁，应当报废的，由县级水行政主管部门组织技术论证，作出强制报废的决定，由山塘主管部门或乡级人民政府（街道办事处）组织制定报废实施方案并负责组织实施。

第三十条　山塘需要报废且不属于前条情况的，山塘主管部门或乡级人民政府（街道办事处）应当依法组织技术论证，制定报废实施方案，报县级水行政主管部门批准后组织实施。

第三十一条 山塘实施报废前，山塘主管部门或乡级人民政府（街道办事处）应在与山塘有关联的自然村和行政村予以公示，内容包括山塘概况、运行情况和效益、报废理由、所有权人或利害关系人的意见等。

第三十二条 山塘报废实施方案的内容应当包括山塘工程概况、运行现状和效益、报废理由、报废技术措施（拆除挡水建筑物、排洪安全措施等）、经费预算、报废后土地利用方案，报废对下游防洪影响和采取的相应措施等。

第三十三条 县级水行政主管部门应组织对山塘报废实施方案进行技术审查，并对山塘报废工作实施监督。

第三十四条 山塘报废应严格按照批准的实施方案组织实施，确保防洪安全，不留隐患。

第三十五条 山塘报废实施完成后，由县级水行政主管部门组织验收，并有山塘主管部门、乡级人民政府（街道办事处）、所有权人及相关部门参加。

第三十六条 山塘报废后适宜改造成耕地的，应优先向当地国土部门提出申请并改造成耕地。

第七章 附 则

第三十七条 本办法所涉及术语解释：

（一）高坝山塘，是指坝高 15 m 以上的山塘。

（二）屋顶山塘，是指失事后可能导致人员伤亡或房屋倒塌的山塘。一般同时具备以下条件：集雨面积 0.1 km^2 以上、坝高 5 m 以上且不足 15 m、下游地面坡度 2 度（3.49/100）以上且 500 m 以内有村庄、学校和工业区等人员密集场所。

（三）普通山塘，是指坝高 5 m 以上且不足 15 m 的非屋顶山塘。

（四）坝高，是指建基面至坝顶之间的高差，可以按背水坡脚与顶部之间的高差计算。

（五）坡地，是指地面坡度 2 度（3.49/100）以上的区域。但不包括河道岸坡和堤防。

（六）报废，是指废除符合下列条件之一的山塘蓄水功能所采取的安全处置措施：（1）原功能丧失或被其他工程措施所替代，且无水资源进一步开发利用价值的；（2）存在严重质量问题，无法蓄水或挡水建筑物失去挡水功能，且原有功能可采取其他工程措施替代的；（3）对公共安全或者生态环境构成严重威胁，削减容积后仍不能保证山塘及下游防洪安全的；（4）因其他原因需要报废的。

第三十八条 坝高 2.5 m 以上且不足 5 m 的低坝山塘可参照本办法执行，具体由设区市或县级水行政主管部门另行规定。

第三十九条 下列工程不适用本办法：

（一）水电站蓄水建筑物、引水建筑物。

（二）河道上的拦水坝，包括堰坝、橡皮坝、翻板坝、闸坝、拱坝、重力坝等。

（三）挡水建筑物高度不足 2.5 m 的湖荡池塘。

（四）四周均为平地（地面坡度不足 2 度）的蓄水工程。

第四十条 山塘抢险依照《水库抢险管理暂行办法》（浙防汛〔2002〕39 号），由县级人民政府制定相应的管理规定。

第四十一条 本办法由省水利厅负责解释。

第四十二条 本办法自 2017 年 8 月 1 日起施行。《浙江省山塘巡查管理办法（试行）》（浙水农〔2008〕24 号）《浙江省山塘降等与报废管理办法（试行）》（浙水农〔2014〕41 号）同时废止。省水利厅以前出台的有关山塘安全管理的规定与本办法不一致的，以本办法为准。

浙江省水利厅关于印发《浙江省市县年度水利工作综合考核办法》的通知

（2017年6月5日　浙水办〔2017〕5号）

各市、县（市、区）水利（水电、水务）局，厅机关各处（室、局）、总站，厅直属各单位：

现将《浙江省市县年度水利工作综合考核办法》印发给你们，请认真贯彻执行。

浙江省市县年度水利工作综合考核办法

第一条　为促进“五水共治”等水利中心工作任务的落实，本着规范和简化考核工作的原则，特制定本办法。

第二条　年度水利工作综合考核按照“聚焦重点、注重实绩、鼓励先进、考核减负”的原则，体现先进性、导向性和激励性。

第三条　年度水利工作综合考核在省水利厅党组领导下进行，考核工作小组具体负责，省水利厅办公室组织实施。考核结果报省水利厅党组会议审定后发文公布。

第四条　按设区市和县（市、区）2大类实行分类考核。考核分优秀、合格和不合格3个等次。

第五条　考核时段为当年1月1日至12月31日，考核工作原则上安排在下一年度的第一季度进行，实行网上考评。

第六条　根据省委、省政府下达的水利工作责任制考核年度目标任务和省水利厅年度工作要点等建立否决清单、重点工作清单、激励清单等“三张清单”，按照清单内容考核各市县水利建设、管理和改革等工作成效。清单内具体项目根据各年度工作重点进行调整。

第七条　否决清单即一票否决事项，考核时由相关处室提出否决建议名单，考核小组评审，报省水利厅党组审定。重点工作清单即年度重点工作任务，考核采取网上评分与现场核查相结合的方式进行，按照重点工作实际完成情况进行赋分。激励清单即引领水利发展方向的改革创新加分项目，由市县申报，考核小组会同相关处室共同评审，报省水利厅党组审定。

第八条　考核实行百分制。设区市水利部门由省水利厅领导综合评分、处室（单位）评分组成，分值分别占30%和70%；县（市、区）水利部门由省水利厅领导综合评分、处室（单位）评分、“千人万项”指导组评分、设区市水利部门评分组成，分值分别占20%、70%、5%和5%。激励清单加分总分不超过10分。

第九条　为简化考核程序，提高考核效率，减少主观因素，更好地体现公平公正，考核采取处室（单位）、“千人万项”指导组、市级水利部门先行平行打分，省水利厅领导再根据总体评价情况进行综合评分的方式进行。

各赋分处室（单位）须根据重点工作

清单具体事项，制定打分细则，对照市县实际完成工作情况，按0.5分的倍数进行分档扣分；“缺项”按该水利部门相关项目得分加权平均给分。省水利厅领导综合评分、“千人万项”指导组评分、设区市水利部门评分按照“好”“较好”“一般”3档评定，分值折算系数分别为“1、0.8、0.6”，对一个市范围内的县（市、区），评定“好”“较好”的比例各控制在40%以内。

第十条　考核总得分由重点工作清单网上评分和激励清单项目加分分数累加产生，按得分高低分类进行排序。

第十一条　年度考核优秀的市、县（市、区），优先推荐参评省政府水利“大禹杯”，并在省级项目计划、资金安排等方面给予支持。考核结果将作为年度省级以上资金分配原则中“绩效因素”的主要依据之一。

第十二条　本办法由省水利厅办公室负责解释，自发布之日起施行。原年度水利工作综合考核有关规定同时废止。

浙江省水利厅关于印发《浙江省水利新技术推广指导目录管理办法（试行）》的通知

（2017 年 9 月 19 日　浙水科〔2017〕4 号）

各市、县（市、区）水利（水电、水务）局，各有关单位：

为推动科技创新成果转化，促进新技术在水利建设管理中的推广应用，规范水利新技术推广管理工作，省水利厅组织制定了《浙江省水利新技术推广指导目录管理办法（试行）》，现印发给你们，请遵照执行。在执行过程中如有意见和问题，请及时函告省水利厅。

浙江省水利新技术推广指导目录管理办法（试行）

第一条　为推动科技创新成果转化，促进新技术在水利建设管理中的推广应用，并规范水利新技术推广管理工作，根据《中华人民共和国水法》《中华人民共和国促进科技成果转化法》《农田水利条例》《浙江省促进科技成果转化条例》等有关规定，结合浙江省实际，制定本办法。

第二条　本办法所称水利新技术，是指与当前浙江水利发展水平相适应，涉及水资源开发、利用、节约、保护、管理和水害防治等领域的先进适用新技术、新产品、新材料和新工艺。

第三条　根据浙江省水利建设管理需求和科技发展水平，按照技术先进、经济适用的原则遴选水利新技术，制定《浙江省水利新技术推广指导目录》（以下简称《推广目录》）。

第四条　《推广目录》的制定和发布遵循客观、科学、公开、公正的原则，接受社会监督。

第五条　省水利厅负责《推广目录》的制定和发布，省水利科技推广与发展中心（以下简称省推广中心）具体承担《推广目录》的编制、入选新技术的宣传推广以及应用评估工作。

第六条　省水利厅根据浙江省水利事业发展需求公开向社会征集列入《推广目录》的水利新技术，具有独立企事业法人资格的新技术持有单位或者个人均可申报。

第七条　列入《推广目录》的水利新技术应同时具备下列条件：

（一）符合国家产业、技术政策，不涉及国防、国家安全的保密内容；

（二）工艺成熟、技术先进、经济合理；

（三）具有国内应用实例，应用时间一年以上；

（四）技术适应性强，推广应用前景广阔；

（五）知识产权权属明确。

第八条　申报方应提交以下资料：

（一）申报书；

（二）企业工商营业执照、事业单位法人证书、个人持有者身份证明等复印件；

（三）专利证书或其它知识产权证明文件；

（四）具有相关资质的部门出具的技术性能、产品质量检测报告；

（五）应用报告、鉴定报告、获奖证明等资料。

第九条 省推广中心负责对申报资料完整性和符合性进行形式审查，提出审查意见，并书面通知申报方。

第十条 《推广目录》实行专家评审制，专家组人数为不少于5人的单数，按领域分类对新技术的安全性、可靠性、先进性、适用性、应用情况及推广前景等进行综合评审，提出技术入选《推广目录》建议。

第十一条 评审结果在浙江水利网、浙江水利科技服务网进行网上公示，公示期为10个工作日。

第十二条 评审结果经公示无异议后，提交厅长办公会议审议，审议通过后发布《推广目录》，并向新技术持有者颁发《浙江省水利新技术推广证书》（以下简称《推广证书》）。

第十三条 《推广目录》发布的信息包括技术名称、性能指标、适用范围、持有者、联系方式等。

第十四条 《推广目录》自发布之日起有效期3年，有效期满后，技术持有者可重新申报。

第十五条 县级以上水行政主管部门应当加强对水利科技成果转化工作的组织领导，通过制定政策措施，提倡和鼓励相关单位在水利工程建设管理中优先选用《推广目录》中的新技术。

第十六条 有下列情形之一的，取消该项技术列入《推广目录》的资格，公告《推广证书》作废，申报方3年内不得再次申报《推广目录》：

（一）在国家有关产品质量监督检查中不合格的；

（二）实际应用中不能按照申报的性能指标提供技术服务的；

（三）违反相关法律、法规的其他行为。

第十七条 伪造、假冒《推广目录》的，将依法追究相关责任。

第十八条 本办法由省水利厅负责解释。

第十九条 本办法自2017年11月1日起施行。

浙江省水利厅关于加强重大水利工程质量管理的意见

（2017 年 10 月 23 日　浙水治〔2017〕4 号）

各市、县（市、区）水利（水电、水务）局，厅直属各单位，各有关单位：

质量是水利工程的生命，百年大计，质量第一。近日，中共中央、国务院部署开展质量提升行动，要求加强全面质量监管，全面提升质量水平；历届省委、省政府高度重视水利工程建设，全省各级水利部门始终将工程质量作为重中之重狠抓落实。2013 年省委、省政府作出“五水共治”重大决策部署以来，浙江省在加快推进水利建设的同时，稳步提升工程质量和安全，连续多年在水利部水利建设质量工作考核中位列前茅，并涌现出了曹娥江大闸、杭州三堡排涝等一大批优质工程。水利工程在应对历次洪水、台风和高温干旱中发挥了重要作用，有效地保障了防洪安全、供水安全和粮食安全，为浙江省经济社会发展做出了巨大贡献。

在当前水利大投入、大建设、大发展的新形势下，全省正在奋力推进百项千亿防洪排涝工程，但水利工程建设中仍不时出现质量问题，历次的稽察、检查和“千人万项”服务发现还存在对工程质量重视不够、前期工作深度不足、施工现场管理不到位等问题。为着力打造优质精品工程，严格落实工程质量终身负责制，确保经得起历史检验，充分发挥水利工程综合效益，树立良好的行业形象，经研究，提出以下工作意见：

一、加强建设项目全过程质量管理。项目法人是工程建设管理的主体，要建立健全质量管理体系，严格控制参建各方质量行为。勘察设计单位要严格执行国家技术标准，精细化设计，提供真实可靠、满足深度要求的勘察设计成果。施工单位要严格按照设计图纸、技术标准和工程合同施工，严格工序管理，认真开展施工质量检验和评定。监理单位要严格执行旁站、巡视、跟踪检测和平行检测等有关规定，切实发挥质量控制作用。以姚江上游西排工程为试点，加快建立全省水利工程建设项目全过程管理平台，实现在建项目管理阳光化、规范化；各级水行政主管部门要积极推广应用全过程管理平台，实时监控建设项目，有效遏制和减少工程质量事故的发生。（牵头处室：建设处）

二、切实保障可行性研究阶段成果质量。项目法人对前期工作质量负总责，要增强担当意识，根据当地水情和实际需求，在工程建设方案策划、导向上统筹好各方利益，集约节约用地、减少移民数量、控制投资规模。水行政主管部门要进一步改进审查方式，按专业分组开展审查，并组织专家现场踏勘，充分听取各相关方意见建议，重点审核项目合规性、可行性、建设标准、任务规模、投资效益等，从严做好审查工作，对有重大设计缺陷的一律不予通过审查；开展前期成果质量综合评价，定期在全省通报。（牵头处室：计划处）

三、严格初步设计文件审查把关。进一步强化初步设计文件的审查，重点是地质、结构、水文等专业。充分依托省水利水电勘测设计协会，组建初步设计审查专家库，制定专家入库标准，实行分类管理，完善专家考核评价机制和退出机制，不断强化专家审查的专业性和权威性；探索开展建设项目设计质量专家年度评估工作，定期通报评估结果，增强勘测设计单位的行业自律，切实提高其质量意识。（牵头处室：建设处）

四、加强勘测设计单位内部质量管控。严格遵守国家法律法规和相关规划要求，传承发扬“工匠精神”，精心设计，提倡节约，鼓励技术创新，从源头上保障设计工作质量。完善质量内控体系，严格校审流程，加强成果审核，落实质量奖惩措施，对出现质量安全事故的项目，要严肃追究项目经理、设计人、校核人、审查人、核定人的责任；规范实名签认，凡提交行业审查和施工的各类报告、图件，均严格要求手签。加强工程现场勘测，关注工程布置及勘测现场的动态变化，合理扩大勘测范围和深度，确保成果质量；强化现场设代人员配备，加强与参建各方的信息沟通，动态处理现场变化情况；及时总结经验教训，举一反三，杜绝同类问题重复发生。加强人才队伍建设，强化教育培训提高设计人员责任心，鼓励年轻技术人员多下工地现场，通过导师带徒弟等方式加快技术人才培养。强化资信管理，杜绝资质出借、挂靠，严禁成果应用造假。（牵头处室：计划处）

五、督促规范组建项目法人。各级水行政主管部门督促规范组建项目法人，指导建设单位落实质量管理制度。项目法人要加强自身建设，强化人员配备，完善内部制度，加强施工现场管理；细化质量保证合同条款，保障合理设计周期和基础资料质量；加强对关键岗位到岗、履职情况等合同履约的监督检查，杜绝人为降低工程质量；定期开展宣贯培训，切实提高全员质量责任意识。（牵头处室：建设处）

六、质量监督突击检查常态化。改进水利工程建设质量监督检查方式，除确需对接的常规工作外，原则上采取突击检查方式，现场随机确定检测部位、内容，切实提高质量监督效果。开展水利工程建设质量行政执法，加大对建设质量违法违规问题的查处力度。（牵头单位：质监中心）

七、加大查处和稽察整改力度。各地要严格按照水利部《水利工程施工转包违法分包等违法行为认定查处管理暂行办法》的规定，对发现的转包、违法分包、出借借用资质等行为，依法依规进行处理。进一步加大稽察整改力度，将整改落实情况与考核挂钩，并定期进行通报。开展合同履约大检查，规范参建各方行为。（牵头处室：建设处）

八、进一步完善水利工程质量监督机构。各地要充实监督人员，保障工作经费，确保政府质量监督能满足水利工程建设的需要。（牵头处室：建设处）

九、加强质量检测和评定管理。质量检测单位在资质许可范围内承接业务，严格按照相关要求，确保检测数据真实准确，及时提交检测报告；建立不合格台账，及时报告检测不合格项。（牵头单位：质监中心）

本文件自2017年11月25日起施行。

浙江省水利厅关于印发《浙江省水利工程质量检测管理办法》的通知

（2017 年 11 月 10 日　浙水建〔2017〕23 号）

各市、县（市、区）水利（水电、水务）局，各水利工程质量检测单位：

为加强浙江省水利工程质量管理，规范水利工程质量检测行为，提高水利工程质量，省水利厅组织制定了《浙江省水利工程质量检测管理办法》，现印发给你们，请各相关单位认真贯彻执行。各单位在执行过程中如有意见和问题，请及时函告省水利水电工程质量与安全监督管理中心。

浙江省水利工程质量检测管理办法

第一章　总 则

第一条　为规范水利工程质量检测行为，加强浙江省水利工程质量检测管理，根据《建设工程质量管理条例》（国务院令第 279 号）、《水利工程质量检测管理规定》（水利部令第 36 号）及《浙江省检验机构管理条例》等有关法规和规定，结合本省实际，特制定本办法。

第二条　在本省从事水利工程质量检测活动以及对水利工程质量检测实施监督管理，适用本办法。

第三条　本办法所称水利工程质量检测（以下简称质量检测），是指水利工程质量检测单位（以下简称检测单位）或其分支机构依据国家有关法律、法规和标准，对水利工程实体以及用于水利工程的原材料、中间产品、金属结构和机电设备等进行的检查、测量、试验或者度量，并将结果与有关标准、要求进行比较以确定工程质量是否合格所进行的活动。

本办法所称水利工程质量检测单位分支机构（以下简称分支机构）是指水利工程质量检测单位在异地（与工商注册地不同）设立，并取得分支机构设立地计量认证证书、开展水利工程质量检测业务的企业法人分公司。

本办法所称工地试验室，是指水利建设工程参建单位根据工程建设质量控制和检验工作需要，委托检测单位或其分支机构在水利工程建设现场设置的试验室。

第四条　水利工程质量检测是水利工程质量检查、质量评定和工程验收的重要依据，应当遵循独立、客观、公正、诚信的原则。

第五条　县级以上水行政主管部门负责本行政区域内水利工程质量检测单位、分支机构及工地试验室和水利工程质量检测活动的监督管理工作。

第二章　检测单位与检测人员管理

第六条　检测单位应当按照《水利工程质量检测管理规定》（水利部令第 36 号）及《关于开展检验检测机构资质联合审批的实施意见》（浙质联发〔2016〕6 号）的规定，取得由水行政主管部门颁发的水利工程质量检测单位资质证书，并在资质等级许可的范围内承接质量检测业务。

检测单位资质等级及标准、资质等级许可范围等要求按照《水利工程质量检测管理规定》（水利部令第36号）执行。

无相关行业标准或国家标准的特殊质量检测业务，可委托相应的专业检测机构承担。

第七条　检测单位、分支机构及工地试验室应具备开展检测活动所需设施、设备和环境条件，并按照有关规定对仪器设备进行正常维护，进行期间核查或检定。

第八条　检测单位应当委派具有相应从业资格的水利工程质量检测员（以下简称检测员）实施检测。检测员应当具备相应的质量检测知识和能力，并按照水利部相关规定取得从业资格。

检测员不得同时在2个及以上检测单位从业。

第九条　检测单位应加强自律管理。水利工程检测行业协会（以下简称检测行业协会）应根据全省水利工程质量检测行业实际需求组织检测员的培训工作。

第三章　分支机构与工地试验室管理

第十条　检测单位设立分支机构，应在其资质等级许可范围内进行授权。授权内容包括分支机构的负责人、技术负责人、公章、检测项目、期限等。

分支机构应在设立地进行计量认证，并在检测单位资质等级许可的范围内与设立地计量认证项目参数范围内开展质量检测活动。

分支机构的检测员应相对固定，人员专业与数量应满足检测业务需要。

检测单位对分支机构的检测行为及检测结果负责。

第十一条　水利建设工程参建单位根据项目建设需要，可委托检测单位或分支机构设立工地试验室。

设立工地试验室的检测单位或分支机构应经浙江省计量认证部门进行计量认证，并在其水利工程质量检测单位资质等级证书许可的范围内，对工地试验室进行授权。授权内容包括技术负责人、工地试验室的公章、工地试验室可开展的检测项目、期限等。

检测单位对工地实验室的检测行为及检测结果负责。

第十二条　检测单位或分支机构应加强对工地试验室的管理：

（一）工地试验室应满足工程建设相关试验检测要求的环境条件、设施设备和检测人员。

（二）工地试验室配备的检测仪器设备应经过具备检定资质的检定单位检定，并在检定有效期内开展检测工作。

（三）检测单位应制定工地试验室管理制度，规范工地试验室管理，并定期开展针对工地试验室的管理评审、质量体系内审，定期开展与工地试验室之间的比对试验。

第十三条　工地试验室不得对外承揽检测业务。

第四章　检测活动实施

第十四条　全省水利建设工程施工、监理、项目法人等单位应根据工程建设需要，委托具有相应水利工程质量检测资质的检测单位进行质量检测。

第十五条　检测单位、分支机构和工地试验室应依据国家、行业标准开展质量检测活动。在检测标准选用时，应优先选用水利行业标准。若无可参照的国家、行业等标准，可由检测单位提出检测方案，经委托方确认后实施。

第十六条　施工自检、监理抽检、项目法人委托检测的检测项目及检测频次应符合水利行业标准、国家标准及地方标准的相关要求。监理平行检测项目数量按施工自检数量的10%~20%进行。

第十七条　除施工自检外，检测单位不得与所检测工程项目相关的施工单位存在隶属关系或其他利害关系。

承接施工自检的检测单位，不得承接同一水利工程建设项目的监理平行检测或项目法人委托检测。

第十八条　每个检测项目应有2名及以上检测员进行检测操作。

第十九条　施工自检时，对涉及水利工程结构安全的试块、试件及有关材料应实行见证取样。取样员应对进入施工现场的原材料、中间产品抽取或者制作检测试样，项目法人或监理单位派员担任的见证员应对检测试样固定或嵌入唯一性识别标识，对施工现场的取样和送检进行见证，制作见证记录并及时归档。

取样员和见证员应经过培训、具备相应的检测知识和能力，并应在水利工程质量检测管理平台登记。取样员和见证员应对取样和送样负责。

提供质量检测试样的单位和个人对试样的真实性负责。

第二十条　唯一性识别标识由检测行业协会统一发放并记录管理。

检测单位接收检测试样时，应通过浙江省水利工程质量检测平台进行唯一性识别标识的信息比对，比对信息不一致或标识损坏的，检测单位应拒绝接收检测试样。

第二十一条　检测单位、分支机构及工地试验室应按照相关技术规范或标准要求、规定程序，及时出具检测报告，并保证其数据和结果准确、客观、真实。

检测报告经检测人员签字后，由授权签字人签署，并加盖检测单位公章或检测专用章及CMA标志章。

检测报告应统一连续编号，不得随意抽撤、涂改。检测报告应注明见证单位和取样单位的名称，以及见证员和取样员的信息。

第二十二条　检测单位应建立检测结果不合格台账。在检测中发现结果不合格时，有样品的应保存样品，并及时登记检测不合格台账。

涉及存在工程安全问题、可能形成质量隐患或者影响工程正常运行的检测结果应及时报告委托方，同时还应及时报告当地水行政主管部门及项目质量监督机构。

第二十三条　对水利工程质量检测结果存在争议时，由争议各方协商委托双方认可的检测单位进行复检。

第五章 检测信息化

第二十四条 为进一步加强全省水利工程质量检测市场诚信体系建设，健全检测机构信用信息管理，全省建立统一的“浙江省水利工程质量检测平台”（以下简称检测平台）。

第二十五条 检测单位、分支机构及工地试验室可在检测平台进行单位资质、人员资格、检测业务等信息登记后，通过检测平台开展检测活动。

第二十六条 检测平台记载的相关信息是评价检测单位与人员信用的重要依据。

第六章 监督管理

第二十七条 各级水行政主管部门应当按照各自职责，加强对检测单位、分支机构、工地试验室及其质量检测活动的监督检查。主要检查以下内容：

（一）是否符合资质等级标准；是否存在超出计量认证的项目参数出具试验检测报告的行为。

（二）是否有涂改、倒卖、出租、出借或者以其他形式非法转让《资质等级证书》的行为。

（三）是否存在转包、违规分包。

（四）是否按照有关标准和规定进行检测；检测单位和人员试验检测活动的规范性、合法性和真实性。

（五）是否按照规定在质量检测报告上签字盖章；试验检测原始记录、检测报告的真实性、规范性和完整性。

（六）仪器设备的运行、检定和校准情况。

（七）法律、法规规定的其他事项。

第二十八条 县级以上水行政主管部门实施监督检查时，有权采取下列措施：

（一）要求检测单位或者委托方提供相关的文件和资料；

（二）进入检测单位的工作场地（包括施工现场）进行抽查；

（三）组织进行比对试验以验证检测单位的检测能力；

（四）发现有不符合国家有关法律、法规和标准的检测行为时，责令改正。

第二十九条 检测单位、检测人员或其他责任主体存在违法违规行为的，视情节严重程度，纳入不良行为记录或依法依规做出相应处罚。

第七章 附 则

第三十条 本办法由省水利厅负责解释。

第三十一条 本办法自2017年12月15日起施行。

浙江省水利厅关于印发《浙江省水利工程管理考核办法》的通知

（2017 年 12 月 18 日　浙水管〔2017〕46 号）

各市、县（市、区）水利（水电、水务）局、厅直属各有关单位：

为加强水利工程管理，进一步推进水利工程管理标准化、现代化建设，科学评价工程管理水平，保障工程安全，充分发挥工程效益，根据《中华人民共和国水法》《浙江省水利工程安全管理条例》等法律法规和水利部《水利工程管理考核办法》（水建管〔2016〕361 号）等有关规定，省水利厅组织对《浙江省大中型水利工程管理考核办法》（浙水管〔2015〕46 号）进行了修订，现印发给你们，请认真贯彻执行。各地在考核工作中如果有修改意见与建议，请及时反馈省水利厅。

浙江省水利工程管理考核办法

第一条　为加强水利工程管理，科学评价工程管理水平，保障工程安全，充分发挥工程效益，根据《中华人民共和国水法》《浙江省水利工程安全管理条例》和水利部《水利工程管理考核办法》（水建管〔2016〕361 号）等有关规定，结合浙江省实际，制订本办法。

第二条　水利工程管理考核对象是水利工程管理单位（指直接管理水利工程的法人，以下简称水管单位），重点考核水利工程的管理工作，包括对水利工程安全、运行、维护管理考核，以及对水管单位综合管理考核。

第三条　本办法适用的水利工程是指由水管单位直接管理的各类水利工程，包括：大中型水库、大中型水闸、大中型泵站、大中型灌区、河道堤防、海塘、小型水库、山塘、圩区、农村供水工程、农村水电站、国家基本水文测站和调水等工程。

本办法所称河道堤防、海塘包括沿堤（塘）的小型水闸、小型泵站、旱闸、涵闸、通道等交叉建筑物。

第四条　水利工程管理考核工作按照管理权限实行分级负责制。

省水行政主管部门负责全省水利工程管理考核工作的组织指导和省直属水管单位的考核；设区市水行政主管部门负责本行政区内水利工程管理考核工作的组织指导和市本级水管单位的考核；县（市、区）水行政主管部门负责前两项以外水管单位的考核。国电系统的水库管理单位由其主管部门考核，考核结果报省水利厅。

各级水行政主管部门可委托有关单位进行考核。

第五条　水利工程管理考核按不同工程类别执行相应的考核标准。水管单位管理多个类别水利工程的，应按工程类别分别考核，考核综合得分采取加权平均。调水工程按相关工程类别考核标准执行。

水利工程管理考核标准由省水利厅另行制定，并在“浙江水利”网站公布。

第六条 根据水利工程管理考核得分，考核结果分为优秀、合格与不合格。考核年度内出现以下情况之一的，当年的考核结果为不合格。

（一）发生较大及以上安全生产事故。

（二）检查发现突出问题未按期整改。

（三）工程遇设计标准内洪水发生重大险情、出现重大责任事故。

（四）发生其他造成社会不良影响的重大事件。

第七条 水利工程管理考核年度为11月1日至次年10月31日。水管单位根据考核标准应于每年11月20日前完成年度自检并将自检结果报其上级水行政主管部门，其上级水行政主管部门应于12月20日前完成考核并将考核结果反馈水管单位。

县级水行政主管部门应于12月20日前将水管单位考核结果报设区市水行政主管部门，设区市水行政主管部门应于次年1月10日前完成复核汇总，并将考核结果报省水利厅。

第八条 水利工程管理考核结果作为“大禹杯”评比和河长制、水利综合考核等的依据。

第九条 水管单位上一年度考核结果为优秀且同时具备以下条件的，可自愿向省水利厅申报验收。

（一）水管单位综合管理考核的得分率在90%及以上。

（二）完成水管体制改革并通过验收。新成立水管单位的管理体制机制应符合水管体制改革要求。

（三）工程通过竣工验收（包括新建工程、除险加固工程、更新改造和续建配套工程等）。

（四）水库、水闸、泵站、堤防、海塘工程按照相关要求进行安全鉴定，鉴定结果达到一类标准或完成除险加固，其他工程无安全隐患。

申报水利部验收与复核的按水利部《水利工程管理考核办法》及其考核标准等有关规定执行。

第十条 对自检、考核结果符合省水利厅验收标准的水管单位，由各设区市、县（市、区）水行政主管部门向省水利厅申报验收。

第十一条 申报省水利厅验收的水管单位，由省水利厅组织验收。

验收成立专家组，专家组成员中被验收单位所在设区市的专家不得超过三分之一，符合验收标准的，通过专家组验收。通过专家组验收的水管单位经公示、审定后，由省水利厅通报。

设区市、县（市、区）水行政主管部门可对通过水利部、水利厅验收的水管单位及有关人员给予奖励。

第十二条 通过省水利厅验收的水管单位，由省水利厅或委托有关单位每五年组织一次复核，复核结果由省水利厅通报。

第十三条 通过省水利厅验收的水管单位，凡出现以下情况之一的，予以取消。

（一）未开展年度自检和考核工作。

（二）年度考核不合格。

（三）工程安全鉴定为三类及以下（不可抗力造成的险情除外）。

第十四条 设区市、县（市、区）水行政主管部门可结合本地实际，参照本办法制订水利工程管理考核实施细则。

第十五条 本办法由省水利厅负责解释。

第十六条 本办法自2018年4月1日起施行。省水利厅印发的《浙江省大中型水利工程管理考核办法》（浙水管〔2015〕46号）《大中型水利工程管理考核标准》（浙水管〔2015〕48号）同时废止。

重要讲话

浙江省副省长、省防指指挥孙景淼在 2017 年省防指成员暨全省防汛工作视频会议上的讲话要点

（2017 年 4 月 14 日）

2016 年，受超强厄尔尼诺和全球气候变暖影响，浙江省接连遭受了连续阴雨天气、太湖历史第二高水位和台风“莫兰蒂”“鲇鱼”等灾害的严重影响。在省委、省政府的坚强领导下，全省上下紧紧围绕“不死人、少伤人”的目标，牢牢坚持“三个不怕”的理念（不怕兴师动众、不怕“劳民伤财”、不怕十防九空，宁可十防九空，也不可万一失防），省防指和各部门密切配合、周密部署；地方各级党委、政府精心组织、靠前指挥；广大军民团结一心、合力奋战；各级防汛部门积极防御，科学调度，确保了全省主要江河、重要城镇、重点设施的防洪安全，水库、山塘无一垮坝，重要堤防海塘无一决口，城乡供水正常，有力保障了 G20 杭州峰会的成功举办和经济社会的平稳运行，最大程度减轻了灾害损失，与 2001 — 2015 年均值相比，全省受灾人口、直接经济损失、死亡人数分别减少 67%、21%、49%，防洪效益显著。浙江省防汛防台抗旱工作得到了国家防总、水利部和省委、省政府的充分肯定，也受到了广大群众的好评。在此，我代表省政府、省防指，向全省参与和支持防汛防台抗旱工作的广大官兵和干部群众表示衷心的感谢！

2017 年是党的十九大、省第十四次党代会召开之年，是“五水共治”的决胜之年，抓好防汛防台抗旱工作决不能有任何闪失。据气象部门分析，2016 年冬天浙江省气温较常年同期偏高 2.2℃，是 1951 年以来最暖的冬季，1951 年以来浙江省冬季异常偏暖的年份有 6 年，其中有 5 年气象灾害较严重。根据省气象局预测，2017 年浙江省汛期暴雨偏多偏强，部分地区暴雨洪涝灾害偏重；夏季台风偏强并有阶段性高温干旱；强降雨引发的山洪地质灾害和局地强对流灾害天气较重。受气候变化影响，水旱灾害的突发性、反常性、不可预见性更加明显，有些已经超过了以往的认识和经验，防汛防台抗旱形势依然十分严峻，丝毫马虎不得、放松不得，必须全力抓好。

党中央、国务院高度重视防汛防台抗旱工作。习近平总书记强调，防灾减灾救灾是衡量执政党领导力、检验政府执行力、评判国家动员力、体现民族凝聚力的一个重要方面，并提出了“两个坚持、三个转变”

的防灾减灾新理念（坚持以防为主、防抗救相结合，坚持常态减灾和非常态救灾相统一，努力实现从注重灾后救助向注重灾前预防转变，从应对单一灾种向综合减灾转变，从减少灾害损失向减轻灾害风险转变）。这是对我国长期防御各种自然灾害实践经验的深刻总结，也是做好防汛防台抗旱工作的总依据、总遵循。3月26日，水利部部长陈雷亲临浙江检查指导防汛防台抗旱工作；4月12日，太湖防总召开了指挥长会议，研究部署太湖流域防汛防台抗旱工作。省委、省政府高度重视防汛防台和水利工作。省委书记夏宝龙、省长车俊等省领导多次调研指导，决策实施百项千亿防洪排涝工程，2016年底省里还专门召开了高规格会议，省长车俊专门进行了部署，把防洪排涝工作作为“五水共治”的重要抓手。

我们一定要认真贯彻习总书记提出的“两个坚持、三个转变”“一个目标、三个不怕”的总要求，认真落实好国家防总、水利部和省委省政府领导的重要讲话批示精神，迅速行动起来，坚持依法防控、科学防控、群防群控，从最坏处着想、向最好处努力，高标准抓好防汛防台抗旱工作，最大程度减少洪涝台旱灾害损失。

第一，必须强化思想认识，全力抓好队伍建设和汛前检查工作。虽然浙江省近几年防汛工作成效明显，各地也有许多好的做法和成功经验，但防汛防台工作还存在不少“短板”，如部分城市的外排能力普遍不足；山区突发性小流域山洪地质灾害防不胜防；沿海船舶防台保安任务重；部分群众防汛防台意识和自防自救能力还不够强；特别是2016年以来，集中换届后，各级防汛防台责任人绝大部分作了调整，熟悉工作还要有一个过程等等。对此，我们必须认清防汛防台抗旱的严峻形势，牢固树立习总书记提出的“不怕兴师动众、不怕十防九空、不怕劳民伤财”的理念，坚决克服麻痹侥幸心理，决不能掉以轻心。对防汛防台抗旱工作存在的“短板”，要立即进行再研究，再部署，开展一次全面的查漏补缺，坚决排除隐患；对市县新上任责任人员，省里要在5月份进行集中培训，各市县对乡镇村的责任人员也要进行培训，同时，要把防汛防台抗旱工作作为锤炼干部能力的重要平台，打造一支过得硬、能打胜仗的防汛防台抗旱铁军。

第二，必须强化群防群控，全力抓好基层防汛防台体系建设。防汛防台抗旱的关键在基层。各地要坚持分级负责、属地管理为主的原则，强化各级防灾抗灾救灾主体责任，围绕全年防汛防台抗旱工作任务，排出任务表、责任表、时间表，做到任务明确、责任到人、抓好落实。各基层组织要按照“网格化、清单式”管理和定格、定人、定责的要求，进一步完善责任区网格，特别是要针对农村地区、边远山区、城乡结合部等薄弱环节，理顺防汛体制机制，落实防汛责任分工。当前，正值村“两委”换届之际，要做到“换届不换防，换届不换责”，乡镇驻村干部要加强督促检查，发现缺位的要及时明确人员补位，坚决杜绝推诿扯皮，防止出现责任盲区。同时，要认真总结群测群防示范乡镇建设的做法和经验，有序推进群测群防体系建设，深入开展以乡（镇、街道）“七个有”和行政村（社区）“八个一”为主要内容的基层防汛防台体系建设，提高群防群控能力，做到必要时能村自为战、户自为战。

第三，必须强化建管并重，全力抓好百项千亿防洪排涝工程建设和标准化管理。防汛防台抗旱的基础是水利工程。百项千亿防洪排涝工程建设进度情况总体不错，但是，进展不平衡的问题比较突出，一些地方主要是前期滞后项目多。各地务必高度重视，加大建设力度，加快建设进度。

一是要狠抓项目前期。各地要对照目标，细化任务，倒排进度，抓紧抓早，加快项目前期工作。审批部门要围绕大局，勇于担当，优化流程，方便灵活，提高效率。水利部门要加强指导、沟通、协调，倾全系统之力推进项目前期。

二是要狠抓项目建设。各地要切实加强领导，建立健全政府牵头、多部门共同参与的协调机制，落实建设管理力量，实行节点管控，建立盯引机制，盯人盯项目盯进度，确保按计划推进。要对照作战图，加强统筹协调、提前预判，避免局部问题制约总体推进。对一季度滞后的项目，要认真分析，查找原因，加大力度推进。对每个问题涉及的部门要逐一落实责任人，一直跟踪到问题解决，把项目进度推上去为止。同时，对跨汛期施工的重大项目要切实做好安全度汛工作。

三是要狠抓督查落实。各地要继续按照“一月一会商、一月一通报、一季一督查、年终严考核”的要求，定期统计通报，对进度滞后的项目，要及时分析原因，提出对策措施。

要深入推进水利工程标准化管理，以完善标准体系、健全长效机制、建立考核机制、完善信息平台为重点，继续深入推进水利工程标准化管理，并在此基础上，加强洪水调度管理，严格执行江河洪水调度方案和各级防指的调度指令。

第四，必须强化科技和法律手段，全力抓好信息共享和依法防汛体系建设。省防指的防汛指挥平台要进一步完善各类信息，对交通设施、城市重点防范区域、旅游景点、在建大型工程、易燃易爆危化重点区域、架空高压输电线路、救援队伍，避灾场所等数据进行收集处理，省防指各成员单位要积极共享本单位所掌握的空间要素信息，加强信息交流和分析会商，共同集成在防灾减灾信息平台，通过科技化、信息化的手段，做到更加精确的预测预警，为防灾抢险提供科学依据。在科技保障的基础上，还要加强运用法律手段。目前，浙江省防汛防台中的死伤事故，很多是因为群众不肯撤离或者擅自离开避灾场所、不听劝阻强行通过、返回危险区域造成的。为了避免类似事件再次发生，省人大常委会已颁布实施了《关于自然灾害应急避险中人员强制转移的决定》，经省政府常务会议同意印发了《浙江省应对极端天气停课安排和误工处理意见（试行）》，对在遭遇洪水、台风和山体崩塌、滑坡、泥石流等自然灾害情况下，强制转移人员作出了规定。省防指也制定了《浙江省防汛防台抗旱预案管理实施细则》，增强了具体可操作性，各地各部门一定要贯彻落实好，切实做到依法科学防汛防台。同时，要加强对这些法律法规的宣传，进一步增强全社会依法防汛的意识，积极引导社会力量参与防汛抗灾，最大限度地规避灾害风险。

第五，必须强化部门协作，全力抓好统筹协调机制建设。各级防指要加强统一指挥，建立联动机制，强化协调配合，形成工作合力。各地要树立流域一盘棋思想，上下游、左右岸和区域间要发扬顾全大局、服从指挥、团结抗洪的优良传统，坚决服从各级防指的统一指挥和调度。各防指成员单位要按照预案和职责分工，各司其职、通力协作，加强对本系统、本行业防汛抗洪的指导和监督。水利部门要切实加强水利工程安全管理，严格落实水库和重要堤防巡查制度，严格执行“病库限蓄、险库放空”制度，严格执行水利工程控制运用计划，严格执行水库泄洪放水预警制度，杜绝发生因泄洪放水伤人事件。气象、水文、海洋等部门要进一步加强台风暴雨、江河洪水、风暴潮等监测预报和预警，加密监测预报频次，延长预见期，提高精细化预报水平，为防汛防台抗旱科学决策提供技术支撑。国土资源部门要按照全省地质灾害隐患综合治理工作会议要求，今年要减少地质灾害隐患点 1 000 处以上，实施重大地质灾害隐患避让搬迁和工程治理350 个项目以上，减少受威胁 3.5 万人。建设部门要加强市政公用基础设施、房屋、建筑工地、风景名胜区防汛防台抗旱工作和危房、农房安全管理。交通运输部门要加强交通基础设施、在建交通工程和内河交通船舶安全度汛管理工作。农办、旅游等部门要加强对农家乐、景区游客的引导和管理，及时做好劝导、疏散、避险等工作，确保游客安全。经信、安监等部门要加强危化品的生产、存储、使用和造船企业以及尾矿库等采矿区防汛防台安全生产管理。民政等部门要严格按照《避灾安置场所规划管理使用标准（试行）》和《避灾安置场所内救灾物资储备标准（试行）》，新建、改扩建 1 500 个避灾安置点，进一步提升避灾安置场所服务保障水平，做好受灾群众生活的救济救助。公安等部门要加强灾害性天气期间的交通管控工作。希望宣传部门和各类新闻媒体要继续做好宣传发动工作，加强舆情监测和应对，积极引导社会舆论，为防汛工作营造良好氛围。驻浙解放军、武警部队、民兵预备役历来冲锋在前，勇于承担急难险重任务，希望继续发扬传统、再立新功。其他各成员单位都要按照职责分工，狠抓措施落实。各地要切实落实好防汛抢险预案、抢险物资、抢险队伍，确保出险时，队伍拉得出、物资供得上、险情控得住，确保人民群众生命财产安全。

浙江省副省长孙景淼在全省水利工作会议上的讲话

（2017年12月7日）

同志们：

党中央、国务院和省委、省政府高度重视水利工作，党的十九大报告将水利放在基础设施网络建设的首位。11月3日，国务院召开了全国冬春农田水利工作电视电话会议，中央政治局常委、国务院副总理汪洋同志出席会议并作了重要讲话。近日，省委书记车俊同志、省长袁家军同志分别对水利工作作出重要批示。今天，我们专门召开这次会议进行贯彻落实、动员部署。

刚才，我们传达了省委书记车俊、省长袁家军的重要批示，观看了专题片；绍兴市马市长专门作了致辞；宁波市、诸暨市、德清县的领导作了交流发言，都讲得很好，请各地学习借鉴。省水利厅厅长陈龙介绍了全省水利工作进展，并对下阶段工作进行了具体部署，我都赞同，请各地抓好落实。太湖流域管理局的吴局长为我们作了很好的指导意见，希望大家认真学习贯彻。下面，我讲四点意见：

一、水利工作成效显著、经验宝贵

党的十八大以来，习近平总书记提出了“节水优先、空间均衡、系统治理、两手发力”的新时期水利治水方针，党中央、国务院、水利部就水利工作提出了新要求。省委、省政府作出了“五水共治”、提速实施百项千亿防洪排涝工程等重大决策部署。近年来，我们沿着习总书记指明的方向，认真贯彻党中央、国务院、水利部和省委、省政府的决策部署，大兴水利，各项工作继续走在了全国前列。一是防灾减灾抗旱成效显著，成功防御了多个台风和梅汛期洪水，以及历史罕见的2013年夏季高温干旱灾害，直接经济损失占GDP比重明显下降，人员伤亡处于历史最低水平。二是水利工程建设全面提档加速，2013年以来，全省已累计完成水利投资2 404亿元，是“十一五”的2.2倍，开工和建成了一批重大水利工程，投资完成居各省市区首位，获得国务院通报表扬。三是水生态环境明显改善，各地深入开展江河系统治理和水生态文明建设，完成河湖库塘清淤3亿多立方米（2016年以来2亿m^3，前些年每年4 000多立方米）、河道综合整治15 400多公里，建成了一大批“美丽河道”。水资源管理国考连续3年优秀，并获得国务院通报表扬和水利部的奖励。四是改革创新取得新进展，水利系统“最多跑一次”改革成效明显，在全国率先推行水利工程标准化管理，初步实现了工程管理的“制度化、专业化、信息化、美观化”。

总的来看，党的十八大以来的5年，是浙江省水利投资规模最大、综合效益最好、群众受益最多、行业发展最快的5年，也是浙江省水利系统干在实处、走在前列、勇立潮头的5年，对保障人民群众生命财产安全、支撑社会经济发展作出了重要贡献！我代表省政府向所有关心支持水利事业的同志们表示衷心的感谢！

成绩来之不易，其中蕴含的经验和启示值得我们认真总结和坚持：

一是始终坚持以人为本、安全第一。由于特殊的地理位置和气候条件，浙江是一个洪涝、台风等自然灾害多发的省份。我们按照习总书记提出的“一个目标三个不怕”要求，即“不死人、少伤人、少损失”这个总目标，不怕兴师动众；不怕“劳民伤财”；不怕“十防九空”，宁可“十防九空”，也不可万一失防，始终坚持以人为本，把人民群众的生命安全放在首位，绷紧安全这根弦，强化工程措施，健全责任制度，发挥体制优势，按照全面防、主动防的要求，及时把防御自然灾害措施落实到最基层、最前线，科学调度水利工程，全力保障人民群众生命安全、减少因灾损失。保安全是水利工作的首要任务，必须继续全力以赴抓好。

二是始终坚持问题导向、系统治理。我们围绕经济社会发展大局，针对突出的水利问题，集中力量办大事、办最迫切需要解决的事，从砸锅卖铁修海塘、实施百亿水资源保障工程，到“五水共治”“百项千亿防洪排涝工程”，都是在不同阶段解决不同的突出问题。在实施过程中，按照系统治理的思路，综合施策，统筹推进防洪排涝、水环境、水电、水生态、节水、供水排水、围垦以及交通、景观等建设，发挥水利综合效应。“五水共治”就是既坚持问题导向，又体现系统治理最典型、最成功的案例。现在许多河道与城市防洪、航运、居民休闲健身、景观等结合在一起，综合整治，效果很好。

三是始终坚持统筹协调、合力共建。在水利部、太湖流域管理局的关心指导和省委、省政府的正确领导下，各级党委、政府加强对水利工作的领导，发挥部门的职能作用，动员社会各界的力量，同时运用好市场这只手，引入社会资本，形成大兴水利的良好氛围。每项重大水利工程，发改、财政、国土、建设、环保、移民、交通等部门都密切配合，大力支持，合力推进。同时，我们加强了地区之间、部门之间、上下游之间、项目之间的统筹协调，全省一盘棋，上下游一盘棋，集中力量、集聚资源办成了一批重大水利工程。比如浙东引水工程、姚江流域治理防洪排涝工程等等，都是统筹协调、各方共同努力的结果。

四是始终坚持改革创新、勇于探索。习近平总书记曾指出：“浙江改革开发二十多年走过的道路，就是一条在不断克服困难中前进的改革创新之路，就是一段‘发展出题目，改革做文章’的历程”。水利领域也一样，也是靠改革激活各类要素，保障和促进水利事业。比如浙江省积极推进的“河长制”、水利投融资体制改革、水权交易等等，特别是率先在全国推行的水利工程标准化管理，都得到了水利部的充分肯定。我听说，现在水利部几乎每个星期都有部或司局领导到浙江来调研、开会，各省区也经常有领导来学习考察。这说明我们的改革创新的路子是正确的。

二、水利工作责任重大、使命光荣

浙江是江南水乡，因水而名、因水而兴、因水而美，同时浙江水情复杂，深受水患威胁。所以，在浙江抓水利工作，任务尤为艰巨、责任尤为重大、使命尤为光荣。

（一）抓好水利工作，是补齐发展“短板”的迫切要求。水利，既是经济社会发展的基础保障，也是重要的生产力要素，一个地方的发展离不开水利保障。尽管这几年我们大力推进水利建设，水利设施条件、饮用水水质、水环境等都有了明显提升，但与支撑经济社会发展的其他要素来比，水利还存在“短板”。比如，浙江省沿海五大平原集聚了全省1/2以上人口，70%以上生产总值和税收，总体排涝能力仅5～10年一遇；早些年修建的千里标准海塘出现了不同程度的沉降，其中有340 km海塘因沉降较严重或设防标准偏低，存在安全隐患，特别是建设大湾区，迫切需要高标准海塘来护卫；水资源与生产力布局不相匹配，部分地区水资源比较短缺，等等，这些都是浙江省经济社会发展的“短板”，必须抓紧补齐补强。

（二）抓好水利工作，是保障和改善民生的重要基础。党的十九大报告指出，带领人民创造美好生活，是我们党始终不渝的奋斗目标，当然也是水利工作者持之以恒的价值追求。浙江是洪涝台旱灾害多发的省份，如果没有可靠的水利防线，就谈不上城乡居民的安居乐业，更谈不上幸福生活。人离不开水，水是最基本的民生，随着人民生活水平不断提高，对优质的水资源、优美的水环境、安全的水屏障等要求越来越高。但是，浙江省水资源时空分布不均（全年70%降雨主要集中在梅汛期和台汛期；最少的舟山等海岛仅为人均600 m^3，最多的丽水市达人均8 000多立方米），部分江河源头及海岛地区应对持续干旱能力弱，有的地方居民喝的还是河道的水，这都需要我们加快水利建设，优化水资源配置格局，提高水的品质，优化水生态，美化水环境。如2013年高温干旱，正是依靠水库工程和浙东引水、舟山大陆引水等一批引调水工程，全省主要城镇没有出现饮水困难，农田没有大范围受旱，舟山、玉环、洞头、乐清等传统易旱区不仅有水供，也有好水喝，全省没有发生因争水发生水事纠纷。

（三）抓好水利工作，是落实乡村振兴战略的应有之义。党的十九大作出了实施乡村振兴战略的重大决策，强调“三农”重中之重的地位，坚持农业农村优先发展，提出了实现农业农村现代化的宏伟目标，把“三农”工作提高到了新的战略高度。乡村振兴战略的主要目标任务是5句话，产业兴旺、生态宜居、乡风文明、治理有效、生活富裕。水利建设与这5句话密切相关，产业兴旺必须由水利作保障，特别是农业生产更离不开水，而且水利本身也是产业。水是生态之基，生态宜居当然离不开水，环境优美的地方必然有一汪秀水。水利搞好了，就少了水事纠纷，有利于促进乡风文明、乡村治理。实施乡村振兴战略，水利工作大有可为。

（四）抓好水利工作，是建设美丽浙江的重要内容。党的十九大强调，我们要建设的现代化是人与自然和谐共生的现代化。省第十四次党代会提出，在提升生态环境质量上更进一步、更快一步，努力建设美丽浙江。省委十四届二次全会明确要“把省域建成大花园”，“开辟绿水青山就是金山银山的新境界”。浙江的美，首先是美在山水。水是生态系统的控制性要素，建设“大花园”，水利是基础，水生态文明是重点。必须牢固树立山水林田湖草是一个生命共同体的系统思维，更好地发挥水利工程的生态功能，更加重视水生态治理和水环境保护，把创造良好的生态效益摆在突出位置，呵护好绿水青山。

三、水利工作要再立新功、走在前列

党的十九大开启了新时代。浙江要向“两个高水平”迈进，必须要求水利工作乘势而上，再立新功，走在前列，加快推进新时代水利现代化建设。从浙江水利的基础条件和现实需要看，到2022年，全省要建成布局合理、功能综合、保障可靠、适度超前的水利工程体系和系统完备、科学规范、管控有序、运行高效的水利管理体系，实现防洪排涝工程体系更加完善、城乡水资源保障体系更加可靠、江河湖库水生态环境体系更加优良、农业“两区”灌排体系更加高效、依法依标管水体系更加健全、水利科技人才队伍更加过硬，部分地区要率先基本实现水利现代化，为高水平实现水利现代化打好基础。

围绕上述目标，今后5年全省要加快实施“百项千亿”、综合减灾、水资源保障、美丽水网等“四大行动”。

一是实施“百项千亿”行动，打造防洪排涝安全屏障。按照“平安浙江”和“聚焦防洪排涝防灾减灾”的要求，大力推进五大平原骨干排涝、五大江河干堤加固、大中型水库等工程建设，加快开工建设百项千亿防洪排涝工程，集中力量建成一批事关全局、保障性强的防洪排涝重大水利项目，进一步提升防灾减灾能力。5年后，沿海五大主要平原基本实现“强排成网”，排涝能力总体达到20年一遇，主要江河干流防洪能力总体达到20年一遇，90%县级以上城市中心区防洪能力达到50年一遇及以上，重点湾区防潮能力总体达到50～100年一遇。

二是实施综合减灾行动，健全水旱灾害防御体系。按照“两个坚持、三个转变”（坚持以防为主、防抗救相结合，坚持常态减灾和非常态救灾相统一，从注重灾后救助向注重灾前预防转变，从应对单一灾种向综合减灾转变，从减少灾害损失向减轻灾害风险转变）的防灾减灾新理念，重抓基层，系统预防，精准预报，科学调度，在完善基层防汛防台体系、全过程管控防汛防台风险、提升洪水预报精准度、挖掘现有工程防洪能力等方面下功夫，不断完善防汛防台抗旱非工程体系，全面提高防灾减灾综合能力，努力实现“不死人、少伤人、少损失”的目标。

三是实施水资源保障行动，构建高标准安全供水网络。继续完善以重点水源和骨干引调水工程为重点的水资源配置格局，加快实施农村饮水安全巩固提升工程，牢牢守住水资源管理“三条红线”，实现更高效的水资源配置、高标准的农村饮水保障、最严格的水资源管理，进一步提升城乡水资源保障水平，增强人民群众获得感。5年后，县级以上城市湖库型水源地供水人口覆盖率达到95%以上，“一源一备”的供水安全保障率达到95%，基本形成多源共济、库供为主、联调互补的供水格局；农村自来水普及率稳定在99%以上；全省用水总量在“十二五”末基础上保持“零增长”。

四是实施美丽水网行动，凸显江南水乡韵味。按照实施乡村振兴战略和建设“美丽浙江”的要求，以水系连通为抓手，畅通源头活水。以流域治理为手段，打造美丽河湖。以服务“两区”为重点，进一步加强农田水利设施建设，推进秀水田园。积极发挥河网水系在推进“大花园”建设中的核心优势，把重要水域纳入生态空间，完善河湖库塘渠水网格局，切实维护河湖自然健康，努力营造具有诗画江南韵味的生态水网。5年后，水土流失率不超过6.5%，农田灌溉水有效利用系数提高到0.6以上，农业“两区”灌溉保证率达到90%以上。

四、水利工作要真抓实干、创新发展

新时代、新任务、新要求，需要我们进一步解放思想、深化改革，贯彻新理念，落实新举措，实现新发展。

（一）要围绕大局、科学谋水。水是生命之源、生态之基、生产之要，各行各业都离不开水。水利工程是百年大计、千年大计，建设前要深思熟虑，科学谋划，从选址、环保、规划对接多个方面，充分发挥好水利的基本保障服务功能。水利系统要坚持“水跟战略走”的原则，紧紧围绕党委、政府的重大决策部署，着眼长远，根据经济社会发展趋势，主动谋划一批重大水利工程、跨流域的水利工程。省十四次党代会明确提出大湾区、大花园、大通道、大运河建设。大湾区建设，是以杭州湾为重点带动省内其他湾区共同发展，杭州湾是重中之重。要根据大湾区建设规划，对海塘进行一次再排查，对存在沉降等安全隐患的海塘要进行整修，确保海塘的标准和防护能力。要根据大花园建设规划，打造美丽河湖，建设秀水田园，把水利工程建成靓丽的水上风景区。大通道建设，名义上是义甬舟，但涉及公路、铁路、水路运输。浙江由于地理位置特殊，11个设区市和70%的县（市、区）都可以通江达海。诸暨虽然是内陆，但通过浦阳江拓宽疏浚，可以每年吞吐5亿t的货物，大大降低物流成本。大运河建设中，目前浙东运河已打通，下一步需要进一步提升。可以说四大建设都与水利工作息息相关，水利要寻找自身地位和其中含义。要根据城市化和城乡居民用水需求，科学谋划供水问题。水利规划编制要接地气，规划人员要掌握施工地的地理、流域特征和水情，考虑水利工程的多种功能和需求，并与乡村振兴战略、土地利用、城乡建设、生态保护等规划相衔接，确保规划能落地。

（二）要拓展功能、融合兴水。水利工

作要充分认识和善于发挥水利的生产、生活、生态等功能，让水利工程成为综合的、系统的、多功能的工程。

一方面，要大力培育发展水利产业。水，其实也是一门产业，而且也有产业链，除了水利工程、供水，还有矿泉水、水泵、水表、喷滴灌设施、净水设备、水利智能控制系统、河道保洁、水利设施运维、休闲旅游等产业。可以预见，水利工程会越做越少，但水利产业会越做越大、水利产品会越来越多，我们要注重培育水利产业，挖掘潜力，把水利这篇文章做大做活。目前，浙江省社会化特别是企业投入水利的资金还不够多，水利施工企业、规划设计企业、运营管理企业规模都不算大，不少水利企业还是从水利部门分离出去的，市场竞争力有待增强。省水利厅要会有关部门重视支持水利企业做大做强，同时要鼓励和引导有条件的水利企业走出去，积极参与“一带一路”建设。

另一方面，要注重水利的多功能发挥。以往不少地方把河道修成三面光，人掉下去都爬不上来，虽然满足了行洪功能，但工程的美观较差，也影响河道生态。近年来，各地在水利工程建设中越来越注重生态，把防洪排涝与生态景观、休闲、运动、健康、养生等结合起来，河道整治得非常漂亮，既满足了防洪的需要，也成为市民休闲健身的好场所。要深入推进河湖库塘清淤，有效提高淤泥处置减量化资源化水平，并探索建立常态化轮疏机制。积极转变治河思路，坚持流域（区域）系统治理，加大“百河综治”工作力度。巩固河道保洁“全覆盖”成果，保持河流、湖泊、池塘、沟渠等各类水域水体洁净。加快实施农村饮水安全巩固提升工程，提高居民饮水品质。浙江省治水历史悠久，丽水通济堰、宁波它山堰、诸暨古井桔槔灌溉工程已入选“世界灌溉工程遗产”，中国水利博物馆也设在浙江，我们要加强水文化的挖掘和传承，着力将江河湖库打造成乡村生态旅游新亮点，通济堰已经是“古堰画乡”的核心景点。

（三）要两手发力、开放办水。从20世纪五六十年代大兴水利，到千里标准海塘，再到“五水共治”“百项千亿防洪排涝工程”，都是党政领导高度重视、强力组织推动和各方共同参与的成果。同时，我们也要看到，一个健康、充满活力的系统，必定是一个开放、包容性强的系统。只有协调好政府有形之手、市场无形之手和群众的勤劳双手，大家心往一处想、劲往一处使，才能使水利工作集聚更多能量，发挥更好作用。

一方面，要发挥好政府的主导作用。水利具有很强的公益性、基础性、战略性，决定了政府在其中要发挥主导作用。各级政府要加强对水利工作的组织领导、统筹协调，加大投入力度，特别是对事关国计民生、群众安全的重大水利工程，要集中财力、集聚资源、全力推进。这些年，省政府不断增加水利投入，在原基础上再新增和统筹88亿元用于“百项千亿”工程，2018年预算安排省级水利资金也将比2017年继续增加。随着水利建设基金停征、营改增全面推行、政府负债严控和金融放贷从紧，水利资金筹措难度在加大，各地要以“砸锅卖铁”修水利的决心，努力增加财政投入，用足用好抵押补充贷款、重大水利项目过桥贷款和省农业发展投资基金等政策，统筹相关项目资金，用于重大水利工程建设。

另一方面，要发挥好社会力量的作用。虽然水利建设还是以政府主导，但也不能由政府全部包下来，必须让企业和群众来参与。相对于其他领域，水利的市场化、社会化程度还不够高，开放度、竞争性还不是很充分，比如非财政投资比重只有22%，水利工程实行物业化管理的企业只有600多家。必须要扩大开放，创新机制，引导各类主体、人才、资金等先进生产力要素进入水利领域，鼓励他们参与投资、建设、运行、管理等各环节，只要不违反有关规定，服从政府监管和调度，都应支持，让他们为水利发展增添力量。

群众是水利工作的直接受益者，要引导群众参与水利建设、设施管护、运营维护。特别是农田水利工程，以前都是农民出工自己修，现在大多是政府掏钱雇人修，农民很少参与，也就谈不上监督、管护，造成一些农田水利工程建了时间不长就损坏了。我们要加强宣传引导，发挥村级集体组织、村规民约的作用，引导农民群众对自己家门口的工程更上心、更用心。安吉的鲁家，村集体把水利设施、道路等都折算入股，与工商资本合股，开发乡村农家乐，老百姓在水利工程上有实实在在的受益，所以他们维护、使用起来也更用心，对政府来讲，也少了一笔维护费用，一举两得。

（四）要深化改革、创新活水。坚持以推进供给侧结构性改革为主线，以“最多跑一次”为主抓手，加快推广一批试点成熟的改革经验、加快试点一批脉络明晰的改革举措、加快研究一批关键性的改革思路，着力推动水行政审批和服务、农业水价改革、水利投融资、水资源管理、农田水利建设管理等重点领域体制机制改革有所突破，力争打造全国水利系统审批事项最少、办事效率最高、基层和企业获得感最强的省份，进一步增强水利发展的活力。

进一步创新水利投融资体制。坚持“水利为社会，社会办水利”方针，进一步完善政府和社会资本合作的相关政策措施，鼓励社会资本尤其是民营资本通过PPP等模式参与重大水利工程建设运营。如萧山区浦阳江治理工程，由区交投集团担任业主，通过融投资的方式筹集工程建设资金。同时，要在水利产权制度改革等方面加快步伐，研究盘活大中型水库和引调水工程等水利优质资产，探索流域滚动开发、以水养水等模式，通过改革创新破解难题和瓶颈。如德清县先行先试，创新建立水利工程确权抵押融资机制，目前已完成29宗经营权流转，交易金额7 600万元；水利资产抵押融资3单，贷款金额7.9亿元。

大力推进科技创新。浙江省水利科技工作居全国省市区前列，但科技创新永远在路上。省水利厅有2所学校、有设计单位和科研单位，有一定的基础条件，但和华东院比，还是差距不小。要加大水利科技研发力度，努力再出一批重大水利科技成果。继续开展“千人万项”蹲点指导工作，派更多的技术专家下基层，让他们在熟悉基层的过程中，也将自己的科研成果进行实践、提升和总结，在工地上解决问题，推动水利科技进步。

加强水利人才队伍建设。浙江省市县三级水利系统人才队伍已有良好基础，要进一步加强水利科技人才队伍建设，以重大工程、重大平台等为载体，培育和引进高水平水利创新领军人才和团队，建设水利技术创新与推广团队。更加注重加强对年轻科技工作者的培养。要关心基层水利技术人员和技能人员，深化职称评聘制度改革，推动水利技术人员更好地把论文写在浙江大地上，把价值体现在江河湖库中，真正解决先进适用技术落地的“最后一公里”问题。同时，要加强涉水服务队伍、基层防汛防台、农村水利员等队伍建设。

（五）要依法按标、精准管水。按照“法治浙江”“标准强省”的部署，切实加强依法管水、按标准管水。

要进一步加强水法律法规的学习和宣传。严格执法管理，严厉打击涉水违法违规行为，维护良好的水事秩序。要严格规范招投标工作，指导、督促投标单位严格按规定参加。要加强水利工程质量管理。水利工程是要随时准备接受洪水、风暴潮考验的，人命关天，丝毫马虎不得，要严格项目法人制度，把责任落实到个人，严格执行强制性安全标准，充分利用现有信息化手段，加强工程建设全过程质量安全监管，明确建设、勘察、设计、施工、监理等各方的主体责任，落实安全责任终身追究制度。今后一段时间，是水利建设高峰期，各地要牢固树立工程质量与安全生产意识，进一步强化过程监管和安全生产检查，严防工程安全事故发生，确保工程质量经得起历史检验。

要全面落实“河（湖）长制”，构建责任明确、协调有序、监管严格、保护有力的河湖管理保护机制。全面推进水利工程标准化管理，要进一步压实防汛防台责任制，确保及时到岗到位。这项工作已经推行了2年，取得了明显成效，思路对头，路子正确，下一步要以明确责任、理清事权、落实管理人员和经费为重点，大力开展体制机制创新，创新工程管护模式，推进水利工程运行管理信息化建设，强化工程运行“痕迹化”管理，提升水利工程管理的智慧化、精准化水平，什么时候放水、放多少水都要实现精准管理。重要水源地要加强远程监控，严防破坏饮用水安全的行为。

（六）要共建共享、合力治水。水利工程除了防洪排涝供水等功能，还有交通运输、渔业养殖、水力发电、城市景观等功能，这些项目分属不同部门管理，但基础都是江河湖溪。比如，水利与交通是天生的“兄弟”，一个在梅花碑7号，一个在梅花碑4号，两个厅局原来是一个院子办公。交通中有一块工作就是水运，水利中有一块工作就是江河管理，两家内容都有交织。最典型的就是京杭运河二通道工程，完全可以两家共建共享，这样既避免重复建设，又能发挥河道最大效益，一举多得。水利与有关部门要多沟通协调，主动对接当地经济、交通、文化、旅游等产业发展，统筹规划，共建共享，充分利用水利工程的多种功能，发挥综合效益。

目前，重大水利工程进展总体较为顺利，但也遇到资金、土地指标、耕地占补平衡、移民安置等困难和问题，有些工程进展缓慢。项目所在地政府要挂图作战，认真分析原因，对症下药，坚决把滞后项目的进度抓上去。各级发改、财政、建设、环保、国土、移民等有关部门要继续大力支持。省政府督查室和省水利厅要对重大水利工程进行督查。省水利厅要继续开展“千人万项”蹲点服务活动，派出精兵强将指导地方解决困难。

当前，要抓住冬春兴修水利的有利时机，扎实抓好水利建设各项工作。广大水利干部要认真贯彻党的十九大精神，强化使命意识，结合当地实际和岗位职责，找准方位，拉满弓、使满力、勇争先、创一流，做到该抓的项目要勇于抓，该筹措的资金要积极争取，该面上推开的做法要大胆推开。要强化廉政意识，贯彻全面从严治党的要求，严格遵守廉政纪律，确保工程安全、资金安全、干部安全，真正成为践行“干在实处、走在前列、勇立潮头”新要求的水利铁军，为加快推进新时代浙江水利现代化作出应有的贡献！

浙江省水利厅厅长陈龙在全省水利局长视频会议上的讲话

（2017 年 2 月 10 日）

同志们：

这次会议的主要任务是，贯彻落实省“两会”、省委农村工作会议、全国水利厅局长会议等精神，部署 2017 年的重点工作，进一步动员全省水利系统干部职工，实干、苦干、加油干，确保一季度开门红，确保完成全年任务。今天是农历正月十四，还是传统意义上的春节期间。但水利工作需要只争朝夕、争分夺秒。春节期间，千岛湖配水等一些水利工程没有停工，大部分在建重大工程春节后马上复工。春节一过，我们厅领导和全省水利系统干部，就立即开展了“千人万项”下基层蹲点指导服务，目的就是给全省水利干部职工一个强烈的信号，就是不要再沉浸在过节之中了，要“撸起袖子加油干”，抓紧组织开展工作，特别是重大水利项目，要抓紧复工建设。刚才，几位分管厅长已经就各自分管的工作作了具体部署和要求，我都同意，请各地和省水利厅系统各处室、单位认真贯彻落实。下面，我再强调几点意见：

一、充分肯定 2016 年的工作

2016 年，全省水利系统紧紧围绕省委、省政府重大决策部署，牢牢把握有利机遇，敢于担当，勇挑重担，扎实做好 G20 峰会服务保障、防汛防台、“五水共治”、工程标准化管理等水利各项工作，提前超额完成了年度重点目标任务，实现了“十三五”水利改革发展的“开门红”。

一是防汛防台抗旱取得新胜利，把损失降到最低程度。全力防御了太湖历史第二高水位洪水和 14 号、17 号台风等灾害，实现全省水库无一垮坝、重要堤防海塘无一决口，确保了主要河流重点河段、大中城市及重要城镇、重要基础设施的防洪安全。与 2001 — 2015 年均值相比，全省受灾人口、直接经济损失、死亡人数分别减少 67%、21%、49%，防洪效益显著。

二是强力推进水利基础设施建设，启动实施百项千亿防洪排涝工程。全年共完成水利投资 570 亿元，为年度计划的 105%，同比增长 6.5%。全省年度水利投资完成率和中央投资计划完成率均名列全国前茅，并提请省政府启动实施百项千亿防洪排涝工程，掀起新一轮的水利建设高潮。同时，狠抓质量与安全，浙江省再获水利部水利建设质量工作考核 A 级，全省在建重大水利项目未发生质量事故，未发生较大及以上安全事故。

三是率先全面推行水利工程标准化管理，得到水利部充分肯定并在全国推行。制定出台了水库、山塘等 11 类工程 23 项管理规程、办法，1 699 个水利工程完成创建，初步实现了工程管理的“制度化、专业化、信息化和美观化”，并入选了《中国水利报》评选的“2016 年度十大水利新闻”，是唯一入选的地方新闻。水利部部长陈雷在今年的全国水利厅局长会议讲话时指出要在全国推行。

四是加强依法治水，最严格水资源管理制度考核得到国务院通报表扬。深入开展“三改一拆”涉水专项行动，拆除涉水违建 272 万 m^2。在实行最严格水资源管理制度“十二五”期末国家考核中，浙江省 5 项指标均超额完成控制目标，获得“优秀”等次，为全国 5 个成绩突出的地区之一，得到国务院的通报表扬。

五是不断深化水利改革，积极探索体制机制创新。深化水行政审批制度改革，省级行政许可事项减少为 9 项、权力事项减少为 57 项。拓宽水利投融资渠道，全年争取金融贷款 210 亿元，新增农行省分行 500 亿元意向性授信额度，完成 6 个 PPP 项目签约。出台《深化改革推进农田水利建设和管理的意见》，加快推进农田水利建管体制改革，大力推广 10 个市、县典型经验。确定德清县等 5 个农业水价改革省级试点县。临安市出台了全省首个水权改革领域政策性文件。

六是坚决贯彻全面从严治党的部署，党风廉政和作风建设取得新成效。认真贯彻十八届六中全会和省委十三届十次全会等精神，扎实开展“两学一做”学习教育，大力倡导“守规矩、有作为、讲奉献”，坚守“干部不能倒下、不能被抓负面典型”两条底线，牢固树立廉政意识和实干导向。连续开展两年的“千人万项”蹲点指导服务，已成为水利系统从严从实转作风的重要抓手。2016 年累计投入 9 万人次、15 万人日开展现场蹲点指导，共发现问题 1 225 个，解决率达 92.7%。省委副书记袁家军批示予以高度肯定，认为很接地气、很有成效。

能取得这样的成绩，是省委、省政府正确领导、各级党委政府全力支持、全省水利系统广大干部职工兢兢业业、共同奋斗的结果。在这里，我代表省水利厅党组向大家表示衷心的感谢！

二、围绕狠抓落实这一主题，形成苦干实干加油干的良好氛围

成绩属于过去，“翻篇归零再出发”。全省水利系统要深刻领会省委、省政府和水利部对水利工作提出的新任务、新要求，牢牢把握水利发展的新形势、新机遇，一切围绕狠抓落实，形成苦干实干加油干的良好氛围，确保完成各项工作任务。

一是省委、省政府的高度重视，要求水利必须苦干实干加油干。2016 年底，省委、省政府高规格召开全省水利工作会议暨百项千亿防洪排涝工程建设动员大会，作出深入推进“五水共治”、提速实施百项千亿防洪排涝工程的重大决策部署。前几天召开的全省剿灭劣 V 类水工作会议上，省委书记夏宝龙强调，要加快速度将“五水共治”推向纵深，以铁军精神荡涤一切污泥浊水。劣 V 类水剿灭行动“六大工程”中，有一半是水利牵头。昨天刚召开的省委农村工作会议，几位省领导都强调了水利、防汛等工作。这些都充分体现了省委、省政府对水利的高度重视、关心和支持，我们要切实将思想和行动统一到省委省政府的决策部署上来，抓早抓好各项工作落实，不辜负省委、省政府的信任和期待。

二是人民群众的迫切需求，要求水利必须苦干实干加油干。“五水共治”以来，浙江省水利建设持续加快，水利投入连创新高，全省水利系统真抓实干，一大批重大水利工程相继建成并发挥效益，有效保障了人民群众生产生活和全省经济社会发展，得到了省委、省政府和水利部充分肯定。但我们决不能躺在过去的功劳簿上，决不能因此而骄傲自满。应该看到，近年来浙江省极端天气现象增多，超强台风、局部强降雨、流域性洪水等自然灾害频繁发生，不同程度暴露出水利的突出“短板”。省委、省政府主要领导强调指出，要把防洪排涝作为治水的核心任务来抓。省领导的指示、群众的期盼都要求我们水利系统必须牢固树立以人民为中心的发展思想，加快推进防洪排涝工程建设，尽早补齐“短板”，造福百姓。

三是极为有利的发展机遇，要求水利必须苦干实干加油干。当前，全省各地党委、政府高度重视水利工作。许多地方主要领导亲自抓水利，制定出台政策措施，大力度推进水利建设，呈现出“只争朝夕、大干水利”的浓厚氛围。所以水利建设既有中央扩大有效投资、促进经济增长的有利政策环境，又有各级党委政府的高度重视和人民群众的大力支持，有条件、有能力建设过去想建而未建的水利基础设施，发展机遇十分难得。全省水利系统要牢牢把握这一极为有利的发展机遇，以时不我待、只争朝夕的精神乘势而上，以更实的作风、更快的节奏、更高的效率落实各项工作，确保如期完成各类目标任务。

三、突出重点，抓好2017年水利工作任务落实

第一，紧紧围绕“两个坚持、三个转变”，提前部署，灾前预防，全力以赴抓好防汛防台抗旱工作

面对近年来全球气候变化影响加剧、极端天气频繁发生的新形势，习总书记强调指出，坚持以防为主、防抗救相结合，坚持常态减灾和非常态救灾相统一，努力实现从注重灾后救助向注重灾前预防转变，从应对单一灾种向综合减灾转变，从减少灾害损失向减轻灾害风险转变。这是对我国长期防御各种自然灾害实践经验的深刻总结，也是做好防汛防台抗旱工作的总依据、总遵循。我们要按照“两个坚持、三个转变”的要求，早谋划、早部署、早落实，立足于最不利情况，做最充分准备，最大程度降低灾害风险，切实保障人民群众生命财产安全和城乡生活生产用水需求。这里我再强调两点：

一要建好“一个平台”。为进一步完善基层防汛防台体系长效管理机制，省水利厅正在抓紧建设基层防汛防台体系信息管理平台。平台投入使用后，将对村级防汛防台责任人、危险区域、影响对象、人员转移路线、避灾场所等关键信息实行动态更新，对基层防汛防台责任人到岗履职情况实行“痕迹化”管理，实现工作记录全程上网、有迹可循、有据可查，确保形成一张“信息无空白、调度无盲区、管理无死角”的基层防汛防台体系监管网。各

地要按照省防指要求，在3月底前完成相关信息的核对录入工作，并在接下来的汛期中，充分用好这个平台，进一步提升防汛防台工作科学化和精细化水平，确保基层防汛防台体系有效运行。

二要狠抓“两大措施”到位。一个是隐患整改到位。按照国家防总的部署要求，抓早抓实开展汛前检查。一旦发现风险隐患，马上落实整改，限期完成，逐个“销号”，确实难以完成的必须落实度汛措施。特别是对于侵占河道、影响行洪的行为，要与“全面推行河长制”工作结合起来，坚决予以制止。另一个是预案执行到位。在加强监测预警预报的基础上，严格执行各类预案方案，科学有序应对洪涝台旱灾害。特别是涉及到人员转移的，要增加转移提前量，扩大转移面，必要时果断采取停工、停课、休市、封路、关闭景区和强制转移等措施，确保人员安全。同时，要高度重视抗旱工 作，落实抗旱预案。

再特别强调下水文工作。多年来，水文在防汛调度、抢险救灾、抗旱调水、水资源管理等方面发挥着重要作用，提供了关键性的技术保障。但是，浙江省水文工作特别是基层人才队伍建设方面还存在缺编占编、关键岗位水文专业技术人才短缺等问题，比如市、县级水文部门空编率达15.5%，占编率达25.8%，个别市和1/3县没有专职水文情报预报人员等。水文是水利的基础性工作，是防汛调度的重要依据。各市、县（市、区）要高度重视水文人才队伍建设，加强专业技能人才的培养，保持队伍稳定；以全省水利工程标准化管理创建为契机，进一步深化改革，创新运行管理模式，为防汛抗旱、水资源管理等提供坚实保障。

第二，紧紧围绕“把防洪排涝作为‘五水共治’的核心任务来抓”的新要求，大干快上，提速创优，全面推进百项千亿防洪排涝工程等水利建设

2016年全省水利工作会议后，全省水利系统广大干部职工抢抓机遇，振奋精神，在各级党委、政府的带领下，“撸起袖子加油干”，提前完工诸暨永宁水库等6项工程，新开工姚江上游西排等19项工程，以实际行动展现了水利铁军新形象。2017年，根据计划安排，要完成百项千亿防洪排涝工程投资215亿元，比2016年增加25%以上。各地要再接再厉，鼓足干劲，继续保持项目推进良好势头。

一是要咬定目标保进度。省政府与各市政府签订的责任书书中，已明确五年建设目标，各地要对照责任书中的总体要求，做到“三个主动”：主动做好汇报，及早提请当地政府按照“一个项目、一名领导、一套方案、一抓到底”的工作要求，层层签订责任状，逐级落实工作责任，建立健全政府牵头、多部门共同参与的协调机制，3月底前要逐项明确属地县级以上政府领导责任人；主动当好参谋，对照责任书总体时间节点安排，提出逐年分解计划，并适当留出余量，要抓紧制订年度工作计划，把年度任务分解到项、到月、到人，要科学分析重大项目推进中可能存在的问题和难点，早判断、早协调、早解决；主动承担责任，以“千人万项”为载体，逐个落

实水利部门联系领导，倾部门之力推进重大水利工程建设。省级将把百项千亿防洪排涝工程作为“五水共治”考核评价的重要内容，实行每月通报、半年督查、年度考核制度，将完成情况纳入年度工作目标责任制考核范围，对工作不力的单位及相关责任人，予以通报批评、严肃问责。

二是要加快前期保质量。2017年的前期工作任务特别繁重，各地要紧紧围绕年度任务逐一对标，倒排进度、节点推进，确保这批项目顺利推进前期、按期实现开工。要抓“精准度”，进一步明确审查权限和技术审查工作要求，出台“百项千亿防洪排涝工程项目行业审查指导意见”，对“百项千亿”项目库实行动态管理，“千人万项”专家组要做好精准服务。要抓“进度”，各地要以百项千亿防洪排涝工程为重点，对照责任书等年度目标要求，制定并落实月度工作计划，并联同步推进可研及前置专题，及早完成可研批复。要抓“深度”，确保达到规划防洪排涝标准要求，保证工程实施后，五大江河干流堤防、五大平原排涝能力总体达到20年一遇。要抓“力度”，不断提高前期工作质量。省级将加大对前期工作的投入，各地要保证必要的前期工作经费；“千人万项”专家组要发挥技术优势，及时发现和协调解决问题；技术承担单位要优化配置设计力量，做实、做深、做细前期设计报告；技术咨询单位要提前介入服务，及时跟踪把握好项目建设必要性、标准、布局和规模等关键问题。

三是要强化监管保安全。质量是水利工程的生命线。特别是在当前水利建设提速的大背景下，更要切实加强工程质量与安全监管，科学制定方案，强化过程监管，千方百计确保工程质量安全。各地要进一步落实项目法人责任制，以制度手段督质量。一旦发生质量问题，各级水行政主管部门要敢于“亮剑”，严格追责，严肃处理，决不能因为担心处理后工程没人干而姑息放任。同时，要高度重视安全生产工作，最近浙江省接连发生了2起较大和重大人员伤亡事件，再次给我们敲响了警钟。水利工地多，安全风险大，虽然目前水利安全生产形势持续平稳，但我们决不能麻痹大意，要以其他行业事故教训为鉴，认真落实各项安全生产措施，真正做到防患于未然。省水利厅厅属单位涉及面广，情况复杂，省水利厅系统也要抓好安全生产工作。

四是要强化规划保引领。适应当前“大干水利”的新要求，必须切实强化规划引领和导向作用，做到建设一批、筹备一批、谋划一批。今年要着重做好“促体系”“抓重点”。“促体系”，就是要突出水利规划体系管理，修订水利规划管理办法，按一类钱塘江等大江大河流域规划、二类中小河流综合规划、三类其他水利规划进行管理，下一级规划必须服从上一级规划。“抓重点”，就是要突出四大流域综合规划扫尾、三大流域防洪规划报批、中小河流规划编制这3个重点。要尽快修改完善曹娥江、椒江、鳌江、飞云江流域综合规划并完成报批。要引导各方积极参与钱塘江、瓯江、浦阳江流域防洪规划编制，按照“规划促管理”的要求，以编制质量提高管理品质。中小河流规划要引导城镇化进程与流域整体防洪能力相适应，体现河流文化传承和民俗风情，确保综合整治一条、河流美丽一条。同时，要进一步加强调查研究，做好杭嘉湖地区新一轮治理的规划编制。

第三，紧紧围绕“不把污泥浊水带入全面小康”，坚持节水优先，系统治理，深入开展水生态文明建设

一是严格水资源管理。在“十二五”落实最严格水资源管理制度的基础上，我们要以翻篇归零的心态，持续强化水资源管理。要以最严格水资源管理制度考核为抓手，以考促查、以查促改，进一步落实水资源管理“三条红线”，充分发挥水资源的引导约束功能，促进经济结构转型升级。要强化考核结果运用，从2017年起，省对市考核结果将直接纳入省委组织部对各市党委政府主要领导和领导班子绩效考核的内容。要加快推进节水型社会建设，按照国家部署要求，加快实施水资源消耗总量和强度“双控”行动，全面开展以县（市、区）为单元的节水型社会建设，加快国家级和省级水生态文明城市试点建设。

二是全力参与河长制管理。中央决定全面实行河长制，是贯彻新发展理念、建设美丽中国的重大战略。对浙江省水利工作来说，是加强河湖管理保护、推进水生态文明建设的有利机遇。各地要进一步提高思想认识，切实增强使命担当。要加强组织抓落实，省水利厅已专门成立了厅河长制工作领导小组，各地也要抓紧组建水利部门河长制工作小组，狠抓责任落实。各地要在调查研究的基础上，进一步明确河长制的水利目标任务，紧紧围绕中央和省委文件提出的6方面内容，在水资源保护、岸线合理保护和利用、提高行洪排涝能力、优美生态环境等方面做好文章。要完善制度，河湖管理保护是一项十分复杂的系统工程，要以实行河长制为契机，细化和完善部门联动、信息报送等制度，寻求各级各部门的协作支持。

三是全力参与剿灭劣Ⅴ类水工作。省委、省政府部署了全省剿灭劣Ⅴ类水工作，水利承担了河道清淤、生态配水、入河排污口设置审核等主要任务，是打好劣Ⅴ类水剿灭战的主力，要全力以赴、挂图作战，把工作做实做细。全省目前尚有33个省控、市控断面为劣Ⅴ类水，涉及杭州、宁波、温州、嘉兴、绍兴、台州等市的20个县（市、区）。各地要高度重视，按照“一点一策”要求制定消劣计划，逐一明确时间表、任务表、责任表，建立报送制度。省水利厅将每月通报各地消劣工作中的清淤、配水、入河排污口设置审核等进展。

四是全力推进河道清淤。2017年河湖库塘清淤的任务是8 000万m^3，各地要抓紧做好分解落实，将任务细化到具体河段，将责任落实到具体个人。特别是要按照全面消除劣Ⅴ类水质断面的要求，重点做好消除劣Ⅴ类水任务较重的杭州、嘉兴上塘河水系、宁波南新塘河、温州温瑞塘河、台州金清水系的清淤工作，确保劣Ⅴ类水所在区域水系467万m^3（或所在行政区域1 864万m^3）清淤目标如期完成，要加强

淤泥成份检测，无害处置淤泥，防止二次污染。同时，加强对河湖淤泥情况的监测，研究回淤规律，逐步建立轮疏工作机制，着力实现河湖库塘淤疏动态平衡，确保实现“有淤常疏、清水常流”。

第四，紧紧围绕“标准化+”战略，严格创建，务求长效，深入推进水利工程标准化管理

“标准化+”是国家重要战略举措，浙江省是全国唯一的标准化综合改革试点省份，水利工程标准化管理已列入标准化综合改革试点工作第一阶段18项重点试点工作之一。水利工程标准化管理推行这一年来，管理责任进一步明确、管理投入有所增加、管护水平明显提升，水利工程“重建轻管”局面得到一定程度上扭转。但同时，也有些地方还处于被动应付状态，标准化创建流于形式，体制没理顺、责任不明确、经费没保障、人员不落实、要求不落地等问题还不同程度存在。

下一步，我们要突出一个“严”字，以严为先，牢牢抓住“长效”“落地”两个关键节点，严格创建、严格验收、严格管理，切实建立完善工程管护长效机制，切实提升工程管护水平，保障浙江省水利工程安全运行和长久发挥效益。

一是从严把关。磨刀不误砍柴工，宁可创建速度慢一点，也要确保创建质量高、出实效。各地一定要按照“质量第一”的要求，以定职责、定经费、定人员、定标准为核心，抓严抓实创建。对没达到标准化管理要求的工程，一律不能通过验收。

二是从严监管。标准化管理是一个持续提升过程，对已经通过验收工程，不仅要定期组织“回头看”、杀“回马枪”，而且要充分发挥水利工程标准化管理监督与服务平台、运行管理平台的作用，强化工程运行“痕迹化”管理，加大对工程管理单位（责任主体）的监督检查力度，确保管理标准真正落地，工程管理水平不断提升。

第五，紧紧围绕全面深化改革，两手发力，突破瓶颈，探索创新水利发展体制机制

当前是水利发展的黄金期，也是水利改革的关键期，面临着不少难题、瓶颈，必须向改革找动力、求破题。省水利厅经过研究，初步确定了2017年全省水利改革的思路和主要任务，重点在综合改革、水利工程标准化管理、河长制、防洪减灾、水利工程建设管理、水资源管理、农田水利建设管理、投融资体制机制和行业发展能力等9个领域实施“三个一批”改革项目，即加快推广一批试点成熟的改革经验、加快试点一批思路明晰的改革举措、加快研究一批关键性的改革思路。各地要按照中央和浙江省全面深化改革的要求，结合工作实际，主动思考，主动谋划，以改革创新推动水利又好又快发展。

一要以改革增投入。水利建设基金停征后，各地面临更大的资金筹集压力。各级水利部门在积极争取党委政府支持，加大财政性资金投入的同时，要想方设法拓宽投融资渠道，引导更多的社会资本和金融资本投入水利，让更多的水利项目采取

政府和社会资本合作机制建设，进一步营造全民办水利的良好氛围。

二要以改革促管护。加快农田水利设施产权制度改革和创新运行管护机制试点建设，及时总结推广改革经验。积极创新农田水利工程建设和管理机制，进一步调动受益主体的积极性，让工程建得起、管得好、长受益。

三要以改革优配置。稳步推进农业水价改革试点、水权水市场等重点领域改革，以经济手段推进水资源优化配置，提高水资源的利用效率和效益，在浙江省供给侧结构性改革中更积极地发挥水利作用。

第六，紧紧围绕从严加强干部队伍建设，严守底线，敢于担当，全力打造一支勇立潮头的水利铁军

当前和今后一个时期，全省水利工作任务艰巨，责任重大。作为中央和省委省政府水利方针政策的推动者和实施者，全省水利系统干部队伍肩负重大使命，必须认真贯彻党的十八届六中全会和省委十三届十次全会精神，以“铁军”的标准严格要求自己，切实做到履职尽责，尽忠职守。

一要对党忠诚。牢固树立“四个意识”，自觉践行“两学一做”，用习总书记系列重要讲话精神武装头脑、指导实践，在思想上、行动上与中央和省委保持高度一致。在水利工作中进一步强化为民服务的宗旨意识，坚决贯彻落实党的路线方针政策，确保“绝对忠诚”。

二要振奋精神。全省水利系统要继续深入开展“千人万项”蹲点指导服务，省市县三级联动，密切协作，坚持问题导向，追着困难走，围着难点转，解困破难促进度，以实际行动展现“守规矩、有作为、讲奉献”的水利铁军新形象。

三要担当负责。水利干部职工要有强烈的使命感和责任感，爱岗敬业，尽心履职。各地要按照全年各项重点工作任务要求，抓紧排好任务表、时间表、责任表，把任务落实到人，把责任落实到岗，一级对一级负责，加强组织领导和督促检查，切实增强执行力，做到任务有人抓、责任有人负、层层抓落实。同时，在入河排污口审批、水资源费征收、水土保持监管等重点领域，要特别注意依法履职，严防失职渎职风险发生。

四要廉洁自律。要严格执行中央“八项规定”，省委“28条办法”和全省水利行业“六个不准”，持之以恒地反对“四风”，进一步强化“两个责任”落实，筑牢防腐拒变的思想道德防线，坚守“干部不能倒下、不能被抓负面典型”两条底线。2016年湖州市没有一个水利干部因违法违纪而受处分，值得肯定。这里我再强调下，厅系统干部下基层调研或是到地方出差，严禁接受礼金、礼券和土特产，地方水利部门也不得安排和超规格接待。有关党风廉政工作的要求，下旬省水利厅还将召开专题会议进行专门部署。

浙江省水利厅党组书记、厅长陈龙在厅系统“两学一做”学习教育常态化制度化大会上的讲话

（2017年5月22日）

同志们：

2016年以来，省水利厅系统各级党组织按照中央、省委、省直机关工委和省水利厅党组的部署要求，认真开展“两学一做”学习教育，细化“学”的内容、明确“做”的标准、树立“改”的标尺，推动学习教育取得了扎实成效。主要表现在：一是党员干部“四个意识”显著增强。把学习贯彻党章党规作为第一位要求，把学习贯彻习近平总书记系列重要讲话精神作为首要任务，在省水利厅系统党员干部中部署开展了“我为高水平全面小康作贡献”大讨论、“大干水利、提速创优”大讨论，省水利厅党组和各单位党委的中心组学习会发挥了很好的标杆作用，各级党组织通过集中学习、知识问答、手抄党章、考察教育、专题培训等多种形式，进一步深化“联动学习法”，使省水利厅系统党员干部的政治意识、大局意识、核心意识、看齐意识显著增强，更加自觉地在思想上、政治上、行动上同以习近平同志为核心的党中央保持高度一致。二是党内政治生活持续规范。严格对照《关于新形势下党内政治生活的若干准则》和《中国共产党党内监督条例》，全面推进党支部标准化建设，认真落实“三会一课”等党内基本制度，推动组织生活庄重起来，严肃起来，规范起来，广大党员干部得到深刻的党性锻炼。三是党的基层组织建设不断加强。围绕存在的突出问题，坚持问题导向，认真开展党风廉政建设主体责任专项检查以及党员组织关系集中大排查、党费收缴专项检查，抓好基层党组织换届选举，进一步规范党员发展与管理工作，认真做好年度民主（组织）生活会、民主评议党员、党组织星级评定等工作，加强和改进了基层党组织建设中存在的问题和不足，进一步增强党支部的战斗堡垒作用。四是党员先锋模范作用有效发挥。组织动员党员干部在“五水共治”“百项千亿防洪排涝工程”“剿灭劣V类水”“千人万项”、最严格水资源管理、水利工程标准化管理、防汛防台抗旱等重点工作中身先士卒、苦干实干，促进浙江水利事业继续走在前列。涌现了遂昌“9·28”苏村救援群体“浙江骄傲人物”、谷红卫等为代表的“最美水利人”。

5月5日，省委召开推进“两学一做”学习教育常态化制度化工作座谈会，省委书记车俊结合传达贯彻习近平总书记重要指示和中央“两学一做”学习教育工作座谈会精神，对浙江省下一步学习教育工作进行了全面部署。省委书记车俊要求，第一，要提高思想认识、增强行动自觉，抓实抓好推进“两学一做”学习教育常态化制度化这一重大政治任务；第二，坚持马克思主义知行统一观，把真“学”实“做”融入日常、抓在经常；第三，坚持以问题为牵引，建立健全查找解决问题的长效机

制；第四，推动领导干部带头做合格共产党员、合格领导干部，更好发挥“关键少数”的示范带头作用；第五，牢固树立一切工作到支部的鲜明导向，真正把支部建设成为团结群众的核心、教育党员的学校、攻坚克难的堡垒。第六，做好“结合”文章，推动学习教育与中心工作深度融合、相得益彰；第七，切实加强组织领导，形成一级抓一级、层层抓落实的工作格局。5月10日，省委书记车俊在《浙江日报》上发表了题为《坚定不移沿着“八八战略”指引的路子走下去》的署名文章，他提出“牢记绝对忠诚这个第一要求、紧紧抓住发展这个第一要务、始终把人民摆在心中第一位置、增强全面深化改革这个第一动力、坚决扛起全面从严治党这个第一责任”的“五个一”要求，为我们持续深入推进“两学一做”提供了对照目标和努力方向。

下面，我就贯彻落实中央和省委决策部署，推进省水利厅系统“两学一做”学习教育常态化制度化，再强调三点意见。

一、推进“两学一做”学习教育常态化制度化是重大政治任务，必须提高思想认识，自觉、积极投入

推进“两学一做”学习教育常态化制度化，是中央在总结学习教育取得显著成效和积累重要经验基础上作出的重大决策部署。中央座谈会和全省电视电话会议认真学习贯彻习近平总书记重要指示，对推进“两学一做”学习教育常态化制度化作出具体部署。我们要坚持把总书记重要指示作为灵魂和主线，贯穿到学习教育的全过程和各方面。全厅系统各级党组织要充分认识推进“两学一做”学习教育常态化制度化，是重大政治任务，必须提高思想认识，自觉、积极投入。

1. 推进“两学一做”学习教育常态化制度化，是旗帜鲜明讲政治的重要体现。习近平总书记多次强调，讲政治不能纸上谈兵、空喊口号，而是要落实到党的领导、党的建设、党和国家各项工作中去。省委书记车俊在座谈会上指出，推进“两学一做”学习教育常态化制度化，实际上就是政治建设，是重要的政治考量，是旗帜鲜明讲政治的重要体现。省水利厅系统各级党组织要把思想政治建设摆在首位，不断提高政治觉悟和政治站位，不断增强政治意识、大局意识、核心意识、看齐意识，坚定维护以习近平同志为核心的党中央权威和集中统一领导，推动广大党员干部把推进学习教育常态化制度化的要求转化为思想自觉、党性观念、纪律要求、干事动力。

2. 推进“两学一做”学习教育常态化制度化，是全面从严治党的战略性基础性工程。坚持全面从严治党，是党的十八大以来我们党管党治党的一个鲜明特色。一年多来的实践证明，“两学一做”学习教育是推进思想建党、组织建党、制度治党的有力抓手，是全面从严治党的基础性工程，要坚持不懈抓下去。我们要固化深化党的十八大以来浙江省全面从严治党所取得的一系列成果，坚持思想建党、组织建党、制度治党紧密结合，同向发力、同时发力，标本兼治、注重治本，在研究解决管党治党重大问题上不断取得新成效。

3. 推进“两学一做”学习教育常态化制度化，是打造勇立潮头的浙江水利铁军的需要。推动浙江省实现更高水平的发展，关键要靠高素质党员干部队伍。面对新的历史方位，省委提出了打造勇立潮头的浙江铁军的要求。省水利厅党组也提出了打造绝对忠诚、干事担当、干净自律、充满活力的浙江水利铁军和全力投入“五水共治”“百项千亿工程”的要求。要结合推进“两学一做”学习教育常态化制度化，促进省水利厅系统广大党员干部不但在政治上更强，而且在工作能力更强，工作作风更优。要从严加强干部队伍建设，突出实干导向、担当导向，引导广大党员干部弘扬“红船精神”，大力倡导“守规矩、有作为、讲奉献”，脚踏实地干、扎扎实实干，干出浙江水利人的使命担当和形象风采。

二、在全厅系统推进“两学一做”学习教育常态化制度化的主要内容

根据中央、省委关于“两学一做”学习教育常态化制度化的意见和实施方案，省水利厅党组进行了专题研究，制定了实施意见，会上已印发给大家，请各级党组织认真抓好贯彻落实。

1. 坚持完善“三会一课”制度，进一步加强思想政治建设。要突出思想建设这个首要任务，用理想信念为精神“补钙”，持续深化系列重要讲话学习，准确把握蕴含其中的治国理政新理念新思想新战略，领会掌握贯穿其中的马克思主义立场观点方法，进一步增强“四个意识”，更加坚定自觉地在思想上政治上行动上同以习近平同志为核心的党中央保持高度一致。今年的“两学一做”学习教育要突出“迎接十九大，学习十九大，做合格共产党员”这一主题，组织开展好系列学习、教育、宣传、贯彻活动。采取多种形式，进行学习宣讲，做到内化于心、外化于行。要注重学思践悟，结合开展“勇立潮头建新功、党员干部当先锋”大讨论活动，联系思想实际工作实际深化学习，深刻领会习近平总书记“绿水青山就是金山银山”和“腾笼换鸟、凤凰涅槃”等重要思想，深刻领会习近平总书记赋予浙江省的“干在实处永无止境，走在前列要谋新篇”新使命和“秉持浙江精神，干在实处、走在前列、勇立潮头”新要求，组织开展水利先进人物和典型工程的宣传展示等活动，推进省水利厅系统“两学一做”学习教育的深入开展。

2. 坚持加强党支部标准化建设，进一步发挥党组织和党员先锋作用。省委书记车俊强调，要牢固树立一切工作到支部的鲜明导向，真正把支部建设成为团结群众的核心、教育党员的学校、攻坚克难的堡垒。要继续狠抓党支部标准化建设，选好配强党支部班子特别是支部书记，确保党支部充分履行职能。要把“两学一做”作为“三会一课”的基本内容固定下来、坚持下去，推广党支部主题党日，落实组织生活会和民主评议党员制度，各级党组织书记每年至少为基层党员讲一次党课。省水利厅系统各党支部要充分发挥主体作用，进一步强化支部的教育功能、管理功能、

监督功能、服务功能。要坚持以服务引领基层组织建设，结合“千人万项”基层指导服务，建立健全联系服务群众、服务基层的长效机制。

3. 坚持“守规矩、有作为、讲奉献”，切实践行“四个合格”，建设浙江水利铁军。要坚定理想信念，正确把握政治方向，坚定站稳政治立场，坚决维护以习近平同志为核心的党中央权威和党的集中统一领导。要严格遵守党的纪律，特别是政治纪律和政治规矩，把纪律规矩内化为心中戒尺，外化为行动底线，做到心有所畏、言有所戒、行有所止。要把服务水利中心工作作为省水利厅系统加强“两学一做”的最大实践，开展以“促进最多跑一次改革，强服务、强效能”为主题的作风建设专项行动，在“五水共治”“百项千亿防洪排涝工程”“剿灭劣Ⅴ类水”“河长制”、最严格水资源管理、水利工程标准化管理、防汛防台抗旱以及水利事业发展改革等重点工作中，充分发挥党员的先锋模范作用，推动党员服务中心“勇挑重任作表率”、深入基层“联系群众办实事”。加强以党建带工团妇组织建设，开展“浙水青年半月谈”“争当水利青年铁军”等活动，打造“关爱山川河流”志愿服务品牌。

4. 坚持突出问题导向，查找和整改突出问题。党支部要查找分析组织生活是否经常、认真、严肃，党员教育管理监督是否严格、规范，团结教育服务群众是否有力、到位，着力解决政治功能不强、组织软弱涣散、从严治党缺位等问题。省水利厅系统各级党组织要用“改”字贯穿始终，经常查找解决问题，要结合廉政风险排查、失职渎职风险排查以及省水利厅党组全面从严治党主体责任巡察组在巡察中发现的问题和不足，认真查找分析，列出问题清单和整改清单，明确分工责任，建立完善工作台账。要采取有效措施，推动形成党委示范带动、基层积极开展、党员自觉参与的氛围，发扬自我革命精神，一个一个问题整改，一项一项工作推进，实行销号处理，确保学习教育取得实实在在的成果。

5. 坚持“抓住关键少数”“自觉守规矩、带头作表率”。领导干部是“关键少数”，要以身作则、率先垂范，做到带头深化学习、带头讲专题党课、带头严格党内政治生活、带头担当作为、带头改进作风等，以自身的模范行动为党员干部树起标杆，形成上行下效、整体联动的生动局面。要带头深学实学，全面提高马克思主义理论素养，提升用理论指导解决实际问题的水平。要带头做合格党员、合格领导干部，自觉同特权思想和特权现象作斗争，不断改造自己、提高自己。要带头践行“三严三实”要求，敢于担当、勇于负责，奋发有为、建功立业，努力创造经得起实践、人民、历史检验的业绩。要强化普通党员意识，坚持和落实双重组织生活、“三会一课”等制度，多用常用、用足用好批评和自我批评武器，自觉接受党内监督、群众监督和民主监督，在推进“两学一做”学习教育常态化制度化中走在前列、当好表率。

三、加强组织领导，确保“两学一做”学习教育常态化制度化各项工作落到实处

省水利厅系统各级党组织要坚持强化组织领导，把推进“两学一做”学习教育常态化制度化作为全面从严治党的战略性、基础性工程，高度重视，精心组织，增强工作指导、强化监督检查，以钉钉子精神抓常抓细抓长。坚持两手抓、两手硬，坚持“融”这个方法，做到学习教育与日常工作有机融合、相互促进，推进学习教育的各项工作落到实处。

1. 履行主体责任。省水利厅系统各级党组织要切实履行学习教育的主体责任，书记是第一责任人，强化主责主业意识，亲自抓谋划、抓推动、抓落实，领导班子成员要落实“一岗双责”，结合分管工作对相关领域和部门单位党组织加强指导。各单位（部门）要结合实际，专门研究部署，制定学习教育的具体方案（计划），统筹安排，形成一级抓一级、层层传导压力的责任链条。党支部要发挥主体作用，聚焦职责定位，履行好落实、统筹、教育、监督、管理责任。

2. 加强分类指导。针对机关、事业单位、企业、学生以及离退休干部等不同特点的基层党组织，要坚持实事求是、强化分类指导，突出不同的学习重点、采取不同的组织形式、实施不同评价办法，为党支部自主开展学习教育留出空间、创造条件，使学习教育贴近党员、贴近实际。

3. 加强考核评议。把组织开展“两学一做”学习教育情况纳入各级党组织党建工作考核的重要内容，每年结合总结、述职进行检查和评估，作为评价各级党组织及所在单位（部门）党政主要负责人履行全面从严治党主体责任情况的重要依据，层层传导压力，形成责任链条，确保“两学一做”学习教育常态化制度化任务落实落地。

4. 加强督促检查。建立经常性督查指导机制，多途径、多方式了解掌握学习教育情况。要及时总结新鲜经验，加强宣传引导。对检查发现的问题，要及时反馈，督促整改。省水利厅党组将组织专项督查组对全厅系统推进“两学一做”学习教育常态化制度化的情况进行督导检查，对工作落实不力、搞形式走过场的，将严肃批评、追责问责。

同志们，让我们紧密地团结在以习近平总书记为核心的党中央周围，高举中国特色社会主义伟大旗帜，坚持学习学习再学习，坚持实践实践再实践，一步一个脚印，积极推进“两学一做”学习教育常态化制度化，切实抓好浙江水利改革发展各项工作任务，以优异成绩迎接党的十九大和省第十四次党代会胜利召开！

浙江省水利厅厅长陈龙在全省水利系统视频会议上的讲话

（2017 年 7 月 18 日）

同志们：

这次会议是半年度的工作会议。下面，我讲几点意见。

一、充分肯定上半年的工作

2017 年以来，全省水利系统认真贯彻落实省委、省政府的决策部署，按照“以铁军精神全面剿灭劣 V 类水”“把防洪排涝作为‘五水共治’的核心任务来抓”和“最多跑一次”改革等新要求，凝心聚力抓落实，苦干实干加油干，扎实推进水利各项工作，实现了时间过半、任务完成过半。主要体现在：

一是防御梅汛洪水取得重大胜利。2017 年是党的十九大、省第十四次党代会召开之年，抓好防汛防台工作责任重大。梅汛期间，浙江省前后遭受了三轮大面积持续强降雨，全省平均降水量 388.1 mm，是常年梅雨量的 1.55 倍，钱塘江中上游发生仅次于 1955 年的大洪水，杭州、金华、衢州、丽水、绍兴等地局部发生小流域山洪地质灾害，兰溪站出现了最高洪水位 32.04 m 和洪峰流量 14 500 m^3/s，均超过 2011 年“6 • 20”洪水，防汛形势严峻。各级防汛水利部门认真贯彻省委、省政府领导重要批示指示精神，早研究、早部署、早落实，实现了“不死人、少伤人、少损失”的目标。

第一个是及早准备，落实责任。2016 年以来，地方党政和村级干部集中换届，部分地方行政区划进行了调整。各地及时调整充实防指负责人和组成人员，共落实各类防汛责任人 31.7 万人，今天参加会议的很多都是新上任的防汛责任人。组织开展了各类责任人的防汛培训，开展全方位、拉网式防汛安全隐患大排查，对发现的 2 800 处防汛安全隐患，一一落实和整改防御措施。

第二个是建好“一平台”，绘好“一张图”。建好“一个平台”—— 基层防汛体系信息管理平台。完成全省 1 399 个乡（镇、街道）、30 821 个村（社区）各类网格及其责任人相关信息录入，信息系统已投入试运行，并实行动态管理。绘好“一张图”—— 村级防汛防台形势图。共编制完成村级防汛形势图 30 860 幅，其中防汛防台重点村（社区）100% 完成编制任务，并上网、上墙公布告示。

第三个是科学调度，全力应对钱塘江流域性大洪水。面对梅汛连续强降雨的严峻汛情，防汛、水利部门及早分析研判，科学精准调度，充分发挥水利工程的拦洪错峰作用，钱塘江中上游大中型水库共拦蓄洪水 40.7 亿 m^3（新安江水库 28.4 亿 m^3），占富春江水库大坝以上洪量的 30.9%，尽最大努力将洪水威胁降到最低程度。与 2011 年“6 • 20”洪水相比，钱塘江流域洪水造成的经济损失从 84.1 亿元减少至31.56亿元。这里特别要给予表扬的是，在汛情最为紧急的关键时刻，流域上下游团结一致，合力抗洪，衢州、杭州、金华和丽水等市以大局为重，不折不扣地执行省防指调度指令。如在衢江、兰江洪峰来临前，新安江、湖南镇、沐尘、应村水库临时停止发电和泄洪，与衢江干流洪水错峰；富春江水库控制坝前水位到安全运行极限21.50 m达15小时，下泄流量加大至15 000 m^3/s，为建库以来最大值。可以说，为了解“兰溪之围”，穷尽了一切调度手段。据初步分析，由于实施流域水利工程超常规调度，兰江兰溪以上减少下泄流量1 000 m^3/s以上，降低兰溪洪水位15 cm左右。如果没有这些调度，兰溪洪水位将达32.20 m，兰溪段堤防将面临全面超过设防水位（32.10 m）的威胁，防汛抗洪形势将更为严峻。2017年兰溪市灾害比2011年小，内涝受淹面积比2011年减少2/3以上，近年来的水利工程建设和科学调度，功不可没。省委常委会在听取省防指防汛工作汇报时予以高度肯定，特别指出水利基础设施在防汛抗洪工作中发挥了不可替代的重要作用，充分展示了这些年浙江省治水的成效。除了兰溪外，得益于庙源溪、乌溪江、灵山港等一大批中小河流已完成重点薄弱环节建设，钱塘江中上游重要集镇、大片农田设防能力提升显著，基本经受住了流域洪水的考验。

二是百项千亿防洪排涝工程等水利建设保持良好势头。2017年以来，全省完成水利投资275亿元，占年度计划的51%，其中百项千亿防洪排涝工程完成121亿元，占年度计划的56%，钦寸水库等7项重大项目已完工见效，姚江上游西分工程等8项新开工建设（宁波市葛岙水库工程、绍兴市新三江闸排涝配套河道拓浚工程（越城片）、江山市江山港流域综合治理工程、海盐县东段围涂标准海塘工程、嘉兴市北部湖荡整治及河湖连通工程、余姚市姚江上游西分工程、常山县常山港治理二期工程、绍兴市柯桥区瓜渚湖直江柯北段拓浚工程），2017年投资计划和新开工项目均实现了时间过半、任务过半的要求。面对艰巨的建设任务，全省水利系统深入开展“千人万项”蹲点指导，今年投入1 775名干部和专家，目前已发现453个问题，平均解决率达到74%，有力助推了水利建设。

各地党委、政府高度重视水利建设，纷纷采取有效措施。如绍兴市，全市列入责任书的共14项水利工程，目前已完工见效2项，正在建设8项，加快前期4项；2017年计划完成投资27亿元，新开工2项，目前已完成投资29亿元、新开工2项，也就说半年时间完成了全年计划。他们的做法可概括为“领导重视、抢抓机遇、支撑有力、实干巧干”。

三是全力推进河长制和剿劣水利工作。全省水利部门按照全面深化落实河长制的要求，主动作为，迅速行动，落实河长及水利主体责任。所有市、县（市、区）水利部门设置河长制机构，并印发河长制工作水利实施方案。全面推进“144”水利剿劣行动，建立“清淤疏浚、入河排污口、河湖综治、生态调水”水利工作“四张清单”，健全“挂图作战、专家服务、旬报统计、长效管护”四项配套机制。全省累计完成河湖库塘清淤8 656万m^3，其中省、市控劣V类水质断面579万m^3，已提前完成全年清淤计划；河道清淤整治完成1 877 km，完成率达94%；杭州市、温州市、台州市分别完成生态引配水17.06亿m^3、2.27亿m^3、0.76亿m^3；全省入河排污口管理系统已初步建成。

四是严格落实水利工程标准化管理。2017年以来，共有3 087个水利工程启动创标工作。已有452个水利工程完成标准化管理验收，1 823个工程管理和保护范围完成政府批复；94个县市区均安排了标准化管理创建经费，合计安排6.68亿元，平均711万元/县。“两个平台”功能不断完善，已有626个工程运行管理数据接入省监督与服务平台，实现了实时监管，“痕迹化”管理进一步强化。在标准化管理推进过程中，各地因地制宜，大胆实践，创新工程管护新机制，涌现了不少好做法、好经验。比如余姚市建立了“2+2+X”制度体系，全面推进和保障水利工程标准化管理；遂昌县通过“三厘清”实现“三避免”，明确管理责任主体；象山县“四员合一”，全面提升山塘、水库巡查员素质能力；柯城区“物业化+社会化+专业化”，分类建立工程管护新模式；长兴县“自治管水、管护结合”，创新圩区管理模式；普陀区“化零为整，联片管理”，加强基层水利管理力量等。

五是落实最严格水资源管理制度。从省对市的考核结果来看，2016年度全省各设区市水资源管理各项指标均达到或超额完成省政府下达的控制目标。全省用水总量为181.15亿m^3，比上年度减少4.9亿m^3；万元国内生产总值用水量为39.0 m^3，同比下降9.4%。万元工业增加值用水量为26.9 m^3，同比下降11.7%，农田灌溉水有效利用系数达到0.587，省级重要水功能区达标率为83.3%。与2015年相比，全省用水总量有所下降，用水效率和水功能区水质达标率明显提升，严格落实了“三条红线”，有力促进了经济结构转型升级。各市以考核促整改，进一步提高水资源管理水平。如温州市规范了基础工作程序，台州市组织开展了地下水开采整治，嘉兴市着力加强了水环境治理等。2017年“国考”现场考核中，国家考核组对浙江省水资源管理工作给予了充分肯定。全国水资源管理工作会议在浙江省德清县成功举办。

六是扎实推进水利改革。2017年省级确定了46项水利改革项目，加快推广一批试点成熟的改革经验、加快试点一批思路明晰的改革举措、加快研究一批关键性的改革思路。“最多跑一次”改革方面，制定了《浙江省水利厅关于加快推进“最多跑一次”改革的实施意见》《全省水利系统群众和企业到政府办事事项指导目录》，已到位社会资本19.2亿元，30个项目有意向开展PPP，拟引入社会资本187.8亿元。加强与金融机构合作，省水利厅与建行省分行签订战略合作协议，明确“十三五”期间为浙江省水利提供500亿元的融资额度，农行、农发行、国开行等金融合作机构2017年落实贷款超200亿元，已放款

56.7亿元。建管机制改革方面，积极探索流域、区域协同管理工作机制，完成《浙江省钱塘江管理条例》修订，推动钱塘江流域统筹协调管理。组织开展水库防洪调度保险制度研究，以紧水滩、安华等水库库区为样本深入研究防洪保险，探索建立水库防洪保险制度。创新农田水利工程建设和管理机制，开展农田水利设施产权制度改革和运行管护机制创新4个国家试点县改革验收，德清县在全国率先完成验收工作并启动现代水利示范区（德清洛舍）创建。开展5个县（市、区）（平湖、德清、浦江、江山、定海）农业水价综合改革试点，并新增16个试点县（建德、临安、慈溪、象山、瑞安、湖州南浔、嘉善、海宁、诸暨、兰溪、龙游、岱山、三门、松阳、遂昌、龙泉）。

七是加强党建工作。认真学习贯彻省党代会精神，深入推进“两学一做”学习教育常态化、制度化，省水利厅党组制定《关于推进“两学一做”学习教育常态化制度化的实施意见》，及时召开动员部署会议，深入开展党支部标准化建设。认真落实全面从严治党主体责任，省水利厅党组制定了《2017年度党风廉政建设工作要点》《2017年度浙江省水利厅党组党风廉政建设主体责任清单》，继续对省水利厅系统各单位（部门）开展主体责任专项检查工作，开展第二批全省性行业协会商会与行政机关脱钩试点工作，在全省率先启动失职渎职风险大排查活动。加强干部任用培养和监督管理，着力建设高素质水利干部人才队伍。强化水文化挖掘，不断深化水利精神文明建设。

在省委、省政府的正确领导下，在各级党委、政府的重视支持下，各级水利部门凝心聚力、真抓实干，交出了一份亮点纷呈的成绩单。借此机会，我向大家的辛勤工作表示衷心的感谢！

在肯定上半年工作成效的同时，我们也要看到当前存在的一些困难和问题：一是防洪排涝仍是突出“短板”，2017年钱塘江流域洪水再次反映了防洪排涝能力不强等问题；二是“百项千亿工程”进展不平衡，一些前期工作推进慢，征地拆迁等要素制约较大，至6月底，全省有21个项目没有达到分月计划，占到了总数的1/5；三是一些地方仍“重建轻管”，对标准化创建工作不够重视，没有增投入、出实招，甚至有应付的现象；四是水利投融资机制与当前水利发展形势不适应，建设资金筹集难度较大。这些问题，我们必须认真研究加以解决。

二、深入贯彻落实省第十四次党代会精神，全力以赴抓好各项水利工作

刚刚闭幕的省第十四次党代会提出了“两个高水平”“六个浙江”“四个强省”和八个方面重点任务，为浙江今后5年发展描绘了宏伟蓝图。报告大部分内容，都与水利紧密相关，其中直接提到水利的有多处。这既充分体现了水利在全省经济社会发展全局中的重要地位，也为我们下一步工作明确了方向、找准了定位、提供了引领。学习传达好、贯彻落实好省党代会精神，是全省各级水利部门当前和今后一

个时期的首要政治任务。我们要把贯彻落实省党代会精神与水利工作实际紧密结合起来，自觉把思想和行动统一到省党代会精神上来，把智慧和力量凝聚到省党代会各项决策部署上来，进一步增强使命感、责任感和紧迫感，坚持抓改革、抓落实，深入研究今后5年水利改革发展目标、重点、措施，加快实现水利现代化，推进浙江水利事业继续走在前列，为建设“两个高水平”提供更加坚实的水利保障。

第一，坚持抓改革，努力在重点领域取得新突破，引领水利加快发展。

要贯彻省党代会“改革强省”的精神，以“最多跑一次”为主抓手，以“三个加快一批”（加快推广一批试点成熟的改革经验、加快试点一批思路明晰的改革举措、加快研究一批关键性的改革思路）为重点，积极推进水利改革，力争有所突破，切实增强发展活力。

一是要扎实抓好水利部门“最多跑一次”改革。全省水利系统要按照“放管服”的要求，坚持换位思考理念，从基层和群众需要出发，切实转作风、提效率。要进一步梳理权力事项，简政放权；进一步梳理审批事项工作流程，优化简化办事流程；进一步梳理重点监管事项，加强事中事后监管；进一步优化服务，深入开展“千人万项”蹲点指导服务。省水利厅已按照“能减则减、能并则并、能放则放”的要求，重新梳理了权力清单及群众和企业办事指导目录，即将下发，请各地继续做好比对规范工作，进一步梳理，并向社会公布，接受公众监督。对目前难以实现“最多跑一次”的事项，也要按照改革要求，研究提出优化审批流程、加快部门联审的对策措施，为水利工程建设提速创优提供有力保障。同时，要积极探索提前介入、主动对接、一并告知、跟踪服务、联合踏勘、综合审查的新机制。

二是要积极探索水利投融资机制改革。根据当前水利大投入、大建设的需要，特别是地方水利建设基金停征后补上资金缺口的需要，各地要积极探索水利投融资机制改革。可以结合产权制度改革，积极盘活水利资产，建立完善水利投融资平台，如德清县就以德清大闸等4处水利设施资产的所有权作为抵押，成功从银行获得3.4亿元的贷款；要多争取政府支持，用好PPP模式，用好各类金融优惠政策；针对水利项目普遍缺少现金流的问题，有条件的水利工程可以与土地物业联合开发；积极研究建立省级水利基金，引导社会资金参与水利建设。

三是要扎实推进农业水价综合改革。根据国家部署，浙江省要在2020年前率先完成农业水价综合改革。省政府即将下发《浙江省农业水价综合改革总体实施方案》。要以农业“两区”为重点，以健全水价形成机制和补贴机制为核心，以确保农田水利工程的良性运行为目标，争取到2020年底，全省基本完成改革。各地要主动与有关部门沟通联系，积极探索创新，以县为单位研究制定农业水价综合改革实施方案，向政府领导汇报工作思路和计划，尽快开展试点。

四是要积极探索流域管理新体制。要

按照修订后的《钱塘江管理条例》和全面实行河长制的要求，建立涉水事务流域化管理模式；深化河长制长效机制与流域管理的有机融合，建立钱塘江流域行业间、地区间涉水事务统筹协调与监管工作新机制。要根据“给洪水以出路”的原则，进一步完善流域规划，严格实行分级设防，并由地方人大常委会批准实施。如杭州市已经在开展东苕溪洪水出路的课题研究。加强对规划实施的督促指导，统筹好上下游、左右岸关系，防止各自为政。

五是要大力推进水利科技创新。以水利科技机制创新为突破口，在河道治理、引调水、枢纽和滩涂围垦等工程建设领域，推广实施“工程带科研”，着力解决水利工程建设管理中节地造地、旱改水等关键技术问题，推动科技与水利生产实践的紧密结合，抓好专业人才培养和引进，支撑和引领水利改革发展。

六是加快推进综合改革试点工作。试点是重要改革任务，更是重要改革方法。丽水、安吉、永康和长兴等地要加快推进践行新时期水利工作方针先行区建设，德清县要加快浙江省现代水利示范园（德清洛舍）建设。各地要立足本地实际，以先行区（示范区）建设为切入点，以机制创新为突破口，保护与开发并重，着力提升水利发展的质量和效率，为全省乃至全国水利改革发展提供鲜活样板和生动素材。

第二，按照建设“平安浙江”的要求，进一步完善工作措施，提高防汛防台抗旱工作水平。

党中央、国务院和省委、省政府高度重视防汛防台抗旱工作，习近平总书记、李克强总理等中央领导近期作出重要指示批示要按照“两个坚持、三个转变”的防灾减灾新理念；省委书记车俊、省长袁家军等省领导多次强调“把防台防汛作为常态性工作来抓，而且要作为今年的重点工作来抓”，我们必须认真贯彻落实，努力实现“不死人、少伤人、少损失”的目标。今天参会的有很多是防汛的新兵，可能对防汛工作的长期性、艰巨性还没有切身经历和体会，特别是在没有暴雨、没有台风的这种时候，容易对防汛工作掉以轻心。要重抓基层、系统预防、精准预报、科学调度，不断提高防汛防台工作水平。

一是重抓基层，完善基层防汛防台责任体系。防汛防台的关键在基层，重点、难点也在基层。2009 年以来，全省就开展了基层防汛防台体系建设，经过多年努力，取得了明显成效，有效提高了“乡自为战、村自为战、组自为战、户自为战”的能力。据统计，近 10 年浙江省洪涝台灾害每年的人员死亡数，从多年平均 226 人降到 10 人。2017 年上半年，我们重点建好“一平台”、绘好“一张图”，在这个基础上，接下来要严格按要求，动态管理“基层防汛体系信息管理平台”，及时修改“村级防汛防台形势图”，动态调整充实“纵向到底、横向到边”的各类网格及其责任人，并确保按预案全部上岗到位；明确人员转移避险等具体标准条件。同时，要依托乡镇“四个平台”，充分发挥“基层防汛体系信息管理平台”的功能。要注重公众参与，全面普及防汛减灾知识，不断提高全社会的防灾减灾意识和自救互救能力。

二是系统预防，落实“防、避、抢”各项措施。凡事预则立，预案是有效应对和处置洪涝台旱灾害和水利工程险情的主要依据。要以防范非常规性、突发性、极端性灾害为重点，以有记录以来出现过的最大洪水为防御对象，充分考虑可能出现的各种最不利因素，认真梳理、修订、完善防汛预案，增强防汛预案的针对性、实用性和可操作性。要强化防汛防台风险隐患排查治理，建立重大风险隐患排查日志制，对山塘水库、山洪地质灾害隐患点、城市防洪排涝等防汛防台薄弱环节实行制度化、动态化排查，对整改结果进行动态跟踪，逐项“销号”。今后 5 年，要全面完成浙江省八大主要江河、五大沿海平原、县级以上城镇等重点防洪区域 2.15 万 km^2 的洪水风险图编制任务，实现重要区域全覆盖，建成省、市、县三级洪水风险图应用管理平台，实现互联互通。在城乡发展、产业布局上加强洪水影响评价管理，最大程度降低灾害风险。在灾害来临时，果断采取停学、停工、控交通等减少危险区域人员的措施。省防指 1999 年组织编制的“钱塘江流域防御 1955 年型大洪水方案”，在应对 2011 年钱塘江流域大洪水时发挥了重要作用。2017 年的防御工作中虽然没有启动这一预案，但也为我们有序开展人员转移、洪水分滞、应急抢险提供了科学依据。两次防御工作都取得了人员零伤亡的成绩。

三是精准预报，提高洪水预报工作水平。要高度关注天气和雨水情变化，加强与气象部门的合作，充分运用水文监测预报新技术新设备，强化分析研判，不断提升水文预警预报水平。要认真学习国内外先进的洪水预报模型和技术，加强洪水演进模型研究，进一步完善洪水作业预报体系，研制出一批具有国内外先进水平、适合浙江省水情实际的洪水预报产品，着力提高洪水预报精度，延长有效预见期，为江河湖库科学调度提供精准预报产品，为防汛调度和决策预留更多的时间。同时，要严格按照《浙江省水文管理条例》，切实加大水文测站设施的保护，确保水文实测数据的连续性和精确性。近年来，德清姜湾水文站、长兴港口水文站、长兴（二）水文站、金华水文站、拱宸桥水文站、七堡水文站、江山水文站、三门南林水文站、仙居水文站、余杭瓶窑水文站、青田秋芦水文站先后受到交通和工程建设建影响，不得不停止水文测验或迁移站点。这些水文站有的是近百年的老站，有的是刚建设好的水文站，一旦停测或搬迁，长期积累水文资料毁于一旦，严重影响防汛防台工作的开展。

四是科学调度，充分发挥水利工程的兴利减灾功能。综合采取“拦、调、分、滞、泄”等措施，保障关键时刻发挥拦洪、削峰、错峰作用。积极开展水库、电站功能调整和政策性保险，有效提高防洪能力。特别是要充分挖掘现有大中型水库防洪能力，对存在病险的水库加快实施除险加固，对有条件增加防洪库容的水库实施改扩建、调整功能，对政策处理不到位的水库实施库区整治和征地、租地、洪水保险等措施。

如金华安地水库通过租用库尾10个村土地的方式，增加水库防洪库容。要密切监视水库河网蓄水情况，及时掌握雨情、水情和工情，优化洪水调度和抗旱应急供水调度方案，最大程度地减轻洪涝、台风、干旱灾害损失。浙江省这些年台风影响前水库河网预泄预排也都做得很好，成效明显。2017年梅汛第三轮强降雨之前，衢州、金华、杭州的大中型水库预泄4.2亿 m^3，为后期调度留出了库容。

当前，各地要严格落实汛期24小时值班和领导带班制度。要抓紧完善基层防汛体系信息管理平台，平阳县在标准化管理平台中设置了报到的功能，实时监督到岗情况，这一做法很好，下一步我们将推广应用到基层防汛体系管理平台上。要密切关注天气变化，加强监测，及时预警。要抓住当前台风未来、雨水间歇的时机，迅速组织一次全面检查，按照轻重缓紧，排出急需修复加固的工程项目，抓紧修复受损的塘坝堤防，及时恢复防洪能力。针对前期防汛抗洪中暴露出的问题和薄弱环节，加强风险隐患排查整改，特别是对重点工程、重点部位要进行重点检查，做到不留盲区、不留死角。密切监视水库河网蓄水情况，严防旱涝急转，落实抗旱应急供水措施。

第三，按照建设"富强浙江"的要求，高标准推进"五水共治"水利建设，努力提供更加可靠的防洪排涝和水资源保障。

根据省党代会的部署和各地换届后党政领导积极谋划重大水利项目的需要，在"十三五"水利规划的基础上，省水利厅将组织研究2018—2022年全省重大水利建设项目规划，集中力量加快建设一批事关全局、保障性强的重大水利工程，完善水利基础设施网络，充分发挥水利对全省经济社会发展的基础保障作用。

一是要加强规划引领。水利规划是水利建设与管理各项工作的龙头和基础。全省各大流域综合规划中，钱塘江、瓯江、杭嘉湖已经批复，曹娥江、椒江、鳌江、飞云江已经完成省级复审，地方要抓紧批复；全省各大流域防洪规划中，钱塘江、瓯江等已完成专题审查，2017年要完成报批，任务十分艰巨，有关地方要全力配合规划编制工作，同时各地还要研究启动其他流域防洪规划编制工作。要加强规划基础工作，太湖流域杭嘉湖地区防洪能力调查总体方案即将印发，该项工作也已全面进场测量调查，杭嘉湖有关市、县（市、区）要高度重视，按照总体方案工作分工切实履行职责，"心往一处想、力往一处使"，共同努力，把杭嘉湖地区水情工情等基础资料调查清楚。

二是要抓好项目谋划。根据省党代会重大决策部署，主动研究谋划和组织实施一批防洪排涝、供水和滩涂围垦等重大水利项目。如城西科创大走廊地面高程低，易受洪涝灾害，要加强水利防灾减灾的措施研究，我这次随省党政代表团到苏州工业园考察，他们的规划建设是"先地下、后地上"，并针对地面高程低、易受涝的情况，将地面高程垫高1 m，值得我们学习借鉴；又如钱塘江河口金融港湾建设，要加快谋划钱塘江河口高标准海塘建设，统筹提升河口防洪御潮体系，并努力做好河口海塘建设与沿江城市群开发、湾区经济区发展的结合文章。加强研究衢州铜山源、临安里畈等大中型水库防洪能力提升，杭州东苕溪分洪、海宁麻径港治理等新一轮杭嘉湖区域治理的可行性，进一步提升流域区域局部防洪排涝能力，为“十三五”后期和提前谋划“十四五”开局打下基础。要着力提升城乡水资源保障水平，继续完善以重点水源和骨干引调水工程为重点的水资源配置格局，科学谋划绍兴汤浦水库扩容等水资源供给能力提升工程，加强浙东、浙中、浙北和温台沿海地区水资源配置工程方案论证研究，为实施更广范围内的水资源网络化配置创造条件，确保2020年全省地级市、2022年县级城市基本形成多源共济、库供为主、联调互补的供水格局，显著提高应对突发性供水安全事件的能力。

三是要抓好项目建设。百项千亿防洪排涝工程建设是项硬任务，时间紧，任务重，困难多。各级水利部门一定要从贯彻落实省委、省政府重大决策部署的高度，切实担负起主体责任，主动对接协调相关职能部门，狠抓措施落实，确保完成年度任务。要狠抓项目攻坚。抓住省政府高度重视重大项目建设的有利时机，将“百项千亿”前期项目全部纳入市级前期攻坚计划，积极争取列入省级攻坚计划和省级重点建设项目，积极参加省级集中开工活动。对进展滞后的项目要落实专人，跟踪督促整改到位；对存在防洪薄弱环节的地区要服从流域整体行洪要求，加快推进项目实施。各地要创新方式方法，强化“千人万项”专家蹲点指导服务，如宁波市开展了“大脚板走一线、小分队破难题”抓落实专项行动，局领导领衔24支小分队攻坚24个重大项目。要狠抓前期质量。前期设计中，要综合论证、优化布局、科学确定建设方案，特别是针对目前征地多、需占用永久基本农田、土地指标及永久基本农田调整审批困难等问题，进一步加强前期阶段方案优化，尽量集约节约用地，减少永久基本农田占用。为有效提高项目审查效率，切实提升前期工作质量，各有关地方要切实抓好全省第二轮、第三轮集中审查。针对2017年“百项千亿”前期任务是往年4倍以上的情况，我们在2017年4月份的第二次“百项千亿”前期推进会上部署安排了全省三轮次集中审查，即“集中查勘、集中审查、集中修改”，既分专业分小组技术审查，严把质量关，又集中省级高水平专家集体办公，提高效率。5月份已开展第一轮次集中审查，效果很好。第二轮次集中审查主要是市级组织的，目前绍兴进展较快。本月下旬准备组织第三轮次集中审查，主要是针对省级审批的水库类项目，本周踏勘现场，下周集中审查，请各有关地方及时做好准备。要狠抓质量和安全。各市县要加强施工管理，科学制定方案，合理安排工期，优化施工队伍，在各个环节严格把关，确保工程质量。2017年，全省将开展水利工程竣工验收年活动，各地要按验收计划，落实专人负责，督促项目法人做好竣工验收工作。要进一步明确安全监管机构，想办法配备专（兼）职安全管理人员，强化安全监督检查，抓好企业安全主体责任的落实，加强对重点地区、重点工程和单位进行督导检查，及时督促整改隐患问题，避免发生安全生产事故。当前正值高温酷暑季节，各地各单位要切实做好夏季防暑降温工作，有效预防和控制高温中暑事件。

同时，希望各地高度重视农村水利建设。以农业“两区”为重点，以机制创新为动力，着力加强“一高（高效节水）二区（平安圩区、绿色灌区）五小”农田水利建设，融入“美丽乡村”元素，推动小山塘、小堰坝、小泵站、小沟渠、小河塘等“五小”水利工程提档升级，助推农民增收和农业增效。加快实施农村饮水安全巩固提升工程，确保今后5年完成巩固提升人口300万，努力实现从“有水喝”向“喝好水”转变。

第四，按照建设“法治浙江”的要求，切实加强依法治水，全面推进水利工程标准化管理。

牢固树立法治观念，把法治思维和依法执政要求落实到水利工作的全过程，努力提高依法执政能力和水平，为推进全省水利事业发展提供有力的法治保障。

一是要深化“河长制”水利工作。全面推行河长制，是党中央、国务院为加强河湖管理保护作出的重大决策部署。今后5年，要按照“系统化、制度化、专业化、信息化、社会化”的工作理念，创建“更高、更严、更优”的“浙江河长制工作标准体系”，打造浙江河长制转型升级版。要以“系统化+”构建齐抓联管的工作体系，建立健全各级水利河长制工作机构，加强与环保、建设、农业等涉水职能部门的沟通协作，实现上下游、左右岸、水下岸上综合治水。要以“制度化+”构建规范完善的法规制度体系，根据省人大常委会颁布的《浙江省河长制规定》，完善各项制度建设。要以“专业化+”构建务实管用的标准体系，完善河长制六大任务的专业技术标准，实现专业化的河湖综合管理。要以“信息化+”构建高效便捷的运行体系，建立浙江省河长制管理信息系统，实现智慧治水。要以“社会化+”构建共建共享的参与体系，着力构建党委政府主导、全民参与的良好格局。

当前，各级水利部门以“河长制”落实为契机，全面落实水利主体责任，加强河湖管理。但仍有部分地方水利部门对河长制工作存在畏难情绪，部分河长制水利目标任务没有及时落到实处。浙江省河长制工作虽然不是水利牵头，但涉及很多水利工作，包括水资源保护、水域空间管护、水环境治理、水生态修复等方面，很多还是水利管理历来的重点难点领域。水利部门一定要以此为契机，借势借力，进一步细化实化河长制水利工作任务，以问题为导向，补齐河湖管理薄弱“短板”。特别是要当好党委政府的参谋，加强对“一河一策”编制的指导，协调衔接水利相关规划，加大宣传力度，建立起政府主导、部门分工协作、社会力量参与的河湖管护体制机制。

二是切实加强依法管水。依法履行水行政管理部门职能，做到“三个严格”，严格落实权力清单、责任清单，做到法无授权不可为、法定职责必须为；严格水行政执法，依法规范水利建设市场，依法推进涉水“三改一拆”和“无违建河道”创建工作，2017年度力争实现全省省级河道和70%市级河道基本无违建，如萧山区狠抓“查、拆、控、建”四个环节，全区河道已基本实现无违建；进一步加强规范性文件管理，对新制定的规范性文件要加强合法性审查，并报本级人民政府法制机构和上一级水行政主管部门备案；严格落实规划控制性指标刚性约束，遵守流域综合规划、防洪规划提出的重要支流出口断面和行政交界断面洪峰流量及河段生态环境流量控制要求。

三是全面推行水利工程标准化管理。2016年水利工程标准化管理全面实施以来，各级水利部门迅速行动、积极推进、开局良好。但是我们也要清醒认识到，目前所取得的成效还只是初步的。近段时间，省水利厅组织了“回头看”，发现部分地方标准化管理创建“华而不实”，过分注重工程形象面貌，没有抓住标准化管理的内涵实质；部分工程创标和依标管理“两张皮”，创建完了又回到老模式，管理依旧粗放、不规范，没有真正依标管理；一些工程运行管理平台没有常态化使用，运行管理主要数据不能在平台上“留痕”或者与监督服务平台数据连接不畅。尤其要注意的是，部分地方思想上仍然不重视，存在应付考核的现象。标准化管理推行一年多了，有的市县水利部门、水管单位同志到现在还不真正理解为什么要开展这项工作，不是“我想做”，而是把它当作“省里布置的一项工作”，只是想怎么尽快完成任务、通过省里的考核。没有去想“为什么要创建”，不去研究“怎么样有用”。敷衍了事，甚至有抵触情绪。我认为这很危险，如果对标准化管理工作还是抱这样的态度，真不放心把如此重要的水利工程交给这些同志管。

水利工程标准化管理是省水利厅党组针对水利工程“重建轻管”突出问题提出的一项重要举措，旨在补齐水利工程管理“短板”、巩固“五水共治”成效，从根本上扭转水利“重建轻管”现象，构建水利工程长效管护机制，防范可能发生的失职渎职风险，是既保工程也保人。这项举措也得到了省委、省政府和水利部的充分肯定和大力支持。各地一定要充分认识这项工作的重要性。思想认识必须到位，深刻领会水利工程标准化管理的实质内涵。水利工程标准化管理是要建立起一套主体明确、职责清晰、要求具体、考核有力、人员落实、经费保障的长效机制，从而保障水利工程的高效安全运行。2017年底，将对20个示范县的创建成效进行评估，长效机制是其中最为重要的内容。希望20个示范县按照要求做好工作，为全省做好表率。必须坚持严字当头，认真贯彻落实省政府办公厅《关于全面推行水利工程标准化管理的意见》，着力创新和完善水利工程管理投入机制、监管机制和管护模式，通过“定责、定标、定岗、定员、定经费”，从根本上扭转水利“重建轻管”现象，逐步形成水利工程长效管护机制。到2017年底，基本建成大中型水库信息化管理平台，省、市、县三级水行政主管部门率先实现对全省列入标准化管理名录的180座大中型水库运行状况实时监管。力争到2020年全省大中型水利工程、水电站、小型水库，标准化管理合格率达到100%，“屋顶山塘”等其他重要小型水利工程基本达到标准化管理要求，水利工程管理单位争创省级或国家级水利工程管理单位。必须严格创建、严格验收、严格督查，确保创建质量，巩固创建成效。省水利厅将继续加大明查暗访力度，并将结果与年底各项考核和省补资金分配挂钩。要“留痕”管理，全力推广使用水利工程标准化管理运行管理平台和监督与服务平台。这2个平台是检验标准是否落地、提升管理和监管效能的重要手段，各地要加快完善，常态应用，真正实现管理“留痕”。要抓好水管单位负责人和管理人员的培训，注重培训实效，加强培训的考核测试，做到应知应会。培训不能走过场，必须严格考核考试，补考不合格的，应当及时调整岗位。

第五，按照建设“美丽浙江”的要求，加快推进江河系统治理和水生态文明建设，进一步改善河湖水域生态环境。

要认真践行“绿水青山就是金山银山”的理念，高度重视水利生态系统治理，严格管理和保护水域，为推进全省“大花园”建设，打造具有诗画江南韵味的美丽城乡提供优良的水生态环境。

一是要积极推进流域系统治理。牢固树立山水林田湖是一个生命共同体的系统思维，按照实施“碧水蓝天”工程的要求，大力推进“百河综治”，开展全流域系统治理，恢复河流自然形态；加快推进河湖库塘清淤整治，科学合理选用清淤方式，遵循无害化、减量化、资源化的原则，妥善处置淤泥，进一步建立健全淤泥轮疏工作机制，实现河湖库塘“有淤常疏、清水长流”；加大江河源头区、重点水源保护区生态保护力度，加强水土流失防治，逐步提升水生态系统稳定性和生态服务功能。

二是要持续推进水生态文明建设。积极发挥河网水系在推进浙江省“大花园”建设中的核心优势，把重要水域纳入生态空间，因地制宜划定沿岸生态廊道，努力打造特色生态河道，如以农旅文化为主题的茶柚芳村溪、莲香宣平溪，以自然秀美为主题的凤栖五泄江、浪漫江山港、五彩白泉（舟山群岛水系），以红色风情为主题的红旅武强溪，以民俗文化为主题的醉美桥溪（松源溪）、和合始丰溪，以产业特色为主题的影视南江、童话浮云溪等40余条特色河流。重点研究并启动沿海重点平原河网水系生态配水工程，积极构建布局合理、生态良好，引排得当、循环通畅，蓄泄兼筹、丰枯调剂，多源互补、调控自如的江河湖库生态引配水体系。加强水域岸线管理保护，加快推进河湖管理范围划界确权工作，严禁以各种名义非法侵占水域，严格河湖生态空间管控。全面开展“绿色水电创建”工作，推进典型流域创建全流域“绿色水电”。积极推进国家和省级水生态文明县创建，探索不同水资源、水生态条件地区水生态文明建设的经验和模式，努力展现一河（湖、溪）一韵的江南水乡面貌。

三是要落实最严格水资源管理制度。

坚持以水定需、量水而行、因水制宜，健全最严格水资源管理考核制度，进一步落实各级政府作为最严格水资源管理的主体责任，引导经济社会的空间布局和产业转型升级，形成有利于水资源节约保护的空间格局、产业结构、生产方式、消费模式和政策导向，促进产业转型升级。实行水资源消耗总量和强度“双控”行动，加快推进节水型社会建设，今后5年全省用水总量保持“零增长”，控制在224亿m^3以内，万元地区生产总值用水量和万元工业增加值用水量分别下降23%、20%，国家重要水功能区水质达标率达到85%，全面完成省级节水型社会建设。同时，按照国家要求，做好第三次全国水资源调查评价工作，为今后制定水资源战略规划、实施重大水利工程建设、落实最严格水资源管理制度、促进经济社会持续健康发展和生态文明建设提供可靠基础。

第六，按照建设“文化浙江”的要求，着力加强水文化建设和水情宣传教育，努力形成全民知水节水护水亲水的良好社会风尚和人水和谐的社会秩序。

浙江因水而名、因水而美、因水而兴。水是浙江的重要生态资源，水文化是浙江文明的重要组成部分。我们要按照党代会建设“文化浙江”的部署要求，切实把水文化建设摆在更加突出的位置，推动浙江文化事业的繁荣发展。加强水文化挖掘和传承，将更多水文化元素融入到水利规划和工程设计中，着力提升水利工程的文化内涵和品位；积极推动水文化与当地经济、文化、旅游等产业的深度融合，跨界发展，更好彰显水元素，展示水魅力。如丽水通济堰、宁波它山堰、诸暨桔槔井灌工程已被列入“世界灌溉工程遗产”，通济堰更是成为丽水“古堰画乡”景区的核心景点。积极开展水情宣传教育，因地制宜，分类施教，着力建立健全水情教育长效机制，向公众普及水情知识，营造人水和谐的文化氛围。坚守意识形态阵地，坚持正确舆论导向，充分发挥主流媒体引导舆论、服务大局的作用，积极开展水利行业精神的宣传，弘扬传承“大禹治水”精神，讲好水故事，唱响“五水”歌，为水利改革发展营造浓厚氛围。

第七，按照建设“清廉浙江”的要求，“守规矩、有作为、讲奉献”，加强党风廉政和反腐败斗争，建设水利“铁军”。

省党代会报告提出，实现“两个高水平”，关键在党，关键在人，必须切实增强党自我净化、自我完善、自我革新、自我提高的能力。全省水利系统要深入推进“两学一做”学习教育常态化制度化，认真组织学习习总书记系列重要讲话精神，继续把学习省党代会精神作为“两学一做”的重要内容，水利厅系统要深入推进党支部标准化建设，促进基层党组织的规范化、制度化。要坚持“干部不能倒下、不能被抓负面典型”的“两条底线”，深入落实全面从严治党主体责任，加强党风廉政建设，强化廉政风险和失职渎职风险防控，确保工程安全、资金安全、干部安全。2016年湖州市水利系统没有发生一起违法违纪案件。要以“千人万项”蹲点指导服务为抓手，继续转作风、优服务，大力倡导“守规矩、有作为、讲奉献”，全面提升水利系统干部职工的创造力、凝聚力和战斗力，着力打造水利“铁军”。

最后，再强调当前几项具体工作。一是做好国务院第四次大督查相关工作，国务院第八督查组已经进点，并将赴浙江省各地督查。大督查涉及水利主要有中央预算内投资项目完成情况、新增高效节水（浙江 22 万亩）2 项任务。各地要结合前阶段自查发现的水利项目“完工未及时验收”等问题，主动落实整改措施并要落实专人负责大督查水利相关工作。二是做好中央环保督查涉及水利相关工作。中央环保督察组将在 7 月底进驻浙江，督察时间为期 1 个月。环保督察的内容涉及很多水利上的工作，如水利规划环评制度执行、水域占用、河道采砂、入河排污口管理、水资源费征收、水土保持监督和水生态文明建设领域的相关问题。而且从已经被督察过的省份情况来看，相关工作都存在不少问题，值得我们引以为戒。目前，省政府已专门召开部署会议，全省通过自查也梳理出了 327 个问题。各级水利部门要高度重视，以问题为导向，逐项梳理，制订整改计划和工作措施，确保水利行业不出现被环保督察问责的案例。三是水利部 2017 年部署开展了河湖执法检查活动，希望各地组织好河湖（水库）执法检查和现场排查，对违法案件要加大查处力度，对历史积案要分类处置。省水利厅将对重大水事违法案件进行督办，请有重大督办案件的市县，抓紧依法处理。督办案件的办理结果将作为年度考核、河长制督查的重要依据。四是 2017 年审计署对浙江省 2015 — 2016 年涉农水利专项资金的分配、管理和使用绩效情况进行审计，重点抽查富阳、安吉、德清 3 个区县。审计结果表明，浙江省总体情况较好，但也存在招投标违法违规、违法转分包、投资控制不严、资金闲置、项目进展缓慢等问题。今天上午水利部刚召开涉农专项资金审计意见整改落实工作视频会议，请各市、县（市、区）举一反三，以此为戒，按照会议精神要求做好整改，进一步加强和规范水利建设管理。

最后，我再对同志们提三点希望。一是希望同志们主动学习。今天参加会议的很多同志都是刚到水利部门工作不久，对水利工作了解不深。而水利工作的专业性较强，“新兵”要抓紧补课，“老兵”也要经常充电。要主动向书本学，主动向同事学，主动向基层一线学，主动向兄弟市县学，加快成长，迅速融入角色。二是希望同志们真抓实干。水利最需要实干，也最重实干。参会的同志都是各自单位的“火车头”“领路羊”，一定要带领系统干部职工树立起“重实干、讲实效、看实绩”的良好风气，抓好各项工作任务的贯彻落实。三是希望同志们迎难而上。水利工作碰到困难是常态，克服困难更是常态。一定要树立战胜困难的决心和信心，敢于担当，勇于挑战，努力找到破题的措施和方法，把难关攻下来，把工作推上去。

署名文章

大干水利 提速创优 加快补齐防洪排涝突出短板

浙江省水利厅厅长 陈 龙

2016年，在省委、省政府的正确领导下，全省水利系统认真贯彻落实五大发展理念和新时期中央水利工作方针，紧紧围绕全省经济社会发展大局和“五水共治”等重大决策部署，扎实抓好各项水利工作。科学防御太湖历史纪录第二高水位洪水和“莫兰蒂”“鲇鱼”等台风洪涝灾害，确保了主要河流重点河段、大中城市及重要城镇、重要基础设施的防洪安全；全力推进水利建设，克服连续阴雨、多个台风等不利天气影响，年度投资完成率和中央投资计划完成率均居全国领先水平；强力推进河湖库塘清淤，完成清淤1.4亿m^3，是2015年完成量的3倍；全面推行水利工程标准化管理，1 338个水利工程完成标准化创建；认真落实最严格水资源管理制度，在国家考核中获得“优秀”等次，为全国5个成绩突出的地区之一，得到国务院通报表扬。

2017年，全省水利系统将认真贯彻落实党的十八届五中、六中全会和省委十三届九次、十次全会精神，积极践行新时期中央水利工作方针和“五水共治”的重大部署，按照“要只争朝夕、大干水利”“聚焦防洪排涝、防灾减灾”“把防洪排涝作为‘五水共治’的核心任务来抓”的新要求，全力抓好防汛防台抗旱工作，提速实施百项千亿防洪排涝工程，严格推行水利工程标准化管理，深化水利改革创新，强化依法治水，为全省经济社会发展提供坚实的水利保障。主要抓好“四重四严”：

一、以完善基层防汛防台体系为重点，全力抓好防汛防台抗旱工作

受气候变化影响，近年来浙江省极端天气增多、自然灾害频发，防汛防台抗旱工作任务更重、责任更大。全省水利系统将紧紧围绕“不死人、少伤人、少损失”的总目标，立足防大汛、抗大旱、抢大险、救大灾，坚持依法防控、科学防控、群防群控。全面落实以行政首长负责制为核心的防汛防台抗旱责任制。深入开展以乡（镇）“七个有”和行政村（社区）“八个一”为基础的山洪灾害群测群防示范乡（镇）建设；完善“村级防汛防台形势图”绘制，确保有防汛防台任务的村（社区）100%在汛前绘制完成；建设基层防汛防台体系监管平台，对村级防汛防台责任人、危险区域、影响对象、人员转移路线、避灾场所等信息实行动态管理。认真开展防

汛防台风险隐患排查治理，修订完善各类应急预案和调度方案，落实防汛抢险物资和队伍。加强监测预报预警，科学调度水利工程，及时组织抢险救灾。大力宣传防汛防台相关纪律法规和知识，加强培训和演练，增强群众防灾避灾意识，提高基层防御洪涝台灾害的能力。认真总结经验教训，加快“八大水系”系统治理课题研究，积极探索水患治理之策。

二、以提速“百项千亿防洪排涝工程”为重点，全力推进“五水共治”水利建设

对标高水平全面建成小康社会的要求，浙江省水利当前仍处于“基本适应”阶段，还存在沿海平原排涝能力低、钱塘江等五大江河部分干堤尚未达标、常山港等部分较大河流缺少控制性枢纽工程等防洪排涝突出“短板”，亟待补齐。全省水利系统将全力提速实施百项千亿防洪排涝工程，着力推进五大沿海平原骨干排涝、五大江河干堤加固、20 座大中型水库建设等 112 项重大项目，带动面上其他水利建设，2017 年确保百项千亿防洪排涝工程完成投资比 2016 年增加 25% 以上。按照“讲程序、更要讲速度”的要求，加大重大项目前期工作力度，主动争取相关部门支持，合理交叉推进前置审批，加快完成开化水库等前期项目前置审批。督促指导各地抓紧做好政策处理、工程招标等施工准备工作，确保湖州治太两大后续工程等 27 项工程提前开工建设。坚持“日排、月算、季查”，加强统计核查和进度通报，确保新昌钦寸水库等 7 项工程提前完工发挥效益、苕溪清水入湖等 46 项工程加快建设进度。确保完成水库除险加固 100 座、海塘干堤加固 100 km、入海强排能力新增 100 m^3/s 等。按照省委、省政府“决不把污泥浊水带入全面小康”的要求，深入推进河湖库塘清淤，有效提高淤泥处置减量化资源化水平，确保完成清淤 8 000 万 m^3，并探索建立常态化轮疏机制。积极转变治河思路，坚持流域（区域）系统治理，加大“百河综治”工作力度，以“安全、生态、美丽、富民”为治理目标，完成河道清淤整治 2 000 km。

三、以服务农业“两区”为重点，大力发展农村水利

水利是农业的命脉，事关粮食安全和农业农村发展。全省水利系统将坚持普惠性、均等化、可持续方向，大力发展农村水利，更好地造福人民群众。深入推进高效节水灌溉“两个百万工程”，加快大中型灌区节水配套改造、杭嘉湖平原圩区综合整治，新增高效节水灌溉面积 1.67 万 hm^2，整治圩区 2 万 hm^2。统筹推进农田水利“五小”工程建设，完成 500 座山塘整治。实施“农村饮水安全巩固提升工程”，改善 80 万农村人口饮水安全条件。科学利用滩涂资源，加快推进温州瓯飞一期等重点围垦项目建设，完成围垦圈围 0.33 万 hm^2。加大低丘红壤开发治理力度，完成低丘红壤项目建设 533.33 hm^2。加快生态水电示范区建设，完成农村电站增效扩容和生态修复 73 座。

四、以增加水利投入为重点，不断深化水利改革创新

由于水利项目公益性的特点，加上投资规模大、建设周期长、财务收益率低等原因，政府公共财政投入仍是浙江省水利资金的主要来源。随着全省水利建设力度不断加大，需要进一步完善水利多元投入机制。全省水利系统将积极争取国家专项建设基金、省农业发展投资基金等基金支持，进一步拓宽投融资渠道。充分利用政府和社会资本合作（PPP）机制，激发民间投资积极性，引导更多社会资本投入水利领域。加强与金融机构合作，用好过桥贷款、抵押补充贷款（PSL）等各项金融扶持政策，充分盘活水利资产，寻求长期稳定、相对低成本的资金支持，更好适应水利大投入的要求。继续深化行政审批制度改革，做好省级水行政许可事项的调整和下放，提高省级项目联审的速度和质量。积极培育水利社会组织，发挥行业自我服务、自我约束作用。积极探索流域、区域协同管理工作机制，推动钱塘江流域统筹协调管理。创新农田水利工程建设和管理机制，调动受益主体的建设积极性。探索建立农田水利工程“两证一书”制度。稳步推进农业水价试点、水权水市场等重点领域改革。加强科技创新和人才培养，建设“水利智库”，不断提升水利队伍能力。

五、严控质量与安全，努力打造水利优良工程

按照“水利工程的质量是生命线，要严而又严”的要求，全省水利系统在加快建设速度的同时，将更加重视工程建设质量和安全，严防发生重大质量与安全生产事故。进一步完善“法人负责、监理控制、施工保证、政府监督”的质量管理体系，认真落实项目法人责任制、招投标制和建设监理制等各项制度，严把施工企业和监理单位资质关。进一步强化在建工程质量与安全监督检查，加大专项检查、稽察和“飞检”频次，发现问题及时督促整改，严肃处理违规责任单位和人员。进一步抓好安全宣传教育与培训，提高水利从业人员安全素质，确保安全生产形势持续平稳。以姚江上游“西排”工程为试点，探索建立水利工程建设项目全过程管理平台，将设计、监理、施工等各环节信息及工作记录纳入平台进行统一管理，以信息化手段实时掌握项目资金、质量、进度、验收等各方面情况，实现在建项目管理的阳光化、透明化、规范化，有效提升工程建设管理水平。

六、严抓水利工程标准化管理，着力提升水利管理现代化水平

浙江省水利工程点多面广量大，水利工程安全运行管理任务艰巨而繁重。只有加快水利工程管理体制改革，有效提高专业化和规范化管理水平，才能更好发挥水利工程效益。全省水利系统将坚持以水利工程标准化管理为抓手，深化“依标管理”，以明确责任、理清事权、落实管理人员和经费为重点，精准把握标准化管理理念和

要求，严格标准落地，严格创建验收，完成740个大中型水利工程、1 000座小型水库、45座1 000 kW及以上农村水电站、800个其他小型水利工程标准化管理创建工作；完成2个国家级、5个省级水管单位的创建；完成20座1 000 kW以下水电站安全生产标准化管理试点创建工作。大力开展体制机制创新，明确水利工程管理事权划分，创新工程管护模式，建立健全水利工程长效管护机制。继续加快标准体系建设，完成《小型水库运行管理规程》等7项省质监局发布标准的立项评估。继续完善水利工程标准化管理监督和服务平台，实现工程管理数据互联互通，确保标准化管理有章可循、有据可查，提升省市县水利工程运行安全监管效能。进一步推进水利工程运行管理信息化建设，重点完善运行管理平台工程运行、维修养护、隐患治理、移动巡查、视频图像监控等模块和功能，强化工程运行“痕迹化”管理，提升水利工程管理水平。强化“依法治水”，修订《浙江省钱塘江管理条例》等法规规章。加强水政执法能力建设，深入开展“无涉水违建县”创建。加强“智慧水利”建设，进一步提高水利信息化运用水平。

七、严格水资源管理，持续强化水域空间保护和管控

进一步落实水资源管理“三条红线”，强化最严格水资源管理制度考核，推进水资源消耗总量和强度“双控”行动。加快推进县（市、区）节水型社会建设，积极推动节水型灌区、企业和公共机构等节水载体创建工作，不断扩大节水载体创建覆盖面，提高水资源利用效率。有序推进水资源承载能力监测预警机制建设，加强取水计划管理和取水许可监督管理。严格实施超计划累进加价制度，确保水资源费足额征收到位。深入推进水生态文明试点建设，加快湖州、宁波等6个国家级水生态文明城市和安吉、浦江、仙居等3个省级水生态文明县创建，完成2个国家水利风景区创建。深化“河长制”管理，严格河湖水域及岸线保护和管控，加大违法采砂治理力度，巩固河道保洁“全覆盖”成果。强化河湖管理，完成桐庐县等6个河湖管理体制机制全国试点创建。继续加强水功能区监督管理，依法规范入河排污口设置审核，重要江河湖泊水功能区水质达标率达到76%。抓好生产建设项目水土保持管理，完成水土流失治理400 km^2。

八、严管干部队伍，切实加强党风廉政和作风建设

认真学习贯彻党的十八届六中全会精神，坚持把管党治党与水利业务工作一同谋划、一同部署、一同检查、一同考核，要求党员领导干部“自觉守规矩，带头作表率”。严格执行《关于新形势下党内政治生活的若干准则》和《中国共产党党内监督条例》，严明政治纪律和政治规矩。进一步加强水利系统政风行风建设，认真落实党风廉政建设“两个责任”和领导干部“双岗双责”，强化廉政风险防控，确保工程安全、资金安全、干部安全。大力

倡导“守规矩、有作为、讲奉献”，深化“千人万项”蹲点指导服务活动，进一步推动党支部标准化建设，强化服务型基层党组织建设，构建省水利厅系统党员干部队伍作风建设常态化机制，全面提升省水利厅系统基层党组织的创造力、凝聚力和战斗力。

发表于《政策瞭望》2017 年第 1 期

铁的担当 铁的作风 铁的行动 坚决打好劣Ⅴ类水剿灭战

浙江省水利厅厅长 陈 龙

全省水利系统将按照省委、省政府决策部署，坚决把劣Ⅴ类水剿灭行动作为核心任务来抓，全力以赴、挂图作战，以铁军精神狠抓河道清淤、生态配水与修复、排污口整治等“三大工程”推进。

科学“清”，加快清淤疏浚，着力消除劣Ⅴ类水体污染病灶。举水利系统之力打好治污泥歼灭战，着力恢复水域原有功能。全省“十三五”期间计划清淤3.5亿m^3，2017年计划完成8 000万m^3，其中消除劣Ⅴ类水质断面所在河网、水系淤（污）泥467万m^3，要集中力量重点推进断面所在干支流河道、区域水系清淤，于2017年6月底前提前完成清淤任务。坚持淤泥“无害化、减量化、资源化”要求，优先考虑生态环保清淤方式，科学合理处置利用，切实提高淤泥资源化利用水平，逐步建立轮疏工作机制，实现河湖库塘淤疏动态平衡。

从严“截”，加强入河管控，实行排污口“身份证”管理。加强水功能区监督管理，核定水功能区纳污能力，制订污染物限排意见，严格入河排污口设置审核，实现重要江河湖泊水功能区水质达标率达到76%。启动入河排污口“身份证”式管理，研究出台《关于加强入河排污口监督管理的指导意见》，公开排污口名称、编号、位置、汇入主要污染源、整治措施和时限、监督电话等信息。深入推进标识专项行动，开展入河排污口识别、登记和审核工作，建立入河排污口信息管理系统。加强入河排污口监管，利用信息化手段，加强现场巡查，建立水利环保联动执法机制，严厉查处违法设置排污口和偷排污水行为。

系统“修”，推动河湖综治，着力改善河湖溪塘水体净化能力。围绕“水清流畅、岸绿景美、功能健全、人水和谐”治水目标，大力推进以流域（区域）为单元的系统治理。加快沿海五大平原扩排工程和百余条中小流域综合治理，基本覆盖省市重点水质断面所在水系，治一条成一条、治一片成一片，完成河道综合整治2 000 km。综合采取生态驳岸建设、植物绿化护坡、水系纵横沟通、河岸滩涂修复、河面生态浮床等措施，进一步加强并修复河湖水生态系统，巩固清淤治污成效，提升水体自净能力。

突出“活”，促进活水畅流，加强合理配水提升水质。劣Ⅴ类水基本集中在沿海五大平原，促进水体流动、增大河湖水体调蓄容量对改善水环境、提升水质至关重要。通过挖掘现有水利枢纽调蓄潜能，加强科学调度，增加下游平原地区水量补给。充分考虑基本生态用水需求，研究制定消劣任务较重的上塘河水系、金清水系、温瑞塘河水系配水方案，采取站泵联调、上游水库增加下泄流量、降雨径流补给等举措，维持一定的水面率以及河流的合理流量，维护河湖生态健康。大力开展河湖健康评估，分批研究确定主要江河控制断面生态流量，研究并启动一批引配水工程，加强库库、库河、河河、河湖连通联调，大力推进引水入城、引水入村工程建设。

注重“长”，建立长效机制，深化落实河长制。以全面深化河长制为契机，构建责任明确、协调有序、监管严格、保护有力的河湖管理保护机制。进一步落实水资源管理“三条红线”，强化最严格水资源管理制度考核，推进水资源消耗总量和强度“双控”行动。巩固河道保洁“全覆盖”成果，保持河流、湖泊、池塘、沟渠等各类水域水体洁净。积极把省、市、县级劣Ⅴ类断面所在河道纳入水利工程标准化管理工作，依标推进水利工程日常运行管理，对接河长制信息管理系统，力争实现“一张网”信息化管理。

狠抓“实”，发扬铁军精神，苦干实干加油干。抓实“一点一策”，因地制宜制定水质消劣区水利行动计划，逐一落实时间表、任务表、责任表。抓实“指导服务”，全省水利系统深入开展“千人万项”蹲点指导服务，落实“点对点”水利技术专家。抓实“督查考核”，实行项目式、清单化、责任制管理，每月通报劣Ⅴ类区域水利工作进展，对工作不力、进度滞后的市县加强督查指导。

发表于《今日浙江》2017 年第 3 期

浙江率先实施水利工程标准化管理

浙江省水利厅厅长　陈　龙

水利工程安全运行关系人民群众生命财产安全和民生保障。2015 年下半年，浙江省水利厅提出以标准化管理为抓手，创新和加强水利工程管理，成为全国第一个实施水利工程标准化管理的省份。

一年多来，浙江省级层面制定出台了水库等 11 类工程 12 项管理规程，以及与之相配套的 11 项管理制度；首批 1 699 个工程通过标准化管理创建评估。初步实现了工程管理的“制度化、专业化、信息化和景观化”，有效防范了可能发生的失职渎职风险。

亮剑“重建设轻管理”短板

多年来，浙江持续开展水利建设，特别是“五水共治”以来，水利投入连创新高。全省已建成大小水库 4 324 座，总库容 445 亿 m^3，万方以上山塘 2 万余座，一线海塘、主要堤防 1.6 万余 km，水闸 1.3 万余座，泵站 4.9 万座，水电站 3 200 多座，集中式农村供水工程 3 万余处。但是，水利工程“重建设轻管理”的短板也不断显现，导致工程效益不能充分发挥，甚至出现运行安全隐患，水利部门的失职渎职风险也在加大。

责任落实不够到位。大中型水利工程管理存在省市县三级水行政主管部门的监管职责不明确、管理责任边界不清晰等问题。小型水利工程大多由乡（镇、街道）或村级集体所有，当地对应承担的监管职责认识模糊，“缺位”现象较为普遍。

管理标准不够完善，执行普遍缺乏刚性。国家技术标准和工作规范单一零散，未能涵盖水利工程运行管理各环节，仅有的制度、标准执行不够到位，甚至“形同虚设”。

管理人员素质参差不齐。大中型水利工程部分管理单位存在岗位责任不清、工作要求不明、管理考核不严等，管理粗放，极易发生失职风险；大量小型工程缺乏稳定管理人员，技能水平难以满足工程管理要求。基层水利工作条件较为艰苦，工资和福利待遇较低，人才引不进、留不住。

管理经费保障不足。水利工程大部分为公益性工程，其管护经费投入主要依靠地方财政保障，但实际投入远远不能满足工程管理的需求。

管理效能比较低下。基本上以人管为主，管理手段落后，与发达国家水利工程管理“无人值班、少人值守”“信息化控制、网络化监管”的差距较大。

构建标准化长效管护机制

实施标准化管理，通过“定标、定责、定岗、定员、保障经费”，实现每个管理行为、环节“有人管、有钱管、依标管、严格管”，形成水利工程长效管护机制。

定方案，部署水利工程标准化管理工作。根据《省政府办公厅关于全面推行水利工程标准化管理的意见》，计划到 2020

年底，力争全省大中型水利工程、1 000 kW 以上水电站、小型水库的标准化管理合格率达到 100%；“屋顶山塘”等其他重要小型水利工程基本达到标准化管理要求。2016 年初，省水利厅印发了《实施方案（2016 — 2020 年）》，召开全省专题会议进行动员和部署。各市、县政府分别批复五年实施方案，并将标准化管理纳入“五水共治”计划和考核。

定标准，基本形成标准化管理制度体系。省级层面，完成了水库、山塘等 11 类工程 12 项管理规程的编制并印发试行，其中《农村水电站运行管理规范》由省质监局发布施行，其他 11 项管理规程将在试行基础上，争取 2017、2018 年由省质监局陆续发布施行。组织编制了各类工程管理手册编制指南及范本，供各地参考使用。制（修）订发布水利工程定岗定员标准、维修养护定额、标识牌、信息化建设、工程划界、工程运行物业化管理、考核验收、抽查复核等相关制度 11 项。市县层面，温州、象山、安吉等地根据地方实际出台了规程规范。工程管理单位（责任主体）层面，根据省管理规程，结合工程具体实际编制标准化管理手册，将工程管理任务和责任“元素化”地细化到岗位责任人。

定责任，明确标准化管理创建主体。要求各地根据工程不同产权形式、管理模式，分类梳理确定纳入名录的管理单位或管理责任主体。鼓励因地制宜采用“以大带小”“小小联合”“以点带片”“分片统管”等工程管理新模式。通过全面排查和摸底，确定 2016 — 2020 年水库等 11 类 10 700 处工程作为标准化管理创建对象。根据定岗标准设置岗位，确定管护责任人员。

留痕迹，提升信息化管理水平。要求各工程管理单位开发应用信息化管理运行平台，将移动巡查、视频监控、网上办公等管理内容、程序通过信息化手段进行固化，使管理行为可追溯。同时，开发建设由省、市、县三级水行政主管部门共用的标准化管理监督与服务平台，实时掌握各类工程安全状态和管理动态。

增投入，化解管理经费和人员不足难题。管理经费保障方面，公益性（含准公益性）工程管护经费按照属地管理原则，纳入本级财政预算。国有大中型水利工程管理单位按照水利工程维修养护定额编制经费预算，纳入本级财政预算；小型水利工程以财政补助和管理单位自筹相结合的方式落实管护经费。如余姚市出台政策，对乡镇水利工程管理经费补助 65% 以上。经营性为主的水利工程管护经费由业主自行承担，按有关规定在其经营收入中计提，专款专用。2016 年，全省落实标准化管理创建及管护经费 14.8 亿元。破解人员落实难，大力推行“政府购买服务”，培育水利工程物业化管理市场主体，推行管养分离，实现管理的专业化、物业化。全省已有 432 家具备水利工程维修养护能力的管理公司，参与工程物业化管理。

抓示范，有序推进标准化管理工作。2016 年是水利工程标准化管理启动之年，采用点面结合、典型引路、示范先行的方式，按照“先大后小、先易后难、先重要后一般”的原则，分解下达年度工程创建计划，确定了德清等20个县（市、区）为示范县。确定省、市、县级样板工程350个，着力打造一批可复制、可借鉴的典型。

重质量，确保标准化创建取得实效。坚持“进度服从质量”，要求各地必须确保“标准落地，不走过场，不流于形式”。省水利厅厅领导和处室包干督导、“千人万项”专家指导服务，每月下基层指导和服务创建工作。另外，实行月度例会制和工作通报制，对发现的问题进行跟踪督查，切实解决基层工作中存在的困难和问题。

发表于《今日浙江》2017年第7期

水文水资源

Hydrology and Water Resources

水文水资源　　115 ～ 124 页

雨　情

【概况】　2017年，全省平均降水量1 555.9 mm，较2016年降水量偏少20.4%，较多年平均降水量偏少3.0%，时空分布不均匀。空间分布上看，年雨量最大为衢州市1 849.1 mm，年雨量最小为嘉兴市1 334.1 mm。时间分布上看，3月、6月、11月比多年均值偏多22.7%～96.5%，11月为偏多最大月；其他月份偏少0.6%～66.3%，2月为偏少最大月。

【年降水量】　2017年，浙江省全省平均降水量1 555.9 mm，比多年均值偏少3.0%。与多年均值相比，各市平均降水量地区分布不平衡，降水量最大的衢州市1 849.1mm，降水量最小的嘉兴市1 334.1 mm，最大值是最小值的1.39倍。其中，舟山市较常年偏多14.2%，嘉兴市偏多11.8%，宁波市偏多5.1%，杭州市、湖州市、金华市、衢州市、丽水市和绍兴市与多年均值基本持平，台州市、温州市分别偏少15.8%、12.2%。时间分布上看，3月、6月、11月分别比多年均值偏多22.7%、66.7%、96.5%；1月、2月、4月、5月、7月、8月、9月、10月、12月分别偏少19.8%、66.3%、4.4%、46.3%、15.5%、32.3%、26%、0.6%、19.5%。2017年各市平均降水量与多年均值对比情况见表1。

表1　2017年各市年平均降水量

地区	2017年平均降水量/mm	多年平均降水量/mm	地区	2017年平均降水量/mm	多年平均降水量/mm
杭州市	1 556.5	1 553.7	金华市	1 488.8	1 513.5
宁波市	1 595.9	1 517.8	舟山市	1 457.1	1 275.5
温州市	1 604.8	1 828.8	台州市	1 376.1	1 634.3
嘉兴市	1 334.1	1 193.5	衢州市	1 849.1	1 818.9
湖州市	1 334.1	1 398.8	丽水市	1 676.8	1 730.9
绍兴市	1 447.7	1 463.7	全省	1 555.9	1 603.8

【汛期降水量】　2017年汛期，浙江省东北部地区降水量偏多，其他大部分地区偏少，其中浙东南沿海地区偏少明显。钱塘江上游乌溪江、鳌江上游、飞云江中上游和瓯江中游等局部地区的降水量在1 500 mm以上，浙东南沿海、玉环、洞头等地区的降水量不足700 mm，其他大部分地区的降水量为700～1 500 mm。与多年汛期均值相比，八大水系和各市2017年汛期平均降水量大部分偏少。其中，杭嘉湖地区偏多7.8%，甬江基本持平，钱塘江、苕溪和飞云江偏少3.4%～8.6%，瓯江和椒江分别偏少12.6%、19.4%，鳌江偏少22.8%；

舟山市、嘉兴市分别偏多 8.3%、7.3%，宁波市偏多 1.7%，杭州、湖州、金华、衢州和绍兴等市偏少 1.4% ~ 7.0%，丽水、台州、温州等市偏少 13.2% ~ 22.2%。八大水系汛期降水量分布见表 2，各市汛期降水量分布见表 3。

表 2　2017 年八大水系汛期降水量分布

水系	汛期降水量 /mm	水系	汛期降水量 /mm
钱塘江	700 ~ 1 600	椒江	700 ~ 1 300
苕溪	700 ~ 1 200	瓯江	700 ~ 1 500
运河（杭嘉湖东部平原）	700 ~ 1 000	飞云江	700 ~ 1 600
甬江	900 ~ 1 300	鳌江	800 ~ 1 500

表 3　2017 年各市汛期降水量分布

地区	汛期降水量 /mm	地区	汛期降水量 /mm
杭州市	700 ~ 1 400	金华市	700 ~ 1 300
宁波市	800 ~ 1 400	舟山市	700 ~ 1 100
温州市	600 ~ 1 600	台州市	600 ~ 1 300
嘉兴市	700 ~ 1 000	衢州市	900 ~ 1 500
湖州市	700 ~ 1 200	丽水市	800 ~ 1 600
绍兴市	700 ~ 1 500		

【台风带来的降水量】　2017 年，共有 4 个台风影响浙江省，分别为 9 号台风“纳沙”、10 号台风“海棠”、18 号台风“泰利”和 20 号台风“卡努”。9 号台风“纳沙”和 10 号台风“海棠”双台风在 24 小时内先后登陆福建省福清市，连续影响浙江省，给浙江南部和东南沿海等部分地区带来连续强降雨。18 号台风“泰利”擦边浙江，受其影响，宁波市、绍兴市和台州市北部等部分地区降大到暴雨、局部降大暴雨。20 号台风“卡努”登陆广东省湛江市，外围云系和北方弱冷空气结合，舟山、宁波等市出现较强降雨过程，部分地区最大 1 日暴雨重现期接近 50 年一遇。

【主要降水量过程】　2017 年主要有以下 5 场集中的强降雨过程。

6 月 11—13 日，浙江省出现 2017 年入梅后首次持续强降雨过程，全省大部分地区先后降大到暴雨、局部降大暴雨。全省平均降水量 124.6 mm，地市平均降水量以绍兴市的 164 mm 为最大，面雨量较大的地市还有宁波市 161.8 mm、金华市 160.5 mm；流域平均降水量以曹娥江流域的 177.4 mm 为最大，面雨量较大的流域还有钱塘江金华以上流域 162.5 mm、浦阳江流域 156.4 mm；全省共有 2 171 个水情站累计降水量大于 100 mm、160 个站大于 200 mm，最大降水量为温州市永嘉县龙潭背水库 266.5 mm；此次降雨过程短时强度较大，全省最大 1 小时降水量 82.5 mm（温州市永嘉县龙潭背水库）、最大 3 小时降水量 169.5 mm（温州市永嘉县龙潭背水库）、最大 24 小时降水量 209 mm（温州市永嘉县龙潭背水库，达到大暴雨级别）。

6 月 21 — 24 日，浙江省出现入梅以来第二次强降雨过程，中西部和西南地区先后出现强降雨过程，强降雨主要集中在钱塘江中上游流域。全省平均降水量 108 mm，地市平均降水量以衢州市 280.1 mm 为最大，面雨量较大的地市还有金华市 172.8 mm、杭州市 145.9 mm；流域平均降水量以钱塘江衢州以上流域的 281.7 mm 为最大，面雨量较大的流域还有钱塘江兰溪以上流域的 221.9 mm、钱塘江金华以上流域的 160.4 mm；全省共有 1 477 个水情站累计降水量大于 100 mm、454 个站大于 200 mm、106 个站大于 300 mm，最大降水量为杭州市临安区大石门水库 398.5 mm；此次降雨过程强度较大，全省最大 1 小时降水量 73 mm（杭州市临安区大石门水库）、最大 3 小时降水量 137.5 mm（杭州市临安区大石门水库）、最大 24 小时降水量 351.5 mm（杭州市临安区大石门水库，达到特大暴雨级别）。

7 月 29 日至 8 月 1 日，受双台风影响（9 号台风“纳沙”和 10 号台风“海棠”），浙江省南部和东部沿海地区出现较强降雨过程。全省平均降水量 56.9 mm，地市平均降水量以温州市的 170.9 mm 为最大，面雨量较大的地市还有丽水市 92.1 mm、台州市 76.9 mm；流域平均降水量以飞云江流域的 181.4 mm 为最大，面雨量较大的流域还有鳌江流域 178.9 mm、瓯江流域 103.2 mm；全省共有 1 228 个水情站累计降水量大于 50 mm、614 个站大于 100 mm、136 个站大于 200 mm、8 个站大于 300 mm，最大降水量为温州市泰顺九峰村站 481.5 mm；此次降雨过程局部短时强度较大，全省最大 1 小时降水量 84.5 mm（温州市鹿城区东山里水库）、最大 3 小时降水量 126.5 mm（温州市鹿城区临江站）、最大 24 小时降水量 241.5 mm（温州市泰顺九峰村站，达到大暴雨级别）。

9 月 14 — 15 日，受 18 号台风“泰利”影响，浙江省宁波市、绍兴市和台州市北部等部分地区降大到暴雨、局部大暴雨。地市平均降水量以宁波市 52.4 mm 为最大，面雨量较大的地市还有绍兴市 28.4 mm；流域平均降水量以甬江流域 74.7 mm 为最大，面雨量较大的流域还有曹娥江流域 36.3 mm；全省共有 303 个水情站累计降水量大于 30 mm、182 个站大于 50 mm、64 个站大于 100 mm，最大降水量为绍兴市上虞区乌洞水库 221 mm；此次降雨过程局部短时强度较大，全省最大 1 小时降水量 21 mm（宁波市宁海县大佳何站）、最大 3 小时降水量 37 mm（宁波市余姚市史家弄水库）、最大 24 小时降水量 159 mm（绍兴市上虞区乌洞水库，达到大暴雨级别）。

10 月 14 — 15 日，受 20 号台风“卡努”外围云系和北方弱冷空气共同影响，宁波和舟山等地普降暴雨到大暴雨、局部特大暴雨。地市平均降水量以舟山市 221.2 mm 为最大，面雨量较大的地市还有宁波市 122.5 mm、台州市 58.4 mm；全省共有 370 个站超过 100 mm、144 个站超过 200 mm、

37 个站超过 300 mm、11 个站超过 400 mm、3 个站超过 500 mm，最大降水量为台州市三门县山场溪站 619 mm；此次降雨过程局部短时强度较大，全省最大 1 小时降水量 86.5 mm（舟山市定海区干使岙站）、最大 3 小时降水量 199.5 mm（舟山市定海区干使岙站）、最大 24 小时降水量 619 mm（舟山市定海区干使岙站，达到特大暴雨级别）。

水 情

【概况】 2017 年，浙江省主要江河（或平原河网）控制站年最高水位大多超过警戒（或保证）水位，其中钱塘江中上游兰溪站出现 1956 年以来（最近 62 年）最大洪水；钱塘江来水量（富春江坝址以上，下同）比常年同期偏多近 10%；33 座大型水库年末蓄水总量比年初减少明显；部分河口沿海潮位站实测年最高潮位超过警戒潮位。

【江河水情】 2017 年，受梅雨、台风等影响，浙江省钱塘江、苕溪（东苕溪）、杭嘉湖区和甬江、椒江始丰溪等主要江河（或平原河网）控制站年最高水位超过警戒水位（部分站点超过保证水位）。受梅雨期间多次较强降雨等影响，钱塘江上游衢州站 6 月 25 日 09 时实测最大流量 6 270 m^3/s，相应最高水位 63.47 m，超过警戒水位 2.27 m，仅低于保证水位（63.70 m）0.23 m；钱塘江中上游兰溪站 6 月 25 日 20 时 15 分出现最高水位 32.04 m，超过保证水位 1.04 m，为该站 1956 年以来出现的最高水位（6 月 25 日 18 时 38 分实测最大流量 14 500 m^3/s，为近 62 年实测最大流量，重现期超过 20 年一遇）；东苕溪瓶窑站 6 月 25 日 00 时 55 分出现最高水位 6.08 m，超过警戒水位 0.42 m；杭嘉湖区嘉兴站 6 月 24 日 19 时 12 分出现最高水位 1.89 m，超过保证水位 0.03 m；椒江始丰溪沙段站 6 月 25 日 15 时出现最高水位 14.68 m，超过警戒水位 0.18 m。受 20 号台风“卡努”期间较强降雨等影响，甬江余姚站 10 月 17 日 00 时 40 分出现最高水位 2.82 m，超过保证水位 0.42 m；姚江大闸 10 月 16 日 22 时 35 分出现最高水位 2.63 m，超过保证水位 0.43 m。

【钱塘江来水量】 2017 年，钱塘江来水量 303.62 亿 m^3，比常年同期偏多 8.5%。各月来水量与常年同期比较情况，1 月、4 月、6 月、7 月和 8 月来水量偏多，其余各月均偏少；其中，6 月偏多 84.5%，占全年来水量的 29.9%。具体各月来水量情况见表 4。

表 4　2017 年钱塘江各月来水量

月份	来水量 / 亿 m^3	较常年同期
1 月	18.606 2	偏多 25.1%
2 月	7.862 4	偏少 51.1%
3 月	23.841 2	偏少 16.3%
4 月	40.101 7	偏多 27.4%
5 月	32.069 1	偏少 8.3%
6 月	90.667 3	偏多 84.5%
7 月	31.712 3	偏多 4.7%
8 月	20.524 3	偏多 5.1%
9 月	10.551 2	偏少 33.1%
10 月	8.269 3	偏少 34.3%
11 月	8.456 8	偏少 34.4%
12 月	10.959 0	偏少 20.3%

【潮水位】 2017年，梅雨洪水遭遇天文大潮、台风和冷空气结合对河口沿海地区主要潮位站年最高潮位的影响显著。受其影响，浙江省河口沿海地区部分潮位站年最高潮位超过警戒潮位，超警幅度为0.10～0.45 m。其中，瓯江口温州站6月25日22时50分出现年最高潮位4.45 m，超过警戒潮位0.45 m；甬江口镇海站11月18日11时35分出现年最高潮位2.75 m，超过警戒潮位0.45 m；舟山岛定海站11月18日10时25分出现年最高潮位2.55 m，超过警戒潮位0.35 m；杭州湾盐官站6月26日02时50分出现年最高潮位6.58 m，超过警戒潮位0.38 m；杭州湾澉浦站7月26日02时45分出现年最高潮位5.46 m，超过警戒潮位0.26 m；杭州湾乍浦站7月26日02时20分出现年最高潮位4.55 m，超过警戒潮位0.10 m；鳌江口鳌江、飞云江口瑞安、椒江口海门和三门湾健跳等站年最高潮位均低于警戒潮位。

预警预报

【概况】 2017年，全力做好水情预警预报工作，共完成水文预报1 210站次，发送水情预警短信13万余条。特别在梅雨洪水和多个台风影响期间，根据省防指统一部署，及时启动相应防汛防台等水文测报应急响应，全年在台风期间水情预报服务546站次，要求受影响的市县等水文部门根据本地实际，加强值班，切实做好水文测报工作，全力以赴为全省各级政府和防汛防台抗旱指挥机构提供优质的水文支撑。

【水情预警】 2017年，梅雨、多个台风和局地短时强降雨等影响期间，省水文局及时做好水情预警等相关工作。通过浙江省水情中心短信平台，全年共发送水情预警短信13万余条；通过浙江省水雨情信息展示系统，对于超过规定阈值的雨情、水情站进行及时预警；为各级防汛指挥部门及时掌握汛情提供可靠依据。

【水文预报】 2017年，在梅雨和多个台风影响期间，共完成水文预报（包括滚动预报、预估预报、退水估报和风暴潮预报等）1 210站次；其中，关键水文预报48站次，日常预报616站次，台风期间水情预报服务546站次。水文预报成果准确、及时，为各级政府和防汛防台抗旱指挥部门指挥调度决策和抗洪抢险工作提供可靠的依据。

6月25日，浙江省钱塘江中上游发生1956年以来，近62年期间的最大梅雨洪水。在迎战兰溪站水位涨幅高达6.2 m的洪水期间，滚动分析预报，提供不同阶段预警预报成果，为提前转移群众、堤防抢险、水库调度赢得宝贵时间，取得特大洪水无人员伤亡，与2011年“6·20”洪水相比，兰溪受淹面积减少2/3。在梅雨期，每日制作1期未来3天降雨预报的水情估报分析，提前部署加强值守，盯紧一丝丝信息的变化及影响。关键时刻，跟踪分析、滚动预报，提前36小时估报兰溪市将发生超保证洪水，起到提前警示作用；提前24小时估报兰溪市将突破1956年以来的历史洪水记录，成为地方政府向市民发布防汛抢险紧急动员令的依据，提前转移人员，部署堤防抢险准备；提前10小时精准预报兰溪站洪峰水位32.00 m，洪峰流量14 200 m^3/s，实测洪水位达32.04 m，预报误差仅0.04 m，实测流量14 500m^3/s，预报误差2%，预报成果为兰江20年一遇防洪抢险决策提供决定性的参考依据。

水资源开发利用

【概况】 2017年，全省平均降水量1 555.9 mm，全省水资源总量895.35亿m^3，产水系数为0.55，产水模数为86.3万m^3/km^2，人均水资源量1 582.7 m^3。人均生活年用水量50.3 m^3（注：城镇公共用水和农村牲畜用水不计入生活用水量中），其中城镇和农村居民人均生活年用水量分别为53.3 m^{3}和44.0 m^3。农田灌溉亩均年用水量为351 m^3，其中水田亩均灌溉年用水量411 m^3。万元GDP（当年价）用水量34.7 m^3。全省平均水资源利用率为20%。

【水资源量】 2017年，全省平均降水量1 555.9 mm，折合降水总量1 614.84亿m^3，较2016年降水量偏少20.4%，较多年平均降水量偏少3.0%。从流域分区看，各流域分区降水量较2016年降水量明显偏少，太湖水系、闽东诸河、闽江等流域降水量较2016年偏少25%以上；鄱阳湖水系、太湖水系、钱塘江、浙东诸河等流域分区降水量接近多年平均降水量。从行政分区看，各市降水量较2016年有明显偏少，尤其是湖州市、温州市分别偏少34.7%与29.7%。嘉兴市、舟山市降水量较多年平均降水量偏多10%以上，温州市、台州市降水量较多年平均降水量偏少10%以上，其余市降水量接近多年平均降水量。

根据闸口、姚江大闸、金华、温州西山、圩仁等45个代表站降水量分析，降水年内分配不均，全省4—9月降水量占全年的66.6%；6月为全年最大，降水量占全年的26.8%；2月为全年最小，降水量占全年的1.9%。

降水量地区差异显著，全省年降水量为900～2 400 mm，总体上自西向东、自南向北递减，山区大于平原，沿海山地大于内陆盆地，衢州市年降水量是嘉兴市的1.38倍。浙江省千里岗、仙霞岭、洞宫山、南雁荡山、四明山一带为高值区，年降水量在2 000 mm左右，单站（三井站）最大降水量在2 392.7 mm。长兴平原、金华江上游、曹娥江百官以上、温黄平原、玉环岛、浙南地区洞头列岛一带为全省低值区，年降水量为1 000～1 200 mm，单站（楚门站）最小降水量为995.0 mm。舟山市受热带气旋的影响，年降水量达到1 457.1 mm，较多年平均多14.2%。

2017年，全省地表水资源量为881.95亿m^3，较2016年偏少32.5%，较多年平均值偏少6.6%。全省入境水量211.07亿m^3，出境水量235.49亿m^3，入海水量790.44亿m^3。

全省水资源总量为895.35亿m^3，较2016年偏少32.4%，较多年平均偏少6.3%。每平方公里产水量为86.3万m^3。人均水资源量为1 582.7 m^3。

2017年，全省194座大中型水库，年末蓄水总量为221.61亿m^3，较2016年末减少30.52亿m^3。其中大型水库34座，年末蓄水量为200.52亿m^3，较2016年末减少26.93亿m^3；中型水库160座，年末蓄水量为21.09亿m^3，较2016年末减少3.59亿m^3。

【供水量】 2017年，全省总供水量为179.50亿m^3，较2016年减少1.65亿m^3。其中地表水源供水量为176.24亿m^3，占98.2%；地下水源供水量1.31亿m^3，占0.7%；其他水源供水量1.95亿m^3，占1.1%。在地表水源供水量中，蓄水工程供水量75.59亿m^3，占42.9%；引水工程供水量34.22亿m^3，占19.4%，提水工程供水量65.57亿m^3，占37.2%，调水工程供水量0.86亿m^3，占0.5%。

【用水量】 2017年，全省总用水量179.50亿m^3,其中农田灌溉用水量71.31亿m^3，占总用水量的39.7%；林牧渔畜用水量9.56亿m^3，占5.3%；工业用水量为46.08亿m^3，占25.7%；城镇公共用水量18.54亿m^3，占10.3%；居民生活用水量为28.47亿m^3，占15.9%；生态环境用水量5.55亿m^3，占3.1%。

【耗水量】 2017年，全省总耗水量99.31亿m^3，平均耗水率为55.3%。其中农田灌溉耗水量为50.32亿m^3，占50.7%；林牧渔畜耗水量7.44亿m^3，占7.5%；工业耗水量16.41亿m^3，占16.5%；城镇公共耗水量7.36亿m^3，占7.4%；居民生活耗水量12.79亿m^3，占12.9%；生态环境耗水量5.00亿m^3，占5.0%。

【退水量】 2017年，全省退水总量为46.08亿t；日退水量为1 262.58万t，其中城镇居民生活退水量为296.49万t，第二产业退水量为696.55万t，第三产业退水量为269.54万t。

【用水指标】 全省人均综合用水量317.3m^3，人均生活年用水量50.3m^3（注：城镇公共用水和农村牲畜用水不计入生活用水量），其中城镇和农村居民人均生活年用水量分别为53.3m^3和44.0m^3。农田灌溉亩均年用水量为351m^3，其中水田亩均灌溉年用水量411m^3，农田灌溉水有效利用系数为0.592。万元国内生产总值（当年价）用水量34.7m^3。

水质监测

【概况】 2017年，全省水功能区有790个开展监测，各大水系上游河段的水质较好，平原河网、城市内河水体水质改善明显；湖泊、水库按水功能区目标水质评价，全年达标率为87.9%。

【水功能区水质监测】 2017年，全省1 112个水功能区有790个开展监测。其中，纳入国家水功能区考核名录的204个水功能区均按照国家相关标准开展监测和评价工作，及时向水利部和流域机构上报监测成果；纳入省对地市考核名录的水功能区均按照《浙江省“十三五”期间水功能区监测工作计划》要求开展监测和评价工作。

【水生态监测】 2017年，全省开展浮游植物常规监测，各有关分中心对典型供水水库及重要湖泊，进行每月1次的常规浮游植物监测，并于月均气温最高的8月组织开展1次浮游植物普查监测。每季度编制《全省重要水库、湖泊浮游植物监测报告》，2017年总检测指标约3 000项次。在开展浮游植物常规监测的同时，对浮游动物监测进行尝试，2017年对8个水功能区常规监测点进行1次浮游动物监测。

根据浙江省水源型水库分布状况及特征，2017年5月起，在全省范围内选取10个典型重要水源地水库作为监测对象，开展为期1年的全省水功能区水生态监测分析评价，将在2018年5月完成。

【水质质量管理】 2017年，进一步提升全省水资源监测中心（以下简称“省中心”）的工作能力。省中心加强落实水利部水质监测“七项制度”的要求，不断健全监督考评机制、加强岗位技术培训与考核、强化质控考核和能力验证、推进水质检测能力建设、提高评价分析技术、提升实验室管理水平，切实做好安全生产。

【河流湖库水质】 2017年，全省列入国家及省级考核的重点水功能区717个，评价总河长12 114 km。按水功能区目标水质评价，全年达标率为87.9%（下同）。其中一级水功能区140个（不包括开发利用区），达标率94.3%，二级水功能区577个，达标率为86.3%。

按八大水系统计，钱塘江水系水功能区228个，全年达标率94.7%；苕溪水系水功能区65个，全年达标率100%；运河水系水功能区130个，全年达标率80.0%；甬江水系水功能区90个，全年达标率73.3%；椒江水系水功能区74个，全年达标率77.0%；瓯江水系水功能区84个，全年达标率94.0%；飞云江水系水功能区19个，全年达标率94.7%；鳌江水系水功能区27个，全年达标率92.6%。

按地市统计，杭州市水功能区87个，全年达标率90.8%；宁波市水功能区73个，全年达标率74.0%；温州市水功能区63个，全年达标率87.3%；嘉兴市水功能区94个，全年达标率75.5%；湖州市水功能区71个，全年达标率98.6%；绍兴市水功能区62个，全年达标率98.4%；金华市水功能区61个，全年达标率93.4%；衢州市水功能区46个，全年达标率100%；舟山市水功能区21个，全年达标率71.4%；台州市水功能区71个，全年达标率76.1%；丽水市水功能区68个，全年达标率100%。

（金俏俏）

防 汛 防 台 抗 旱

Flood Control, Typhoon Defense and Drought Relief

洪涝台旱灾害

【概况】 2017年，全省平均降水量1 555.9 mm，比常年同期偏少3%；汛期（4月15日至10月15日），全省平均降水量987.3 mm，比常年同期偏少10.1%。梅雨期钱塘江中上游发生流域性大洪水，兰溪站出现1949年以来第二高的洪水位；出梅以后，浙江持续高温少雨，夏季日最高气温35℃以上天数与2013年并列历史最多；9号、10号和18号3个台风先后影响浙江省，局部地区出现强降雨；汛末受20号台风外围与冷空气共同影响，舟山市遭遇历史实测第二位的强降雨。全省全年116.87万人受灾，洪涝台灾害造成直接经济损失46.96亿元（约为2001年以来年平均值的30%），全省无人员因洪涝台灾害伤亡。

【主要灾害】

（1）梅雨洪涝。2017年，浙江省6月9日入梅，7月5日出梅。期间，出现三轮大面积持续强降雨，全省平均降水量388.1 mm，比常年多54.9%，其中金华市478 mm、衢州市581 mm，分别比常年多90.3%、71.2%。全省300 mm以上笼罩面积达8.53万km^2，占陆域面积的80.8%，400 mm以上笼罩面积达4.99万km^2，主要集中在钱塘江中上游，兰溪断面以上达528.1 mm。受集中强降雨影响，钱塘江中上游发生流域性大洪水，兰溪站出现洪水位32.04 m和洪峰流量14 500 m^3/s，均超过2011年（洪水位31.86 m、洪峰流量12 500 m^3/s），达20年一遇大洪水标准，仅次于1955年（最高洪水位33.49 m）。兰溪站超保证水位历时达24小时，比2011年多6小时。

梅雨洪涝造成杭州、金华、衢州、丽水、绍兴等5个设区市32个县（市、区）453个乡（镇、街道）87.73万人受灾，倒塌房屋2 792间，农作物受灾84.06千hm^2，成灾35.49千hm^2，绝收6.71千hm^2；停产企业402家，中断铁路1条次、公路630条次、供电133条次、通讯31条次；损坏堤防3 861处计289.25 km、护岸1 517处、水闸38座、灌溉设施1 428处、机电井13眼、机电泵站58座、水文设施23个。因洪涝灾害造成直接经济损失34.25亿元，其中农业11.88亿元、工业交通业11.6亿元、水利工程9.02亿元，无人员死亡。

（2）台风影响。2017年，台汛期无台风登陆浙江。9号台风“纳沙”、10号台风“海棠”分别于7月30日06时、31日02时50分在福建省福清市沿海登陆，台风外围和减弱后的环流低压对浙江东南部的影响明显，温州、丽水、台州等市出现较强降雨，温州市面雨量171 mm，丽水市面雨量92 mm；18号台风“泰利”9月13日18时左右进入东海，来势汹汹，但在东经124.1°、北纬27.2°转向北上，至9月16日16时结束对浙江省的影响，宁波市、绍兴市东部出现较强降雨，局部暴雨到大暴雨。台风对浙江省的影响未引发明显灾情。

（3）20号台风外围和冷空气共同影响。第20号台风“卡努”于10月16日03时25分左右在广东省徐闻县沿海登陆，登陆点离浙江省较远，但受台风外围云系和北方弱冷空气的共同影响，10月14—17日，浙江东部沿海地区普降暴雨，舟山市、宁波市局部特大暴雨，舟山市面雨量达269 mm，宁波市面雨量达146 mm，2市有7个县（市、区）面雨量超200 mm。15日08时至16日08时，普陀区面雨量达259.1 mm，重现期接近50年一遇；定海区222 mm、嵊泗县183.7 mm、岱山县173.3 mm，重现期为20年一遇左右，均列历史实测雨量第二位。2市有18个站雨量超过400 mm，5个站超过500 mm，最大的普陀区干使岙站达746 mm。

强降雨造成舟山本岛和六横岛、宁波象山等地城乡部分低洼地段受淹，局部发生小流域山洪与山体滑坡等地质灾害，一些堤防、公路、电力等基础设施损毁，农作物、水产养殖受损。全省有舟山、宁波等2个设区市7个县（市、区）58个乡（镇、街道）23.92万人受灾，倒塌房屋9间，农作物受灾19.36千hm^2，成灾8.54千hm^2，绝收2.33千hm^2；停产企业240家，公路100条次、供电18条次；损坏堤防170处计11.83 km、海塘28处计0.99 km、护岸123处、水闸12座、灌溉设施67处、机电泵站13座、水文设施32个。因洪涝灾害造成直接经济损失11.54亿元，其中农业7.03亿元、工业交通业2.33亿元、水利工程1.62亿元，无人员死亡。

（4）夏季高温伏旱。2017年7月5日出梅以后，浙江持续高温少雨，截至9月1日，日最高气温35 ℃以上达35天，比常年同期偏多18天，与2013年并列历史最多。受其影响，部分地区旱情露头。虽然3次台风影响带来的降水缓解了持续晴热高温天气，并在一定程度上缓解部分地区的旱情，但由于总体降雨偏少且降雨分布不均，传统缺水的台州市温岭市、玉环县等地水库蓄水量偏少，一些海岛和山区灌溉及生活供水紧张。

【洪涝台灾害特点】

（1）灾害损失较常年小。2017年，各灾害损失与2000—2016年均值相比，全省洪涝台直接经济总损失减少71.7%，农林牧渔业损失减少68.8%，工业交通运输业损失减少74.0%，受灾人口、农作物受灾面积分别减少47.4%、74.4%；无人员因灾死亡（失踪）。

（2）受灾区域较为集中。2017年，全省洪涝台灾害损失主要集中在金华、舟山2市，共计28.98亿元，占全省直接经济总损失的61.7%。其中，金华市18.75亿元，占39.9%；舟山市10.23亿元，占21.8%。

（3）梅雨洪涝灾害损失大。梅雨期，浙江省前后遭受3轮大面积持续强降雨，部分地区发生小流域山洪地质灾害，特别是钱塘江中上游出现1949年以来第二高水位洪水。2017年，全省梅雨洪涝灾害损失共计34.25亿元，占全省直接经济总损失的72.9%。

（4）台风灾害影响小。2017年无台风登陆浙江省，9号台风“纳沙”、10号台风“海棠”、18号台风“泰利”对浙江省的影响未引发明显灾情。但汛末受20号台风“卡努”外围和冷空气共同影响出现罕见强降雨，强降雨造成舟山本岛和六横岛、宁波象山等地受灾。

【灾情损失】 据统计，浙江省8个设区市39个县（市、区）518个乡（镇、街道）116.87万人受灾，没有人员因灾死亡（失踪），倒塌房屋2 881间，洪涝台灾害造成直接经济损失46.96亿元。其中农林牧渔业损失19.40亿元，农作物受灾面积107.13千hm^2，成灾面积45.73千hm^2，绝收面积9.41千hm^2，因灾粮食减产6.83万t，经济作物损失11.58亿元，死亡大牲畜0.05万头，水产养殖损失5.38万t；工业交通运输业损失14.03亿元，停产工矿企业654个，铁路中断1条次，公路中断798条次，供电线路中断180条次，通讯中断32条次；水利设施损失10.95亿元，损坏海塘42处计1.50 km、堤防4 301处计318.48 km、塘坝428座、护岸1 729处、水闸50座、灌溉设施1 671处、水文测站55个、机电井13眼、机电泵站73座、水电站21座。

浙江省洪涝台灾害损失情况见表1。

表1　2017年浙江洪涝台灾害损失情况

设区市	洪涝台面积/千hm^2		受灾人口/万人	死亡人口/人	倒塌房屋/间	GDP/亿元	直接经济损失占GDP比例/%	直接经济损失/亿元			
	受灾	成灾						总损失	农林牧渔业	工业交通运输业	水利设施
合计	**107.13**	**45.73**	**116.87**	**0**	**2 881**	**51 768**	**0.09**	**46.96**	**19.40**	**14.03**	**10.95**
杭州	18.03	8.82	13.00	0	87	12 556	0.04	5.00	2.36	0.70	1.71
宁波	13.17	4.23	1.04	0	0	9 847	0.02	1.49	1.17	0.15	0.15
湖州	0.06	0.05	0.00	0	0	2 476	0.00	0.02	0.002	0.00	0.01
绍兴	7.80	1.50	5.87	0	0	5 108	0.02	0.92	0.40	0.06	0.31
金华	21.39	12.47	28.53	0	1 467	3 870	0.48	18.75	4.54	9.39	4.38
衢州	30.32	11.64	34.83	0	492	1 380	0.48	6.57	3.46	0.70	1.88
舟山	6.19	4.31	23.65	0	9	1 219	0.84	10.23	5.95	2.18	1.52
丽水	10.17	2.71	9.95	0	826	1 298	0.31	3.98	1.52	0.85	0.99

防汛防台抗旱措施与成效

【概况】 2017年，在省委、省政府的正确领导下，按照国家防总的总体部署，深入贯彻习近平总书记提出的“两个坚持、三个转变”新时期防灾减灾新理念，紧紧围绕“不死人、少伤人、少损失”的总要求，扎实做好防汛防台抗旱工作，努力把灾害损失降到最低。及时印发2017年度工作要点，落实防汛防台抗旱各类责任人34.55万人，完成新任责任人培训3万余人次，发现并整改防汛安全隐患2 800处，发布预警信息1.4亿条。

【组织指挥】 省委常委会专题学习习近

平总书记、李克强总理等中央领导有关指示批示精神，研究部署浙江省防汛减灾救灾工作。省人大常委会颁布《关于自然灾害应急避险中人员强制转移的决定》，省政府印发《浙江省应对极端天气停课安排和误工处理意见（试行）》。省委书记车俊、省长袁家军、省委副书记唐一军、副省长孙景淼等省领导多次检查指导防汛防台工作，并作出重要批示指示。省委书记车俊在地方党委和政府主要负责人参加的多次会议上部署防汛防台工作，强调要把防台防汛作为常态性工作和重点工作来抓，做到思想认识到位、工作举措到位、保障跟进到位、责任落实到位。省长袁家军要求创新工作方法，在科学预报、系统预防、避险管控、精准减灾上下功夫。兰溪市出现历史第二高水位次日（6月26日），省委常委会专题听取省防指关于钱塘江流域大洪水防御工作汇报。省委常委、宣传部长葛慧君，省人大常委会副主任王辉忠等省领导分别致电省防指，要求加强梅雨洪水防御；省委常委、杭州市委书记赵一德深入一线检查指导防汛防台；省委常委、温州市委书记周江勇亲自部署台风防御；副省长熊建平在钱塘江大洪水期间赴兰溪市检查指导抗洪抢险救灾。省防指指挥、副省长孙景淼多次组织召开会议，研究部署防汛防台抗旱工作；在洪涝、台风影响期间，坐镇省防指组织指挥抗洪抢险。其他省领导主动抓好分管领域的防汛防台抗旱工作。温州市委市政府印发《加强新形势下防台抢险救灾工作的实施意见》，衢州市政府制定《防汛防台管理工作暂行办法》。各地党委、政府主要领导在防御洪涝台过程中靠前指挥，广大基层干部冲在一线，组织广大群众防汛抗灾。

【防汛准备】

（1）谋划部署。省防指认真总结，分析形势，研究提出2017年度目标任务、重点工作和总体安排，年初就印发年度工作要点。4月14日，省防指召开省、市、县三级防指成员视频会议，传达全国防汛抗旱工作视频会议和国家防总2017年第一次成员会议精神，全面部署防汛防台抗旱工作。省防指办还分别联合旅游、国土、建设、国资、能监等部门，专门就汛期旅游安全、山洪和地质灾害防御、城市洪涝灾害防范、省属国有企业安全度汛、水库水电站安全度汛等工作作出部署。

（2）全面落实责任。各级防指针对2016年以来地方党政集中换届情况，及时调整充实各级防汛防台负责人，确保责任无缝对接。全省共落实防汛防台抗旱各类责任人34.55万人，并在各级媒体公布，接受社会监督。各地通过修订预案、印发专函、发放清单等方式，进一步明确相关部门和人员的职责。各级防指办将年度重点工作任务细化分解，逐项排出任务表、责任表、时间表，把责任落实到岗到人。省防指办专门开发防汛值班信息管理系统，对各级防指办汛期值班加强监督；各地防指办加强对各类防汛责任人进岗到位情况的抽查，督促责任人履职尽责。

（3）隐患治理。各级防汛部门坚持关

口前移，组织开展防汛防台风险隐患排查治理。省防指先后组织全省防汛大检查、市级防指对口检查、水库明查暗访等活动。全省出动 50 586 人次，检查工程 27 337 处，发现并整改防汛安全隐患 2 800 处。九景衢铁路开化站在施工中擅自在河滩堆置弃渣 46 万 m^3，严重影响行洪安全，开化县责成承建方于 4 月 15 日前完成清理，消除防汛安全隐患。水利部门 3 月底前完成全部 2 883 处水毁工程修复，国土部门完成地质灾害隐患综合治理项目 1 410 个，住建部门完成 58.9 万 m^2D 级危房和 141.5 万 m^2C 级危房的治理改造。

(4)完善预案方案。省防指制定印发《浙江省防汛防台抗旱预案管理实施细则》，对预案编制、审批、备案、发布、评估、修订、宣传和演练等作出规定。各地根据实施细则，组织修订完善防汛防台方案预案，编制水库、水闸等水利工程控制运用计划、在建工程安全度汛方案，并落实安全度汛措施。舟山市制作《舟山市海上应急示意图》，衢州市修编《衢州市防汛防台抗旱应急预案》，绍兴市修编《绍兴市防台风应急预案》，湖州市修编《湖州中心城区重大洪涝台灾害人员转移预案》，温州市组织修编市县两级防台风应急预案、乡镇防汛防台应急预案。

(5) 培训演练。各级防指针对 2017 年集中换届后近半数基层干部缺少防御大洪水、强台风实战经验的实际，组织新任责任人防汛防台业务培训，全省共完成培训 299 班次 3 万余人次。副省长孙景淼和省水利厅厅长陈龙为全省新任分管农口市县长授课。为切实推动预案演练，提高防汛抢险应急处置能力，增强广大群众的防灾减灾意识，省防指联合台州市防指在三门县组织防汛防台抢险演练，省经信委等 13 个省防指成员单位以及 10 个市、93 个县（市、区、功能区）防指组织开展近 200 次防汛防台演练。

【应急处置】

(1) 及时监测预警。各级防汛、水利、气象、海洋、水文、国土、建设等部门加强水、雨、风、潮和地质灾害、城市内涝的监测，利用短信、网络、广播、电视、户外电子屏等，及时向公众发布洪涝台预警信息。据统计，省防指办联合省通信管理局组织发布预警信息 1.4 亿条，气象部门发布各类气象灾害预警信号 5 238 次，国土部门发布地质灾害预警 946 次，省水文局发布水文预报 46 期，省海洋监测预报中心发布海浪警报 32 期、风暴潮警报 8 期。

(2) 提前动员部署。全省各级防指根据防御形势和应急预案，提前分析研判，有序启动应急响应，采取印发通知、召开会议、视频连线、派工作组等方式，分级部署安排，分部门督促指导。省防指召开防御工作视频会议 14 次，发出通知 20 份，启动应急响应 7 次；各市县防指共启动应急响应 324 次。梅雨第二轮强降雨尚未结束，省防指预判后期可能出现第三轮强降雨，在降雨量刚达预案启动阈值的低限时，于 6 月 21 日果断启动防汛Ⅳ级应急响应，并逐级提升到Ⅱ级。钱塘江流域大洪水期间，兰溪市防指启动防汛Ⅰ级应急响应，市委、市政府发布防汛抢险紧急动员令，号召全市人民群众参与抗洪抢险。

（3）突出避险管控。各级防指把确保人民生命安全作为首要任务，按照“增加提前量，扩大转移面”和“应转尽转，不留死角、不漏空白”的要求，认真排查山塘水库、地质灾害隐患点、海上作业、海涂养殖、危房、工棚等危险区域人员，及时关闭旅游景区、停止部分农家乐经营，全省共转移危险区域人员49.6万人，钱塘江中上游大洪水期间，仅兰溪市就紧急组织低洼易涝地段及堤防险工险段内7.9万人安全转移。台风影响期间，作业船只停工，沿海客运航线及时停航，全省共组织2万余艘次各类船只安全避风，海域268条次客运航线、380条客渡航线停航。

（4）超常调度工程。面对梅汛期连续强降雨，省防指紧盯新安江、富春江、分水江、湖南镇、沐尘水库等控制性关键节点，实施超常规调度。在衢江、兰江洪峰来临前，省防指协调有关单位，临时停止发电和泄洪，与衢江干流洪水错峰，其中新安江、湖南镇、沐尘水库分别减少下泄流量1 200 m^3/s，590 m^3/s，430 m^3/s，错峰时间达48小时、14小时、14.5小时；金华江流域各大水库全力拦洪，下泄流量从960 m^3/s降至250 m^3/s，减少幅度达74%；富春江电站水库控制坝前水位到安全运行极限21.50 m达15小时，下泄流量加大至15 000 m^3/s，为建库以来最大值。据统计，钱塘江中上游大中型水库共拦蓄洪水40.7亿m^3（其中新安江水库28.4亿m^3），占富春江电站水库大坝以上洪量的30.9%，充分发挥水利工程的拦洪错峰作用。

（5）确保供水安全。出梅以后全省出现持续高温少雨天气，各级防汛水利部门密切关注供水、需水情况，积极协调有关工程管理单位处理好发电、供水的关系，及时做好跨流域区域引调水工作。7月初以来，浙东引水工程萧山枢纽引富春江水2.07亿m^3；乌溪江引水工程向金华境内供水0.14亿m^3。8月初，钱塘江中上游发生蓝藻水华，省防指积极协调华东电力调控中心和新安江、富春江水库，从8月4—30日，分别下泄10.97亿m^3、18.06亿m^3，有效化解蓝藻危机。温岭、玉环等地和个别海岛出现供水紧张状况后，当地及时采取计划用水、节约用水、应急调供水等措施，保障了生产生活用水安全。

（6）团结协作合力抗灾。各级各部门按照职责分工，密切配合，通力协作，形成防汛防台抗灾强大合力。在防御洪涝台灾害期间，省军区、省武警总队、驻浙部队先后派出近5 200名官兵，全省消防部队出动2 000余人，全省公安干警出动58 230人次，武警水电第二总队派出了20名抢险专家、50台（套）设备，投入防汛抢险；在钱塘江中上游大洪水期间，3 100多名驻金华部队和民兵预备役官兵、500余名武警官兵紧急奔赴兰溪，连续奋战4天4夜，累计加固堤坝3 000多米。省防指、省水利厅共派出72个（批）工作组检查指导防汛工作，紧急调拨物资设备支援各地抢险救灾。宣传、新闻部门加大宣传报道力度，增强全社会的防灾抗灾意识和广大群众的自救能力；省气象、海洋、国土、水文等部门加强监测预报预警；省海洋与渔业局利用渔船GPS海上安全管理系统和船舶动态监管系统，加强渔船动态监管，做到“定人到船”，不漏一船；海事部门出动船艇320多艘次、执法车辆650台次，全面巡查重点区域，加强对客渡轮船舶、无动力船只的安全监管；国土部门派出2 780多个检查组10 320多人次，巡查地质灾害隐患达7 700多点次；建设部门强化在建工地检查，停工8 000多个，及时转移危房、工棚等危险区域人员3.1万人；民政部门高标准完成避灾安置点建设1 396个，并加强避灾安置点安全检查，提升服务质量；交通部门加强交通管理，及时停航客运航线，停运客车班线；公安部门在危急关头组织人员、车辆、舟艇营救被困人员，疏散群众和交通管控工作；旅游部门及时组织关停受台风影响地区的各类景区景点；省通管局组织3家运营商在防汛防台期间向公众发送提醒短信近1.4亿条；电力部门组织6 384台次车辆、2万余人及时巡查、抢修受损线路；省级其他部门按照职责分工，各司其职，密切配合。杭州、衢州、丽水、金华等市和华东电网调度中心顾全大局，克服困难，服从省防指的统一调度，齐心协力抗御钱塘江流域性洪水。

【减灾效益】 在防御梅雨洪涝、台风、局地暴雨中，全省实现主要河流重点河段、大中城市及重要城镇、重要基础设施的防洪安全，实现水库无一垮坝、重要堤防海塘无一决口，城乡水正常，把灾害损失降到最低。全省共投入抢险人数27.80万人次、机械设备5 044台班；消耗编织袋147.58万条、编织布39.91万m^2、砂石料72.45万m^3、木材10.22万m^3，用油71.79 t、用电15.49万kW•h；减淹耕地面积9.64千hm^2，减少受灾人口17.48万人、避免可能造成伤亡事件638起1 663人次。初步估算，防灾减灾直接经济效益112.33亿元。

防汛防台抗旱基础工作

【概况】 2017年，开发基层防汛防台体系信息管理平台，绘制村级防汛防台形势图30 860幅。开展群测群防整体提升工作。同时继续加强物资储备和队伍建设，不断提升抢险救援能力。

【基层防汛防台体系】

（1）基层防汛防台组织责任体系更加严密。2017年以来，按照“网格化、清单式”管理和定格、定人、定责的要求，省防指办组织各县（市、区）防汛部门对自然村、居民区、企事业单位及各类危险区、保护对象等责任网格进行重新梳理，及时调整充实防汛行政责任人、村级防汛防台工作组、网格责任人，开发基层防汛防台体系信息管理平台，共录入1 398个乡（镇、街道）、30 855个村（社区）的34.55万名基层防汛责任人相关信息，进一步夯实基层防汛防台责任。

（2）村级防汛防台形势图100%完成。按照省领导“乡镇、村级预案要细化，要有具体的人员转移避险图”的指示要求，省防指办专门组织制定《村（社区）防汛防台形势图编制导则》，对编制内容、图例、格式等进行规范。组织各地落实专人、专项经费，委托专业机构，集中开展村级防汛形势图编制，全省共绘制防汛防台形势图30 860幅，有防汛防台任务的村(社区)实现全覆盖。

(3)群测群防整体提升工作扎实开展。在总结2016年群测群防示范乡镇建设的做法和经验基础上，按照乡（镇、街道）“七个有”和行政村（社区）“八个一”的要求，选取12个县（市、区）以点带面，开展群测群防整体提升工作。11月中旬，省防指在德清县召开现场会，对全省防汛防台群测群防整体提升工作进行全面动员和部署。为实现对基层防汛防台责任人在应急期间的履职情况实行“痕迹化”管理，省防指办组织研发防汛管理APP，群测群防整体提升试点县（市、区）的基层防汛责任人先行完成安装。

【抢险物资和队伍】 2017年，全省共储备各类防汛袋、砂石料、水泵、舟艇等约7.6亿元防汛物资，组建约3.6万人的县级以上防汛抢险和抗旱服务队。住建、城管等部门储备95台大型移动泵车、4 200余台抽水泵、1 200余辆应急运输车；省民政厅新增价值710万元的救灾物资设备，防汛防台抢险救援保障能力进一步提高。

（梁　威）

水利建设

Hydraulic Engineering Construction

水利建设总体情况暨“五水共治”

【概况】 2017年，是落实“十三五”规划的重要一年，是实现“五水共治”“三五七”中“五年基本解决问题，全面改观”的提升年。全省水利系统坚决贯彻中央水利工作方针和全面推行“河长制”“湖长制”的决策部署，按照“聚焦防洪排涝、防灾减灾”“把防洪排涝作为‘五水共治’的核心任务来抓”的要求，以“千人万项”蹲点指导服务行动为主抓手，凝心聚力抓落实，苦干实干加油干，全年完成“五水共治”水利投资495亿元，带动全口径水利完成投资577亿元，11项计划指标年度完成率均超计划15%以上；实现“百项千亿”年度投资248亿元、新开工建设20项，均超年度计划15%以上。

【治污水】 全省完成河湖库塘清淤1.16亿m^3、生态配水36.94亿m^3、河道综合整治2 920 km，分别占年度计划的145%、168%、146%。

【防洪水】 以重点加快推进百项千亿防洪排涝工程建设为重点，完成投资248亿元、新开工建设20项，分别占年度计划的115.3%、133%；全面推进防洪排涝工程建设，完成水库除险加固116座、海塘干堤建设144.7 km、新增强排能力198 m^3/s，分别占年度计划任务的116%、144.7%、198%。深入开展水利工程标准化建设，累计完成水利工程标准化验收3 298个、管理与保护范围划界工程3 130个，分别占年度计划的119%、118%。建成基层防汛防台体系信息管理平台并投入运行，组织编制村级防汛防台形势图实现全覆盖。

【保供水】 加快推进杭州市第二水源千岛湖配水、舟山市大陆引水三期等重大引调水主体工程建设，完成嘉兴市域外配水工程项目可行性研究批复，开展丽水市滩坑引水、温州市瓯江引水等项目前期研究，新增可供水量1.48亿m^3。

【抓节水】 深入推进节水型社会达标建设，全面完成县级节水型社会建设工作方案编制，28个县（市、区）启动提标创建方案编制工作。完成高效节水灌溉面积1.73万hm^2，占年度计划118%。

（王 雪）

重点水利工程建设

【概况】 2017年，根据省委、省政府深入推进“五水共治”、加快实施百项千亿防洪排涝工程的决策部署，通过百项千亿防洪排涝工程的实施，全面加快大中型水库建设、五大江河干堤建设、五大平原骨干排涝建设，进一步完善“上蓄、中防、下排”的防洪排涝工程体系，提高流域、区域整体防洪排涝能力。一年来，太嘉河、环湖河道、永宁水库等工程相继建成发挥效益，进一步提高杭嘉湖等区域和浦阳江等流域防洪排涝能力；四明湖水库下游河道整治一期工程基本建成和姚江上游西排主体工程开工，将切实提高姚江流域的防洪压力。

【重大水利工程建设进展】 2017年，全省112项百项千亿防洪排涝工程中，已累计完工见效12项，加快建设67项，累计完成投资433亿元。太湖治理五大工程、舟山大陆引水三期、朱溪水库、姚江上游西排、杭州市第二水源千岛湖配水、缙云县潜明水库一期、仙居县盂溪水库、临海市方溪水库、绍兴市上虞区虞东河湖综合整治、台州市东官河综合整治、临海市大田平原一期排涝、青田水利枢纽等工程建设加快推进。杭州市萧山区蜀山片外排、乐清市乐柳虹平原排涝、嘉兴市北部湖荡整治及河湖连通、苕溪清水入湖河道整治（防洪）后续、绍兴市新三江闸排涝配套河道拓浚（越城片）、台州市七条河拓浚等15个工程已开工。太嘉河、环湖河道、钦寸水库、永宁水库等工程已完工。扩大杭嘉湖南排杭州市三堡排涝工程、黄龙水库工程、淳安县唐村水电站工程、庆元县左溪水电站等工程已竣工验收。完成舟山市大陆引水二期工程黄金湾水库下闸蓄水暨泵站机组启动和通水验收，完成平阳县顺溪水利枢纽工程电站机组启动阶段。

【扩大杭嘉湖南排工程】 该工程是国家172项节水供水重大水利工程（太湖水环境综合治理骨干引排工程子项目），浙江省“五水共治”十枢工程之一，是以改善太湖流域和杭嘉湖东部平原水环境，提高流域、区域防洪排涝和水资源配置，兼顾航运等综合作用的扩排工程，跨杭州、嘉兴和湖州3市8个县（市、区）。建设内容包括新建三堡、八堡、长山河、南台头等4座排涝泵站，新增强排能力700 m^3/s，河道整治163.9 km等，工程估算总投资72.4亿元。2017年的主要进展如下：

扩大杭嘉湖南排工程（嘉兴部分）主要建设内容为长山河排水泵站、南台头排水泵站、长山河延伸拓浚工程（嘉兴段）、长水塘整治工程、洛塘河整治工程，以及南台头闸前干河防冲加固工程等，总投资45.43亿元。2017年完成投资9.14亿元，累计完成投资31.04亿元，完成率为68%。截至2017年底，整治河道62.711 km，疏浚河道56.771 km，绿化成型约24.39 km。桥梁工程新建、加固、拆建、拆除河道沿线桥梁78座（其中拆除4座、保留1座），调整后建设桥梁41座，已建5座，在建22座。2大泵站工程处于基础施工中。

扩大杭嘉湖南排工程（德清部分）主要建设内容为河道拓浚整治46 km，拆建桥梁19座等，工程总投资10.08亿元。2017年完成投资1.53亿元，累计完成投资9.26亿元，完成率为92%。截至2017年底，新开河道46.4 km，完成拓浚46.4 km，征地拆迁和移民安置已完成。

【苕溪清水入湖河道整治工程】 该工程是国家172项节水供水重大水利工程（太湖水环境综合治理骨干引排工程子项目），浙江省“五水共治”十枢工程之一；跨杭州、湖州2市4个县（市、区），是以改善太湖和苕溪流域的水环境状况，提高区域防洪能力，兼顾航运等综合利用的扩排工程。主要建设内容包括河道拓浚 73.7 km、堤防加固 169.5 km、河道清淤 48.4 km 等。概算总投资为 72.0 亿元。2017 年的主要进展如下：

苕溪清水入湖河道整治工程（余杭段）总投资 6.15 亿元，2017 年完成投资 1.62 亿元，累计完成投资 7.39 亿元，完成率为 120%。截至 2017 年底，汪家埠至余杭镇段主体工程完工，羊山湾段主体工程全部完工，正在进行工程扫尾，北湖水生态治理工程已完成；完成工程用地和羊山湾段安置用地征收工作。

苕溪清水入湖河道整治工程（湖州市区段）总投资 12.01 亿元，2017 年完成投资 1.53 亿元，累计完成投资 10.51 亿元，完成率为 87%。截至 2017 年底，导流港河道清淤 28.27 km；拓浚西苕溪干流河道长 9.42 km，退建两岸堤防 17.98 km，拆建节制闸 6 座、泵站 3 座；导流西岸加高加固堤防 12.78 km，新建护岸 20.84 km，拆建节制闸 3 座、泵站 3 座、闸站 4 座；导流东大堤涉及加固护岸 20 km；完成土地征收及房屋拆迁。吴兴区东林矿区段、太湖度假区段已全部完工。

苕溪清水入湖河道整治工程（德清段）。总投资 6.22 亿元，2017 年完成投资 0.68 亿元，累计完成投资 6.22 亿元，完成率为 100%。截至 2017 年底，完成堤防建设 39 km，清淤 13 km，主体工程已完工。

苕溪清水入湖河道整治工程（长兴段）总投资 28.9 亿元，2017 年完成投资 5.6 亿元，累计完成投资 26.25 亿元，完成率为 91%。截至 2017 年底，累计完成堤防 38.09 km，泵、闸 33 座；在建堤防 71.7 km，其中 41.5 km 堤防主体工程已完工，30.2 km 堤防主体工程正在施工；政策处理工作正在扫尾。

苕溪清水入湖河道整治工程（安吉段）总投资 18.56 亿元，2017 年完成投资 3.28 亿元，累计完成投资 16.63 亿元，完成率为 90%。截至 2017 年底，长 9.9 km 的应急段加固工程已完工验收并投入使用，共完成新建护岸 38.11 km、加固护岸 4.76 km、堤防加高加固 71.6 km、退建堤防 7.7 km、防汛道路 75.4 km；前期工作全部完成。

【平湖塘延伸拓浚工程】 该工程是国家 172 项节水供水重大水利工程（太湖水环境综合治理骨干引排工程子项目），主要建设内容包括拓（疏）竣河道 34.95 km，新开河道 23.33 km，新建和加固沿河两岸堤防及护岸 122.95 km，新建河口独山闸 1 座，新建沿河节制闸 10 座，处理跨河桥梁 36 座，工程总投资 35.7 亿元。2017 年完成投资 6.19 亿元，累计完成投资 32.01 亿元，完成率为 90%。截至 2017 年底，独山应急排涝闸工程已完工，河道工程完成疏浚 36.65 km、新开河道 8.8 km、新建及修复护岸 52 km，堤防 39 km; 完建桥梁 4 座、节制闸 5 座，在建桥梁 19 座，在建节制闸 2 座。

【舟山市大陆引水三期工程】 该工程是

国家172项节水供水重大水利工程，也是浙东引水的重要组成部分，是从大陆向舟山海岛引水，增加舟山本岛及其周边部分岛屿的生活、工业及驻舟部队供水的引调工程。主要建设内容包括宁波至舟山岛黄金湾水库引水三期工程、舟山本岛输配水工程、岛际引水工程及大沙调蓄水库等4部分。输水管线总长179.9 km，建设大沙调蓄水库1座，泵站6座，原水预处理厂1座。工程建成后，可增加舟山群岛新区域外引水量1.2 m^3/s，同时可完善岛内、岛际供水系统，充分发挥舟山市大陆引水一期、二期工程效益。估算总投资23.6亿元。2017年完成投资7.01亿元，累计完成投资13.58亿元，完成率为58%。截至2017年底，岛际引水完成钢管敷设2 200 m，隧洞进尺90 m；大沙调蓄水库坝体正在施工。完成坟墓迁移累计完成1 699穴，完成水库安置小区“三通一平”。

【台州市朱溪水库工程】 该工程是国家172项节水供水重大水利工程。以供水为主，结合防洪、灌溉，兼顾发电等综合利用的大型水库。水库总库容1.26亿 m^3，供水调节库容0.98亿 m^3，防洪库容0.31亿 m^3。工程总投资37.4亿元。工程建成后，可使台州市南片供水区和朱溪流域供水区城乡综合供水保证率达95%，灌溉供水保证率达90%，改善人口约350万人；可使朱溪流域沿岸城镇和农田的防洪标准达到20年一遇，保护人口8.4万人，耕地0.32万 hm^2。2017年完成投资9.2亿元，累计完成投资11.43亿元，完成率为31%。截至2017年底，导流洞开挖378 m，移民安置协议已经签订98.5%。

【杭州市第二水源千岛湖配水工程】 该工程是浙江省“五水共治”十枢工程之一，是以供水为主的重大民生工程，工程等别为Ⅰ等，输水干线全长112.3 km，设计输水流量38.8 m^3/s。工程建成后，将使杭州市形成以千岛湖为主、钱塘江和东苕溪为辅的多水源供水格局，向杭州市区以及桐庐、富阳、建德的部分区域供应生活和部分工业优质原水，多年平均供水量9.78亿 m^3；受益区常住人口806万人。概算总投资106.5亿元。2017年完成投资23.5亿元，累计完成投资49.82亿元，完成率为52%。截至2017年底，累计完成隧洞开挖114.09 km，混凝土衬砌19 km，钢衬4.42 km，埋管737 m。

【浙东钦寸水库工程】 该工程是浙江省“五水共治”十枢工程之一，是以供水、防洪为主，兼顾灌溉和发电等综合利用的大型水库，工程等别为Ⅱ等；水库总库容2.44亿 m^3，兴利库容1.67亿 m^3，防洪库容0.62亿 m^3，配套电站装机容量2 750 kW。建成后年可供水量1.5亿 m^3，其中向外流域宁波地区提供1.26亿 m^3。工程总投资53.58亿元，2017年完成投资5.26亿元，累计完成投资61.12亿元，完成率为107%。截至2017年底，2017年3月开始下闸蓄水，输水隧洞全线贯通，已具备通水条件，电站已在试运行。

【姚江上游西排工程】 该工程主要建设

内容由梁湖排引闸站及其配套工程、通明闸改造工程 2 部分组成。梁湖排引闸站排水泵站流量 165 m^3/s，引水泵站设计引水流量 40 m^3/s；内侧新开排引水河道总长 1.66 km。工程总投资 12.33 亿元。工程建成后，开辟姚江流域向曹娥江排涝通道，提高上虞区四十里河沿岸的防洪排涝能力，并有效减轻姚江干流、余姚城区的防洪压力，同时切实发挥浙东引水工程的整体效益，保障宁波市、舟山市水资源需求。2017 年完成投资 3.61 亿元，累计完成投资 3.78 亿元，完成率为 31%，枢纽闸站施工进行中。

【仙居县盂溪水库工程】 该工程是以防洪、供水为主，结合生态景观用水等综合利用的中型水库。面板堆石坝，最大坝高 66.3 m，坝顶长度 219.7 m，总库容 2 119 万 m^3。工程总投资 2.68 亿元，2017 年完成投资 0.71 亿元，累计完成投资 2.76 亿元，完成率为 129%。截至 2017 年底，坝体填筑已完成，进入沉降期。

【临海市方溪水库工程】 该工程是以供水为主，结合防洪、灌溉、发电等综合利用的中型水库，总库容 7 200 万 m^3，年供水量 7 000 万 m^3。工程总投资 11.5 亿元，2017 年完成投资 2.80 亿元，累计完成投资 9.16 亿元，完成率为 80%。截至 2017 年底，进行大坝左坝肩爆破施工，隧洞开始进洞爆破。

【缙云县潜明水库一期工程】 该工程是以防洪为主，兼顾供水、发电等综合利用的中型水库，最大坝高 42.5 m，坝顶长 335 m，总库容 3 413 万 m^3。工程总投资 16.06 亿元，2017 年完成投资 5.08 亿元，累计完成投资 11.78 亿元，完成率为 67%。大坝最大浇筑高度达到 238.8 m；二期纵向混凝土围堰浇筑完成，目前正在填筑二期横向围堰。

【三门县东屏水库工程】 该工程是以供水为主，兼顾防洪、发电等综合利用的水利工程。工程由东屏水库、长林水库、输水建筑物等组成，其中长林水库为东屏水库的引水配套工程。水库总库容 2 700 万 m^3。工程总投资 7.04 亿元，2017 年完成投资 1.65 亿元，累计完成投资 2.47 亿元，完成率为 35%。截至 2017 年底，引水隧洞掘进 100 m。

【松阳县黄南水库工程】 该工程是一座以供水、灌溉、防洪为主，结合改善水生态环境、发电等综合利用的中型水库，总库容 9 196 万 m^3，年供水量 5 700 万 m^3。工程总投资 13.7 亿元，2017 年完成投资 6.84 亿元，累计完成投资 10.44 亿元，完成率为 76%。截至 2017 年底，淹没公路改建工程正常施工，移民安置点“三通一平”施工，余施工点有序推进。

【龙游县高坪桥水库工程】 该工程是以供水、防洪为主，兼顾灌溉、发电及改善河道水环境等综合利用的中型水库，总库容 3 200 万 m^3。工程总投资 9.9 亿元，2017 年完成投资 3.5 亿元，累计完成投资

6.47 亿元，完成率为 65%。截至 2017 年底，PPP 项目公司已注册成立，合同已签订；导流洞正在施工，大坝趾板开挖。

【青田水利枢纽工程】 该工程是以改善瓯江青田城区段水环境为主，兼顾发电、航运及稳定江道等综合利用的水利枢纽。主要建筑物包括泄洪闸、拦河坝、发电厂房和船闸。工程总投资 15.99 亿元，2017 年完成投资 3.7 亿元，累计完成投资 9.47 亿元，完成率为 59%。截至 2017 年底，发电厂房和 12 孔泄洪闸等主体工程正在施工。

【温岭市南排工程】 该项目以排涝为主，主要由湖漫隧洞排涝工程、骨干河道整治工程、温峤隧洞撇洪工程组成，提升排涝能力的同时还可改善河道沿线近 100 km 水生态景观。2017 年完成投资 2.52 亿元，累计完成投资 2.64 亿元。2017 年 1 月开工，截至 2017 年底，隧洞累计进尺 225 m，正在开展张老桥工程施工单位项目部建设和临时生活设施建设工作。

【临海市大田平原一期排涝工程】 该工程是集排涝、防洪（潮）等功能为一体的综合工程，主要由新开河道、排涝隧洞、河道整治等组成，建成后将使大田平原排涝达到 10 年一遇标准，防灵江洪 (潮) 达到 50 年一遇标准，大大提高大田平原整体防洪排涝能力。工程总投资 13.34 亿元，2017 年完成投资 2.50 亿元，累计完成投资 9.66 亿元，完成率为 72%。截至 2017 年底，隧洞已贯通，河道整治全线开工。

【温州市温瑞平原东片排涝工程】 该工程任务为以排涝为主，兼顾改善水生态环境。工程实施后，可增加水域面积和河网调蓄容积，有效提升温瑞平原东片整体防洪排涝能力，改善河网水生态环境和沿岸水景观。工程建设内容分属龙湾区和温州经济技术开发区，分述如下。

龙湾区：工程建设主要内容为整治河道 51 条，治理河段总长 81.47 km，改建城东水闸 1 座，新建大罗山生态引水隧洞，整治双岙湖，开挖调蓄湖 1 处，实施滨河景观带 3 处，配套跨河桥梁改扩建 41 座等。工程总投资 24.03 亿元，2017 年完成投资 1.70 亿元，累计完成投资 4.05 亿元，完成率为 17%。截至 2017 年底，应急工程已基本完工。

温州经济技术开发区：工程建设主要内容为整治河道 24 条，长度 49.77 km，新建三甲节制闸，开挖调蓄湖 8 处，改扩建跨河桥梁 9 座等。工程总投资 11.49 亿元，2017 年完成投资 1.50 亿元，累计完成投资 3.43 亿元，完成率为 30%。

【温州市温瑞平原西片排涝工程】 该工程属于百项千亿防洪排涝工程项目，是全省最大 PPP 投资水利建设项目。工程任务以防洪排涝为主，结合改善水环境。主要由瓯海区三溪片河道综合治理工程、鹿城区丰门河水系综合整治工程以及卧旗排涝泵站工程等 3 部分组成，整治河道 19 条，总长度 38.543 km。规划建成区排涝标准为 20 年一遇最大 24 小时暴雨不受淹；农田排涝标准为 10 年一遇 3 天暴雨 4 天排出。2017 年 11 月，初步设计获省发展改革委批复。瓯海区和鹿城区建设情况如下：

瓯海区：工程建设主要内容为整治河道 12 条，全长 24.28 km，新建焦下河闸泵工程及横河排涝泵站。工程总投资 16.81 亿元，2017 年完成投资 2.52 亿元，累计完成投资 4.04 亿元，完成率为 24%。鹿城区：工程建设主要内容为整治河道 7 条，新建泵站 1 座、水闸 3 座、箱涵 2 个。工程总投资 7.83 亿元，2017 年完成投资 0.8 亿元，累计完成投资 2.41 亿元，完成率为 31%。截至 2017 年底，丰门河物流中心已开工建设，完成临时工程及部分基础开挖、挡墙等，PPP 招标文本编制完成；政策处理工作已启动。

【绍兴市袍江片东入曹娥江排涝工程】 该工程任务以防洪排涝为主，兼顾水环境改善。工程建成后可使袍江片 20 年一遇洪水位降低 0.12 ~ 0.17 m，4.7 m 以上高水位持续时间减少 70 小时，7 日新增东排水量 5 061 万 m^3。工程整治河道总长 29.5 km，新建护岸总长 37.14 km，新建长闸站 2 座，“两湖”调蓄工程新增调蓄面积 1.1 km^2，拆建桥梁 8 座。工程总投资 25.65 亿元，2017 年完成投资 5.7 亿元，累计完成投资 11.2 亿元，完成率为 44%。截至 2017 年底，一标已验收，二标完成挡墙浇筑 600 m，其余标段正常推进。

【上虞区虞北平原滨江河—沥北河整治工程】 该工程主要以防洪排涝和改善水生态环境为主。本工程河道整治起自百官街道杜家村，终至沥北河 2 号闸，全长 27.53 km，新建桥梁 28 座，改建桥梁 9 座，新建节制闸 2 座。工程总投资 9.55 亿元，2017 年完成投资 1.79 亿元，累计完成投资 8.9 亿元，完成率为 93%。截至 2017 年底，新开 12.5 km 河道已经建成；沥北河完成河道土方开挖及清淤 14.6 万 m^3，完成护坡 2 450 m。

【绍兴市上虞区虞东河湖综合整治工程】

该工程主要任务为防洪排涝和改善水生态环境。工程整治湖泊 6 个，建设护岸工程 40.14 km，清淤 306.87 万 m^3，新建堤防 1.37 km，整治河道 16.68 km，新建隧洞 2.72 km，新建节制闸 6 座，新建及拆建桥梁 26 座。工程总投资 12.32 亿元，2017 年完成投资 2.64 亿元，累计完成投资 5.35 亿元，完成率为 43%。截至 2017 年底，虞甬运河疏浚完成；皂李湖清淤疏浚，淤泥固化出土，皂李湖桥和节制闸二完成主体施工，河道整治拓浚 1.4 km，建设护岸 7.1 km；隧道工程开展洞口施工工作；四标段开展固化土外运，清淤钢管铺设；政策处理工作继续开展。

【诸暨市高湖蓄滞洪区改造工程】 该工程任务为防洪，同时兼顾水生态环境改善。蓄滞洪区总库容为 5 800 万 m^3，可满足流域 15 年一遇洪水分滞洪要求。工程总投资 22.01 亿元，2017 年完成投资 4.04 亿元，累计完成投资 16.14 亿元，完成率为 73%。截至 2017 年底，项目部已建成，新江段地方正在施工。

【台州市东官河综合整治工程】 该工程是温黄平原水利规划防洪排涝骨干工程之一，是以防洪排涝、改善水环境为主，兼顾灌溉等综合利用。河道治理总长 17.43 km，重建山头泾闸，新建外东浦闸，新建西江泵站。工程总投资 23.29 亿元，2017 年完成投资 5.18 亿元，累计完成投资 13.95 亿元，完成率为 60%。截至 2017 年底，完成河道拓浚 0.1 km，土方外运 16 万 m^3，完成截污管网 0.7 km，景观绿化 3 万 m^2，完成桥梁建设 1 座。

【重大水利工程竣工验收】 2017 年全省完成扩大杭嘉湖南排杭州三堡排涝工程、天台县黄龙水库工程、淳安县唐村水电站工程、庆元县左溪梯级水电站工程等 6 个项目的竣工验收工作。

【扩大杭嘉湖南排杭州三堡排涝工程】 该工程等别为Ⅰ等，主要建筑物包括泵站、排水闸、三堡二线船闸下游引航道西侧防洪堤、进水箱涵、排水箱涵等，为 1 级建筑物。泵站为大（1）型，设计排涝流量 200 m^3/s，总装机容量 13.2 MW。工程设计引水流量 30 m^3/s，年引水量 6.5 亿 m^3（在嘉兴市取水实施以前）。新开河引排水箱涵设计流量 63.70 m^3/s，工程批复概算总投资 108 630 万元。2017 年 5 月 26 — 27 日，工程通过了省水利厅和省发展改革委联合组织的工程竣工验收。

【淳安县唐村水电站工程】 已建龙头水库正常蓄水位 315.5 m，相应库容 179 万 m^3，总库容为 220 万 m^3， 工程规模为小（1）型，工程等别为Ⅳ等。主要建筑物拦河坝、发电引水建筑物、发电厂房及升压站工程为 4 级建筑物，发电引水隧洞进水口设计洪水标准为 30 年一遇，校核洪水标准为 200 年一遇，发电引水隧洞、发电厂房与升压站设计洪水标准为 30 年一遇，校核洪水标准为 100 年一遇。电站装机容量为 2×16 MW，多年平均发电量 5 464 万 kW•h，工程批复概算总投资 16 700 万元。2017 年 9 月 29 — 30 日，工程通过了省水利厅组织的工程竣工验收。

【瑞安市下埠水闸工程】 该工程等别为Ⅲ等，主要建筑物包括船闸、水闸、堵口坝、避风港、交通桥等，水闸、堵口坝御潮标准为 50 年一遇，水闸按 100 年一遇潮位校核。水闸及船闸下闸首、堵口坝为 2 级建筑物，船闸上闸首、船闸避风港驳坎为 4 级建筑物。下埠水闸工程规模为 3 孔 ×9 m，其中 2 孔为排水闸，1 孔为船闸结合排水闸，设计泄洪流量 190 m^3/s，工程批复概算总投资为 18 640 万元。2017 年 11 月 16 日，工程通过了省水利厅组织的竣工验收。

【永嘉县三塘隧洞分洪应急工程】 该工程等别为Ⅳ等，主要建筑物级别 4 级。该工程由鹅浦排洪工程和中塘 — 下塘排洪工程组成，涉及 3 条溪流，流域面积分别为

40.3 km^2，34.7 km^2，21.8 km^2。鹅浦排洪工程的最大设计流量 340 m^3/s，中塘—下塘排洪工程最大设计流量 332 m^3/s，工程批复概算总投资 70 705 万元，概算调整后总投资 71 886 万元。2017 年 11 月 23—24 日，工程通过省水利厅组织的竣工验收。

【黄龙水库工程】 该工程等别为Ⅲ等，主要建筑物拦河坝、溢洪道、放空洞、发电引水系统进水口为 3 级建筑物；发电输水隧洞、原桐柏水库东引水隧洞、绕库引水隧洞、压力前池等为 4 级建筑物。水库总库容 1 625 万 m^3；桐柏电站装机容量 1 MW（2×5 000 kW）；工程初步设计批复概算总投资 18 000 万元，概算调整后总投资 21 620 万元。2017 年 12 月 12—13 日，工程通过省水利厅组织的竣工验收。

【左溪一、二级电站工程】 该工程等别为Ⅲ等，水库为中型水库，电站为小（2）型。拦河坝、泄洪建筑物、发电引水隧洞进水口为 3 级建筑物，引水系统、发电厂、升压站为 4 级建筑物。一级水电站总库容 15 45 万 m^3，电站装机容量 2×16 MW。二级水电站总库容 61 万 m^3，电站装机容量 2×6.3 MW。工程初步设计批复概算总投资 31 116 万元。2017 年 10 月 25 日，工程通过省水利厅组织的竣工验收。

（邹嘉德）

围垦建设

【概况】 2017 年，全省在建围垦工程面积 39 420.33 hm^2。实现圈围面积 3 691 hm^2。新建成标准海堤 30.65 km，其中：200 年一遇标准海堤 4.50 km，50 年一遇标准海堤 14.96 km，20 年一遇标准海堤 11.19 km。建成水闸 19 座，新增河道水面 63.17 hm^2。正在进行前期工作的围垦项目 19 个，设计规模 26 504.47 hm^2。全年完成围垦投资 41 3019 万元，其中：各级财政资金 37 409 万元，占总投资的 9.06%；信贷资金 199 803 万元，占总投资的 48.38%，民企投入 3 100 万元，占总投资的 0.75%，国有企业投入 172 707 万元，占总投资的 41.81%。

2017 年，全省实施低丘红壤治理开发项目 30 个，完成治理开发面积 783.84 hm^2，投入资金 2 839.8 万元，其中省级补助资金 909.8 万元，县（市、区）财政 869.1 万元，民间投资 832.3 万元，其他投资 228.6 万元。

【重点围垦工程项目前期】 2017 年，浙江省全力推进宁海县双盘三山涂（三山片）、温岭市南海涂等 19 项项目前期工作，设计围垦面积（含促淤）26 504 hm^2，其中宁海县双盘三山涂（三山片）围涂工程初步设计已审批，舟山市绿色石化基地围填海工程项目可行性研究已批复，温岭市南海涂农业围垦项目可行性研究通过审查。温州市大门岛港口物流区、宁海县双盘三山、岱山县樱连门等 3 项促淤工程建设进展顺利，促淤总规模约 3 342 hm^2。

（1）宁海县双盘三山涂（三山片）围垦工程位于三门湾，宁海县东南，围垦面积 1 751.73 hm^2，概算投资 21.39 亿元，初步设计已获批。

（2）温岭市南海涂农业围垦填海项目，位于温岭市东南，规划围垦面积 1 646.67 hm^2，概算投资 30.81 亿元。项目建议书已受理。

（3）舟山市绿色石化基地围填海工程位于岱山县大小鱼山岛东西两侧，围填海总面积 1 735 hm^2，估算投资 183.75 亿元。工程可行性研究已获批。

【重点围垦工程建设】 2017 年，温州市瓯飞一期、龙湾二期、上虞世纪新丘、普陀小郭巨二期等 19 个重点围垦工程建设进展顺利，围垦面积总规模 39 420.33 hm^2；实现宁波建塘江两侧围涂（二期）、镇海泥螺山北侧二期（澥浦大闸外移区块）、温州瓯飞一期北片（北区）、嵊泗马关等 4 项（片）围垦工程，圈围面积 3 391 hm^2。

（1）温州瓯飞一期围垦工程位于温州瓯江口至飞云江口之间海岸，围垦面积 8 858 hm^2，概算总投资为 272.93 亿元。2017 年，北片（北区）2 373.33 hm^2 已圈围，全年完成投资 9.17 亿元，累计完成投资 86.42 亿元。

（2）嵊泗马关围垦工程位于嵊泗县泗礁岛西南，围垦面积 202.67 hm^2，概算总投资 3.47 亿元。2017 年，完成圈围，全年完成投资 0.3 亿元，累计完成投资 3.1 亿元。

（3）瑞安丁山三期西片围垦工程位于飞云江北岸，围垦面积 2 386.67 hm^2，概算总投资 11.03 亿元。2017 年，完成投资 1.01 亿元，累计完成投资 5.49 亿元。

【重点围垦工程验收】 2017 年，完成舟山市普陀区朱家尖西南涂围垦工程竣工验收。嵊泗小洋山一期、上虞世纪新丘治江围涂、温岭担屿涂、临海南洋涂等 6 个围垦工程通过标准化管理创建验收。

舟山市普陀区朱家尖西南涂围垦工程位于普陀区朱家尖西南、泥螺山外涂，工程等别为Ⅲ等；工程原批复概算总投资 35 388.81 万元，项目变更调整后批复概算为 34 541.01 万元。主要建筑物海堤、水闸等级别为 3 级水工建筑物，其防潮设计标准按 50 年一遇设计高潮位加同频率风浪（海堤允许部分越浪）设计；临时性建筑物为 5 级，防洪（潮）标准为 5 年一遇。龙口度汛标准为汛期 10 年一遇设计高潮位的潮型，龙口堵口设计标准为非汛期 5 年一遇设计高潮位的潮型。工程于 2017 年 3 月全部完工。2017 年 12 月完成工程竣工验收。

【低丘红壤项目建设】 2017 年，低丘红壤治理开发加强指导服务，深入现场督查项目建设，推进项目进度，确保项目如期完成，取得良好成效。3 月召开全省低丘红壤治理开发工作座谈会，提前布置 2018 年和 2018 — 2020 年 3 年滚动计划申报，下发各地建设任务建议数。10 月举办全省低丘红壤资源保护与利用培训班。转发《松阳县水利建设与发展专项资金管理实施细则（试行）》《松阳县高效节水灌溉项目建设管理办法（试行）》，要求各地完善项目建设管理办法。加强项目督查，对进度明显滞后的项目下发督查函。委托第三方对杭州、金华、衢州、丽水等市2017年度低丘红壤项目建设开展监督抽查。

2017年，由杭州、金华、衢州、丽水等市水利部门实施的低丘红壤治理开发项目30个，本年度治理开发面积783.84 hm^2，投入资金2 839.8万元，其中省级补助资金909.8万元。杭州、金华、衢州、丽水等市水利部门历年实施的低丘红壤治理开发区产值，按当年价计算约37.4亿元。

（刘　毅）

水库除险加固

【概况】 截至2017年底，全省共建成并投入运行水库4 318座（不含驻浙部队水库），总库容448.0亿 m^3。其中大型水库34座（水利部门直管20座），库容372.6亿 m^3；中型162座，库容47.0亿 m^3；小（1）型718座，库容18.8亿 m^3；小（2）型3 404座，库容9.6亿 m^3。

【中央补助小型水库除险加固】 2017年5月4日，水利部、国家发展改革委、财政部联合印发《加快灾后水利薄弱环节建设实施方案》（水规计〔2017〕182号，以下简称《实施方案》），浙江省共有139座小型病险水库除险加固项目列入《实施方案》（原为140座，岱山县东沙大岙水库由于注册登记未经备案，从《实施方案》中剔除），总库容7 183万 m^3，总投资约10.1亿元，涉及9个设区市30个县（市、区）。其中，纳入中央财政补助136座，省级及以下筹资实施3座。项目分年度计划实施，其中2016年16座，2017年66座，2018年35座，2019年22座。

截至2017年底，139座水库已按规定程序全部完成大坝安全鉴定，鉴定结论均为三类坝；129座水库按规定审批权限完成初步设计审查及批复，占92.8%，剩余10座水库正在开展初步设计编制工作；106座水库主体工程开工建设，占76.3%，其中64座主体工程已基本完工（2017年水利部下达计划完成数为28座），占46.0%；45座水库已完成批复建设内容并通过完工验收，占32.4%。由地方自筹的3座水库全部开工建设，其中2座已完成主体工程并通过完工验收。139座小型病险水库除险加固项目共下达资金45 643万元，占总投资的45.2%，其中中央财政水利发展资金分2批下达9 830万元，2017年下达6 900万元，2018年（提前批）下达2 930万元，其余为省级及以下财政配套资金，下达资金已全部到位并分解到项目。项目已累计完成投资42 832万元，占总投资的42.5%，其中136座中央补助项目已完成投资41 854万元，3座地方自筹项目已完成投资978万元。项目资金下达及到位及时，投资与工程进度基本一致。各市小型病险水库建设项目名单见表1。

【省政府年度考核目标完成情况】 2016年11月，省水利厅印发《关于下达2017年全省水库海塘（沿塘水闸）除险加固建设计划的通知》（浙水管〔2016〕49号），将全省118座水库列入2017年全省病险水库除险加固建设计划，其中包括江山市

表1　全省小型病险水库建设项目名单

序号	地区	县（市、区）	座数	名单
1	杭州市	富阳区	11	永安山[1]、花塘坞[1]、大垅、直坞、黄金坞[1]、东坑坞（自筹）、大坞、西坞、姚宵坞、大坞垅、许家
		建德市	17	杨梅山、黄金坞、泉塘、石塘、牙坑、西湾坑、上坞、后垅塘、七椏塘、石鼓、九里坑、公曹、三楂坞、大塘坞、长毛坞、苏塘[1]、平塘（自筹）[1]
		临安市	13	鱼坑[1]、大柴山湾[1]、生牛坞、寺坞、直坞、龙头口、西坞、黄毛坞、石壁、大鹏坞、平天岭、上阳、高峰
		淳安县	8	龙姚[1]、庙岭坞[1]、吉家坞[1]、红旗、镜坑源、邵坑坞、越古源、胡家
2	温州市	平阳县	4	渔塘、草池、大同垟、苍南
3	湖州市	安吉县	2	石坞岭、潘村
4	绍兴市	嵊州市	3	东风、里湾、下八亩
		新昌县	3	莒山、里坞山、杨树坑
		诸暨市	3	坑坞、寺后、大白虎
5	金华市	金东区	2	铁堰[1]、五巨塘[1]
		兰溪市	8	荷花塘[1]、澡塘[1]、杨保塘、跃进、潘家垅[1]、上畈、清水塘、小西湖
		婺城区	2	跃进、成功塘
		义乌市	1	大拔春[1]
		武义县	7	上青塘、林大塘、定坑、南塘、郭清塘、水垅[1]、长塘[1]
6	衢州市	衢江区	9	三源（自筹）[1]、黄坞[1]、黄鸭垅[1]、田后垅[1]、里塘坞[1]、童家山[1]、破塘坞二号[1]、里坞垅、眠塘[1]
		江山市	3	花园垄[1]、茹菇塘、达山蓬[1]
		常山县	3	塘北[1]、牛塘[1]、九坞岭
		柯城区	3	洞头寺[1]、箬溪垅、小坑
		龙游县	2	石塘、上山塘[1]
		开化县	1	际头山
7	舟山市	定海区	8	大支[1]、晶星[1]、涨茨、长坑、水江洋、龙王堂、红卫、东岙弄
		市本级	2	小田湾、庙跟
		普陀区	5	客浦、上龙山、潭弄、蚂蝗坑、田公岙
		嵊泗县	1	宫山

续表

序号	地区	县（市、区）	座数	名单
8	台州市	仙居县	3	里加山、长家坑、金塘坑[1]
		玉环市	2	双庙、小间[1]
		临海市	2	哈龙岙[1]、坦岙[1]
		天台县	3	莲花[1]、龙山顶[1]、朱树湾
		三门县	4	大明寺、高湾[1]、跃进[1]、佳岙[1]
9	丽水市	缙云县	3	洪坑岭[1]、岗里山、羊角弄
		云和县	1	金竹垄[1]
合 计			**139**	

注 表中标注“1”项目为截至2017年底已完成主体工程建设并已完工验收的项目，共计45座。“自筹”指省级及以下自筹资金项目，共计3座。

碗窑水库（大型）、长兴县泗安水库（中型）。2017年实际在建病险水库除险加固项目199座（含中央补助小型项目，下同），其中历年续建病险水库除险加固项目78座。2017年初，省政府下达病险水库除险加固项目考核任务目标100座。截至2017年底，经省治水办考核，全年水库除险加固开工197座，完工116座，完成投资77 398万元，各市完工情况见表2，超额完成省政府对省水利厅的考核目标（100座，116%）。2017年全省新增病险水库除险加固建设项目名单见表3，2017年全省水库除险加固项目完工名单见表4。

表2 2017年各市水库除险加固完工情况

设区市	完工/座	年初计划/座	完工率/%
杭州市	15	14	107
宁波市	5	2	250
温州市	11	5	220
湖州市	3	2	150
绍兴市	15	14	107
金华市	19	19	100
舟山市	8	8	100
衢州市	19	18	106
台州市	13	10	130
丽水市	8	7	114
合 计	**116**	**100**	**116**

表 3　2017 年全省新增病险水库除险加固建设项目名单

单位：座

县（市、区）		水库名称	小计
一、杭州市			13
1	富阳区	黄金坞、大垅、直坞	3
2	临安市	寺坞	1
3	建德市	杨梅山、泉塘、石塘、黄金坞	4
4	淳安县	龙姚、庙岭坞、吉家坞、幸福、洪家坞	5
二、温州市			1
5	瑞安市	龙船河	1
三、湖州市			2
6	安吉县	姚坞	1
7	长兴县	西岕	1
四、绍兴市			12
8	越城区	龙船岙	1
9	嵊州市	东风、里湾、下八亩	3
10	诸暨市	坑坞、寺后、大白虎	3
11	新昌县	石缸、莒山、白岩弄、里坞山、杨树坑	5
五、金华市			16
12	婺城区	跃进、成功塘	2
13	金东区	五巨塘	1
14	兰溪市	上畈、杨保塘、跃进、潘家垅	4
15	义乌市	红专、大拔春、后山坞	3
16	武义县	郭清塘、林大塘、上青塘、南塘、定坑	5
17	磐安县	反修	1
六、舟山市			5
18	定海区	晶星	1
19	普陀区	客浦	1
20	岱山县	北畚斗、冷坑	2
21	嵊泗县	宫山	1

续表

县（市、区）		水库名称	小计
七、台州市			13
22	临海市	哈龙岙、坦岙	2
23	玉环市	双庙、小间	2
24	天台县	莲花、秧田畈、龙山顶、朱树湾	4
25	仙居县	金塘坑	1
26	三门县	大明寺、高湾、跃进、佳岙	4
八、衢州市			18
27	衢江区	破塘坞二号、里坞垅、东风、黄家坞、西方章、眠塘	6
28	柯城区	洞头寺、小坑	2
29	江山市	达山蓬	1
30	龙游县	下一村塘、石塘、高塘表、上山塘	4
31	常山县	九坞岭、上西垅、五里塘、仓坞	4
32	开化县	际头山	1
九、丽水市			6
33	市本级	胡村	1
34	缙云县	岗里山、羊角弄	2
35	遂昌县	平坑	1
36	松阳县	里垄源	1
37	云和县	金竹垄	1
全省合计			**86**

表 4　2017 年全省水库除险加固项目完工名单

单位：座

序号	设区市	县（市、区）	座数	水库名称	小计
1	杭州市	富阳市	2	黄金坞、大垅	15
		临安市	2	生牛坞、直坞	
		桐庐县	3	奇源、小水顶、王洋坞	
		建德市	3	大塘坞、长毛坞、杨梅山	
		淳安县	5	龙姚、庙岭坞、吉家坞、幸福、洪家坞	
2	宁波市	奉化市	5	大坞坑、横坑、南坑、老莫夹岙、驻岭	5

续表

序号	设区市	县（市、区）	座数	水库名称	小计
3	温州市	鹿城区	1	东山里	11
		龙湾区	1	白水	
		瑞安市	2	龙船河、红旗	
		永嘉县	1	大坟底	
		文成县	1	济下	
		平阳县	1	渔塘	
		泰顺县	2	峰门、包垟	
		苍南县	2	观美、振兴	
4	湖州市	长兴县	1	西岕	3
		安吉县	2	北冲、姚坞	
5	绍兴市	柯桥区	2	学寨、大雷岙	15
		上虞区	1	鲍岙	
		嵊州市	3	大董、树坞岭、上高湾	
		新昌县	5	下岙、湾底、荷花塘、南洲、望回山	
		诸暨市	4	安华、红旗、宣顺、西坞	
6	金华市	金东区	2	铁堰、五巨塘	19
		兰溪市	5	前垅、澡塘、西塘源、樟清塘、潘家垅	
		武义县	3	长塘、水垅、方坑	
		永康市	2	绍芦塘、石峡	
		义乌市	4	中心塘、新起、红专、大拔春	
		磐安县	1	反修	
		浦江县	2	金山、老鼠洞口	
7	舟山市	市本级	1	洞岙	8
		定海区	1	晶星	
		岱山县	4	外达昆、黄官泥岙、塘岙、北畚斗	
		嵊泗县	2	长弄堂、基湖	
8	台州市	路桥区	1	圣水寺	13
		临海市	3	溪口、坦岙、哈龙岙	
		玉环市	1	小闾	
		天台县	4	黄家塘、莲花、秧田畈、龙山顶	
		仙居县	1	金塘坑	
		三门县	3	跃进、高湾、佳岙	

续表

序号	设区市	县（市、区）	座数	水库名称	小计
9	衢州市	柯城区	2	六一、洞头寺	19
		衢江区	6	黄坞、黄鸭垅、童家山、破塘坞二号、东风、眠塘	
		常山县	5	牛塘、徐家塘、夹江、高塘、仓坞	
		江山市	1	达山蓬	
		开化县	1	枫桶坞	
		龙游县	4	西垄口、后方、八角塘、上山塘	
10	丽水市	莲都区	2	黄坛坑、枫树湾	8
		缙云县	1	洪坑岭	
		遂昌县	1	平坑	
		龙泉市	1	大汪	
		青田县	1	蔡坑源	
		云和县	1	金竹垄	
		松阳县	1	里垄源	
全省合计					**116**

（傅克登）

海塘加固建设

【概况】 截至2017年底，全省建成标准海塘897条，共2 014.27 km。其中：防潮标准为200年一遇及以上的海塘6条，总长度6.72 km；100年一遇海塘78条，总长度296.53 km；50年一遇海塘383条，总长度1 130.49 km；20年一遇海塘304条，总长度456.93 km；10年一遇海塘126条，总长度123.60 km。

【建设情况】 2016年11月，省水利厅印发《关于下达2017年全省水库海塘（沿塘水闸）除险加固建设计划的通知》（浙水管〔2016〕49号），全省计划完成15 km海塘加固建设任务。2017年，全省共有29条海塘进行加固建设，建设总长85.3 km，批复总投资51.7亿元，其中续建11条，总长28.4 km。截至2017年底，共完成海塘加固24.3 km，沿塘水闸（泵站）加固15座，共完成投资11.37亿元。其中温州市完成海塘9.4 km，水闸2座；嘉兴市完成水闸3座；舟山市完成海塘5.8 km，水闸8座；台州市完成海塘9.1 km，水闸2座。2017年浙江省海塘建设情况见表5，海塘建设完成项目见表6，海塘配套工程加固完成情况见表7。

表 5　2017 年浙江省海塘建设情况

序号	地区		海塘名称	海塘长度 /km	建设性质	起止年限 / 年
合 计				85.3		
1	杭州市	大江东	萧山围垦北线（四至外六工段、外十至二十工段）标准塘工程	12.7	新建	2017 — 2019
2	温州市	市本级	城区防洪堤工程（郭公山 — 解放北路）	1.3	续建	2015 — 2016
3		瓯江口	灵昆南线标准堤及环岛南河工程	6.5	续建	2015 — 2017
4		乐清市	清江南岸	4.1	续建	2014 — 2017
5		平阳县	鳌江标准堤下埠段、镇区段、垂杨段	8.1	续建	2015 — 2017
6			鳌江标准堤（钱仓、东江段）	9.7	新建	2017 — 2019
7			鳌江标准堤萧江段加固项目	8.1	新建	2017 — 2019
8		永嘉县	永嘉县瓯北三江标准堤	3.9	续建	2014 — 2018
9	嘉兴市	海盐县	海盐县东段围涂二期提标工程	5.1	新建	2017 — 2019
10	舟山市	市本级	新城万丈塘东段提升改造工程（体育路 — 渔港桥）海堤部分	2.5	新建	2017 — 2018
11		定海区	定海区环南盘峙大、小长礁塘除险加固工程	1.0	新建	2017 — 2018
12			定海区白泉钓浪海塘配套加固工程二期	4.1	新建	2017 — 2018
13		普陀区	沈家门城防海塘工程至墩头码头至渔港桥段（二期）加固工程	1.8	新建	2017 — 2019
14			武港北海堤加固工程	0.5	新建	2017 — 2019
15			丁船湾海塘加固工程	1.2	新建	2017 — 2017
16			沈家门街道蚂蚁后岙海塘除险加固工程	0.3	新建	2017 — 2018
17			青浜南岙海塘加固工程	0.2	新建	2017 — 2018
18			北岙海塘	0.2	续建	2016 — 2017
19			蟑螂海塘	0.2	续建	2016 — 2017
20			沈家门城市防洪（渔港桥至墩头码头）一期工程	1.3	续建	2016 — 2017
21		岱山县	岱山县长涂镇港南海塘二期加固工程	1.2	新建	2015 — 2017
22			田湾海塘	0.9	续建	2016 — 2017
23		嵊泗县	圣姑海塘	1.3	续建	2016 — 2017

续表

序号	地区		海塘名称	海塘长度 /km	建设性质	起止年限 / 年
24	台州市	温岭市	温岭市东线塘加固工程	3.3	新建	2017
25			温岭市坞根镇沙山塘加固工程	2.8	新建	2017
26			温岭市温峤镇青江塘除险加固工程	1.4	新建	2017
27			温岭市温峤镇妇女塘除险加固工程	0.7	新建	2017
28		玉环市	小普竹塘加固工程	0.6	续建	2016 — 2017
29		三门县	三门县蛇蟠塘乌礁段除险加固工程	0.2	新建	2017

表 6　2017 年浙江省海塘建设完成项目

地区		海塘名称	完成数量 /km
全省合计			**24.30**
温州市	市本级	温州市城区防洪堤工程（郭公山 — 解放北路）	1.30
	平阳县	鳌江标准堤下埠段、镇区段、垂杨段	8.11
舟山市	普陀区	武港北海堤加固工程	0.55
		沈家门街道蚂蚁后岙海塘	0.31
		蟑螂海塘	0.20
		沈家门城市防洪（渔港桥 — 墩头码头）一期工程	0.90
		北岙海塘	0.24
	岱山县	岱山县长涂镇港南海塘二期	1.29
		田湾海塘	0.94
	嵊泗县	圣姑海塘	1.34
台州市	温岭市	温岭市东线塘加固工程	3.33
		温岭市坞根镇沙山塘加固工程	2.84
		温岭市温峤镇青江塘除险加固工程	1.41
		温岭市温峤镇妇女塘除险加固工程	0.75
	三门县	三门县蛇蟠塘乌礁段除险加固工程	0.21
	玉环市	小普竹塘加固工程	0.57

表 7　2017 年浙江省海塘配套工程加固完成情况

序号	设区市		海塘配套工程名称	数量 / 座
合　计				**15**
1	温州市	瑞安市	塘头水闸	2
		苍南县	联盟水闸	
2	嘉兴市	海盐县	长山闸	3
		海盐县	南台头闸	
		海宁市	盐官上河闸	
3	舟山市	定海区	定海区环南庆丰堤配套加固工程	8
			白泉钓浪海塘配套加固工程	
			干览丰产塘配套加固工程	
		普陀区	螺门海塘配套闸站建设工程	
			城防海塘平阳浦闸站建设工程	
		岱山县	拷门盐业水闸	
			拷门排涝水闸	
			新横闸	
4	台州市	玉环市	玉环县解放中闸建设工程	2
		三门县	三门县浦坝港镇硖礁塘硖礁闸扩建工程	

（傅克登）

河道建设

【概况】 2017 年，全省大力开展河湖库塘清淤，完成清淤量 11 467 万 m^3，占年度计划的 143%，完成投资 43 亿元，33 个省、市控劣Ⅴ类水质断面所在河道、水系（河网）完成清淤 617 万 m^3，全省开工项目 13 946 个，已完工 12 703 个，清淤整治河道 6 963 km，湖漾 33 个，池塘 6 673 个，山塘 1 023 座，水库 181 座。累计完成五江固堤长度 119 km，完成率 119%。

【河道综合整治】

（1）河道建设精彩纷呈。围绕全省“大花园”建设工作部署，开展全省中小流域综合治理定位与布局，指导大花园核心区衢州市、丽水市完成“瓯江河川公园”“千里衢江水道”项目谋划。以开化马金溪、松阳松阴溪等 20 余条精品河流为重点，服务指导 50 条中小流域综合治理，示范带动面上河道综合整治 2 920.5 km，占年度计划的 146%，全省生态河道建设水平不断提高，“安全、生态、美丽、富民”的美丽河湖不断涌现。江河湖库水系连通项目绩效评价名列全国第二。

（2）优质服务保驾护航。创新重大项目监管服务，建立“一项目一档案”管理制度，积极研发浙江省水利工程在建项目监管APP，及时与研发单位、项目法人做好对接。组织开展一系列监督检查和服务指导活动，共服务指导重大项目53个、805人日，下发督办单6份。省审计厅对飞云江、浦阳江流域水利工程进行专项审计期间，省水利厅组织2个流域水利工程的全面检查，积极配合省审计厅工作组开展审计工作并做好沟通与汇报。审计结束后，对发现的问题，督促指导地方逐项落实按期整改。配合水利部太湖局开展2次监督检查，督促各地加快推进中小河流治理及重点县综合整治扫尾工作，其中中小河流治理项目完工率94%，未完工项目15个，重点县综合整治完工率94%，未完工项目区13个，总体进度走在全国前列。

（3）结合“大花园”建设，谋划新一轮河道治理。组织开展“浙江省重要河湖健康评价体系”“浙江省中小流域综合治理定位与布局”等课题研究，初步建立浙江省河湖健康评价体系。加强宣传培训，在《中国水利报》《浙江日报》专版刊登《构建万里“美丽水网”助推“大花园”建设》文章，组织开展全省河道生态建设培训班，240余名全省河道建设骨干人员共享新理念、新成效。在此基础上，进一步总结提炼“问题导向、系统治理、保护优先、绿色发展”理念，中小流域综合治理模式得到水利部领导的高度认可。近期，还配合新华社记者完成浙江省中小流域治理内参采编工作。

（4）示范引领，带动全省中小流域综合治理。选取德清十字港、开化马金溪、庆元松源溪、金华梅溪等20余条全流域综合治理项目作为重点服务指导对象，加强加密现场技术指导力度，部分河流已初显成效。为提高设计质量，编印《中小流域综合治理初步设计指导意见》《中小河流综合治理方案指导意见》等指导性资料。为做好项目储备，配合水利部完成《江河湖库水系连通实施方案（2018—2020年）》，共申报20个项目争取中央资金支持。

【河湖库塘清淤】

（1）把省委、省政府提出的“不把污泥浊水带入全面小康”的目标作为剿灭劣Ⅴ类水六大行动之一。2017年，全省大力开展河湖库塘清淤，完成清淤11 467万m^3，占年度计划的143%，完成投资43亿元，33个省、市控劣Ⅴ类水质断面所在河道、水系（河网）完成清淤617万m^3，均提前4个月完成年度计划任务，全省累计完成小微水体清淤1 548万m^3。全省开工项目13 946个，完工12 703个，清淤整治河道6 963 km，湖漾33个，池塘6 673个，山塘1 023座，水库181座。

（2）计划先行，动态管理。围绕剿灭劣Ⅴ类水目标，组织对33个省、市控劣Ⅴ类水质断面所在河道、水系（河网）进行摸排调查，完成劣Ⅴ类省市控断面区域涉及项目和小微水体落图，建立项目库，绘制全省剿劣清淤作战图。联合省治水办制定下发《关于下达2017年河湖库塘清淤计划的通知》，明确全省各市清淤计划及劣Ⅴ类水质区域清淤任务。同时，制定《剿灭劣Ⅴ类水河湖清淤专项行动方案》，指导劣Ⅴ类水质区域科学清淤。为便于每年1万多个项目的统计管理，开发清淤数据管理平台，设置清淤计划和项目进度数据调整流程，做好清淤项目的动态管理。

(3) 服务指导，科学清淤。组织联合编制《浙江省河湖库塘清淤技术指南》和《浙江省河湖库塘清淤技术指导手册》，为浙江省清淤及淤泥的规范化处置提供科学指导。积极支持“河道底泥减量化资源化利用技术集成与工程示范”和“浙江省河湖库塘清淤与综合处置适用技术研究和示范”2个省科技重点项目。开展全省范围的清淤培训，着力提升基层一线工作同志清淤管理水平，通过省水利厅“千人万项”平台和“双百”服务行动，加强对全省清淤工作的指导。

(4) 严格考核，强化监管。将清淤纳入全省“五水共治”重点工作通报。与省治水办联合下发《浙江省河湖库塘清淤考核办法（修订）》，明确考核内容、方式、计分，同时制定2017年度考核方案，联合省治水办（河长办）、“千人万项”专家、各单位开展年度现场考核，同时引入第三方抽查检测相结合的方式，对全省11个市32个县的580个项目进行考核。

(5) 多方联动，提速提效。2017年关于清淤2个政协提案被列为省水利厅重点建议提案，由省水利厅厅长陈龙亲自领办。制定工作方案，召开提案联合办理工作会议，组织会办单位及提案人赴浦江县、平湖市、德清县进行现场调研。向提案人做正式答复，提案人对重点提案答复均表示满意。通过提案办理，省环保厅出台《浙江省底质（沉积物）调查监测技术指南》指导清淤检测，省发展改革委等印发《浙江省静脉产业基地建设行动计划》，将河湖库塘淤泥纳入固体废弃物资源化利用范围。2017年，落实省级以奖代补资金5.1亿元，鼓励各地加快推进清淤工作。加强清淤宣传，在水利网站开辟剿劣清淤专栏，实时报导各地工作动态和典型做法。

【堤防加固及水闸除险加固工程建设】 对建德市新安江、兰江一期二期工程、湖州城西水闸、金东区杨卜山水闸除险加固工程等6个项目验收督导15次，湖州城西水闸于12月28日通过省级竣工验收，临海大田港闸、瑞安飞云江一期工程、富阳北渠受降、青云桥泄洪闸4个项目进行通水阶段的验收。2017年，累计完成五江固堤长度119 km，完成率119%。

（陈　炜）

农村水利建设

【概况】 2017年，以山塘和圩区综合整治作为减轻防汛压力主要抓手，着力提升农村水利安全度汛能力；开展灌区配套改造和技术研究，不断加强农田灌溉排水能力；以中央财政小型农田水利项目县为抓手，全力推进高效节水灌溉“四个百万工程”建设；继续开展农村饮水安全巩固提升工程建设，农村饮水安全水平连续2年稳定高水平提高。省水利厅被省委、省政府评为年度社会主义新农村建设优秀单位。

【农田水利基本建设】 根据水利部冬春农田水利基本建设工作要求，浙江省编制《浙江省2017—2018年冬春农田水利基本建设实施意见》，明确今冬明春全省力争完成220亿元水利投资目标，提出排查修复水毁灾损工程、大力开展农田水利建设、提速实施防洪排涝工程、巩固提升农村饮水安全、持续推进水生态文明建设、严格推行水利工程标准化管理、积极开展农业水价综合改革等7项重点工作任务，以及保障措施。

2017年11月3日，全国冬春农田水利基本建设电视电话会议结束后，浙江省随即召开全省冬春农田水利基本建设和森林消防电视电话会议，贯彻落实全国会议精神。省委书记车俊、省长袁家军专题听取全国会议精神和浙江省贯彻落实情况汇报，分别作出重要批示。副省长孙景淼出席全省电视电话会议并讲话。12月6—7日，浙江省召开全省水利工作暨冬春农田水利基本建设现场会。

认真开展第二十一届水利"大禹杯"竞赛活动评比，经省政府同意，对德清县等18个优胜单位予以通报表彰。强化信息宣传，印发《关于加强2017—2018年冬春农田水利基本建设信息宣传工作的通知》（浙水办农〔2017〕16号），要求各地加强信息宣传报送和考核。会同《浙江日报》编排7个版面对水利工程建设和管理情况进行宣传。接受浙江电视台《政策面对面》专题采访，介绍冬春农田水利基本建设主要任务和进展情况。编印5期《农田水利基本建设简报》。同时，还将象山县等4个县（区）产权制度改革典型经验、遂昌县等3个县（市）建设管理经验、平湖市等2个县（市）农业水价综合改革试点经验，以省水利厅文件形式印发全省各地学习借鉴。9—12月，全省共完成冬春农田水利基本建设投资136亿元，占目标任务的62%。

【大中型灌区节水配套改造项目】 2017年，浙江省立项实施中型灌区节水配套改造项目2个，总投资6 348.93万元。

（1）湖州市德清县雷甸灌区项目。计划总投资3 360.33万元（中央资金1 000万元，省财政资金1 000万元，省水利资金608万元，其它资金752.33万元），主要建设内容为干支渠道衬砌防渗31.87 km，配套改造渠系建筑物70处。项目完成后，可新增、改善灌溉面积0.21万hm^2，新增农产品生产能力685万kg，新增节水能力76万m^3。

（2）金华市安地水库灌区项目。计划总投资2 988.6万元（中央资金1 000万元，省财政资金1 000万元，省水利资金470万元，其它资金518.6万元），主要建设内容为干支渠道衬砌防渗14.40 km，配套改造渠系建筑物46处。项目完成后，可新增、改善灌溉面积0.32万hm^2，新增农产品生产能力615万kg，新增节水能力556万m^3。

【圩区建设】 2017 年，继续加强杭嘉湖圩区整治工程项目建设，共整治圩区项目 23 个，其中新开工项目 6 个，续建项目 17 个；共整治圩区面积 2.33 万 hm^2，其中嘉兴市 1.34 万 hm^2，湖州市 0.99 万 hm^2。圩区工程防洪标准为 20 年一遇，排涝标准为 10 年一遇。项目完成后有效提升杭嘉湖地区低洼易涝区的防洪排涝能力，面对强降雨高水位带来的行洪排涝压力，起到明显的抗灾减灾效益。

【小农水建设】 2017 年，全省（不含宁 波市）开展第七、八、九共 3 批 31 个县（市、区）中央财政小型农田水利项目，和 51 个县省财政小型农田水利项目。31 个中央小农水项目县计划总投资 9.85 亿元，其中中央财政 4.3 亿元，省财政 2.39 亿元，县及县以下财政 3.01 亿元，群众自筹 0.15 亿元；渠系配套改造 305.97 km，综合整治山塘 317 座，新建高效节水灌溉工程面积 0.82 万 hm^2，其中微灌 0.15 万 hm^2、喷灌 0.1 万 hm^2、管灌 0.59 万 hm^2，改造排涝沟道 59.41 km 等。省级小农水项目按照因素法分配补助省级资金后，由县（市、区）自主开展建设。51 个省级小农水项目县，综合整治山塘 249 座、发展高效节水灌溉 0.97 万 hm^2，其中喷微灌 0.54 万 hm^2、管灌 0.43 万 hm^2。5 月，组织开展第六、七、八批中央财政小型农田水利重点县（项目县）2016 年度建设绩效评价，以浙水农〔2017〕25 号对考评结果进行通报。接受财政部、水利部对浙江省中央财政农田水利建设与维养资金 2016 年度绩效考评，受到通报表彰。从 8 月开始，按照关于组织编制 2018 — 2020 年水利项目计划的通知要求，审核并确定全省（不含宁波市）30 个县（市、区）和 44 个县（市、区）分别开展 2018 年中央小农水和省级小农水项目建设。制定并印发《浙江省中央财政水利发展资金小型农田水利项目组织实施指导意见》（浙水农〔2017〕22 号）、《关于开展小型泵站标准化建设的指导意见》（浙水农〔2017〕20 号）。继续加强重点县（项目县）总体验收工作，下发《关于加快推进中央财政小型农田水利重点县总体验收工作的通知》（浙水办农〔2017〕11 号）。2017 年，共有海宁市等 14 个县（市、区）完成小农水重点县总体验收。

【高效节水工程建设】 2017 年，浙江省依托中央财政小型农田水利项目县、省水利发展专项资金面上项目高效节水灌溉为引领，带动县（市、区）加大高效节水灌溉投入，深入推进高效节水灌溉“四个百万工程”建设，全省新增高效节水灌溉面积 1.733 万 hm^2，其中喷灌 263.3 hm^2、微灌 177.3 hm^2、管灌 714.7 hm^2，再次超额完成国家下达浙江省任务，实现“十三五”高效节水灌溉发展“两连超”。

4 月 1 日，联合省农业厅、省林业厅联合印发《关于做好高效节水灌溉工作的指导意见》（浙水农〔2017〕10 号）。6 月，完成《浙江省“十三五”高效节水灌溉工程建设总体方案（上报稿）》编制，上报水利部等 5 部委。分别在 4 月、8 月、11 月接受水利部 3 次高效节水灌溉建设情况督导检查，均受到好评。

【农村饮水安全】 2017年，全省完成投资12.21亿元，完成141万人农村饮水安全巩固提升建设任务。其中，计划内220个项目完成投资10.01亿，受益人口100.6万；计划外完成投资2.2亿，受益人口40.4万。2017年，浙江省农村饮水水质取得重大突破，水质达标率高于全国平均水平。

（林　锐）

农村水电建设

【概况】 截至2017年底，全省建成农村水电站3 179座，装机405万kW。2017年，浙江省以农村水电增效扩容改造、生态水电示范区建设和全球环境基金“中国小水电增效扩容改造增值”项目为重点，着力推进农村水电建设。

【生态水电示范区建设】 生态水电示范区建设是根据浙江农村水电发展实际，围绕农村水电生态转型战略目标而探索实施的一项重点工作，以维护和改善河流生态环境，优化水能资源配置，科学利用水能资源为目标，以流域、区域为对象开展的水电生态修复综合治理的工程。

2017年，浙江省完成生态修复（含退出）农村水电站13座，建成生态水电示范区7个，包括桐庐县壶源江、前溪流域生态水电示范区，淳安县枫树岭镇生态水电示范区，浦江县东溪、东岭溪流域生态水电示范区，里石门坝后生态水电示范区，遂昌县钱塘江、乌溪江、对正坑西溪生态水电示范区。项目实施后新增生态机组1台，新建生态堰坝17座，新建/改建生态流量泄放闸孔7处，修复减脱水河段22 km，完成投资1 380万元。

【农村水电增效扩容改造】 2017年，浙江省继续实施农村水电增效扩容改造，全年完成改造电站62座，完成投资2.5亿元。2017年1月9日，省水利厅以《关于上报浙江省农村水电增效扩容改造补充项目备案的报告》（浙水电〔2017〕1号），将11个电站补充项目报水利部备案。补充后，浙江省纳入“十三五”增效扩容改造实施方案的河流共有147条，电站225座，河流生态改造项目163项，总投资10.1亿元，申请中央奖励资金2.48亿元。

2017年，省水利厅印发《关于做好农村水电增效扩容改造项目环境影响评价工作的通知》，要求各地对增效扩容改造项目环评情况进行归类梳理，提出环评分类处理时间。印发《关于做好农村水电增效扩容改造项目环评和资金管理等工作的通知》《关于做好农村水电项目验收工作的通知》等多个项目管理文件，进一步明确“十三五”增效扩容改造项目的验收、资金管理、建设进度等要求，并开展多次专项督查。8月4日，省财政厅、省水利厅以浙财建〔2017〕118号文，下达中央资金4 848万元。10月30日，省财政厅、省水利厅以浙水计〔2017〕32号、浙财农〔2017〕99号文，将191个增效扩容项目纳入2018年面上水利建设任务，并将省级补助资金划入面上资金统筹分配。12月5日，省水利厅在杭州市举办农村水电增效扩容改造项目管理培训班。

【全球环境基金"中国小水电增效扩容改造增值"项目】 2017年，浙江省指导缙云县盘溪梯级水电站、衢江区清水潭水电站开展项目环境与社会经济基线调查工作，完成项目采购计划、环境社会管理计划（ESMP）编制等各项前期工作，参与和启动全球环境基金"中国小水电增效扩容改造增值"项目。

2017年7月，国际小水电中心行文确认浙江、福建、湖北等8个省（自治区、直辖市）的24座水电站参与全球环境基金"中国小水电增效扩容改造增值"项目试点，项目执行期为5年，全球环境基金（GEF）赠款总额为892.5万美元。浙江省缙云县盘溪梯级（二、三、四级）水电站、衢江区清水潭水电站列入试点范围。浙江省推荐了项目指导委员会委员和省级项目管理办公室人员。2017年11月3日，GEF中国小水电增效扩容改造增值项目启动会在浙江省杭州市召开，项目正式启动。2017年12月，国际小水电中心印发《全球环境基金"中国小水电增效扩容改造增值"项目管理办法》等文件。

（周璐瑶）

"千人万项"蹲点指导服务行动

【概况】 2017年，全省共计1 775名水利系统干部和专家蹲点指导2 200多项重点水利工作，推动面上15 010个水利项目。全省水利系统紧紧围绕水利中心工作，加强精准指导，突出百项千亿防洪排涝工程和标准化管理2条服务主线，持续深入开展"千人万项"蹲点指导服务，助推水利各项工作取得明显成效，全省水利投资、"百项千亿"建设、中央投资等均提前完成年度计划，水利工程标准化创建全面推进，省、市、县三级联动监管机制逐步深化。

【主要工作】

（1）深入推进"千人万项"蹲点指导服务。2017年2月17日，省水利厅印发《2017年"千人万项"蹲点指导服务水利重点工作方案》，各地快速行动，11个市和83个有计划任务的县（市、区）相继印发行动方案，落实蹲点指导服务专家干部。全省共计1 775名水利系统干部和专家蹲点指导2 200多项重点水利工作，推动面上15 010个水利项目，全力服务水利建设。蹲点指导服务专家分布情况见图1。

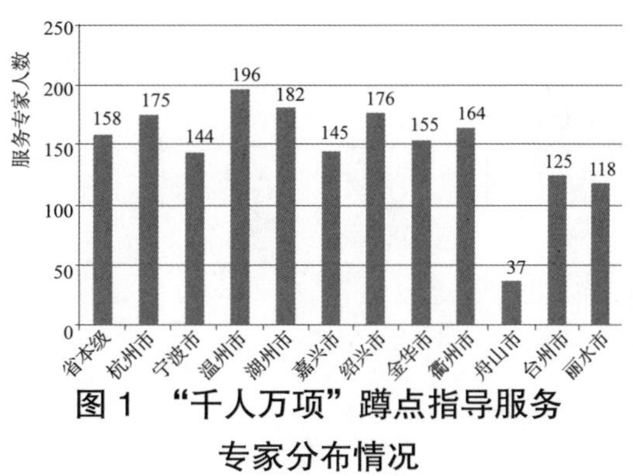

图1 "千人万项"蹲点指导服务专家分布情况

各市、县水利局主要领导和干部职工积极参与蹲点指导服务。利用省市县三级联动机制，加强各级部门间沟通协调，形成合力，推动重大项目加快建设。指导服务专家充分发挥纽带作用，做好政策宣传贯彻与问题反馈，做到"上情下达、下情上传”。

2017 年，全省累计投入 7.0 万人次、13.7 万人日，共发现 816 个问题，已解决 741 个，解决率 90.8%，其中，工程建设类 671 个，已解决 609 个，解决率 90.8%；标准化管理类 145 个，已解决 132 个，解决率 91.0%。2017 年各市蹲点指导发现问题解决率见图 2，全省蹲点服务发现并解决问题情况见表 8。

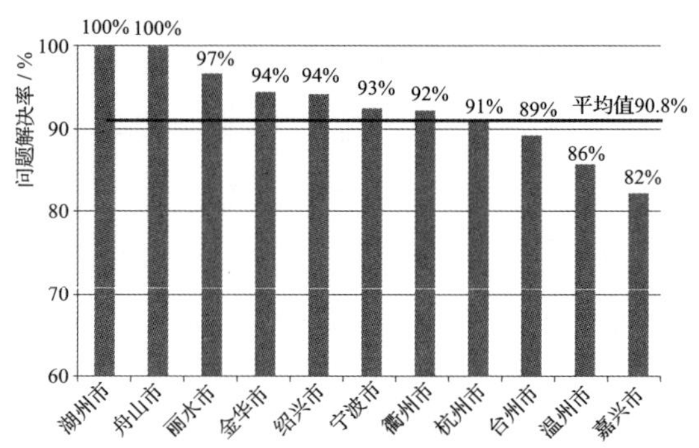

图 2　2017 年各市蹲点指导发现问题解决率

表 8　全省蹲点服务发现并解决问题情况（截至 2017 年 12 月 31 日）

设区市	发现问题数量 / 个	问题解决率 /%	提请省级协调问题		地方落实问题	
			问题数量 / 个	问题解决率 /%	问题数量 / 个	问题解决率 /%
杭州市	57	91	—	—	57	91
宁波市	54	93	3	100	51	93
温州市	176	86	2	100	174	86
湖州市	40	100	—	—	40	100
嘉兴市	62	82	1	100	61	82
绍兴市	69	94	—	—	69	94
金华市	36	94	2	100	34	94
衢州市	65	92	3	100	62	92
舟山市	37	100	—	—	37	100
台州市	158	89	1	100	157	89
丽水市	62	97	—	—	62	97
全省合计	**816**	**91**	**12**	**100**	**804**	**91**

（2）加强百项千亿防洪排涝工程进度督导。省水利厅结合厅领导班子分市督导制度，11 位厅领导分市联系指导，11 个处室统筹协调，帮助基层出实招、解难题。对“百项千亿”滞后项目采取月报制，通报至各市、县（市、区）人民政府，紧紧依靠各级党委、政府力量，紧盯通报中的问题，合力推动项目进展。面对 4 倍于往年的“百项千亿”前期工作任务，指导专家全程参与“三集中”技术审查，督促报告修改，缩短前期工作时间。指导专家每月现场核实投资和进度统计数据，翻阅施工、监理台账，月均核减 8 ~ 10 个重大项目统计数据，挤干水分。

（3）抓好水利工程标准化管理指导。每月召开水利工程标准化管理工作例会，收集汇总上月标准化问题及建议，研究讨论解决对策，部署当月“千人万项”标准化指导服务重点。一县一专家加强标准化管理指导，督促各地加快标准化长效机制建立，省级专家组重点围绕“标准落地”，承担70%的省级抽查任务和“回头看”工作，从人员落实、依标管理、运管平台使用等三方面，对825项已完成验收的工程开展督查工作，督促已创建验收工程标准化管理“长效”“落地”。

（4）结合开展面上工作指导。“千人万项”专家组在做好“百项千亿”和水利工程标准化管理指导服务的同时，充分发挥组织优势、资源优势、专业优势，结合全省性例行检查工作，开展“一月一主题”活动。全年完成防汛督查53个工程、大中型水库隐患排查33座、小型水库明查暗访85座、重大项目安全生产检查240余次、32个县（市、区）清淤考核，将蹲点指导服务渗透到水利工作的方方面面。

【工作措施】

（1）精心组织落实责任。2017年初，省水利厅领导分别带队赴联系市开展“千人万项”指导服务，对部分重大项目进行现场检查，进一步就“大干水利、提速创优”征求地方意见。省水利厅印发《2017年“千人万项”蹲点指导服务水利重点工作方案》，落实108名省级重大项目联系领导、125名省级服务专家、蹲点服务113项重大水利工程和83个县（市、区）水利工程标准化管理。2017年2月24日，组织召开“千人万项”工作会议，部署年度工作任务，并对项目前期、建设管理、水利工程标准化等方面进行业务培训，为专家快速开展蹲点指导服务打好基础。

各组按照工作会议精神，编制工作方案，分解任务，明确责任，主动与地方对接重大项目年度实施内容，明确年度指导服务重点，指导各市目标任务按月分解和工作方案编制。紧盯“百项千亿”滞后项目，每月组织召开“千人万项”专家座谈会，专家结合上月现场服务情况，详细介绍项目当前进展，特别是近期采取的措施和取得的成效，总结梳理目前存在的主要问题，深入分析问题背后的主要原因，提出加快推进和整改的合理化建议，并就普遍性问题提出指导性建议。

（2）直面问题精准服务。坚持问题导向，推广完善网络式查找、清单式管理、分类式处理的工作方式。通过网络式查找，摸清工程建设各个环节存在的问题，借助信息化平台，动态追踪每个问题，对发现的问题实行分类式管理，确保每个问题都有着落。提请省政府开展“百项千亿”专项督查，赴温州、台州、金华、丽水等4市现场检查“百项千亿”项目，共找问题症结，共推项目建设和前期。

（3）聚焦重点狠抓进度。一是限时办结省级协调问题。每月向省水利厅领导汇报全省“千人万项”开展情况，对提请省级协调问题，与各责任处室合力研究解决。2017年，提请省级协调的12个问题已全部解决，平均解决时间从2016年的4.5个月缩短至2.7个月。二是滞后项目月通报制。对“百项千亿”滞后项目采取月通报制，截至2017年12月，已向地方政府通报9期，被通报的每一个“百项千亿”项目都得到实质性整改。三是开展投资核查。委托第三方开展“百项千亿”项目投资核查，全年完成对58个在建项目的核查工作，“千人万项”专家持续开展现场投资核对，进一步提高统计数据准确性。四是加强专题指导。针对滞后项目，组织“千人万项”专家开展专题指导，帮助地方逐周制定计划，研究追赶措施，文成县飞云江治理工程二期等部分滞后项目在专家指导帮助下，赶上年度计划要求。

（4）寻求支持破除障碍。一是保障重大项目用地需求。省水利厅主要领导亲自带队对接省国土厅等有关部门，明确凡列入“百项千亿”的重大水利工程都享受省级重点工程的土地政策，消除审批权限下放之后，地方审批“百项千亿”项目的后顾之忧。二是提高审批效率。省级层面利用集中查勘现场、集中组织审查、集中修改的“三集中”制度，进一步提高审批效率，2017年已组织3次集中审查会，集中审查15个项目；各级政府大力支持重大水利项目建设，开辟百项千亿防洪排涝工程审批绿色通道，做到限时审批。三是推动水利投资融资改革。2017年10月23日，省水利厅组织召开全省水利投资融资推进视频会议，积极推动水利投资融资改革，拓宽水利投资融资渠道，促进水利加快发展。

（5）加强宣传营造氛围。充分利用各类传媒手段，着重推广各地在推进水利工程建设中好的经验做法，宣传蹲点服务活动的工作动态、典型案例、先进事迹，在全省水利系统营造“争相创优”的良好氛围。2017年4月11日，《中国水利报》刊发《接地气解难题炼铁军》，宣传浙江省“千人万项”工作成效。省水利厅网站持续追踪“千人万项”省级专家组蹲点指导服务开展情况，宣传工作亮点和成效。通过“浙江千人万项”微信公众号，介绍“千人万项”工作动态、优秀案例。制作“百项千亿”专题片，宣传全省“百项千亿”工作一年来的进展。各地主流媒体也纷纷报道“千人万项”在加快推进当地水利工程建设中的成效。

【工作成效】

（1）提前完成“百项千亿”年度任务。提前达到“百项千亿”投资215亿元、新开工15项年度计划要求。截至2017年底，全省百项千亿防洪排涝工程完成年度投资248亿元，完成年度计划的116.6%，全年累计新开工20项，超额完成年度计划。全省112项中，2017年加快推进建设67项，推进前期工作33项，累计完工见效12项。各市“百项千亿”年度投资完成率见图3。

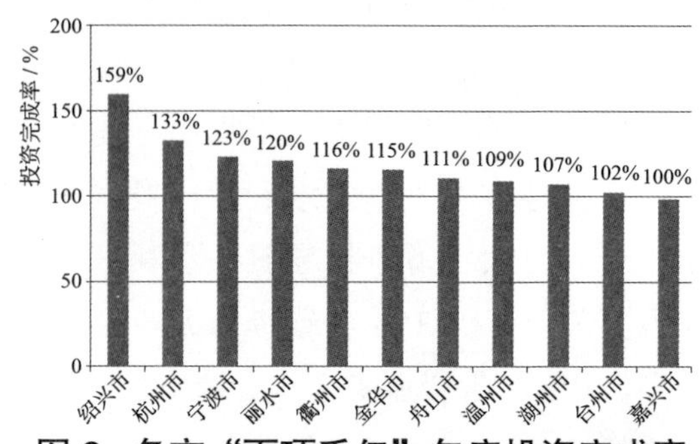

图3 各市“百项千亿”年度投资完成率

（2）提前实现中央投资计划年度考核目标。中央投资计划已提前2个月完成水利部下达的目标。2017年4月，浙江省作为全国5个"地方水利建设投资落实较好、中央水利建设投资计划完成率较高的省"之首，获得国务院通报表扬。截至2017年12月底，中央下达浙江省2017年投资计划57.8亿元，其中中央资金19.4亿元；完成投资56.2亿元，完成率97.1%，完成中央资金19.3亿元、完成率99.3%。各市中央投资计划完成情况见图4。

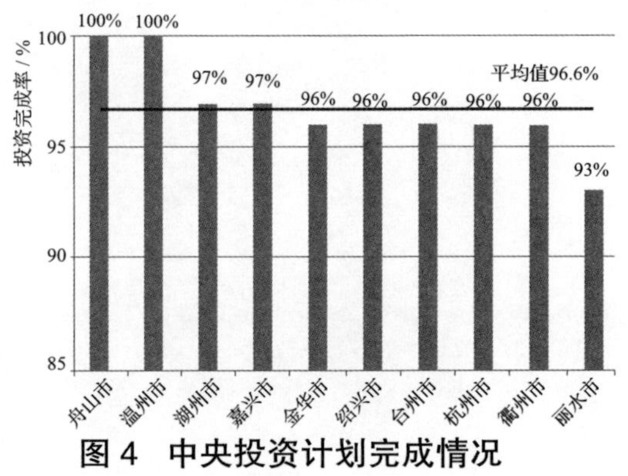

图4　中央投资计划完成情况

（3）助力标准化"落地"。完成3 308个水利工程标准化创建，累计完成5年创建计划任务的近50%；5 567个工程与监督服务平台完成数据对接，基本实现"痕迹化"管理，管理责任、事权进一步明晰，省市县三级联动监管机制初步建立。按标准化年度督查方案要求，省级"千人万项"专家累计完成督查825项，承担年度督查项目总数的70%，及时完成年度计划；指导各地开展督查发现问题整改，并对整改情况进行复核；督促各地合理安排验收计划，及时组织验收；指导各地加快建立长效机制。

（4）例行性检查成效显著。一是开展重大水利工程安全专项检查。对在建重大水利项目持续开展安全检查活动，重点检查安全专项措施落实、安全培训与持证上岗、特种设备管理、消防安全、用电安全等方面；二是开展省级防汛督查和水库明查暗访活动。根据统一安排，省级专家组积极参与省级防汛督查、水库明查暗访等督查检查工作，督促地方做好防汛准备，确保水库安全运行；三是积极参与河湖库塘清淤工作。11 — 12月，各省级专家组选派专家对各地清淤质量、清淤成效和淤泥处置等方面进行现场考核，综合考评各地年度清淤工作成效，总结经验，提升创优。

（王　雪）

水 利 管 理

Water Conservancy Management

规划计划

【概况】 2017年，与省发展改革委、省财政厅联合印发规划1项，出具4条流域综合规划省级复审意见，完成3条流域防洪规划编制。全年水利完成投资577.5亿元，占年度投资计划目标540亿元的106.9%。

【水利规划编制】

（1）科学编制钱塘江、瓯江、浦阳江流域防洪规划。通过深入实地开展一线调研、多次召开专家讨论会，从严加强规划编制过程管理，切实提高规划编制质量，三大流域防洪规划专题已完成审查，规划报告完成征求意见稿。

（2）统筹编制其他规划。全面完成曹娥江、椒江、飞云江、鳌江四大流域综合规划的省级复审工作，均已出具省级复审意见，其中椒江流域综合规划已批复。启动杭嘉湖地区防洪能力调查工作，截至2017年底已完成由省级承担单位组织开展的现场测量和部分重要水利工程调查工作。完成水利规划管理办法修订，印发《浙江省流域规划工作指导意见》，进一步规范浙江省规划体系、加强流域规划管理。按照水利部相关要求，梳理2016—2019年灾后重建项目，由省水利厅、省发展改革委、省财政厅联合印发《加快灾后水利薄弱环节建设实施方案（2016—2019年）》。

（3）合理制定今后5年重大项目建设安排意见。为加快完善浙江省水利基础设施网络、全面提升水利对“两个高水平”建设的支撑和保障能力，在百项千亿防洪排涝工程基础上，结合地方新需求，合理制定今后5年重大项目建设安排意见，完成今后5年重大水利项目库。

（4）深入推进中小流域综合治理规划。根据省委省政府“大花园”建设相关部署，按照《关于开展中小流域综合治理规划编制工作的通知》和新时期中小河流治理新思路的要求，大力推进中小流域综合治理规划。目前，拟开展综合整治的139条中小流域（区域）中，流域综合治理规划已批102项，已审未批15项，在编22项。

【重点专题研究】 2017年重点开展了12项专题研究，其中省级1项，地方11项，其中“浙江省水利发展规划实施监测评估”“杭州市东苕溪洪水出路分析”等8项已完成。2017年规划编制工作进展情况见表1。

表1 2017年规划编制工作进展情况

序号	规划名称	规划进展
一	综合规划	
1	椒江流域综合规划	已批复
2	曹娥江流域综合规划	已出具复审意见
3	鳌江流域综合规划	已出具复审意见

续表

序号	规划名称	规划进展
4	飞云江流域综合规划	已出具复审意见
二	专业规划	
5	钱塘江流域防洪规划	已完成征求意见稿
6	瓯江流域防洪规划	已完成征求意见稿
7	浦阳江流域防洪规划	已完成征求意见稿
三	专项规划	
8	浙江省加快灾后水利薄弱环节建设实施方案（2016 — 2019 年）	与省发展改革委、省财政厅联合印发
9	浙江省中小河流综合治理规划	地方政府已批复 102 条
10	浙江省“百项千亿防洪排涝工程”实施方案	已验收结题
11	浙江省水利规划及专题研究成果制图	已验收结题
12	浙江省杭嘉湖地区防洪能力调查	已完成部分重要水利工程调查
13	浙江省今后五年重大项目建设安排意见	已形成初步项目库
四	重点专题研究	
14	浙江省水利发展规划实施监测评估	已验收结题
15	杭州市西险大塘防洪能力评估研究	已验收结题
16	杭州市东苕溪洪水出路分析	已验收结题
17	温州市瓯江引水工程研究	已验收结题
18	诸暨市浦阳江流域滞洪区空间布局研究	已验收结题
19	台州市椒（灵）江建闸专题研究	已验收结题
20	台州市温黄平原防洪排涝规划	已验收结题
21	丽水市北洪南调专项研究	已验收结题
22	杭州市临安区里畈水库扩容研究	已完成研究报告
23	舟山市水资源开发利用研究	已完成研究报告
24	嘉兴市乍浦塘工程研究	正在编制研究报告
25	嘉兴市麻泾港工程研究	正在编制研究报告

【重大水利项目前期工作】 2017 年，以百项千亿防洪排涝工程为重点，共推进 60 项重大水利项目前期工作，工程投资规模为 965 亿元。其中，完成可行性研究批复 29 项，出具可行性研究审查意见 27 项，累计组织召开审查会 39 次。分别同比增长 93% 和 108%。

【百项千亿防洪排涝工程前期完成情况】

2017 年，共推进 53 项百项千亿防洪排涝工程前期工作，工程投资规模为 831 亿元。其中，完成可行性研究批复 26 项，出具可行性研究审查意见 25 项，累计组织召开审查会 34 次。百项千亿防洪排涝工程前期完成情况见表 3，百项千亿防洪排涝工程前期完成统计见表 4。

表 3 百项千亿防洪排涝工程前期完成情况

序号	项目名称	地市	前期工作阶段	总投资 / 亿元	审查意见（上报文件）	批复文号
1	常山县常山港治理二期工程	衢州	可研	9.17	浙水计〔2016〕25 号	浙发改农经〔2017〕217 号
2	杭州市萧山区蜀山片外排工程（大治河排涝闸站）	杭州	可研	2.60		萧发改投资〔2017〕84 号
3	遂昌县清水源水库工程	丽水	可研	5.75	浙水计〔2016〕1 号	浙发改农经〔2017〕332 号
4	海盐县东段围涂标准海塘工程（一期）	嘉兴	可研	3.64	盐水函〔2017〕3 号	浙发改农经〔2017〕354 号
5	余姚市姚江上游西分工程	宁波	可研	19.48	甬水建〔2017〕32 号	甬发改审批〔2017〕163 号
6	绍兴市马山闸强排及配套河道工程	绍兴	可研	23.28	绍市水利〔2017〕81 号	绍市发改中心〔2017〕24 号
7	丽水市大溪治理提升改造工程（好溪段应急工程）	丽水	可研	0.86		丽发改农经〔2017〕228 号
8	绍兴市柯桥区瓜渚湖直江柯北段拓浚工程	绍兴	可研	11.58	绍市水利〔2017〕137 号	绍市发改中心〔2017〕28 号
9	台州市洪家场浦强排工程	台州	可研	33.22	台水利函〔2017〕58 号	台发改农经〔2017〕197 号
10	台州市七条河拓浚工程	台州	可研	17.72	台水利函〔2017〕61 号	台发改农经〔2017〕198 号
11	台州市黄岩区北排工程	台州	可研	35.80	台水利函〔2017〕59 号	台发改农经〔2017〕202 号
12	台州市永宁江闸强排工程	台州	可研	14.26	台水利函〔2017〕60 号	台发改农经〔2017〕203 号
13	临海市大田平原排涝二期工程	台州	可研	10.58	台水利函〔2017〕63 号	台发改农经〔2017〕220 号
14	临海市东部平原排涝工程（一期）	台州	可研	5.83	台水利函〔2017〕65 号	台发改农经〔2017〕221 号
15	舟山群岛新区定海强排工程	舟山	可研	12.32		舟发改审批〔2017〕135 号

续表

序号	项目名称	地市	前期工作阶段	总投资/亿元	审查意见（上报文件）	批复文号
16	苕溪清水入湖河道整治后续工程（湖州开发区段）	湖州	可研	9.13	浙水函〔2017〕289号	浙发改农经〔2017〕959号
17	龙游县衢江治理二期工程	衢州	可研	5.46	浙水函〔2017〕177号	浙发改农经〔2017〕960号
18	绍兴市上虞区崧北河综合治理工程	绍兴	可研	6.81	绍市水利〔2017〕197号	绍市发改中心〔2017〕44号
19	临安区双溪口水库工程	杭州	可研	5.15	浙水函〔2017〕367号	浙发改农经〔2017〕1025号
20	扩大杭嘉湖南排工程（八堡排水泵站）	杭州	可研	13.25	浙水函〔2017〕466号	浙发改农经〔2017〕1026号
21	杭州市大江东片外排工程（东湖防洪调蓄湖）	杭州	可研	11.05	杭林水函〔2017〕34号	浙发改农经〔2017〕1027号
22	平阳县瑞平平原排涝工程	温州	可研	13.63	温水政函〔2016〕95号	浙发改农经〔2017〕1065号
23	衢州市柯城区常山港治理工程	衢州	可研	8.62	浙水函〔2017〕228号	浙发改农经〔2017〕1066号
24	嘉兴市北部湖荡整治及河湖连通工程（嘉善片）	嘉兴	可研	10.00	浙水函〔2017〕460号	浙发改农经〔2017〕1067号
25	金华市本级金华江治理二期工程	金华	可研	8.11	浙水函〔2017〕416号	浙发改农经〔2017〕1068号
26	庆元县兰溪桥水库扩建工程	丽水	可研	10.48	浙水函〔2015〕38号	浙发改农经〔2017〕1069号
27	建德市新安江、兰江治理工程（二期）	杭州	可研	3.23	浙水函〔2017〕162号	未批复
28	嘉兴中心河拓浚及河湖连通工程	嘉兴	可研	34.70	浙水函〔2017〕188号	未批复
29	桐庐县富春江干堤加固三期工程	杭州	可研	2.39	浙水函〔2017〕235号	未批复
30	太嘉河及杭嘉湖地区环湖河道整治后续工程	湖州	可研	11.26	浙水函〔2017〕324号	未批复
31	苕溪清水入湖河道整治后续工程	湖州	可研	12.89	浙水函〔2017〕360号	未批复
合 计				**372.26**		

表 4　百项千亿防洪排涝工程前期完成情况

地 市	项目数量 / 项	五大平原骨干排涝工程 / 项	五大江河干堤加固 / 项	大中型水库工程 / 项	总投资 / 亿元
杭州市	6	3	2	1	37.67
宁波市	1	1			19.48
温州市	1	1			13.63
湖州市	3	3			33.28
嘉兴市	3	2	1		48.34
绍兴市	3	3			41.67
金华市	1		1		8.11
衢州市	3		3		23.25
舟山市	1	1			12.32
台州市	6	6			117.41
丽水市	3		1	2	17.10
合 计	**31**	**20**	**8**	**3**	**372.26**

【其他重大水利工程完成情况】 2017 年，共推进 7 项其他重大水利工程前期工作，工程投资规模为 133 亿元。其中，完成可行性研究批复 3 项，出具可行性研究审查意见 2 项，累计组织召开审查会 5 次。其他重大水利工程前期完成情况见表 5。

表 5　其他重大水利工程前期完成情况

序号	项目名称	地市	前期工作阶段	总投资 / 亿元	审查意见（上报文件）	批复文号
1	景宁县金村水库及供水工程	丽水	可行性研究	5.78	丽水利〔2016〕47 号	浙发改农经〔2017〕438 号
2	嘉兴市域外配水工程（杭州方向）	嘉兴	可行性研究	85.54	浙水函〔2017〕169 号	浙发改农经〔2017〕439 号
3	泰顺县樟嫩梓水库及供水工程	温州	可行性研究	5.18	泰水批〔2017〕22 号	浙发改农经〔2017〕591 号
合 计				**96.50**		

【重点项目】

（1）遂昌县清水源水库工程。工程任务为防洪、供水、灌溉为主，兼顾发电、改善水环境等综合利用。水库正常蓄水位 510 m，总库容 2 214 万 m^3，兴利库容 1 677 万 m^3，防洪库容 520 万 m^3。多年平均供水量 1 460 万 m^3，多年平均灌溉用水 418 万 m^3。工程总用地面积 81.27 hm^2，总投资 5.75 亿元。

（2）临安区双溪口水库工程。工程任

务以防洪、供水为主，兼顾灌溉、发电和改善水环境等综合利用。水库正常蓄水位 325 m，总库容 2 917 万 m^3，防洪库容 923 万 m^3，供水调节库容 2 110 万 m^3。多年平均供水量 2 688 万 m^3。工程总用地面积 126.6 hm^2，总投资 5.15 亿元。

（3）常山县常山港治理二期工程。工程任务以防洪为主，结合排涝、灌溉及改善生态环境等综合利用。工程建设内容：①新建及加固堤防、护岸 37.75 km；②生态化提升改造堤防 14.1 km；③新建排涝闸站 2 座，排涝涵闸 6 座，改造灌溉机埠 16 座，排涝涵管 26 处；④新建堰坝 5 处，改造堰坝 1 处。工程总用地面积 224.4 hm^2，总投资 9.17 亿元。

（4）龙游县衢江治理二期工程。工程任务以防洪为主，兼顾通航、排涝、改善生态环境。工程建设内容：①新建、加固堤防约 22.82 km，结合绿道建设护岸 1.7 km；②水闸 1 座、埠头 2 个，改造机埠 13 处，新建穿堤涵管 24 个、箱涵 1 处；③滩地生态修复 1 段，面积约 4.25 万 m^2。工程总用地面积 88.73 hm^2，总投资 5.46 亿元。

（5）苕溪清水入湖河道整治后续工程（湖州开发区段）。工程任务以行洪、排涝为主，兼顾水环境改善、航运等综合利用。工程建设内容：①加固堤防 25.14 km、新建护岸 55.14 km、拓浚河道 33.28 km、疏浚 352 万 m^3；②整治 4 处湖荡 65.83 hm^2、疏浚 111 万 m^3；③新建黄山头、杨家庄、东矿河排涝闸站 3 座。工程总用地面积 578.07 hm^2，总投资 9.13 亿元。

（6）嘉兴市北部湖荡整治及河湖连通工程（嘉善片）。工程任务以调蓄、行洪排涝为主，增强水系连通，改善区域水环境。工程建设内容：①整治西浒荡、北许荡、北祥符荡和泥鱼荡等 17 个湖荡。建设堤防 7.2 km、护岸 45.1 km、清淤 601 万 m^3，新建水闸 2 座，改建水闸 7 座，改建闸站 3 座；②整治三店塘、嘉善塘、俞汇塘、茜泾塘、枫泾塘、坟头港等 20 条主要河道，新开河道 0.715 km，建设堤防 26.1 km，建设护岸 22.6 km，疏浚 66 万 m^3。工程需征收土地 4 hm^2，总投资 10.00 亿元。

（7）嘉兴市域外配水工程（杭州方向）。工程任务为供水。由隧洞、管道、泵站等组成，输水线路总长 179.4 km，其中：①杭州段采用盾构隧洞内置管道，重力自流有压输水至嘉兴市境内，全长 23.1 km；②嘉兴段主要采用管道，通过泵站加压供水至各受水水厂，全长 156.3 km；③设置崇福、南湖 2 个泵站，总装机规模 10 850 kW，装机 17 台。工程总用地面积 32.27 hm^2，总投资 85.54 亿元。

【省级及以上专项资金计划】 2017 年，全省共争取省级及以上资金 101.5 亿元，较 2016 年增加 12.9 亿元，增长 14.5%。

（1）中央资金。2017 年，全省共争取中央资金 20.2 亿元（含宁波市 0.8 亿元）。其中中央预算内投资安排 5.2 亿元，占 25.8%，主要用于太湖治理、独流入海河流治理、大中型水库水闸加固；中央财政专项安排 14.6 亿元，占 72.5%，主要用于小农水项目县、中小河流治理及重点县、小型水库除险加固、江河湖库水系连通、水土流失治理、山洪灾害防治、水利工程设施标准化维修养护、水电增效扩容、以及行业能力建设；农业综合开发中型灌区资金 0.35 亿元，占 1.7%。

（2）省级资金。2017 年，全省共安排省级资金 81.3 亿元（含治太奖励），其中重大水利项目 53.3 亿元，重点用于百项千亿防洪排涝项目；用于面上水利建设和管理任务 27.3 亿元；用于滩涂围垦 0.7 亿元。省级资金用途安排情况见表 6。

表 6　省级资金用途安排情况

序号	项目类型	安排资金 / 万元	占比 /%
合　计		**812 947**	**100**
一	重大水利项目	533 304	65.6
1	百项千亿防洪排涝项目	482 998	59.4
（1）	五原扩排（含治太奖励）	285 728	35.1
（2）	六江固堤	132 476	16.3
（3）	十库蓄水	64 794	8.0
2	其他防洪排涝项目	17 598	2.2
3	八大引调	8 050	1.0
4	百河综治	17 109	2.1
5	水库加固等其他项目	7 549	0.9
二	面上水利建设与管理任务	272 684	33.5
三	滩涂围垦	6 959	0.9

表 7　省级及以上资金各市安排情况

地　区	省级及以上资金 / 万元			占比 /%
	合　计	中央资金	省级资金	
省级	1 319	1 319		0.1
杭州市	77 140	13 065	64 075	7.6
宁波市	7 190	7 190		0.7
温州市	172 741	34 830	137 911	17.0
嘉兴市	113 037	45 920	67 117	11.1
湖州市	98 019	20 473	77 546	9.7
绍兴市	131 024	10 995	120 029	12.9
金华市	65 603	16 400	49 203	6.5
舟山市	46 085	5 730	40 355	4.5
台州市	104 096	7 735	96 361	10.3
衢州市	94 498	18 340	76 158	9.3
丽水市	103 765	19 573	84 192	10.2
合　计	**1 014 517**	**201 570**	**812 947**	**100.0**

（3）省级及以上资金分市安排情况。2017年，安排省级及以上资金101.5亿元，其中中央资金20.2亿元，省级水利专项资金81.3亿元，省级及以上资金占2017年全省完成投资的17.6%。分市安排资金最多的3个市分别为温州市、绍兴市、嘉兴市，安排资金均超11亿元，占全省省级及以上资金的41.1%，省级及以上资金各市安排情况见表7。

（4）水利投融资进展情况。2017年，召开全省水利投融资推进视频会议，主动搭建资本与项目融合的平台，确定台州市、长兴县、海盐县、磐安县、温岭市和咨询中心作为全省6个水利投融资改革试点，积极探索创新水利投融资机制。与建行省分行、省农村信用合作社签订战略协议，新增1 000亿元意向性授信额度，为水利项目贷款特设服务绿色通道，在审批速度、贷款安排和贷款定价等方面予以专门倾斜。农行、农发行、国开行3家金融机构2017年发放水利项目贷款111.1亿元，全省已有8个PPP项目完成签约，吸引社会资本54亿元，有力推动浙江省水利建设。

【投资完成情况】 2017年，经过全省各级水利部门共同努力、攻坚克难，全年水利完成投资577.5亿元，占年度投资计划目标540亿元的106.9%，较2016年增长1.2%。近10年全省水利投资情况见图1。

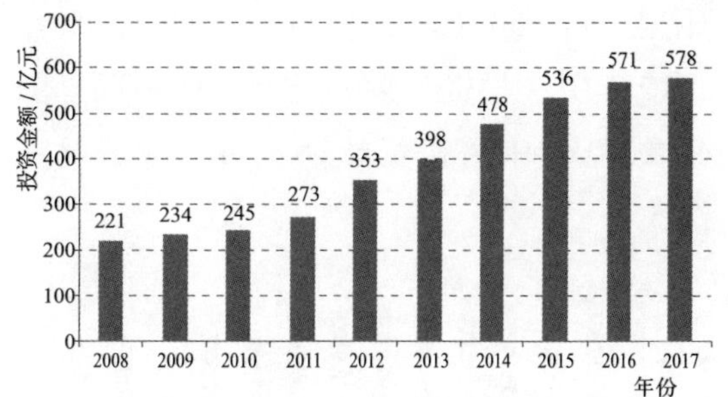

图1 近10年全省水利投资情况

（1）各市投资完成情况见图2。

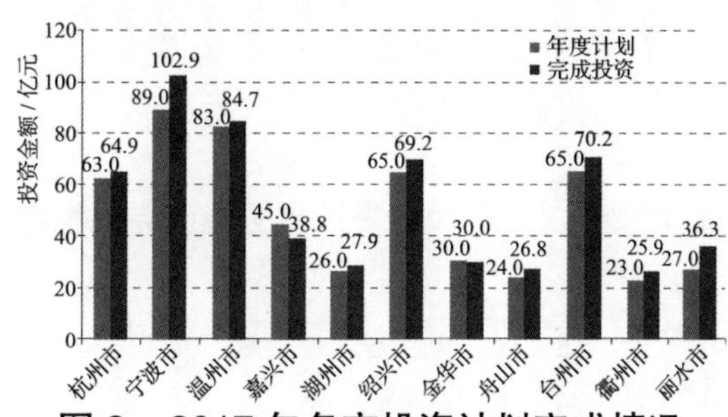

图2 2017年各市投资计划完成情况

各市2017年完成投资与2016年对比见图3。

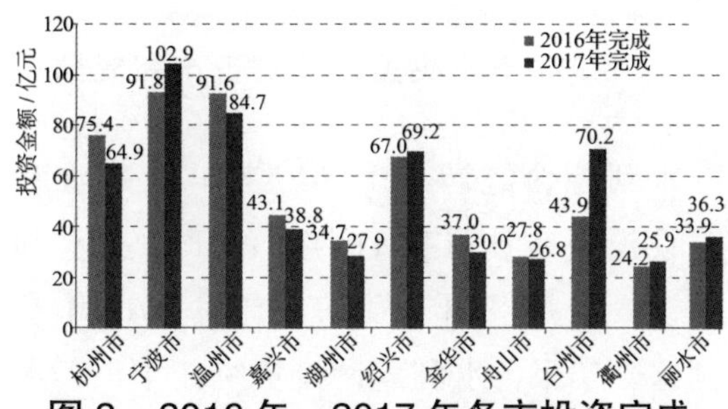

图3 2016年、2017年各市投资完成情况对比

（2）2017年中央水利投资计划执行情况。2017年，全省中央年度投资计划57.8亿元（不含宁波市），其中中央资金19.4亿元，合计安排项目311个，完成投资56.2亿元、完成率97.1%，完成中央资金19.3亿元、完成率99.5%，已完成年度投资计划项目250个、占项目总数的80.4%。2017年中央投资计划分类型完成情况见图4，2017年中央投资计划各市完成情况见图5。

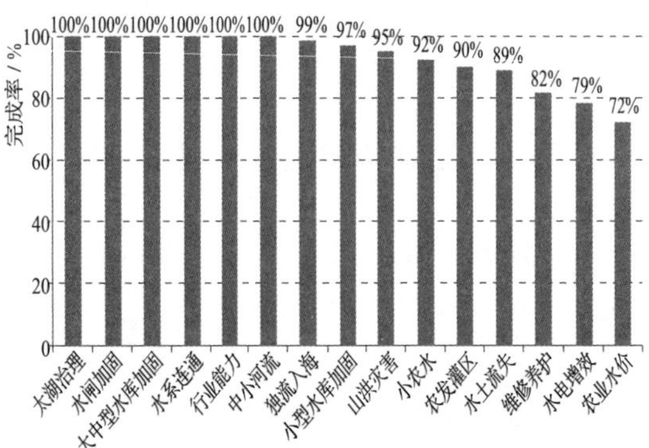

图4　2017年中央投资计划分类型完成情况

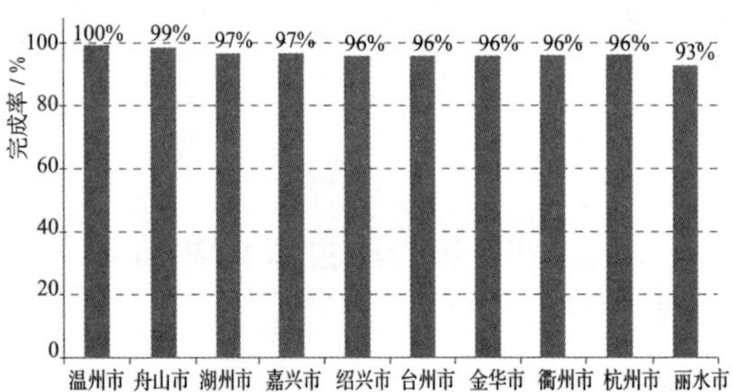

图5　2017年中央投资计划各市完成情况

【水利综合统计】　2017年，编制水利建设投资统计月报11期，编报中央水利建设投资月报11期；编制印发2016年水利综合年报、水利建设投资统计年报、水利服务业统计年报、《浙江水利统计资料（2016）》。

（姜美琴）

建设管理

【概况】　2017年，省水利厅组织开展建设市场监管、安全生产监管、重点项目专项稽察和安全生产大检查等活动，排查工程安全隐患，强化资金使用等关键环节的廉政风险防控，力保工程、资金、生产和干部“四个安全”。

【建设市场监管】

1. 水利企业资质管理

（1）监理企业资质审核。2017年度共受理嘉兴正信水利工程监理有限公司等25家单位申报工程建设监理资质的材料（其中申报水利工程施工监理甲级4家、乙级11家、丙级8家；水土保持施工监理丙级2家）。省水利厅水利建设企业资质审查委员会按照《水利工程建设监理单位资质管理办法》，重点核实监理工程师和高级工程师证书的真实性，监理合同及劳动合同的真实性，监理工程师的社保缴纳情况，是否行政事业编制人员挂靠，申报人员是否有证书注册在其他单位等；对所有涉及到工程等别和合同额较大的监理工程业绩均发函至地市核实（部分浙江省外工程业绩未能核实）。经审查和公示，不同意嘉兴正信水利工程监理有限公司等单位申报的25项水利工程建设监理资质。

（2）水利质量检测资质审核。2017年共受理4家单位，涉及7项水利建设工程质量检测乙级资质申报材料，经审查和公示，同意浙江省水利河口研究院等4家企业的乙级资质申请，并核发资质证书。受理11家单位共16项申请水利建设工程质量检测乙级资质延期申报材料，经审查和公示，同意浙江中能工程检测有限公司等16项乙级资质申请。2017年，省水利厅将质量检测单位资质审查由每年集中受理改为随时受理，方便企业办事。

（3）水利施工企业资质审核。2017年度共受理浙江省住房和城乡建设厅移交的浙江长兴荣欣建设工程有限公司等15家水利水电施工总承包贰级资质申报材料（其中资质升级5家，资质重组、分立10家），按照《建筑业企业资质管理规定》要求，对资质升级企业的工程业绩等内容进行审查，对资质重组、分立的企业，则按照《住房城乡建设部关于建设工程企业发生重组、合并、分立等情况资质核定有关问题的通知》（建市〔2014〕79号）要求简化审批流程。经审查，不同意5家企业资质升级申请，同意10家企业资质重组、分立申请，并向省住建厅反馈审核意见。

2. 水利市场信用体系建设

（1）水利建设市场监管。严格实行不良行为记录查询制度。2017年度共受理省重点水利建设工程项目建设市场主体不良行为记录查询35次，出具不良行为查询结果告知函35份。清理9家未按时参加浙江省水利安全生产培训的省外进浙企业，暂停27家在浙江省内的投标资格。

（2）信用评价及信息共享。2017年完成浙江省境内8类水利建设市场主体（包括省外进浙单位）信用评价体系中的履约行为评价，对在浙江省承接业务的水利施工、监理、勘测设计、咨询、招标代理、质量检测、机械制造等单位进行信用评价并上报水利部。同时，及时向省信用办报送全省水利建设市场信用信息，实现信息共享。

【安全生产监管】

（1）安全监督综合管理。截至2017年底，全省共11个地市级水行政主管部门，87个县级水行政主管部门均成立安全生产领导小组，其中设立专门安全监督机构的6个，合署办公（挂牌）机构16个，专职安全管理机构31个，兼职安全管理机构44个，其他1个。全省从事安监工作人数185人。

（2）安全生产会议。2月16日，厅长办公会议听取厅安委办关于2016年度水利安全生产考核情况汇报。

4月21日，省水利厅召开2017年厅系统安全生产工作会议，会议传达2017年全国水利安全监督工作会议精神，学习有关文件，通报表彰2016年度安全生产目标管理责任制考核优秀单位。浙江同济科技职业学院、浙东引水局和防汛物资中心3家单位分别作交流发言，厅领导与厅直属有关单位负责人分别签订《2017年度安全生产目标管理责任书》。

9月20日，召开厅党组扩大会议暨厅安委会全体成员会议，研究部署深入开展水利安全生产大检查活动及厅系统安全生产工作。在杭厅领导、厅机关各处（室、局）、各总站、厅直属各单位主要负责人参加会议。会议传达学习省安委会深化推进安全生产大检查专题会议及副省长高兴夫重要讲话精神，听取厅安办关于全省水利安全生产形势分析及大检查情况通报，分析当前安全生产存在的主要问题，明确下一步工作打算。

10月12日，组织召开全省水利安全

监督工作视频会议，迅速贯彻落实全国水利安全监督工作视频会议精神。会议分析安全生产工作面临的形势，安排部署下一阶段重点工作任务。省水利厅党组成员、副厅长杨炯出席会议并讲话。

11 月 6 — 7 日，受太湖流域管理局委托，在浙江省宁波市承办 2017 年度太湖流域片水利安全监督与稽察工作座谈会。水利部安全监督司督察专员田克军、太湖流域管理局副局长徐洪、浙江省水利厅副厅长杨炯、水利部建安中心处长张忠生到会指导并讲话。会议就如何进一步加强《中共中央国务院关于推进安全生产领域改革发展的意见》的宣贯落实工作、推进安全生产标准化建设及落实对《浙江省重点水利工程建设项目稽察与指导服务办法（试行）》的执行展开热烈讨论。流域内各省市会议代表分别进行工作交流，全体会议代表还实地考察宁波市周公宅水库。浙江省 11 个地市水利局负责安全监督工作同志受邀参加本次会议。

3. 安全生产监督管理

（1）落实各级安全生产责任制。各级水利部门制定各项制度，明确水利安全生产责任，逐级、逐岗、逐人签订安全生产责任状，落实安全生产责任制和各级领导“一岗双责”，进一步落实绩效考评中安全生产“一票否决”制度，确保安全生产责任落实工作规范化。2017 年初与 11 个设区市级水行政主管部门和 12 家厅直属单位签订安全责任书，年中对责任落实情况进行检查，年末进行安全生产责任制考核。

（2）开展各类专项行动整治各类安全隐患。根据水利部、省委省政府、省安委会统一部署，制定印发《全省水利行业推进安全生产领域改革发展的实施方案》《水利建设施工领域安全生产综合治理三年行动方案》《关于实施遏制重特大事故工作指南构建我省水利“双重预防机制”的指导意见》等，组织开展汛前防汛安全检查、汛期水利安全生产大检查、水利安全生产综合大检查、农村水电安全生产大检查、水库安全检查与鉴定、农村山塘安全度汛、危险化学品安全专项整治、电气火灾综合治理、事故隐患排查治理专项行动等大检查及专项活动，排查和整治各类安全隐患。

（3）开展水利工程安全巡查。5 月 25 日，印发《浙江省水利厅办公室关于开展全省水利工程安全巡查的通知》（浙水办建〔2017〕7 号），2017 年 6 — 12 月，分 3 阶段巡查。对国家 172 浙江项目进行全覆盖监督检查，对省水利厅监管的重点在建水利工程巡查不少于 30%，对市县监管的面上在建项目与水利运行工程进行重点抽查。2017 年巡查全省 11 个地市和部分厅直属单位，检查在建工程 65 个，运行工程 30 个。

（4）开展安全生产大检查。7 月 20 日，印发《浙江省水利厅关于开展全省水利安全生产大检查的通知 》（浙水建〔2017〕17 号），要求各地各单位认真组织开展水利安全生产大检查，并与汛期和高温期间安全生产工作结合进行。

（5）安全生产宣教培训。认真组织开展“安全生产月”活动，印发《关于开展 2017 年全省水利系统“安全生产月”活动的通知》；组织对省内水利施工和监理企业法人、省外进浙水利施工与监理企业授权代理人进行安全生产培训（培训3期，培训600余人）；组织开展省内二、三级水利施工企业三类人员的安全考核（考核通过4 000余人）；同时，举办全省防汛物资储备管理及抢险技术培训班，水利工程标准化管理培训班，全省重大水利工程项目法人（建设单位）培训班，全省新任质量与安全监督管理人员培训班，全省泵站运行管理人员标准化管理培训班，全省河道建设与管理工作培训班等多类别的培训班；组织全省水利系统干部职工参加水利安全生产知识网络竞赛、征文、摄影比赛和微视频征集等活动。在2017年安全生产宣教活动中，省水利厅获全国水利安全生产知识网络竞赛“优秀组织奖”和水利安全生产隐患排查整治竞赛“优秀组织奖”。

（6）水利安全事故。2017年全省水利行业共发生1起安全生产事故，死亡2人，未超过省政府考核规定的死亡控制指标；2017年全省水利投资577亿元，投资死亡率0.35人/百亿元，低于省政府考核指标。

事故经过：2017年10月14日13时许，杭州市第二水源千岛湖配水工程施工2标莲花埋管上游主洞（桩号K10+338）支护班组6名作业人员正在进行隧洞内支护施工，隧洞拱顶左上侧（紧邻开挖掌子面）突然发生坍塌，落石长约4.5 m，宽2.5 m，厚1.5 m，将其中2名作业人员压在台架顶部工作平台上，同时另有2名作业人员被石块砸伤，事故造成2名作业人员死亡，2名作业人员受轻伤。

4. 安全生产考核

（1）省安委会考核厅安全生产监管工作。1月16日，省交通运输厅副厅长王寅中带领由省安监局、省交通运输厅、省农业厅和省消防总队等组成的省安委会第五考核检查组，考核省水利厅2016年度水利安全生产工作。厅党组成员、副厅长杨炯出席考核汇报会，厅建设处（安监处）、办公室、围垦局、水库总站、农水局、河道总站钱管局、水电中心和质监中心等处室单位负责人参加会议。

（2）水利部考核厅安全生产监管工作。11月15 — 17日，水利部长江委员会工会主席郭玉率水利部安全生产工作考核组第3组，对浙江省2017年度水利安全生产监督管理工作进行考核，实地抽查绍兴曹娥江大闸、姚江上游西排工程和奉化亭下水库。

（3）安全生产责任制考核。11月28日，印发《浙江省水利厅办公室关于开展2017年度安全生产目标管理责任制考核工作的通知》，共分5组，于2018年1月2 — 15日，分别对全省11个设区市水行政主管部门和12家签订安全生产责任的厅直属单位进行安全考核。

【水利工程稽察】 2017年5 — 10月，省水利厅共派出41批次稽察组，对50个重点水利工程进行了现场稽察与指导服务。稽察组通过查阅资料、查看工程现场、听取汇报、开展座谈等形式，对工程的前期与设计、建设管理、计划下达与执行、资金使用与管理、工程质量和安全进行全方

表 8 2017 年度浙江省在建水利工程稽察项目名单

序号	项目名称	序号	项目名称
一	稽察项目	26	舟山市本级群岛水系朱家尖片流域综合治理
1	萧山围垦北线（四—外六工段、外十—二十工段）标准塘工程	27	舟山市定海区白泉钓浪海塘配套加固工程一期
2	富阳区富春江治理工程	28	椒江区洪家场浦排涝调蓄工程
3	永嘉县瓯江治理工程	29	临海市大田平原排涝一期工程
4	永嘉县瓯北三江段标准堤工程	30	仙居县盂溪水库工程
5	平阳县鳌江干流治理水头段防洪工程	31	丽阳溪水系综合整治工程
6	洞头县黄岙二期围涂工程	32	扩大杭嘉湖南排工程（德清部分）
7	乐清市长石岭水库工程	33	龙泉市龙泉溪流域综合治理（武潭—五梅垟段）生态修复工程
8	扩大杭嘉湖南排工程（德清部分）	34	庆元县松源溪流域综合治理工程
9	德清县东苕溪湘溪片流域综合治理工程	二	指导服务项目
10	嘉兴市钱塘江海塘南排长山闸大修工程	（一）	“百项千亿防洪排涝工程”计划开工项目
11	苕溪清水入湖河道整治工程（余杭段）	35	杭州市萧山区蜀山片外排工程
12	嘉善县嘉善塘水系综合治理工程	36	温州市龙湾区瓯江标准海塘提升改造工程
13	绍兴市袍江片东入曹娥江排涝工程	37	苕溪清水入湖河道整治（防洪）后续工程
14	四明湖水库下游河道整治一期工程（上虞段）	38	嘉兴市中心河拓浚工程（嘉善段）
15	嵊州市曹娥江综合治理工程（屠家埠—下市头段）	39	绍兴市新三江闸排涝配套河道拓浚工程（越城片）
16	嵊州市湛头滞洪区改造工程	40	金华市本级金华江治理二期工程
17	小型农田水利重点县（嵊州市）2016 年度项目	41	台州市灵江扩排挡潮工程
18	金华市本级金华江治理工程	42	遂昌县清水源水库工程
19	兰溪市钱塘江堤防加固工程	（二）	工程已完工迟迟未竣工验收项目
20	浦江县通济桥水库综合整治一期工程（生态清淤工程）	43	三门县佃石水库
21	小型农田水利重点县（婺城区）2016 年度项目	44	温州市西向排洪工程
22	衢州市本级衢江治理二期工程(市本级段)	45	德清县对河口水库除险加固工程
23	衢江区乌引西干渠灌区（二期）	46	曹娥江至慈溪引水工程（上虞段）
24	衢江区上、下山溪流域综合治理	47	义乌枫坑水库除险加固工程
25	开化县马金溪流域综合治理工程	48	东阳市南江水库除险加固工程
		49	衢江区乌引西干渠灌区（一期）
		50	开化县衢江干堤应急加固工程（华阳、华锋防洪堤一期）华阳防洪堤

位稽察，发现问题135个，提出指导服务意见建议288条。对稽察发现的问题，省水利厅下发整改意见通知要求限时整改，有效规范项目建设，保障工程顺利实施。稽察项目涵盖水源工程、区域防洪排涝骨干工程、主要江河堤防加固工程等17种项目类型，工程总投资约505亿元。其中，重大项目有36个，面上项目有14个。指导服务项目16个，其中百项千亿防洪排涝工程计划开工项目8个，工程已完工未竣工验收项目8个。总体来看，稽察项目前期审批程序较完整，设计深度基本满足工程建设需要；项目法人责任制、招标投标制、建设监理制、合同管理等都基本得到落实；计划下达与执行基本规范；会计基础工作较规范，资金筹措与到位基本满足工程建设需要，资金使用与管理基本规范；项目质量与安全管理体系基本健全，政府质量与安全监督到位，总体情况较好。2017年度浙江省在建水利工程稽查项目名单见表8。

（邹嘉德）

水资源管理

【概况】 2017年，浙江省认真落实最严格水资源管理制度，实行水资源消耗总量和强度“双控”行动，建立省、市、县三级水资源管理目标控制体系。根据国务院的要求，修订形成《浙江省实行最严格水资源管理制度考核办法》和《浙江省“十三五”实行最严格水资源管理制度考核工作实施方案》，完成对11市2016年度实行最严格水资源管理制度考核工作，在国务院对浙江省实行最严格水资源管理制度考核工作中取得优秀，名列全国第二，较2016年提升一个位次。深化取水许可审批“放管服”改革，取水许可审批实现“最多跑一次”，规范建设项目水资源论证制度和取水许可管理；加强水功能区监督管理，完成全省入河排污口审核登记和信息入库工作；加快推进水生态文明建设，全面开展县域节水型社会达标建设。

【水资源利用管理】

1. 最严格水资源管理考核

（1）组织考核。2017年2月，省水资源管理和水土保持工作委员会办公室组织召开省考核工作组成员单位会议，研究部署年度考核工作。省考核工作组对设区市2016年度实行最严格水资源管理制度工作进行技术审核和现场核查，考核结果经省政府审定后正式通报各设区市政府，各设区市对所辖县（市、区）开展年度考核。根据国家《“十三五”实行最严格水资源管理制度考核工作实施方案》，修订完善浙江省实行最严格水资源管理制度考核办法和“十三五”考核工作实施方案。

（2）考核成绩公布。经省政府同意，2017年6月，省水利厅等9部门联合印发《关于印发2016年度实行最严格水资源管理制度考核结果的通知》，公布相关考核结果。全省11个设区市考核等级均为良好以上，其中温州市、台州市、嘉兴市、舟山市、宁波市、绍兴市、湖州市等考核等级为优秀。2017 年 11 月，水利部《关于发布 2016 年度实行最严格水资源管理制度考核结果的公告》，通报各省考核成绩，浙江省考核结果优秀，名列第二，获中央财政水利发展资金补助 6 000 万元，用于水资源节约保护。

（3）第三次全国水资源调查评价。根据水利部和国家发展改革委部署，2017 年 7 月，省水利厅成立第三次水资源调查评价工作领导小组，启动第三次全国水资源调查评价工作；2017 年 9 月，省水文局成立第三次水资源调查评价项目办；浙江省水资源调查评价技术方案已通过项目办初审。

2. 取水许可和水资源费征收

（1）取水许可管理。出台《浙江省取水许可和水资源费征收管理办法》（省长令 352 号），进一步规范浙江省取水许可和水资源费征收管理工作。取水许可审批实现“最多跑一次”改革目标，取消建设项目水资源论证审批。同时，加强水资源论证分类管理，制定并印发《浙江省建设项目水资源论证报告表（试行）》。

全省年终有效取水许可证保有量 6 801 本，许可取水总量 1 666.21 亿 m^3，其中河道内 2 486 本，许可水量 1 566.22 亿 m^3；河道外 4 315 本，许可水量 100.00 亿 m^3。2017 年，全省审批与发放取水许可证 2 352 本，其中新发 613 本；注销与吊销取水许可证 1 130 本。完成 29 个供水水源较集中的大型、重点中型灌区取水许可发证工作。

（2）水资源费征收管理。组织开展全省水资源费征收管理专项核查，对省审批重点取水户实现全覆盖，对检查发现的问题反馈地方整改落实。

（3）取水许可专项检查。2017 年 9—11 月，省水利厅组织开展全省取用水管理专项检查，重点检查取水许可审批、取水计划管理、取水计量监控管理、水资源费征收以及是否存在无证取水等方面问题，指导各地规范取水许可审批和事中事后监管。

3. 计划用水管理

2017 年度，全省已实现取水计划全覆盖，共有 7 048 家取水户纳入取水计划管理工作，下达计划总量为 1 813.83 亿 m^3，其中自备水源取水户 4 464 家，下发取水计划量 89.33 亿 m^3，实际取水量 69.17 亿 m^3。2017 年省审批 48 家取水户共下达计划总量为 312.77 亿 m^3。其中水力发电取水户共 6 家，下达取水计划量为 277.91 亿 m^3；自备水源取水户 42 家，下达取水计划量 34.86 亿 m^3，实际取水量 32.13 亿 m^3。

4. 水资源统一调度

2017 年“引江济太”期间，开展环太湖浙江段水量水质同步监测、杭嘉湖南排工程换水期间水量水质同步监测、有关水利工程的联合调度、运行管理，落实引江济太配套资金 138 万元。2017 年，下达浙东引水调度指令 29 份，工程运行共 246 天，萧山枢纽引水 5.09 亿 m^3（比 2016 年增加 24.2%），引水末端慈溪市受水达 3.95 亿 m^3（比 2016 年增加 39.1%）。

【节约用水】

（1）节水型社会建设。2017 年 3 月，省水利厅、省发展改革委印发实施《浙江省实施水资源消耗总量和强度双控行动加快推进节水型社会建设实施方案》，全省80个县（市、区）节水型社会达标建设全面展开。全省县域节水型社会建设实行计划管理和通报制度，已通过省级验收的第一批28个县（市、区）和列入第二批节水型社会建设计划的20个县（市、区）完成年度工作计划，其余32个县完成工作方案编制。省水利厅、省节约用水办公室制定并印发《浙江省县域节水型社会达标建设工作实施方案（2018 — 2022年）》，明确2018 — 2022年浙江省县域节水型社会建设达标工作目标和任务，发布《浙江省县域节水型社会评价标准（试行）》。

（2）节水型载体创建。2017年，省水利厅、省节约用水办公室联合省经信委、省建设厅、省机关事务局推进节水载体建设，创建命名省级节水型公共机构81家，省级机关节水型单位创建率提升至90%。省水利厅联合省经信委、省建设厅印发《关于开展节水型企业建设工作的通知》，整合节水型企业创建工作，发布浙江省《节水型企业评价标准》，明确量化创建要求。浙江景兴纸业股份有限公司和中石化镇海炼化分公司2家企业（全国11家）获国家“水效领跑者”称号。

（3）农业节水技术改造。2017年，全省完成渠系配套改造3 284.47 km，新建高效节水灌溉工程面积1.87万hm^2，年新增节水能力0.96亿m^3，农田灌溉水有效利用系数提高到0.592。

（4）用水定额修编。2017年，开展以纺织行业为重点的用水定额动态修编，对140家纺织印染企业的380个单耗产品进行分类分析，重新评估《浙江省用（取）水定额（2015年）》中纺织行业相关产品类别及定额值。

（5）节水宣传。2017年3月20日，省水利厅举行“浙里人 • 这滴水”公益广告和微视频征集活动颁奖仪式，颁奖晚会围绕“因水生、依水兴、为水为”展现浙江治水成效。“世界水日”“中国水周”期间，全省各地围绕“爱水、护水，我们共同的责任”宣传主题，开展活动。

【水资源保护】

（1）水生态文明建设。2017年，全省加快推进水生态文明建设，6个国家级和3个省级水生态文明建设试点创建工作有序推进。湖州市、宁波市2个国家级试点均一次性通过水利部验收；浦江县、安吉县2个省级试点通过省级验收；仙居县完成省级试点创建技术评估。

（2）水功能区监管。对240个国家重要水功能区实现监测全覆盖，印发《浙江省水功能区纳污能力和限制排污总量修订方案》，完成《浙江省水功能区纳污能力核定报告》修订，建立重要水功能区污染物总量减排量考核制度，严控入河湖污染物总量。

（3）入河排污口监督管理。省水利厅联合省治水办（河长办）印发《关于做好入河排污口设置审核登记工作的指导意见》，开展全省入河排污口审核登记工作。

完成 817 个入河排污口审核登记和基本信息入库工作，建成全省入河排污口信息管理系统，并实行动态管理。

（4）饮用水水源地管理。组织开展 16 个国家重要饮用水水源地安全保障达标建设，指导完成达标建设方案的编制和安全保障达标建设的自评估工作。

（5）地下水管理。全省各地强化地下水开采管理，杭州、金华、台州等市开展地下水专项整治行动，其中，义乌市封停水井 2 071 口。继续开展以城市为中心、沿海平原和金衢盆地为重点的地下水动态监测。

（赵　强）

水土保持

【概况】 2017 年，各级水行政主管部门共审批生产建设项目水土保持方案 4 906 项（包括报告书、报告表和登记表），涉及水土流失防治责任范围 33 339.7 hm^2，工程设计拦挡弃土弃渣量 16 567.9 万 m^3。各级水行政主管部门专项验收水土保持设施共计 580 项，其中省级验收 9 项，市级验收 91 项，县级验收 480 项。全省完成水土流失治理面积 500.48 km^2。

【水土流失综合治理】 2017 年，全省完成水土流失治理面积 500.48 km^2。其中各级水土流失重点治理区内完成水土流失治理 211.95 km^2，国家级、省级水土流失重点预防区内完成重点预防保护面积 148.32 km^2。

【水土保持监督管理】 2017 年，各级水行政主管部门共审批生产建设项目水土保持方案 3 232 项（包括报告书、报告表和登记表），其中省级水行政主管部门审批 23 项，市级水行政主管部门审批 323 项，县级水行政主管部门审批 2 886 项。各级水行政主管部门开展监督检查 5 523 次，检查项目 3 352，其中省级水行政主管部门开展监督检查 11 次，检查项目 60 个；市级水行政主管部门开展监督检查 805 次，检查项目 502 个；县级水行政主管部门开展监督检查 4 532 次，检查项目 2 679 个。各级水行政主管部门共完成生产建设项目水土保持设施验收共计 781 项，其中省级水行政主管部门完成水土保持设施验收 7 项；市级水行政主管部门完成水土保持设施验收 127 项，县级水行政主管部门完成水土保持设施验收 647 项。生产建设项目水土保持设施自主验收报备 2 个（省级）。

【水土保持监测】 2017 年，浙江省水土保持监测站网总体运行正常。省水利厅制定印发《浙江省水土保持监测站管理规程》《浙江省水土保持监测站管理手册》《浙江省水土保持监测站标准化管理验收办法》等，启动水土保持监测站点的标准化建设工作。组织开展水土流失样地调查，调查单元从 2016 年的 92 个增加到 2017 年的 192 个，覆盖全省各市、县（市、区），掌握全省水土流失基本情况和发展趋势等。开展生产建设项目监督性监测。委托技术服务单位对省级审批的 12 个生产建设项目开展监督性监测工作，掌握项目水土保持工作开展情况，为监督检查等提供依据。浙江省水土保持典型监测点名录见表 9。

表 9 浙江省水土保持典型监测点名录

序号	全国水土保持区划一级区名称	监测点名称	地理位置（经纬度）	主要监测内容
1	南方红壤区	浙江省安吉县山湖塘综合观测场	东经：119° 34′ 26″ 北纬：30° 36′ 41″	降水、径流、泥沙、植被情况
2	南方红壤区	浙江省丽水市石牛坡面径流场	东经：119° 50′ 04″ 北纬：28° 24′ 33″	降水、径流、泥沙、植被情况
3	南方红壤区	浙江省永康市花街坡面径流场	东经：119° 57′ 22.40″ 北纬：28° 55′ 46.53″	降水、径流、泥沙、植被情况
4	南方红壤区	浙江省常山县天马坡面径流场	东经：118° 28′ 14.58″ 北纬：28° 54′ 33.98″	降水、径流、泥沙、植被情况
5	南方红壤区	浙江省天台县天希塘坡面径流场	东经：120° 59′ 15.06″ 北纬：29° 12′ 13.55″	降水、径流、泥沙、植被情况
6	南方红壤区	浙江省苍南县昌禅溪小流域控制站	东经：120° 25′ 23.63″ 北纬：27° 22′ 48.62″	降水、径流、泥沙、植被情况
7	南方红壤区	浙江省临海市柏枝岙水文观测站	东经：120° 55′ 48″ 北纬：28° 52′ 48″	降水、径流、泥沙

【重要水土保持事件】

（1）国家水土保持生态文明工程。“国家水土保持生态文明工程”是水利部为贯彻落实党中央、国务院关于生态文明建设战略部署，发挥水土保持在生态文明建设中的积极引导作用，于 2011 年启动创建的一项活动，具有全国性、广泛性和综合性等特点。“国家水土保持生态文明工程”是指以县（市）域为单元，通过长期治理形成的防治规模较大、措施体系完善、建管机制健全、综合效益突出、示范作用显著，并集中反映所在区域水土保持综合治理特点的工程。2017 年 12 月 5 — 7 日，水利部水土保持司原司长刘震率由太湖流域管理局、水土保持工程技术研究中心和中科院南京土壤研究所等科研机构领导专家组成的“国家水土保持生态文明工程”专家组先后赴浙江省新昌县、桐庐县开展现场评估考核工作。专家组一行先后实地考察若干水土保持生态文明建设示范点和水土流失综合治理示范点，详细了解当地水土流失治理、水土保持管理等情况。在评审会上，专家组观看国家水土保持生态文明工程创建工作专题片，听取当地县人民政府工作汇报，查看资料台账，针对当地实际情况提出下一步工作建议。专家组一致认为，新昌县、桐庐县均高度重视水土保持生态文明建设，思路清晰、目标明确、机制完善、基础工作扎实，防治模式科学，建设成效显著，示范作用明显，达到国家水土保持生态文明综合治理工程评定标准，同意通过评审。考评会上，宁海县、开化县政府主要负责人均作了表态发言，表示将以此次专家评审会议为契机，进一步开展水土流失综合治理、强化水土保持管理，全面做好水土保持生态文明建设。中广核宁海一市风电项目被评为国家生产建设项目水土保持生态文明工程。

（2）水土保持进党校。2017 年在衢州市继续开展水土保持进党校活动的基础上，湖州、丽水两市也组织开展进党校活动。各地认真谋划，开发课件、编写教材，理论学习与实践参观相结合，提升宣传教育效果。2017 年共有 1 570 余人参加培训，覆盖处级、科级领导干部及年轻后备干部等。

（赵　强）

水利科技

【概况】 2017 年，按照“创新引领发展”工作理念，认真抓好水利科技项目管理，组织做好“送科技下乡”、科技推广等工作，有力促进浙江省水利科技创新发展。

【科技项目管理】 围绕防汛防台抗旱、“百项千亿”重大工程建设、标准化管理等浙江省水利中心工作，分类组织完成 2017 年科技项目立项工作，其中列入国家自然基金项目 5 项见表 10，重大项目 5 个，重点项目 20 个见表 11，一般项目 62 个。完成省级项目验收 5 项，厅级项目验收 32 项、项目结题 12 项，登记科研项目成果 26 项。积极争取省、部级科研项目的支持，省水利河口研究院的“浙江省河湖库塘清淤与综合处置适用技术研究和示范”“水库大坝渗漏隐患探测及定向处理技术示范”分别列入 2017 年省级重点研发计划、水利部示范项目，共获省部科研资金 325 万元。同时，做好科技项目跟踪管理及服务指导工作。

表 10　2017 年列入国家自然基金项目

项目名称	承担单位	负责人
含砾石红壤坡面水文过程和产流产沙特征研究	浙江水利水电学院	王　蕙
基于三维井间电阻率成像技术的优势流特征识别及其模拟研究	浙江水利水电学院	卢德宝
涌潮作用下泥沙再悬浮通量变化研究	浙江省水利河口研究院	汪求顺
台风暴潮对钱塘江涌潮的影响和作用机理	浙江省水利河口研究院	潘存鸿
基于粒子法的河道底泥 —— 水体界面形变与物质通量输移机理研究	浙江省水利河口研究院	傅　雷

表 11　2017 年科技项目立项统计表

研究领域	项目名称	计划类别	承担单位	项目负责人
（一）防灾减灾	鳌江流域洪水风险动态预警预报研究	重大	浙江省水利水电勘测设计院	郭　磊
	基于大数据的台风多元信息智能跟踪关键技术研究及应用	重大	宁波市水利水电规划设计研究院	顾巍巍
	应用 TRIZ 创新方法的雨水花园径流效能评估方法研究	重点	浙江省水利河口研究院	周　维

续表

研究领域	项目名称	计划类别	承担单位	项目负责人
（一）防灾减灾	水文特征和参数空间变化分析关键技术研究	重点	浙江省水文局	黄志珍
	大跨度浆砌石渡槽沉降在线监测及加固关键技术	重点	天台县里石门水库管理局	徐世伟
	基于分布式水文模型的小流域洪水预报调度技术应用研究	重点	浙江省水利科技推广与发展中心	柯　勰
（二）水资源（水能资源）开发利用与节约保护	区域多水源联合多目标水资源优化调度研究	重大	宁波原水集团有限公司	卢林全
	浙江省水生态文明建设评估与推广模式研究	重大	浙江省水资源管理中心（省水土保持监测中心）	王亚红
	水稻区节水型精准灌溉技术研究与应用	重点	建德市水利水产局	赖建军
（三）水土保持、水生态与水环境保护	基于临界风险的河道底泥疏浚深度计算方法研究	重点	浙江同济科技职业学院	刘进宝
	沿海平原调水引流及水量水质联合调控技术研究与实践——以温黄平原为例	重点	浙江省水利水电勘测设计院	周　芬
	基于水土保持综合指数的区域水土流失监测与评价	重点	浙江省水资源管理中心（省水土保持监测中心）	郑　城
（四）水利工程勘测、设计与施工	大坝近距离隧洞开挖影响分析	重点	浙江省水利水电勘测设计院	张红纲
	水利工程大断面隧洞围岩变形规律研究	重点	浙江省水利水电勘测设计院	邢恩达
	平原软土地基超低扬程大流量泵站工程关键技术研究	重点	宁波市三江河道管理局	张松达
	钱塘江强涌潮区海塘堤脚防冲技术研究与应用	重点	浙江省钱塘江管理局嘉兴管理处	王建华
（五）滩涂资源保护、利用与河口治理	沿海地区滩涂淤泥固化技术及利用研究	重点	浙江水利水电学院	曹　亮
（六）信息技术与自动化	基于云服务与移动技术融合市县级河长制管理云平台研究	重大	宁波弘泰水利信息科技有限公司	修镜洋
	倾斜摄影与 BIM 融合技术在浙江省水库移民信息化建设中的研究——以基于三维 GIS 平台的葛岙水库移民安置为例	重点	浙江省水利水电勘测设计院	刘　芳
	浙江省水利工程标准化管理监督与服务平台	重点	浙江省水利河口研究院	邱志章
	基于全生命周期的大型排涝泵站标准化管理平台开发	重点	杭州市南排工程建设管理处	潘志军
	基于云平台的分布式水情共享交换数据中心研究	重点	浙江省水文局	邱　超
（七）水利管理与其他	盐官斜式轴流泵站机组轴向振动特性分析及解决措施研究	重点	浙江水利水电学院	陈士安
	浙江省河长制标准化管理体系研究	重点	浙江同济科技职业学院	景秀眉
	浙江省水利工程维修养护定额标准研究	重点	浙江省水利水电技术咨询中心	章志明

【科技创新与推广】

（1）水利科技获奖成果。组织完成2017年度省水利科技创新奖评选，评选出水利科技创新奖20项，其中一等奖3项，二等奖7项、三等奖10项。在2017年3月公布的2016年度浙江省科学技术奖励中，省水利河口研究院的“钱塘江河口咸潮入侵规律与供水安全关键技术”获省科技进步奖二等奖；省水文局的“浙江省无资料流域设计洪水及水文预报关键技术研究”和省水利水电勘测设计院的“钱塘江河口地区城市排涝关键技术及应用研究”获省科技进步奖三等奖。浙江省水利河口研究院的“开敞海域滩涂围垦水沙演变预测关键技术及应用”获2017年省科学技术进步奖三等奖。宁波市水利水电规划设计院等单位承担的“滨海城市洪涝风险动态预判与智能跟踪关键技术与应用”获2017年大禹水利科学技术奖二等奖。2017年度共获水利科技创新奖奖励项目见表12。

表12　2017年度省水利科技创新奖奖励项目

序号	成果名称	主要完成单位	主要完成人员	获奖等级
1	基于城镇河道与堤防的快速移动式防洪系统关键技术研究	浙江省水利水电勘测设计院	刘旭辉、黄海杨、董杰、谢丽华、吴伟明、张晴、王浩军、王全、石磊、贺金仁	一等奖
2	滨海城市洪涝风险动态预判与智能跟踪关键技术及应用	宁波市人民政府防汛防旱指挥部办公室、宁波弘泰水利信息科技有限公司、宁波市水利水电规划设计研究院	劳均灿、周则凯、严文武、朱孟业、顾巍巍、余丽华、张卫国、余亮亮、张　芳、邹长国、王新龙、刘铁锤、江雨田、薛晓鹏、张焱	一等奖
3	开敞海域滩涂围垦水沙演变预测关键技术及应用	浙江省水利河口研究院	黄世昌、穆锦斌、赵鑫、应超、吴创收、刘旭、梁斌、谢亚力、娄海峰、梁亮、许政	一等奖
4	基于数据的钱塘江潮汐分段实时检测及预报技术研究	杭州市水文水资源监测总站、杭州电子科技大学	孙映宏、王瑞荣、姬战生、王建中、王英英、李国强、孟健、王玉明、章国稳、徐翠飞、郑书万	二等奖
5	大流量引水系统流量控制及消能技术研究	浙江省水利水电勘测设计院	陈舟、张永进、赖勇、王子健、沈贵华、叶洁慧、陈知渊、朱亚磊、何伟、张树存、皇甫能达	二等奖
6	水利工程水下结构质量安全评估智慧系统	浙江省水利水电勘测设计院、浙江东洲建设咨询有限公司、浙江大学建筑工程学院	唐巨山、郑雄伟、谢放、童丽芬、石丹丹、朱明星、徐富平、王海龙、马志登、来妙法 、李建民	二等奖
7	基于生态环境的水闸群联合优化调度关键技术研究与示范	浙江省水利河口研究院、余姚市水利局	余文公、郑建根、陈吉江、王立辉、于普兵、史英标、干钢、宋立松、邹叶锋、韩海骞、郑敏生	二等奖

续表

序号	成果名称	主要完成单位	主要完成人员	获奖等级
8	高强度塑钢组合板桩及生态护岸技术	海盐汇祥新型建材科技有限公司	富方卫、姜祖良、许稷、张矢舟	二等奖
9	河道水库漂浮垃圾生态打捞处理设备研发	浙江水利水电学院、杭州金株环境科技有限公司	丁明明、陈仙明、蔡丹云、黄勇、徐高欢、金福森	二等奖
10	钱塘江河口水环境预报技术研究及应用	浙江省水利河口研究院、浙江省河海测绘院	李若华、鲁海燕、潘存鸿、叶小凡、姚凯华、史英标、吴修广、于普兵、张沈阳、顾重武、郭巨海	二等奖
11	农村饮用水安全监测系统研究	浙江省水利河口研究院、杭州定川信息技术有限公司	刘锋、徐庆华、屠佳佳、沈海标、于桓飞、翁敏、余江远、洪侃、胡正松	三等奖
12	区域用水总量评估方法研究	浙江省水利河口研究院	苏飞、李其峰、姚水萍、钱依吝、杨乐、钱浩、苏龙强、王士武、温进化	三等奖
13	浙江省主体功能区建设示范县河道生态需水评价与研究	浙江省水利河口研究院	许开平、尤爱菊、滑磊、金倩楠、彭振华、傅雷、王俊敏、胡可可、吴剑峰	三等奖
14	宁波市水文数据管理与分析应用系统	宁波市水文站、湖北一方科技发展有限责任公司	陈望春、王颖、许洁、陈雅莉、陈春华、陈小明、徐琦良、肖志远、高露雄	三等奖
15	堆石料颗粒破碎试验及数值模拟分析	浙江省水利河口研究院、浙江广川工程咨询有限公司、浙江省水利水电勘测设计院	李雪梅、邓成发、李红文、方华建、陈秀良、俞炯奇、吴文峰	三等奖
16	山核桃林坡地灌溉中的雨水资源利用研究	浙江水利水电学院	段永刚、陈晓东、欧剑、王维汉、陈海雄	三等奖
17	温州水库大坝抗震安全专题研究	浙江省水利河口研究院、浙江珊溪经济发展有限责任公司、河海大学	吉顺文、郑敏生、苏玉杰、施齐欢、滕玉楠、董合慧、岑威钧、何耀辉、王利容	三等奖
18	PPP 模式在水利领域的应用研究	浙江省水利水电技术咨询中心	林文斌、陈宁、丁青云、于利均、严雷、朱引弟、李强	三等奖
19	浙江省舟山群岛新区六横岛雨洪资源综合利用研究	浙江省水利水电勘测设计院	陈跃青、魏婧、许世杰、郑雄伟、朱琴、陈志刚、张瑶兰、吴文静、张彦君	三等奖
20	基于大数据的城市突发水涝灾害预防与预警分析技术研究	浙江水利水电学院、快威科技集团有限公司	孙欣欣、梁曦、周瑞荣、齐韬、邢晨、丁铁群、胡文红、吴建玉、关晓惠	三等奖

（2）2017 年，省水利厅发表科技论文 491 篇，其中国际期刊论文 88 篇，科学引文索引（Science Citation Index，SCI）、工程索引（The Engineering Index，EI）收录论文 78 篇，国际会议论文 19 篇；出版专著、译著 7 部；专利授权 432 项，其中发明专利 69 项；软件著作权 35 项。

（3）积极开展“送科技下乡”活动。按照省政协“送科技下乡”活动月的总体部署和要求，主动对接松阳、建德两地，调研需求，积极落实赠送物资，开展专题技术培训、服务咨询等活动内容。省水利厅组织开展“送科技下乡”活动，内容丰富、形式多样、支持项目多，受到当地的热烈欢迎，省政协专门发来感谢信。此外，根据省科技厅部署，联系有关单位开展“2017 年全国科技活动周”科普宣传、培训、讲座等活动。

【科技管理制度】 按照省水利厅党组深化水利改革实施意见的要求，积极抓好各项水利科技管理制度的完善，公布实施《浙江省水利先进适用技术（产品）推广指导目录管理办法（试行）》；完成《浙江省水利科技创新奖奖励办法（试行）》，调研起草《浙江省水利科技项目管理办法（试行）》。

【水利标准体系】 2017 年，共完成《大中型水库运行管理规程》《大中型水闸运行管理规程》《山塘运行管理规程》《水文测站运行管理规程》等 4 个标准的省质监局评审工作，其中，《山塘运行管理规程》和《水文测站运行管理规程》2 项管理标准已正式颁布实施，大中型水库和水闸管理标准将在公示期结束后颁布。完成《小型水库运行管理规程》《堤防工程管理规程》《泵站运行管理规程》《农村供水工程运行管理规程》《海塘运行管理规程》《水利工程标识牌标准》《水土流失综合治理技术规范》等 7 个标准的立项评估，并已报省质监局立项批复。

（陶　洁）

水利工程标准化管理

【概况】 2017 年，全省完成水利工程标准化管理创建验收工程 3 308 项，细化完善标准体系 10 多项、建立健全长效机制、强化督查指导 4 456 项水利工程纳入信息平台建设，加快实现工程管理的“制度化、专业化、信息化和景观化”。

【标准化管理创建验收】 全省完成水利工程标准化管理创建验收工程共 3 308 项，其中大中型水库 72 座，小型水库 1 220 座，山塘 414 座，堤防 506 段，海塘 278 段，水闸 148 座，泵站 70 座，水电站 46 座，灌区 23 座，农村供水工程 168 个，水文测站 330 个，圩区 33 处，完成年度计划的 119%。

【水利工程运行管理标准】 《山塘运行管理规程》和《水文测站运行管理规程》2 项地方标准正式颁布实施，《大中型水库管理规程》和《大中型水闸运行管理规程》2 项标准通过省质监局审评并公示，《小型水库运行管理规程》等 7 个标准完成立项评估。

【标准化管理长效机制建设】 2017 年 3 月，印发《关于水利工程标准化管理示范县加快建立完善水利工程长效管护机制的通知》，要求 20 个水利工程标准化管理示范县在管理责任机制、资金保障机制、运行维护机制、行政监管机制等方面建立完善工程长效管护机制。各示范县在水利工程管理投入机制、监督机制、管护模式调整等方面创新做法，制定出台相关制度和政策，为工程依标管理提供有力保障。

【标准化管理督查指导】 通过“千人万项”蹲点服务指导专家督查、委托第三方督查和省水利厅本级组织专项督查等方式，对 2016 年度通过标准化验收的 1 179 个工程开展督查工作，重点督查人员到岗履职、依标管理、运行管理平台运用情况。2017 年 8 — 10 月，联合开展为期 3 个月的明查暗访工作，对日常督查、“回头看”检查、明查暗访等活动发现的问题，督促管理单位落实整改措施，并约谈工作不够重视、成效不明显的部分县市。2017 年 11 — 12 月，组织开展省级抽查复核工作，抽查复核 98 个市县验收工程，涉及全省 11 个地市 20 个县（市、区）。

【信息化管理平台】 构建省、市、县水行政主管部门共用的“监督服务平台”和水利工程管理单位使用的“运行管理平台”为主要架构的水利工程信息化管理平台。监督服务平台与全省 275 个水利工程运行管理平台实现数据对接，4 456 个水利工程纳入平台统一监管。监督服务平台实现对全省 116 座已验收大中型水库的红绿灯实时监管，动态监管指标包括工程巡查、工程检查、维修养护、隐患处理、设备巡检、闸门试运行、备用电源试运行、运管平台登陆等 15 项；实现对小型水库、山塘等其他 9 类工程重要事项的实时查看与动态监管，监管事项包括工程巡查、维修养护、隐患处理、年度检查、汛前检查等。截至 2017 年底，监督服务平台用户数 1 093 个，工作日日均访问量近 270 人次，最高日访问量近 600 人次，2017 年累计访问量约 5.9 万人次。

【标准化管理宣传培训】 组织开展全省大中型水利工程负责人培训班、中型及小型水利工程负责人培训班，全面培训 10 700 个创标工程的水管单位负责人。举办水利工程标准化管理工作培训班、水利工程标准化管理信息化建设培训班，将标准化管理内容纳入市县水利局长培训班、全省河道建设与管理工作培训班、2017 年全省水利专业高级工程师资格评价业务考试、2017 年全省水利行业职能竞赛等培训及考试竞赛。组织评选水利工程管理体制机制改革特色创新工作 20 项、标准化管理“典型工程”36 处，通过《浙江省水利简报》“浙江水利网”及“浙江水利”微信公众号推送资金保障、产权制度改革、管理模式等方面创新经验，在《浙江日报》《今日浙江》《中国水利》等报纸、期刊中发表各类标准化管理文章，宣传全省标准化管理工作。

（陶　洁）

工程管理

【概况】 2017年，继续推进“河长制”、水利工程标准化管理，强化水利工程“事前事中事后”管理，落实责任，全省水生态环境和水利管理水平得到有效提升。指导创建2个国家级水管单位和3处国家水利风景区，浙江省国家级水管单位和国家水利风景区数量已分别位居全国第二和第三。

【水利工程综合管理】

（1）创建省级和国家级水管单位。象山县上张水库管理处通过水利部考核验收，慈溪市郑徐水库管理处通过省级初验并报水利部验收。诸暨市青山水库、安吉县老石坎水库、柯桥区平水江水库管理处和省钱塘江管理局嘉兴管理处、德清大闸管理所等5个水管单位通过省级水管单位验收。

（2）水利风景区建设与管理。围绕维护水工程、保护水资源、改善水环境、修复水生态、弘扬水文化和发展水经济，督促指导各地开展水利风景区创建。吴兴区太湖溇港、浦江县浦阳江、云和县梯田等3处水利风景区成功创建为国家水利风景区。全省累计创建33个国家水利风景区，位居全国第三。在《中国水利报》上刊出《丽湖丽江丽梯田》专题报道，宣传浙江省水利风景区建设成果。水利部景区办对浙江省水利风景区建设与管理工作给予充分肯定，并先后在杭州市、绍兴市召开经验交流会和工作会议，组织兄弟省（区、市）到浙江学习。

（3）水利工程管理体制改革。督促指导各地进一步理顺管理体制，落实水库海塘管护主体和管理人员，并按照“集约化、专业化、物业化”要求，积极推行“以大带小”“小小联合”“以点带面”“分片统筹”等管理模式。针对桐庐县分水江、天台县里石门等大中型水库管理体制不顺、管理机构人员及经费保障不力等问题，逐一分析研究，要求加快水管体制改革。东阳市成立水库管理局，对市本级6座水库统一管理；天台县里石门水库剥离经营性项目，公益性基本支出和维修养护资金由财政全额保障；常山县政府进一步明确芙蓉水库大坝和库区安全管理责任主体。继续组织开展水库防洪调度保险制度研究，调研宁波市巨灾保险制度试点情况，以紧水滩、安华等水库库区为样本深入研究防洪保险制度。在水利部召开的座谈会上交流水管体制改革经验，并积极配合水利部到浙江省调研水管体制改革，并统计汇总水管体制改革情况报水利部建管司。

（4）水利工程管理考核。修订印发《浙江省水利工程管理考核办法》（浙水管〔2017〕46号），组织开展全省2016年度大中型水利工程管理考核工作，委托专业机构开展2016年度大中型水利工程管理考核省级抽查工作，共抽查11个市6大类201个大中型水管单位年度考核，并下发《关于公布2016年度大中型水利工程管理考核结果的通知》（浙水管〔2017〕35号）。

（傅克登）

【水库工程管理】

（1）责任制落实。2017年，以“水库不垮坝、标准海塘不决口”为目标，督促各地全面落实水库安全管理责任制，明确岗位职责，建立责任追究制度。2月4日，印发《关于切实做好2017年水库海塘管理工作的通知》（浙水办管〔2017〕1号），对水库安全管理责任制和安全检查等工作做出明确要求。2月15日，省水利厅向水利部办公厅报送《浙江省大型水库大坝安全责任人名单》（浙水函〔2017〕55号）。5月12日，召开全省水库安全度汛暨运行管理工作视频会议，明确目标任务和责任，牢牢守住水库安全度汛的底线。同时，还对列入2017年建设计划的水库海塘除险加固项目，公布政府、主管部门和建设单位责任人。

（2）大坝安全鉴定。省水利厅将水库大坝安全鉴定（技术认定）工作纳入工作考核，督促各地提高对该项工作的重视程度，不断加大资金投入，切实执行好水库大坝安全鉴定制度。2017年，全省共完成215座水库大坝的安全鉴定，其中省级完成皎口、亭下、分水江、沐尘等4座大型水库的安全鉴定。2017年6月，省水利厅办公室印发《关于组织对白溪、横山和横锦等水库大坝进行安全鉴定的函》（浙水办函〔2017〕18号），督促开展水库的安全鉴定工作。

（3）水库控制运用管理。及时部署2017年度水库控制运用计划编制工作，督促各地按时完成中小型水库控制运用计划审批工作，并及时上报大型水库（不含国电系统）和安华水库的控制运用计划。2017年4—5月，省水库管理总站会同浙江省人民政府防汛防台抗旱指挥部办公室对全省27座大型水库（不含国电系统）和安华水库的控运计划进行审核批复。组织对四明湖水库放水预警方案和青山水库正常蓄水位调整专题报告进行审查，提出审查意见。及时掌握水库和河网蓄水情况，督促指导各地严格执行经批准的控制运用计划。

（4）水库安全监督检查。将大中型水库管理督查纳入“双随机”抽查项目，对5座大型水库进行督查。委托专业机构对27座大型水库（不含国电系统）、6座中型水库进行专项督查。按照水利部建安中心《关于进一步核实2016年水利工程运行管理督查整改意见的函》（建安〔2017〕175号）要求，组织对分水江、白水坑和老虎潭等3座水库后续督查整改落实情况进行核实，并于2017年9月25日以《浙江省水利厅关于报送2016年水库运行管理督查整改意见落实后续情况的函》（浙水函〔2017〕347号）向水利部上报整改情况。同时，继续依托“千人万项”蹲点指导服务专家组，在主汛前对10个市26个县（市、区）85座小型水库进行明查暗访。汛期，组织以水库安全度汛为主要内容的防汛对口抽查；在暴雨洪水期间，抽查100多座小型水库巡查员到岗到位情况。2017年底，组织开展水库大坝安全隐患排查工作。

（5）推动水库防洪能力提升。在调研基础上，印发《关于开展大中型水库防洪能力提升有关工作的通知》（浙水管〔2017〕

40号），要求各地组织开展现有大中型水库防洪能力恢复提升工作。分析水库防洪能力现状，组织编制《大型及重点中型水库防洪能力提升工程总体方案》，并通过省水利厅审查。

（6）水库管理规程修订。在试行基础上，《浙江省大中型水库运行管理规程》通过评审将以地方标准颁布，《浙江省小型水库运行管理规程》由省质监局立项。组织编制并印发《浙江省水利工程管理考核办法》（浙水管〔2017〕46号）。

（7）水库确权划界。继续加快推进水库工程确权划界工作，全省共完成1 337座水库的管理与保护范围划定方案批复。其中，省级层面继2016年杭州市青山水库管保范围划定方案经省政府批准后，2017年组织对25座大型水库的管理与保护范围现场踏勘并提出划定方案审查意见，其中10座经省人民政府批复，另有10座经省水利厅厅长办公会议审议通过报省人民政府待批复。同时，积极与相关市、县沟通，提出启动新安江、富春江、湖南镇、紧水滩和滩坑等5座大型电站水库库区管理与保护范围划定的建议。

（傅克登）

【海塘工程管理】

（1）落实海塘工程安全管理责任制和安全管理工作。印发《关于切实做好2017年水库海塘管理工作的通知》（浙水办管〔2017〕1号），要求逐塘检查落实政府责任人、水行政主管部门责任人、工程主管部门责任人、管理单位责任人。按照海塘安全监管分级负责制的要求，督促各级水行政主管部门全面履行监管职责，加强监督检查与指导督促海塘主管部门和管理单位认真做好巡查、检查、观测、维护等工作，确保工程正常运行。

（2）海塘及沿塘水闸安全鉴定。将海塘安全鉴定工作纳入工作考核，督促各地提高对该项工作的重视程度，不断加大资金投入，切实执行好海塘安全鉴定制度。2017年，共完成43 km海塘、22座沿塘水闸的安全鉴定。

（3）沿塘水闸控运计划批复。及时组织编制沿塘闸站控制运用计划，完成4座重点排涝闸站控制运用计划的批复工作。针对南排工程病险和除险加固施工，排涝总体能力下降，进行专题研究，优化控制运用计划，落实应急度汛措施，特别是对长山闸除险加固工程施工采取倒排计划，每周检查督促，确保6月15日具备应急排涝能力。

（4）海塘及沿塘水闸监督管理。委托专业单位对9条100年一遇标准海塘和7座沿塘大中型水闸进行专项督查，对督查发现的问题，下达整改通知书，跟踪落实整改。

（5）海塘标准化管理规程制订。在试行基础上，组织修订《浙江省海塘工程运行管理规程》，并由省质监局立项拟申报地方标准。

（6）海塘及沿塘水闸确权划界。加强对海塘及沿塘水闸工程确权划界的指导，2017年共完成290条海塘和84座沿塘大中型水闸管保范围划定方案批复。

（傅克登）

【河道工程管理】

（1）明确任务，制定工作计划。按照省水利厅标准化管理5年实施方案和2017年总体部署，确定全省河道堤防水闸标准化管理创建任务。创建任务在《2017年全省河道建设与管理重点工作任务》（浙水办河〔2017〕3号）中印发（堤闸工程确保完成480个，力争完成665个），制定《2017年全省堤防水闸标准化管理创建任务和要求》指导各地有序推进创建工作，根据全面深化河长制和“五水共治”要求明确2017年河道管理范围划界任务（累计完成4 500 km）。

截至2017年底，河道堤防水闸工程标准化管理创建进度总体良好，既定目标已全部完成，614个工程（532段堤防、82座水闸，平台上报数据）通过标准化验收。根据各地上报，河道划界累计完成约6 130 km，完成约1 800 km省级河道划界审核工作。

（2）抓实培训，提升标准化创建能力。2017年，根据省水利厅总体部署和工作计划，抓实培训工作，进一步提升标准化创建能力。3月举办全省河道建设与管理工作培训，专题布置堤闸工程标准化管理创建任务及要求；5月底组织全省河道堤防水闸标准化管理培训班，培训对象为市县堤闸工程标准化管理负责人及重点堤闸工程管理单位负责人共120余人，重点解读堤闸工程运行管理规程和验收办法、验收标准、运行管理平台建设与监管平台使用要求，实地考察典型工程，组织4家示范工程现身说法，发挥典型示范引领作用；组织编写河道堤闸标准化管理培训教材，做好6月9日、13日水管单位负责人视频培训工作；开展组织培训，完成堤闸相关内容解读；应地方需求，派员赴杭州、宁波、温州、丽水、金华、衢州等市开展培训指导工作，培训达500余人次。

（3）夯实基础，完善堤闸管理标准和平台。分析总结《浙江省堤防工程管理规程（试行）》《浙江省大中型水闸工程运行管理规程（试行）》2个规程试运行情况，调研听取地方意见，组织修改完善，并协助做好升级为地方标准的工作，目前《浙江省堤防工程管理规程（试行）》已完成立项，《浙江省大中型水闸工程运行管理规程（试行）》（报审稿）已经评审并报送省质量监督局。结合2016年标准化管理创建情况，提出堤闸工程验收标准完善意见，严格验收标准。

8月组织有关市县主管部门、运管单位、信息化开发单位，召开堤闸工程信息化建设座谈会，进一步听取信息化建设意见建议，梳理堤闸工程标准化管理数据清单、监管事项与亮灯规则。组织13家管理单位，听取对委托开发的河道堤防水闸运管平台的使用意见及需求，对数据实时动态管理（特别是巡查、检查、维护等）、巡查APP等10余项内容进行完善和提升，并做好使用推广，目前有23家管理单位已经或意向使用。

（4）加强督导，多措并举促落地。开

展标准化管理创建和“依标”管理“线上线下”督导工作。“线上”督查，3月底起通过省水利厅水利工程标准化管理监督与服务平台，一方面及时统计各市“创标”工程的创建工作情况，及时掌握“创标”进展；另一方面，检查已“创标”工程的依标管理情况，特别是对工程巡查落实等情况进行监督，对发现监管平台巡查率低或不到位的，通过短信、电话等方式提醒督促工程管理单位、主管部门（通过线上监督以来，巡查情况有所改善）。“线下督导”，主要是赴工程现场开展督导，先后赴杭州、宁波、台州、湖州、嘉兴、金华、温州、丽水、台州、绍兴等10个地级市18个县（市、区），开展督查和指导标准化管理创建工作，对管理制度、操作手册以及运行平台“依标”落实情况进行检查，检查发现的不足之处以督导单形式及时反馈给管理单位。按照省水利厅统一部署，对杭州、宁波等9个地市15个堤闸工程依标管理分3期开展暗访检查，对2个依标管理较差的工程在“五水共治”中予以通报，发出9份整改通知书，并全部反馈整改落实情况。完成对杭州、温州等市的水利工程标准化管理抽查复核工作。

持续督导常山长风水利枢纽工程标准化管理创建工作，2017年，5次赴工程现场，督促提升标准化管理创建质量，抓实工程依标运行管理。工程目前运行管理基本达到标准化管理要求，拟于近期组织专家组对其标准化管理工作开展初步验收，进一步辅导运行管理单位深化标准化管理，提升创建质量。

（5）从严监管，认真把好审核和验收关。组织做好省级河道管理范围和保护范围划界的审核工作，完成钱塘江流域、运河流域、鳌江流域、苕溪流域和曹娥江流域相关河段近1 800 km河道管理范围划定方案的审核工作，完成新三江闸等5座大型水闸和部分钱塘江海塘的工程管护范围划界方案的审核工作；组织做好安全鉴定和控运计划的核定，完成金东区国湖水闸、兰溪市下梅片堤防工程等5个堤闸工程的安全鉴定审定工作，完成上虞市上浦闸漫水闸、浙东引水萧山枢纽控运计划（2017年）的审核工作；组织开展20个管理单位31个工程的标准化管理省级验收（其中大型水闸6座、堤防15段、海塘10段），管理单位一次验收通过率为90%，2家管理单位经整改达到验收标准。

（6）强化质量，提升海塘标准化水平。钱塘江省管海塘工程标准化管理创建，按照“同步部署、滚动创建”的原则，不断提升优化，确保创建质量，嘉兴段2个工程、宁绍段4个工程分别于2017年4月和7月通过省级验收，其中海宁段省管海塘工程取得目前海塘工程标准化省级验收的最高分92.1分，钱塘江省管海塘标准化创建工作全部完成（杭州段6个工程于2016年12月已通过省级验收）。验收完成后，以打造示范标杆为目标，加强对海塘工程依标管理落实的督导，对管理处运管平台使用情况的检查，确保正常有效使用；结合海塘文化特性，完成示范塘段面貌提升等工作，根据钱塘江潮汛台风等特点对两册一表、运管平台、视频监控进一步提升完善；以水利工程标准化管理为契机，推进管理全面标准化。

（7）继续深化，有序推进河湖标准化管理。为深入贯彻省委省政府全面深化河长制和全面实施标准化战略的重大决策部署，深入推进水利工程标准化管理，进一步谋划全省河湖管理新发展，明确河湖标准化管理要求，健全河湖管护标准体系，有序推进河湖标准化管理，组织编制完成《浙江省河湖标准化管理实施方案》（讨论稿）和《浙江省河湖管理标准体系建设方案》（讨论稿），并提前启动河湖管理标准制修订工作，基本完成《浙江省河湖管理与保护范围划界技术导则》（征求意见稿）、《浙江省河湖管理设施及标识标牌建设导则》（初稿）等。

（陈　炜）

【滩涂围垦管理】　2017年，根据浙江省“大湾区、大花园、大通道”建设行动计划的需求，开展《浙江省“大湾区”滩涂围垦行动计划》研究。全省围垦区的生产总值9 210亿元，占全省生产总值的17.8%。

（1）滩涂围垦科学研究。完成浙江滩涂围垦后评估、浙江省滩涂淤涨泥沙源调查分析和浙江省滩涂资源重点区域监测等项目年度任务；完成浙江省滩涂人工岛式围垦布局与选址课题验收工作。为全省滩涂资源管理和中长期发展奠定良好的基础和技术储备。

（2）滩涂围垦开发利用。1950—2017年，全省滩涂围垦面积280 548 hm^2。其中已开发利用217 417 hm^2，占已围面积的77.50%。已开发利用的围区中：耕地面积60 514 hm^2，占开发利用面积的27.83%；园地面积11 479 hm^2，占已开发利用面积的5.28%；水产养殖面积53 811 hm^2，占已开发利用面积的24.75%；工业用地面积48 179 hm^2，占已开发利用面积的22.16%；房地产用地面积5 534 hm^2，占已开发利用面积的2.54%；水面（湿地）面积20 343 hm^2，占已开发利用面积的9.36%；其他用地面积17 558 hm^2，占已开发利用面积的8.08%。尚未开发利用的已围面积63 131 hm^2，占围垦总面积22.50%。

2017年，全省各围垦区产值9 210亿元（2017年全省生产总值51 768亿元）。其中：按当年价计算，农副产品约119.71亿元，工业产值8 866.2亿元，房地产产值113.57亿元，土地出让收入80.98亿元，其他产值29.55亿元。

（刘　毅）

【农村水利工程管理】

1. 灌区管理

（1）大中型灌区节水配套改造项目建设管理。

1）多措并举，加强项目指导。通过“千人万项”、联合督查、蹲点指导等形式，多渠道、多角度和多层面了解灌区项目情况，找准影响制约工程进度、质量、安全、廉政等方面的具体困难和问题，现场解决常规性技术问题，对于重大技术和非技术问题，及时研究解决办法，或提请当地政府、其他省级部门共同商议解决。

2）未雨绸缪，强化安全排查。为切实加强灌区安全管理工作，加快灌区标准化管理创建，组织制定、印发《浙江省灌区渡槽安全评价导则（试行）》（浙水办农〔2017〕10 号），并就做好灌区渡槽安全鉴定工作提出有关要求，为规范和指导浙江省科学评价渡槽安全状况提供依据。

3）精准施策，加快工程进度。前期项目，紧紧围绕乡村振兴战略，科学谋划，提前布置，完成 2018 年中灌项目可行性研究评审；在建项目，根据项目建设管理办法，通过月报制、专题调研督查指导等方式，加快项目实施进度；完工项目，严格按照《水利水电建设工程验收规程》，委托第三方进行现场复核后，因地制宜进行蹲点指导，完成 5 个大中型灌区项目的竣工验收任务。

（2）农田灌溉水有效利用系数测算分析。农田灌溉水有效利用系数是《国民经济和社会发展第十三个五年规划纲要》和最严格水资源管理制度“三条红线”控制目标的一项主要指标，也是《“十三五”水资源消耗总量和强度双控制行动方案》的主要目标。2017 年在水利部统一部署下，继续深入推进农田灌溉水有效利用系数测算分析工作。

1）印发《浙江省水利厅关于做好 2017 年农田灌溉水有效利用系数测算分析工作的通知》（浙水办农〔2017〕8 号），完善省、市、县三级测算组织网络，明确各级测算工作的责任单位、责任人及技术支撑单位。2017 年全省共有 500 多名管理与技术人员参与，212 个样点灌区、359 处渠首计量点、780 处典型田块开展系数监测工作，建设量水设施 1 139 处，落实工作经费 2 390 万元。

2）编印《浙江省农田灌溉水有效利用系数测算分析工作资料汇编》，组织省、市级技术培训，累计专项技术培训 600 余人；开展 1 次省市工作交流，完成对全省 11 个市的监督检查和现场技术指导；通过以上措施，浙江省农田灌溉水有效利用系数测算分析工作圆满完成，2017 年度全省灌溉水有效利用系数 0.592，超过预期目标。

3）组织省对 11 个设区市 2016 年度系数测算分析工作的考评；根据综合考评，杭州、宁波等 9 个设区市为优良，其余 2 市为合格。同时浙江省农田灌溉水有效利用系数测算分析工作得到水利部相关领导和全国专家组的充分肯定，2016 年度浙江省考评结果为优良。

4）为强化浙江省农田灌溉水有效利用系数测算分析工作，提高测算分析成果质量，更好地贯彻落实最严格水资源管理制度，结合本省实际，组织对 2015 年印发施行的《浙江省农田灌溉水有效利用系数测算分析工作考评实施细则》进行修订，并经征询各地意见后行文印发《浙江省农田灌溉水有效利用测算分析工作考评实施细则（2017）》（浙水办农〔2017〕7 号）。

5）省、市两级针对量水设施率定、系数测算方法、灌溉用水量测算、管理规程规范等方面开展 10 余项专题研究，取得丰富的研究成果，对系数测算分析工作起到积极的指导作用。

（3）灌溉试验。灌溉试验是一项具有高度公益性、长期性、战略性的研究工作，它的成果是实行农业用水总量控制和定额管理、提高灌溉输水效率、推广应用节水灌溉新技术、减少农业面源污染排放等工作的重要依据。2017 年浙江省继续依托灌溉试验站网开展观测研究。

1）编制《2017 年全省灌溉试验工作大纲》，印发《浙江省水利厅关于下达 2017 年度灌溉试验计划的通知》（浙水农〔2017〕17 号），明确全省灌溉试验站网的年度任务；并与省灌溉试验中心站（设于省水利河口研究院）签订年度工作任务书，确保灌溉试验成果质量。

2）完善全省灌溉试验站网，1 个中心站（省灌溉试验中心站）、3 个重点站（永康、平湖、金清灌溉试验重点站）、5 个观测点（保持滨江、缙云、遂昌观测点不变，新增衢江、诸暨 2 个观测点）。

3）2017 年度主要开展农业节水灌溉定额试验、喷微灌条件下经济作物高效节水灌溉制度研究、养殖业用水定额试验、单季水稻蓄雨节水增效减污试验、水稻适雨灌溉技术应用模式研究以及配合水利部灌溉试验总站开展的全国性协作任务。全年共完成 72 个水稻小区田间试验，15 种经济作物、1 类淡水鱼养殖定额观测。

4）2017 年，在原有灌溉试验基础上，结合浙江省多雨的特点，以水稻水分生理特性为基础，研究平地、沟畦和秸秆覆盖 3 种水稻适雨灌溉模式在不同类型区的特点及适用性，最大限度的发挥稻田灌溉模式的综合效益。

2. 圩区管理

（1）做好圩区安全度汛工作。浙江省仍然有部分未整治圩区存在防洪标准低、排涝能力弱，圩堤单薄，闸站老化失修，度汛隐患多等问题。特别近几年排水通道不畅，平原圩区排水困难，淹没时间长，圩区内损失大，抢险难度大，影响面广。在 2017 年主汛期前组织开展圩区安全检查，系统排查圩区工程、消除安全隐患，保证圩区工程安全高效发挥工程效能。

（2）开展圩区项目合规性审核。为保证各地实施圩区项目的建设标准、建设规模等内容符合《浙江省杭嘉湖圩区整治规划》（浙水农〔2010〕47 号），根据省财政厅、省水利厅《关于印发浙江省水利建设与发展专项资金管理办法（试行）》（浙财农〔2015〕37 号）及《浙江省圩区整治项目管理指导意见》（浙水农〔2015〕42 号）要求，组织对各地圩区项目开展合规性审核。2017 年度共计完成平湖马家荡圩区等 7 个拟在 2018 年新开工圩区项目。

（3）下达圩区项目维修养护资金。根据《中央财政水利发展资金使用管理办法》（浙财农〔2016〕181 号）及《中央财政水利发展资金使用管理办法浙江省实施细则》等有关文件要求，省水利厅与省财政厅明确圩区工程作为农村水利工程补助中央维修养护资金。2017 年 7 月，省财政厅、省水利厅以《关于下达 2017 年第二批中央财政水利发展资金的通知》（浙财农〔2017〕55 号），下达用于水利工程维修养护（即圩区工程维修养护）补助资金 5 953 万元，并要求各地切实加强资金使用管理、规范项目管理、确保及时完成工作任务。

3. 山塘管理

2017 年 4 月，下发《关于做好山塘安全度汛工作的通知》（浙水办农〔2017〕5 号），要求各地切实加强山塘安全度汛工作，规范全省山塘巡查与信息管理，确保山塘汛期安全运行。5 月，印发《浙江省山塘安全管理办法》(浙水农〔2017〕16 号)，进一步规范山塘安全管理。8 月，完成山塘综合整治导则修订，印发《浙江省山塘综合整治技术导则》（浙水会秘〔2017〕1 号）。9 月，开展山塘信息清查与注册登记工作（浙水办农〔2017〕13 号）。全年组织开展《浙江省山塘运行管理规程》升级为地方标准的工作，最终由浙江省质量技术监督局批准发布 DB33/T 2083 — 2017《山塘运行管理规程》。2017 年，全省共有 402 个山塘通过标准化管理创建验收。

4. 农村水利工程标准化管理

2017 年是推行水利工程标准化管理的关键之年，为深入贯彻国家“标准化 +”战略和浙江省“标准强省”战略，根据《浙江省人民政府办公厅关于全面推行水利工程标准化管理的意见》(浙政办发〔2016〕4 号）要求，按照省水利厅的统一部署，以落实责任、理清事权、落实人员和经费为重点，积极推进农村水利工程标准化管理工作。截至 2017 年 12 月，全省农村水利工程标准化管理创建共计验收 858 处，其中泵站 70 座、灌区 23 处、山塘 525 座、农村供水工程 207 个、圩区 33 处，超年度计划（548 处）56%。

（1）推选典型工程。为进一步深化农村水利工程标准化管理工作，树立标杆，弘扬先进，通过各工程申报材料，结合各市县水利部门意见，推选 2016 年度农水工程标准化管理典型工程共 14 个，并发文公布，具体包括三堡排涝工程等泵站 4 处、大同镇石郭源水厂等农村供水工程 5 个、山坞冲山塘等山塘 3 座、赋石渠道灌区、姚庄圩区。

（2）修订验收标准。为提高验收的针对性和可操作性，提升标准化创建质量，组织对《浙江省水利工程标准化管理验收办法（试行）》（浙水科〔2016〕12 号）的山塘、大中型灌区、农村供水工程、泵站、圩区等 5 类工程的验收标准进行修订，通过征求地方意见、专题讨论、省水利厅标准化专题讨论，于 4 月完成修订工作，重点对标准化验收条件、试运行要求、验收标准赋分原则等内容提出修改意见，修订后《浙江省水利工程标准化管理验收办法》以浙水标〔2017〕5 号印发实施。

（3）推进地方标准制定。2017 年，全面开展《浙江省山塘运行管理规程》升标及《浙江省泵站运行管理规程》《浙江省农村供水工程运行管理规程》标准立项评估工作。根据计划安排、稳步推进《浙江省山塘运行管理规程》地方标准制定工作，9 月完成《山塘运行管理规程》报批工作；同时根据立项评估论证会有关意见，修改完成泵站、农村供水工程运行管理规地方标准项目建议表、标准草案的制定。

（4）开展标准化培训。2017 年，为推动农村水利工程标准化管理创建工作和依标管理落地，组织开展农村水利相关培训4—5月及12月，在水利水电干部学校开展灌区、圩区、农村供水工程管理单位标准化管理培训及农村供水工程水质检测人员培训，在浙江水利水电学院开展泵站管理单位标准化管理培训班。共完成农水工程标准化管理培训1 017人，其中灌区118人、泵站二期352人、圩区89人、供水二期226人、水质监测二期232人。培训重点对乡镇、基层水利工作人员及具体工程管理人员进行标准化管理工作要点及创建指导，典型经验交流，现场考察学习等。6月9日开展大型泵站、大型灌区运行管理工作要点培训。6月13日开展泵站、灌区、山塘、农村供水工程、圩区等中小型农水工程运行管理工作要点培训。并组织有关单位同步编制完成大中型泵站、大中型灌区、山塘、农村供水工程、圩区5类农水工程运行管理工作要点教材。

（5）组织名录调整。根据《浙江省水利厅关于公布水利工程标准化管理工程名录的通知》（浙水科〔2016〕17号），开展水利工程标准化管理工程名录（2016—2020年）集中调整，根据《浙江省山塘安全管理办法》（浙水农〔2017〕16号）及农村供水工程标准化管理实际，重点对山塘、农村供水工程名录调入或调出作出明确要求。经审核确定名录数量为山塘1 525座、大中型泵站112座、灌区49处、农村供水787个、圩区66处，合计2 539，比2016年度的2 938减少了399。

（6）谋划各市计划。为有序推进2018年度水利工程标准化管理工作，及时确定各类工程年度创建任务和分市计划，提早谋划分解2018年度农水工程标准化管理创建计划。根据2018年底大中型水利工程全部完成及小型水利工程70%完成创建要求，结合各市反馈情况，审核建议2018年计划创建大中型泵站16座、大中型灌区11处、山塘411座、农村供水185个、圩区13处。

（林　锐）

【农村水电管理】

1. 水电站标准化创建

（1）扎实抓好1 000 kW以上水电站标准化创建任务。

一是分解任务，明确目标。将40座水电站的标准化创建任务在市、县进行分解和落实，其中临安和景宁的创建任务较重，分别占全省的35%和30%。督促各地将任务分解落实到水电站，制订好创建计划，明确创建要求，做好计划对接和任务布置。

二是分片联系，持续督导。按照标准化建设分片联系制度，开展全面督查，将工作和责任落实到位。深入现场，及时了解创建进度和存在问题，开展重点督查，约谈进度较慢的部分市县。2017年，共完成46座装机1 000 kW以上水电站标准化达标创建。

三是谋划二次评级，长效管理。根据《浙江省农村水电站安全生产标准化达标评级实施办法》要求，做好二次评级顶层设计，一要召开座谈会，讨论第一次评级时存在的主要问题，确定评审办法和标准的修订方向；二要拟定工作方案，为下一步顺利开展评级工作做好准备。

（2）谋划 1 000 kW 以下水电站“创标”工作。

一是完成宁波市 1 000 kW 以下电站标准化试点项目评审。2016 年在宁波市选取梅溪水库电站等 3 座 1 000 kW 以下水电站，进行标准化创建试点，2017 年 3 座水电站顺利完成创建和评审，为浙江省在 1 000 kW 以下水电站中推行“1+1”标准化、智能化管理模式提供示范。

二是制订 1 000 kW 以下水电站标准化评审标准和创建指导手册。在宁波市试点的基础上，制订并下发《浙江省 1 000 kW 以下农村水电站安全生产标准化评审标准》（试行）和《浙江省 1 000 kW 以下农村水电站安全生产标准化评审标准》（适用于无人值班运行电站）（试行）2 个标准，为 2017 年各地 1 000 kW 以下水电站的创建标准化提供依据。为指导开展 1 000 kW 以下水电站标准化创建工作，组织编写 1 000 kW 以下水电站标准化创建指导手册，并在遂昌县试点水电站中试用。

三是在遂昌开展 1 000 kW 以下水电站的全面创建试点。按照“2017 年完成 20 座，2018 年全部完成”的目标，在丽水市遂昌县选取 1 000 kW 以下水电站开展标准化创建试点，并多次召开技术对接会，推动业主与技术支撑单位的合作衔接，同时将制定的评审标准和指导手册运用于试点水电站，为标准和手册的进一步修订打下基础。

2. 启动绿色小水电创建

根据《水利部关于开展绿色小水电站创建工作的通知》（水电〔2017〕220 号）和《水利部水电局关于组织做好绿色小水电站创建省级推荐工作的通知》（水电能函〔2017〕4 号）的要求，积极开展绿色小水电创建工作。

（1）开展绿色小水电情况摸底调查。根据水利部文件要求，统筹谋划，专门下发文件对小水电站绿色发展情况调查摸底，着重对 1 万 kW 装机以上水电站、获得过中央财政支持和位于国家重点生态功能区内的水电站进行调查，从所有制性质、开发方式、取水许可、环评、生态流量批复、生态放水设施等方面进行全面摸底，为下一步开展绿色小水电创建工作夯实基础。

（2）积极申报绿色小水电站。选取金华九峰等 6 座水电站进行绿色小水电创建。一是开展电站负责人培训，宣传贯彻绿色小水电政策与评审标准；二是组织专家实地指导水电站开展创建工作，并帮助解决创建过程中存在的难题和不足；三是开展省级初验，按照绿色小水电评审标准，严格把关，重点落实下游生态流量保障情况。最终金华九峰电厂、金华沙畈电厂、安吉老石坎水库电站、天台里石门水电站、松阳合溪水电站、松阳裕溪水电站等 6 座水电站均通过水利部评审，获得“绿色小水电”称号。

（3）编制全省绿色小水电创建方案。为统筹做好浙江省绿色小水电创建工作，根据摸底情况，结合各地实际，编制浙江省 2018 — 2020 年绿色小水电创建方案，提出 2018 — 2020 年绿色小水电站创建目标和保障机制。

3. 抓好队伍能力建设

（1）做好从业人员轮训扫尾工作。“十二五”从业人员轮训结束后，全省尚有部分漏训和新进人员未持证，按照人才队伍建设“统一教材、统一课件、统一师资、统一考核、统一发证”的“五统一”要求，2017年11月，共组织完成6期681人的培训与发证工作。培训工作由浙江水利水电学院承办，在原有讲授理论课程的基础上，增加实训操作环节，丰富培训内容的同时提高了培训效果，进一步完善浙江省农村水电从业人员培训考核发证制度，实现农村水电从业人员合格上岗。

（2）组织开展从业人员技能知识竞赛。为促进浙江省农村水电从业人员提升专业技能、提高管理水平，2017年12月，举办农村水电运行技能知识竞赛。来自全省9个地市的10支代表队参加竞赛，本次竞赛的成功举办，不仅充分展示浙江省农村水电队伍建设的成果，也进一步增强参赛选手的水电技能和安全素养水平。

4. 完成水利改革任务

按照《浙江省水利厅办公室关于印发2017年浙江水利改革主要任务和职责分工的通知》（浙水办法〔2017〕1号）要求，提出开展对不安全、不生态、不经济（以下简称“三不”）的农村水电站实施报废退出等方面研究。在前期做了大量调研工作，了解全省各地对农村水电站的报废退出需求，通过建立评价指标体系，开展“三不”水电站评价与退出等处置机制研究工作，为“三不”水电站的改造提升与报废退出提供科学依据。

5. 强化行业安全监管

（1）全面落实安全生产责任。按照浙江省农村水电站防汛安全管理办法，将落实水电站防汛安全“三个责任人”作为落实电站防汛安全责任的重点，于2017年4月15日在《浙江日报》上公布173座电站防汛安全行政责任人、管理责任人和直接责任人。同时，按照水利部要求，积极落实农村水电站安全生产“双主体”责任。

（2）切实抓好水电安全督查。下发《关于开展农村水电站安全生产大检查的通知》，部署安全生产大检查工作。针对其他省份发生的2起水电站安全事故，下发《关于进一步做好农村水电站安全生产工作的通知》，要求各地汲取事故教训，强化安全监管，由水电管理中心领导带队分3组对全省各地进行督查，对检查中发现的问题进行现场反馈，并对临安沈家一级等水电站发文要求限期整改。

（3）扎实开展老电站检测。根据2017年初工作安排，扎实做好湖州、台州、绍兴3市运行25年以上老电站的安全检测工作，共完成219座水电站检测，以县为单位编制检测报告，为标准化评审、更新改造和“三不”水电站处置提供决策依据。

（周璐瑶）

依 法 行 政

Lawful Administration

政策法规

【概况】 浙江省人大常委会通过4个地方性法规修改，分别是《浙江省钱塘江管理条例》《浙江省水土保持条例》《浙江省河道管理条例》《浙江省水资源管理条例》。申报《浙江省节约用水和水资源管理条例》等4个法规列入省十三届人大及其常委会立法调研项目库（2018—2022年），申报《浙江省建设项目占用水域管理办法》列入省政府2018年一类规章修订项目。实施《全员学法用法案例批注共享本》制度。修订出台《浙江省水利厅规范性文件管理办法》，制定省水利厅规范性文件13个，废止18个。出台《浙江省水利厅重大行政执法决定法制审核工作规则（试行）》。

【水利法制建设】

（1）修改出台《浙江省钱塘江管理条例》。《浙江省钱塘江管理条例》于1998年颁布实施，在钱塘江治理、开发、保护与管理等方面发挥了重要作用，有力保障钱塘江流域经济社会的发展。此次主要顺应简政放权改革，修改管理机构职责，增加涌潮保护条款、采砂管理条款，强化流域的防洪统一调度，2017年5月26日，浙江省第十二届人民代表大会常务委员会第四十一次会议通过《浙江省钱塘江管理条例》修改。

（2）申报立法项目。研究并申报《浙江省节约用水和水资源管理条例》《浙江省水利工程安全管理条例》（修改）、《浙江省河道管理条例》（修改）、《浙江省农田水利管理条例》等4个法规列入省十三届人大及其常委会立法调研项目库（2018—2022年），研究并申报《浙江省建设项目占用水域管理办法》修订为2018年省政府一类规章项目。2017年9月15日，省政府第89次会议审议同意2018年全面修订《浙江省建设项目占用水域管理办法》。

（3）实施《全员学法用法案例批注共享本》制度。开发学法用法案例批注共享本的“线下”“线上”2种方式，便捷查询使用涉水法律法规和规章，随时记录典型案例及疑难问题或修改建议在批注区。

（4）完成涉水法规、规章和规范性文件清理。根据《国务院办公厅关于进一步做好“放管服”改革涉及的规章、规范性文件清理工作的通知》（国办发〔2017〕40号）和《省政府办公厅关于进一步做好地方性法规、规章、规范性文件清理工作的通知》（浙政办发〔2017〕60号），对涉水法规、规章和省政府印发的规范性文件提出清理建议。2017年9月30日，浙江省第十二届人民代表大会常务委员会第四十四次会议通过对《浙江省水土保持条例》《浙江省河道管理条例》作出修改。2017年11月30日，浙江省第十二届人民代表大会常务委员会第四十五次会议通过对《浙江省水资源管理条例》作出修改。

（5）完善重大执法制度建设。制定印发《浙江省水利厅重大行政执法决定法制审核工作规则（试行）》（浙水法〔2017〕1号），明确报送省政府审批的重大行政许可和水事纠纷裁决、由省水利厅作出的行政处罚决定等重大行政执法决定，按规定进行法制审核。

【规范性文件管理】

（1）修订出台《浙江省水利厅规范性文件管理办法》。增加规范性文件政策解读要求和备案审查设区市水利局制定的规范性文件、年度规范性文件计划管理、公平竞争审查等内容。

（2）合法性审查和备案。2017年对《浙江省百项千亿防洪排涝工程水利项目行业审查指导意见》等18个文件进行合法性审查，13个文件取得统一编号并已印发（规范性文件目录见表1）。完成省水利厅党组规范性文件备案8件。

表1 2017年省水利厅制（修）定规范性文件目录

序号	文件名称	文 号	统一编号
1	浙江省水利厅关于废止《浙江省水利建设工程施工图设计文件审查备案管理办法》的通知	浙水法〔2017〕2号	ZJSP18—2017—0001
2	浙江省水利厅浙江省发展和改革委员会关于印发《浙江省实行水资源消耗总量和强度双控行动加快推进节水型社会建设实施方案》的通知	浙水保〔2017〕8号	ZJSP18—2017—0002
3	浙江省水利厅关于印发百项千亿防洪排涝工程水利项目行业审查指导意见的通知	浙水计〔2017〕1号	ZJSP18—2017—0003
4	浙江省水利厅浙江省“五水共治”工作领导小组办公室浙江省河长制办公室关于做好入河排污口设置审核登记工作的指导意见	浙水保〔2017〕15号	ZJSP18—2017—0004
5	浙江省水利厅关于印发《浙江省山塘安全管理办法》的通知	浙水农〔2017〕16号	ZJSP18—2017—0005
6	浙江省水利厅关于印发《浙江省水利工程标准化管理验收办法》的通知	浙水标〔2017〕5号	ZJSP18—2017—0006
7	浙江省水利厅浙江省人力资源和社会保障厅关于印发《浙江省水利专业技术人员继续教育学时登记细则（试行）》的通知	浙水人〔2017〕45号	ZJSP18—2017—0007
8	浙江省水利厅关于印发《浙江省水利新技术推广指导目录管理办法（试行）》的通知	浙水科〔2017〕4号	ZJSP18—2017—0008
9	浙江省水利厅关于加强重大水利工程质量管理的意见	浙水治〔2017〕4号	ZJSP18—2017—0009
10	浙江省水利厅关于公布规范性文件清理结果的通知	浙水法〔2017〕7号	ZJSP18—2017—0010
11	浙江省水利厅关于印发《浙江省水利工程质量检测管理办法》的通知	浙水建〔2017〕23号	ZJSP18—2017—0011
12	浙江省水利厅关于在全省重大水利建设工程中试行视频监控系统建设的通知	浙水建〔2017〕26号	ZJSP18—2017—0012
13	浙江省水利厅关于印发《浙江省水利工程管理考核办法》的通知	浙水管〔2017〕46号	ZJSP18—2017—0013

（3）规范性文件清理。根据国务院和省政府关于做好“放管服”改革涉及的法规规章和规范性文件清理要求，开展专项清理，废止 18 个省水利厅规范性文件。

【政策研究和课题调研】

（1）“最多跑一次”调研。积极向省内外取经，基层现场问计，服务对象问需，技术服务单位了解供给，根据阶段进展及时沟通、深化调研、谋划思路和改革举措，完成调研报告。

（2）完成《浙江省水利工程标准化管理的探索实践》和《浙江省河湖库塘清污（淤）有关政策研究调研报告》等 2015 — 2016 年度全省党政系统优秀调研成果优秀调研报告的推荐。

（3）开展企业减负担、降成本调研分析研究，完成调研报告。开展加快推进水利 PPP 项目调研，完成调研报告，提出省级主动提供综合技术服务的建议。

（黄　臻）

水政监察

【概况】 2017 年，“最多跑一次”改革全面推进，涉水“三改一拆”换挡深化，“双随机”监管步入常态，全省水事秩序平稳和谐，普法教育形式多样，水政监察各项工作扎实开展。

【无违建河道创建】 2017 年 6 月 12 日，印发《浙江省水利厅关于开展“无违建河道”创建工作的通知》（浙水政〔2017〕4 号），以全面深化落实河长制为契机，进一步深化涉水“三改一拆”行动，在全省组织开展“无违建河道”创建工作。9 月 21 — 22 日，在海宁召开 2017 年度全省无违建河道创建推进会，6 — 9 月采用无人机航拍的方式，按照年度任务河道总长 25% 比例对部分河道进行航拍巡查抽查。2017 年，全年完成 100% 的省级河道和 70% 以上的市级河道基本无违建创建任务，共计创建完成基本无违建河道 4 902 km，拆除各类涉水违建 503.7 万 m^2。

【河湖执法检查活动】 2017 年 4 月，根据《水利部关于开展河湖执法检查活动的通知》（水政法〔2017〕112 号）要求，制定并印发《2017 年河湖执法检查活动实施计划》，在全省组织开展河湖执法检查活动。5 月 26，省总队在嘉兴召开各市支队长参加的现场推进会。10 月 16 — 19 日，水利部太湖流域管理局受水利部委托，对浙江省河湖执法活动进行抽查，并实地查看衢州、金华两市的河湖执法检查活动开展情况。11 月 22 日，省水利厅以浙水函〔2017〕404 号文件向水利部政策法规司报送浙江省河湖执法检查活动开展情况。据不完全统计，此次检查活动全省累计出动巡查检查人员 2.4 万多人次，巡查河道 36 792 km，立案查处河湖水事案件 342 起，罚没款 804 万多元。

【“奇云山”水事纠纷】 奇云山流域地处青田县与温州瓯海区交界处，自明清以来就是水事纠纷多发区。2001 年 10 月，省政府办公厅以浙政办函（2001）90号复函对分水方案进行裁决。2016年8月，青田县进行奇云山水库引水工程建设又爆出纠纷苗头，2017年1月，温州市瓯海区水利局上报要求协调水事纠纷的报告，省水利厅在多方听取意见、积极沟通、严密筹备后，于6月1日召开协调会，促成瓯海、青田两方达成共识。

【“双随机”监管】 2017年4月，制定省水利厅本级2017年度“双随机”抽查工作实施计划；6月22日，制定并印发《浙江省水利厅“双随机一公开”抽查监管工作实施细则》；7月，制定“双随机”抽查监管检查书标准格式。分别于7月、8月、10月和11月开展水利建设工程安全生产监督检查、水利建设市场主体监督检查、大中型水利工程管理监督检查以及水资源管理双随机抽查检查，如期完成年度工作计划。

【普法宣传】 2017年3月20日，在杭州举行“浙里人·这滴水”公益广告和微视频征集活动颁奖仪式（“浙里人·这滴水”入选2017年中国微电影十大新闻事件），省新闻出版广电总局、省教育厅、团省委和浙江电视台少儿频道等单位嘉宾及省水利厅领导出席活动，并为23位获奖者颁奖。3月22日，省水利厅联合温州市人民政府、温州市水利局、浙江省广播电视集团在温州市白鹿洲公园举行“爱水、护水，我们共同的责任”主题纪念活动。同时，通过“浙江水网”专栏、“浙江水利普法”和“浙江水利”微信，以案说法的形式，积极开展日常普法教育宣传。2017年，全年向省法制办网络信息平台报送水利系统法制信息237篇，在省直机关中名列第一。

（谢圣陶）

水利改革

【概况】 2017年，继续深化水行政改革，围绕“放管服”和“最多跑一次”推进行政审批制度改革，落实农田水利建设和管理体制改革、农业水价综合改革。

【“最多跑一次”改革】 2017年2月21日，完成权力事项梳理，明确“最多跑一次”事项清单，并在政务服务网上公布。7月完成办事指南修编工作，形成适用全省的标准化水利办事指南，8月省审计厅对省水利厅“最多跑一次”改革工作进行专项审计，审计组充分肯定了省水利厅的工作。9月4日，省水利厅召开打破信息孤岛实现数据共享专题会议，研究部署数据共享工作，并在12月18日成为7个省级厅局中第一个完成前100高频事项数据共享改造攻坚任务的单位。10月25日，召开全省水利系统“最多跑一次”改革推进会议。11月20日，完成水利系统“最多跑一次”事项标准化八统一工作。截至2017年底，省水利厅可实现“最多跑一次”事项23项，其中权力事项20项，占应纳入权力事项21项的95.2%，8个行政许可事项压缩为6个，全部实现“跑零次”。较改革前省水利厅本级合计减少申报材料76件；10个原无规定办理期限的事项，明确承诺期限；合计缩短办理时间225天，平均办事时间提速48.1%。2017年，省水利厅本级办结许可事项67件。

【水行政改革】

（1）分“三个一批”提出年度改革任务并落实责任。以推进供给侧结构性改革为主线，研究制定《浙江省水利厅2017年水利改革主要任务和职责分工》（浙水办法〔2017〕1号），重点实施46项改革项目。2017年7月召开水利改革半年进度交流会，印发《浙江省水利厅关于进一步加强水利改革工作的通知》（浙水法〔2017〕5号），交流《浙江省水利厅2017年改革任务半年进展情况汇编》。年末进行改革总结，全年改革任务进展顺利。

（2）启动现代水利示范区（德清洛舍）创建。总体方案已由德清县人民政府批复实施。示范区建设已纳入省政府批复的《德清县农业供给侧结构性改革集成示范试点方案》。

（3）继续推进行政审批制度改革。围绕深化“放管服”和“最多跑一次”改革，进一步取消和调整全省水行政审批事项目录。调整后，省级和地方水行政审批事项均为6项。完成涉政审批中介机构“最多跑一次”梳理，相关事项全部纳入“最多跑一次”，均承诺“零上门”。完成“最多跑一次”网上权力事项运行调整的审核工作。

（黄　臻）

【农业水价综合改革】　2017年，按照《国务院办公厅关于推进农业水价综合改革的意见》（国办发〔2016〕2号）和国家发展改革委、财政部、水利部、农业部、国土资源部等部委关于农业水价综合改革的最新部署，浙江省积极推进农业水价综合改革工作，省委深化改革领导小组办公室将农业水价综合改革试点列入2017—2018年改革试点台账，台州市、德清县、平湖市、浦江县、江山市、舟山市定海区等列入改革试点。6月30日，成立由副省长孙景淼任组长的浙江省农业水价综合改革领导小组；10月31日，浙江省人民政府办公厅印发《浙江省农业水价综合改革总体实施方案》（浙政办发〔2017〕118号）。4月，省水利厅、省财政厅、省农业厅、省物价局等部门联合印发《关于农业水价综合改革扩大试点工作的指导意见》（浙水农〔2017〕11号）和《浙江省农业水价综合改革2017年度实施计划》（浙水农〔2017〕13号），部署11个第二批试点县（市、区不含宁波市）开展农业水价综合改革。3—5月，省水利厅、省财政厅、省农业厅、省物价局联合组织开展第一批5个试点县（市、区）的农业水价综合改革试点方案审查。为引导试点先行，7月，在2017年第二批中央财政水利发展资金中安排3 500万元用于18个县（市、区）农业水价综合改革试点。7月5日，省水利厅厅长陈龙赴水利部农水司汇报浙江省农业水价综合改革工作情况。7月7日，副省长孙景淼专题听取农业水价综合改革工作情况汇报。6月和11月，举办全省农田水利改革培训班和农业水价综合改革专题培训班，深入解读国家、省农田水利改革文件精神，加快形成改革共识和有利氛围，约 250 人次参加培训。截至 2017 年底，浙江省第一批 5 个试点县已基本完成试点改革，年度计划试点实施面积 500 hm^2，实际改革面积 540 hm^2，占年度计划的 108%；11 个第二批试点县实施方案完成审查。

【农田水利建设和管理体制改革】 2017 年 1 月 20 日，省水利厅、省财政厅、省发展改革委联合印发《关于浙江省农田水利设施产权制度改革和创新运行管护机制国家试点县验收考核工作的通知》（浙水农〔2017〕1 号），各试点县根据试点进展情况，组织验收考核准备工作。省农水局加强试点工作的指导，协助试点县提炼改革中行之有效的经验做法，并联合省财政厅、省发展改革委于 2017 年 5 — 10 月组织开展验收考核工作，印发试点县验收考核意见，在全国率先完成 4 个农田水利设施产权制度改革和创新运行管护机制国家试点县验收考核工作。11 月 23 日，根据试点验收过程中提炼出的经验做法和其他典型县做法，省水利厅印发小型农田水利工程产权制度改革典型经验文件（浙水农〔2017〕32 号），宣传推广德清县产权改革经验、象山县山塘管理体制改革做法、南浔镇明晰产权落实管护责任做法、云和县山塘水库确权抵押贷款做法等，并在省政府召开的全省水利工程会议上作为会议材料供大家学习。12 月 4 日，印发国家级改革试点县农田水利项目实施方式改革具体办法和操作流程文件（浙水办农〔2017〕17 号），供全省学习借鉴。

（林 锐）

能 力 建 设

Capacity Building

党建与精神文明

【概况】 2017年，在省水利厅党组正确领导下，厅系统各级党组织和广大党员认真学习贯彻党的十九大和浙江省第十四次党代会精神，深刻领会习近平总书记系列重要讲话精神，突出全面从严治党，以深化“两学一做”学习教育常态化制度化为主线，以推进党支部标准化建设为重点，以开展全面从严治党巡察为抓手，全面加强政治思想教育、基层组织建设、群团工作和精神文明建设，切实加强党风廉政建设和预防腐败工作，领导干部“带头守规矩，自觉做表率”，广大干部职工“守规矩、有作为、讲奉献”，牢牢守住“干部不倒下、不被抓典型”两条底线，为加快推进浙江水利现代化建设提供强大的政治保障和精神动力。

【政治思想建设】

（1）发挥省水利厅党组理论中心组学习会引领作用。印发《关于2017年省水利厅党组中心组理论学习的意见》，召开省水利厅党组中心组（扩大）学习会22次，专题学习党的十九大精神、习近平总书记“7·26”等系列重要讲话精神和省第十四次党代会精神以及《中国共产党巡视条例》《浙江省钱塘江管理条例》等，领导干部带头交流研讨，带动省水利厅系统各级党组织掀起学习党的最新理论和党章党规的热潮，推动政治理论学习入心入脑。

（2）推进“两学一做”学习教育常态化制度化。省水利厅党组书记、厅长带头讲党课、作动员部署，深化推进厅系统“两学一做”学习教育常态化制度化，倡导水利干部“守规矩、有作为、讲奉献”。抓好“两学一做”先进典型选树与宣传，“最美水利人”谷红卫、王一成、翁正辉等同志先进事迹宣传深入人心。在团员青年中开展“一学一做一争当”教育实践活动，组织收看《将改革进行到底》等专题片，提升水利青年的正能量和精气神。

（3）开展形式多样的主题教育活动。通过微型党课、演讲比赛、座谈会等多种形式，组织省水利厅系统党员干部开展“勇立潮头建新功、党员干部当先锋”主题大讨论，党员干部撰写体会文章526篇。组织“水利青年半月谈”活动、“争当水利青年铁军”活动。选送代表分别参加省直机关工委组织的微党课比赛和省直机关妇委会组织的“三味书屋”讲书大赛。

【组织建设】

（1）党员管理。启用全国党员管理信息系统，完成党员信息采集和录入工作，基本实现全省范围内党员组织关系网上接转。开展企事业单位党费收缴规范工作，加强补交党费使用与管理。做好年度民主评议党员、党组织星级评定、党内统计等基础性工作。

（2）发展党员。认真贯彻《发展党员工作细则》，落实发展党员工作记实制度和入党积极分子报备制度，2017年发展预备党员341名。及时办理590名党员组织关系转移。组织120多名发展对象、新党员、支部书记参加省级机关党校等各类培训，实现党支部书记3年轮训一遍的目标。

（3）换届选举。指导完成省防汛技术中心、省水利水电工程质量监督管理中心、省水利厅财务审计处、省科技与标准化管理处、省水库管理总站等5个直属党支部的换届和补选工作。指导浙江水利水电学院、浙江同济科技职业学院、中国水利博物馆、省河道管理总站钱塘江管理局等单位党组织理顺下属组织架构设置。

【党支部标准化建设】 树立“党的一切工作到支部”的鲜明导向，扎实推进党支部标准化建设。根据党的十九大精神和最新要求，进一步修订完善《党支部标准化建设评价指标体系》《党支部工作手册》《党支部工作记实本》，发挥“一套体系两本册子”抓手作用，推动党支部工作经常化、规范化、痕迹化。举办省水利厅系统党支部标准化业务培训、记录台账业务辅导讲座、党支部书记轮训等多轮培训，进一步提升基层党务干部业务整体水平。经过严格考核，2017年省水利厅系统党支部标准化创建达标率为90.7%，提早1年完成3年创建目标。

省水利厅党支部标准化建设做法被评为全省机关党建十佳创新工作法案例、全省机关党建改革课题研究成果二等奖。先后在全省机关党建工作会议、长三角地区机关党建研讨会、全省机关党建研究会等会议上多次作典型交流，全国党建研究会领导专家和浙江省人大法工委、江苏省水利厅等20多批来访考察或书面交流。《以党支部标准化建设为突破口推进基层党组织思想政治工作》《以党支部标准化建设为抓手烧旺机关党员队伍党性锻炼大熔炉》2篇文章在《浙江机关党建》上发表。

【党风廉政建设】

（1）履行主体责任。印发《2017年度党风廉政建设工作要点》《厅党组党风廉政建设主体责任清单》，召开全省水利系统党风廉政建设工作视频会议、厅系统党建纪检工作会议和4次厅党组党风廉政分析会。开展两轮廉政提醒谈话，及时提醒可能存在的隐患和问题，勤打招呼、抓早抓小，推动压力责任“全覆盖”。

（2）开展全面从严治党巡察。制定《中共浙江省水利厅党组全面从严治党巡察工作办法》，完成对省水利厅建设处、财务处和省水文局、省水利水电技术咨询中心、省水利发展规划研究中心、省水资源水保中心、省水利信息管理中心等7个单位（部门）的巡察工作，进一步压紧压实推动全面从严治党两个责任。在厅系统中组织开展公车使用、办公用房、烟酒等专项检查。

（3）开展失职渎职风险排查。印发《关于全面推进廉政风险防控机制建设实施方案》和《关于开展失职渎职风险排查的实施方案》，全面开展省水利厅系统岗位失职渎职风险排查工作，探索建立把基层党组织日常教育管理抓在纪律处分前面的工作机制。

（4）持续狠抓作风建设。严格执行中央八项规定精神和省委“28办法”，紧盯元旦、春节、端午、国庆等重要节点，狠抓改进作风和廉洁自律警示教育。坚持开展“正风肃纪”专项行动，坚决杜绝“四风”现象回潮反弹。

【精神文明建设】

（1）文明单位创建。浙江水利水电学院、浙江同济科技职业学院、省水利水电勘测设计院、省水利河口研究院通过全国文明单位复审，省水文局、省河道管理总站钱塘江管理局、省河道管理总站钱塘江管理局杭州管理处、省河海测绘院等单位通过省级文明单位复审。省水利科技推广与发展中心通过省级文明单位和第八届全国水利文明单位评审，省河道管理总站钱塘江管理局、沙畈水库管理处等单位通过第八届全国水利文明单位评审。

（2）水利文化建设。组织开展“传家训、立家规、扬家风”活动、倡导绿色生活反对铺张浪费行动。组织参加“美丽浙江·水”省直机关干部职工摄影展，1个作品获得一等奖。组织参加省直机关健康管理促进示范培训班。组织参加“最美浙江人—2017青春领袖”评选。开展“水工程与水文化有机融合案例”推荐工作，曹娥江大闸管理局获全国十佳案例。

【群团及统战工作】

（1）工会工作。组织省水利厅系统乒乓球比赛、羽毛球比赛。组队参加省直机关第十二届运动会，总成绩第12名，其中羽毛球夺得混合团体季军，甲组女单第一名；乒乓球夺得混合团体季军、男子青年组冠军等好成绩。组队参加第七届浙江省直属机关足球联赛乙级赛获得季军。

（2）团工委工作。抓好青年文明创建工作，一个单位被评为省级青年文明号。开展“水利青年寻访最美水域”行动，“水利青年半月谈”系列活动，“最美青春故事”“青春助力最多跑一次”等活动，参加省直机关团工委组织的演讲比赛、诗词比赛等。积极为青年学习交流搭建新平台。配合水利部文明办在绍兴举行“关爱山川河流保护城市水体”志愿服务活动，促进河长制的推广宣传。

（3）妇委会工作。组织“陪伴与成长”亲子主题心理讲座。组织2家单位（部门）参加省直巾帼文明岗的评选。推荐3人参加“立潮头·读好书”第三届省直机关“三味书院”讲书大赛。

（4）统战工作。做好民主党派基层组织和民主党派成员基本情况统计。推荐10人参加浙江省直属机关知识界人士联合会。推荐4名同志参加第一期省直无党派人士培训班。协助农工党浙江省水利总支完成换届选举。

（郭明图）

组织人事

【概况】 2017年，省水利厅直属事业单位1家更名并调整职责，1家调整机构编制。新设议事协调机构12个，调整成员机构3个，省委、省政府任免省水利厅干部6名；省水利厅党组任免厅管干部32名，主任科员及以下职务28名，省委组织部安排市县上挂干部4名，安置军队转业干部3名（其中1名任调研员，2名任主任科员）。组织水利专业工程师、高级工程师资格评价业务考试和资格初定、评审。初定72人具有中级专业技术职务资格，94人通过工程师资格评审，276人通过高级工程师资格评审，15人通过教授级高级工程师资格评审。

【机构编制】 2017年，省防汛物资管理中心更名为省防汛技术中心，职责相应调整；省钱塘江管理局增加1名编制。新设议事协调机构12个，3个议事协调机构调整成员名单。2017年机构调整及新成立情况见表1。

表1 2017年机构调整及新成立情况

序号	机构名称（新成立或调整）	时间	文件名（文号）
1	成立全面推行河长制工作领导小组	1月16日	《浙江省水利厅关于成立全面推行河长制工作领导小组的通知》（浙水人〔2017〕4号）
2	调整“五水共治”工作领导小组办公室成员	2月13日	《浙江省水利厅关于调整“五水共治”工作领导小组办公室成员的通知》（浙水人〔2017〕7号）
3	调整《浙江通志》水利类卷编纂委员会及《浙江通志·水利卷》编辑部成员	2月14日	《浙江省水利厅关于调整《浙江通志》水利类卷编纂委员会及《浙江通志·水利卷》编辑部成员的通知》（浙水人〔2017〕8号）
4	核增省钱塘江管理局接收安置军转干部事业编制1名	3月17日	《关于接收安置军队转业干部增加事业编制的通知》（浙编办发〔2017〕10号）
5	成立加快推进“最多跑一次”改革工作实施小组	5月23日	《浙江省水利厅关于成立加快推进“最多跑一次”改革工作实施小组的通知》（浙水人〔2017〕21号）
6	成立网络安全和信息化工作领导小组	6月23日	《浙江省水利厅关于成立网络安全和信息化工作领导小组的通知》（浙水人〔2017〕31号）
7	成立周转住房管理领导小组	7月6日	《浙江省水利厅关于成立周转住房管理领导小组的通知》（浙水人〔2017〕33号）
8	成立全省第三次水资源调查评价工作领导小组	7月19日	《浙江省水利厅关于成立全省第三次水资源调查评价工作领导小组的通知》（浙水人〔2017〕37号）
9	成立浙江省水利水电勘测设计院转企改制工作小组	8月3日	《浙江省水利厅关于成立浙江省水利水电勘测设计院转企改制工作小组的通知》（浙水人〔2017〕40号）
10	省防汛技术中心	8月7日	《关于省防汛物资管理中心更名的函》（浙编办函〔2017〕107号）
11	成立推进“最多跑一次”改革数据共享工作领导小组	8月31日	《浙江省水利厅关于成立推进“最多跑一次”改革数据共享工作领导小组的通知》（浙水人〔2017〕50号）
12	调整清溪水库工程前期工作协调小组成员	8月31日	《浙江省水利厅关于调整清溪水库工程前期工作协调小组成员的通知》（浙水人〔2017〕51号）

续表

序号	机构名称（新成立或调整）	时间	文件名（文号）
13	成立配合国家海洋督察工作小组	11月21日	《浙江省水利厅关于成立配合国家海洋督察工作小组的通知》（浙水人〔2017〕73号）
14	成立经济责任审计工作领导小组	12月14日	《浙江省水利厅关于成立经济责任审计工作领导小组的通知》（浙水人〔2017〕77号）
15	成立内部控制建设工作领导小组	12月14日	《浙江省水利厅关于成立内部控制建设工作领导小组的通知》（浙水人〔2017〕78号）
16	成立企事业单位公务用车制度改革领导小组	12月26日	《浙江省水利厅关于成立企事业单位公务用车制度改革领导小组的通知》（浙水人〔2017〕82号）
17	成立省水利水电勘测设计院转企改制工作领导小组	12月28日	《浙江省水利厅关于成立省水利水电勘测设计院转企改制工作领导小组的通知》（浙水人〔2017〕85号）

【干部任免】 省委、省政府任免省水利厅干部6名；省水利厅党组提任晋升厅管干部22名，试用期满考核后正式任职处级干部21名，轮岗交流处级干部9名，调任处级干部1名。此外，主任科员及以下职务人员任免28名，省委组织部安排市县上挂干部4名，安置军队转业干部3名（其中1名任调研员，2名任主任科员）。

1. 厅领导任免

（1）2017年10月23日，浙政干〔2017〕31号文通知，免去徐有成的浙江省水利厅副巡视员职务。

（2）2017年12月1日，浙组干通〔2017〕384号文通知，经试用期满考核，任命施俊跃为浙江省水利厅总工程师，任职时间从2016年10月起算。

2．其他省（部）管干部任免

（1）2017年5月23日，水利部党组部党任〔2017〕28号文通知，任命张志荣同志为中共中国水利博物馆委员会书记。

（2）2017年10月9日，浙委干〔2017〕197号文通知，免去丁坚钢同志的浙江同济科技职业学院党委书记、委员职务；免去陈长生同志的浙江水利水电学院党委副书记、委员职务。

（3）2017年10月23日，浙政干〔2017〕31号文通知，免去李建设的浙江水利水电学院副院长职务。

（4）2017年10月30日，浙委干〔2017〕223号文通知，任命江影同志为浙江同济科技职业学院党委书记。

（5）2017年11月29日，浙水党〔2017〕63号文通知，免去李建设同志的浙江水利水电学院党委委员职务。

（6）2017年12月15日，浙水党〔2017〕69号文通知，免去江影的浙江同济科技职业学院副院长职务。

3. 厅管干部任免

（1）2017年1月16日，浙水党〔2017〕3号文通知，任命葛捍东为浙江省水利厅办公室调研员，免去其浙江省水利厅建设处（安全监督处）调研员职务；免去葛平安的浙江省水利厅人事教育处（离退休干部处）处长职务。

（2）2017年2月10日，浙水党〔2017〕9号文通知，任命杨世兵为浙江省水利厅科技与标准化管理处副处长，免去其浙江省水利厅财务审计处副处长职务；任命姜伟为浙江省水利厅人事教育处（离退休干部处）副处长，免去其浙江省水利厅科技与标准化管理处副处长职务；任命俞月阳为浙江省钱塘江河务技术中心主任，免去其浙江省钱塘江管理局杭州管理处主任、党总支书记职务；任命汪劲松为浙江省钱塘江管理局杭州管理处主任，免去其浙江省钱塘江管理局嘉兴管理处主任职务；任命郛越民同志为浙江省钱塘江管理局杭州管理处党总支书记，免去其浙江省钱塘江管理局宁绍管理处主任职务；免去包增军同志的浙江省钱塘江河务技术中心党总支书记职务；免去任火良同志的浙江省钱塘江管理局嘉兴管理处党总支书记职务。

（3）2017年2月10日，浙水人〔2017〕11号文通知，包增军、任火良的职级确定为副处级。

（4）2017年3月24日，浙水党〔2017〕17号文通知，任命陈丽雅为中国水利博物馆副馆长，试用期1年，免去其浙江省水利厅政策法规处副处长职务；王云南晋升为浙江省河道管理总站调研员，免去其浙江省水利厅水资源与水土保持处（浙江省节约用水办公室）副处长职务；任命孙寒星为浙江省水利厅规划计划处副处长，试用期1年；任命王淑芳为浙江省水利厅财务审计处副处长，试用期1年；任命王建华为浙江省钱塘江管理局嘉兴管理处主任，试用期1年；任命许志良为浙江省钱塘江管理局宁绍管理处主任，试用期1年，免去其浙江省钱塘江管理局主任科员职务。

（5）2017年4月24日，浙水党〔2017〕19号文通知，经试用期满考核，任命王卫标为浙江省水利发展规划研究中心主任；任命王亚红为浙江省水资源管理中心（浙江省水土保持监测中心）主任；任命柴红锋为浙江省水情宣传中心主任；以上3名同志任职时间从2016年3月4日起计算。任命胡乃利为浙江省水利厅人事教育处（离退休干部处）副处长；任命吕乐为浙江省人民政府防汛防台抗旱指挥部办公室副主任；任命朱兆平、王建华为浙江省水利水电干部学校副校长；任命骆小龙为浙江省水利信息管理中心副主任；任命姚岳来为浙江省水情宣传中心副主任；任命杜鹏飞为浙江省水利科技推广与发展中心（浙江省水利厅机关服务中心）副主任；任命夏玉立为浙江省水利发展规划研究中心副主任；任命许江南为浙江省水利发展规划研究中心副主任；任命李艳丽为浙江省水利水电工程质量与安全监督管理中心副主任；任命郑城为浙江省水资源管理中心（浙江省水土保持监测中心）副主任；任命陈欣为浙江省水资源管理中心（浙江省水土保持监测中心）副主任；任命梅放为浙江省防汛物资管理中心（浙江省防汛机动抢险总队）副主任（副队长）；以上13名同志任职时间从2016年3月28日起计算。

（6）2017年5月8日，浙水党〔2017〕22号文通知，免去范克敏的浙江省水利厅财务审计处调研员职务。

（7）2017年6月20日，浙水人〔2017〕30号文通知，任命叶挺为浙江省水利厅“五水共治”工作领导小组办公室副主任（挂职6个月）；任命杜伟玲为浙江省水利厅全面推进河长制工作领导小组办公室副主任（挂职6个月）。

（8）2017年6月21日，浙水党〔2017〕29号文通知，任命郭鹏为浙江省水利厅规划计划处副处长（挂职6个月）；任命段为斌为浙江省农村水利局副局长（挂职6个月）。

（9）2017年6月23日，浙水党〔2017〕34号文通知，任命蒋小卫为浙江省水利厅办公室副主任，试用期1年，免去其浙江省水库管理总站主任科员职务；任命夏益杰为浙江省水利厅政策法规处副处长，试用期1年；郁孟龙晋升为浙江省农村水利局调研员，免去其浙江省水利厅建设处（安全监督处）副处长职务；刘晖晋升为浙江省水利厅人事教育处（离退休干部处）副调研员，免去其浙江省水库管理总站主任科员职务；张义剑晋升为浙江省围垦局副调研员。

（10）2017年6月23日，浙水党〔2017〕35号文通知，任命胡宝娟为浙江省水利厅财务审计处调研员。

（11）2017年6月26日，浙水党〔2017〕32号文通知，免去葛民江同志的中共浙江同济科技职业学院纪律检查委员会书记职务。

（12）2017年6月26日，浙水人〔2017〕32号文通知，确定葛民江职级为副院级。

（13）2017年7月7日，浙水党〔2017〕36号文通知，免去陈永根同志的浙江省水利厅工会工作委员会主任、浙江省水利厅直属机关党委调研员职务。

（14）2017年7月18日，浙水党〔2017〕38号文通知，免去胡宝娟的浙江省水利厅财务审计处调研员职务。

（15）2017年7月31日，浙水党〔2017〕40号文通知，任命任根泉、陈丽雅同志为中共中国水利博物馆委员会委员；任命陈毛良、郭秀琴、杜鹏飞同志为中共浙江省水利科技推广与发展中心委员会委员。

（16）2017年7月31日，浙水党〔2017〕41号文通知，任命胡明华为浙江省围垦局副调研员，免去其浙江省河道管理总站副调研员职务；任命葛培荣为浙江省河道管理总站副调研员，免去其浙江省钱塘江管理局副调研员职务。

（17）2017年8月21日，浙水党〔2017〕42号文通知，梁建华晋升为浙江省水利厅规划计划处调研员；黄仕勇晋升为浙江省人民政府防汛防台抗旱指挥部办公室调研员。

（18）2017年8月21日，浙水党〔2017〕43号文通知，任命叶红蕾同志为中共中国水利博物馆委员会委员；任命周小军同志为中共浙江省水利科技推广与发展中心委员会委员。

（19）2017年8月21日，浙水党〔2017〕44号文通知，孙伟晋升为浙江省钱塘江管理局副调研员。

（20）2017年9月13日，浙水党〔2017〕45号文通知，免去汤浩荣的浙江省水利厅建设处（安全监督处）调研员职务。

（21）2017 年 9 月 13 日，浙水党〔2017〕46 号文通知，应日恩晋升为浙江省钱塘江管理局副调研员；免去孙伟的浙江省钱塘江管理局副调研员职务。

（22）2017 年 9 月 29 日，浙水党〔2017〕48 号文通知，经试用期满考核，任命李寿星为浙江省防汛防台抗旱督察专员；任命韩连宏为浙江省河道管理总站主任、浙江省河道管理总站钱塘江管理局党委副书记，兼浙江省钱塘江管理局副局长；任命周素芳为浙江省钱塘江管理局总工程师、浙江省河道管理总站钱塘江管理局党委委员；任命陈韻俊为浙江省浙东引水管理局局长、党委书记；以上 4 名同志任职时间自 2016 年 9 月起计算。

（23）2017 年 9 月 29 日，浙水党〔2017〕49 号文通知，任命董福平为浙江省水利厅工会工作委员会主任；任命朱绍英为浙江省水利厅工会工作委员会副主任。

（24）2017 年 10 月 30 日，浙水党〔2017〕53 号文通知，免去应日恩的浙江省钱塘江管理局副调研员职务。

（25）2017 年 11 月 10 日，浙水党〔2017〕55 号文通知，任命朱晓源为浙江省水利厅建设处（安全监督处）副处长，免去其浙江省水利厅科技与标准化管理处副处长职务；任命李荣绩为浙江省水利厅水资源与水土保持处(省节约用水办公室)副处长，免去其浙江省水情宣传中心副主任职务；任命姚岳来为浙江省水利厅科技与标准化管理处副处长，免去其浙江省水情宣传中心副主任职务。

（26）2017 年 11 月 17 日，浙水党〔2017〕60 号文通知，任命沈松强为浙江省水利厅科技与标准化管理处调研员。

（27）2017 年 11 月 17 日，浙水党〔2017〕61 号文通知，任命张日向为浙江省水利厅人事教育处（离退休干部处）处长。

（28）2017 年 12 月 15 日，浙水党〔2017〕69 号文通知，免去江影的浙江同济科技职业学院副院长职务；免去葛民江同志的浙江同济科技职业学院党委委员职务。

（29）2017 年 12 月 15 日，浙水党〔2017〕70 号文通知，经试用期满考核，任命江兴南为浙江省水利水电工程质量与安全监督管理中心副主任，任职时间从 2016 年 11 月起计算。

（30）2017 年 12 月 15 日，浙水党〔2017〕72 号文通知，任命吴宏平同志为浙江同济科技职业学院党委副书记；任命应芬同志为浙江同济科技职业学院党委委员、纪委书记，免去其浙江省水利厅水政处（浙江省水政监察总队）副处长（副总队长）职务；任命许江南为浙江省水利厅水政处（浙江省水政监察总队）副处长（副总队长），免去其浙江省水利发展规划研究中心副主任职务；任命郑盈盈、胡艳为浙江省水情宣传中心副主任（试用期 1 年）。

【职称工作】 组织水利专业工程师、高级工程师资格评价业务考试和资格初定、评审。初定 72 人具有中级专业技术职务资格，94 人通过工程师资格评审，276 人通过高级工程师资格评审，15 人通过教授级高级工程师资格评审。

（1）2月10日，印发《浙江省水利厅办公室关于调整省水利专业高级工程师资格评审委员会专家库的通知》（浙水办人〔2017〕3号）。

（2）2月13日，浙江水利水电学院印发《关于举办2017年度水利专业高级工程师资格申报人员暨水利干部知识更新培训班的通知》（浙水院继教〔2017〕6号）。

（3）2月15日，印发《浙江省水利厅办公室关于做好2017年度全省水利专业高级工程师资格评价业务考试工作的通知》（浙水办人〔2017〕4号）。

（4）3月23日，印发《浙江省水利厅办公室关于做好2017年度厅属单位水利专业工程师资格业务知识考试工作的通知》（浙水办人〔2017〕9号）。

（5）5月14日，2017年度水利专业高级工程师资格评价业务考试在浙江水利水电学院举行，来自全省709位拟在近3年内申报水利专业高级工程师资格的在职人员参加考试。

（6）5月16日，印发《浙江省水利厅 浙江省人力资源和社会保障厅关于公布何晴等276人具有高级工程师任职资格的通知》（浙水人〔2017〕20号）。

（7）5月21日，发布《2017年省水利专业高级工程师资格评价业务考试成绩合格线公告》。

（8）5月24日，印发《浙江省水利厅办公室关于做好2017年水利专业工程师、高级工程师资格评审工作的通知》（浙水办人〔2017〕12号）。

（9）5月27日，印发《浙江省水利厅关于公布汪建英等15位同志具有教授级高级工程师资格的通知》（浙水人〔2017〕23号）。

（10）6月1日，印发《浙江省水利厅 浙江省人力资源和社会保障厅 关于公布2017年浙江省水利专业高级工程师资格评价业务考试合格人员名单的通知》（浙水人〔2017〕27号）。

（11）10月30日，印发《浙江省水利厅关于公布金俏俏等94位同志具有工程师专业技术资格的通知》（浙水人〔2017〕65号）。

（12）11月10日，印发《浙江省水利厅关于确认蒋泽锋等72位同志具有中级专业技术职务的通知》（浙水人〔2017〕70号）。

（汪晓娟）

水利人才队伍建设

【概况】 2017年，浙江省水利系统中专业技术人员总量为14 074人，技能工人队伍总量为5 498人。浙江水利水电学院2017届毕业生2 659名，就业2 579人，初次就业率为96.99%。浙江同济科技职业学院2017年共有毕业生1 870名，就业人数为1 845人，就业率为98.66%。为增强在职职工的业务水平及岗位要求，在年中进行干部及基层教育培训、继续教育培训、农村水电人才队伍培训、农村水利人员队伍培训、水库管理人员培训、水政人员队伍培训、监督人员知识培训及其他人员队伍培训等。

【人才队伍】 截至2017年底，全省水利系统从业人员20 880名。

（1）学历层次。本科 7 235 人，占 34.7%，硕士研究生 2 053 人，占 9.9%；博士研究生 182 人，占 0.9%；大专及以上学历人员共 15 635 人，占 74%。

（2）专业结构。大专及以上人员中，水利类专业占 35.4%，农学、土建、地质勘探、测绘等相关专业占 14%，其他如经济、法 学、信息等专业占 24.2%。

（3）技术职称。专业技术人员总量 13 754 人。其中，具有初级职称以上 10 242 人，占总量的 74.5%。高级职称 2 478 人，其中正高级 288 人，副高级 2 190 人（高工 1 802 人）；中级 4 323 人；初级 3 441 人。2017 年，副高级及以上人数较 2016 年增加 183 人，增幅达 9.1%。副高级及以上专技人员中，48.9% 集中在省水利厅系统（其中正高级 93.8% 在省水利厅系统）。全省水利系统各市专业技术人员技术职称结构见表 2。

表 2　全省水利系统各市专业技术人员技术职称结构

地区	专技人员 / 人		高级	副高级	中级	初级	副高以上比例
杭州市	862	人数	3	121	294	209	14.4%
		比例	0.3%	14.1%	34.1%	24.2%	
宁波市	1 517	人数	4	170	513	348	11.5%
		比例	0.2%	11.3%	33.8%	22.9%	
温州市	1 529	人数	6	156	401	486	10.6%
		比例	0.4%	10.2%	26.2%	31.8%	
嘉兴市	671	人数	1	118	285	215	17.7%
		比例	0.1%	17.6%	42.5%	32.0%	
湖州市	548	人数	0	63	144	169	11.5%
		比例	0.0%	11.5%	26.3%	30.8%	
绍兴市	1 043	人数	2	129	340	361	12.6%
		比例	0.2%	12.4%	32.6%	34.6%	
金华市	1 537	人数	3	216	486	492	14.2%
		比例	0.1%	14.2%	31.6%	32.0%	
衢州市	581	人数	0	39	121	120	6.7%
		比例	0.0%	6.7%	20.8%	20.7%	
舟山市	165	人数	0	27	58	77	14.0%
		比例	0.0%	14.0%	30.1%	39.9%	
台州市	1 378	人数	1	111	333	391	8.1%
		比例	0.1%	8.1%	24.2%	28.4%	
丽水市	924	人数	2	94	256	327	10.4%
		比例	0.2%	10.2%	27.7%	35.4%	
合　计	**10 755**						

（4）高层次人才。省水利厅系统，入选省“151”人才工程第一层次 1 人，省“151”人才工程第二层次 15 人，省“151”人才工程第三层次 71 人。省水利河口研究院曾剑入选第六届水利青年科技英才（全国 10 名）。浙江水利水电学院包志炎、省水利河口研究院吉顺文入选 2017 年浙江省“151”人才工程第三层次培养人选。根据浙江省委组织部有关要求，省水利厅选派的省第八批援藏干部——省水利河口研究院高级工程师王昂峰同志赴西藏那曲市工作。

（5）技能等级。技能工人总量 4 749 人。其中，具有初级工以上 3 731 人，占总量的 78.6%。高级技师 40 人，技师 864 人，高级工 1 438 人，中级工 598 人，初级工 384 人。全省水利系统各市技能工人技能等级结构见表 3。

表 3　全省水利系统各市技能工人技能等级结构

地区	技能工人 / 人		高级技师	技师	高级工	中级工	初级工	技师以上比例
杭州市	279	人数	1	75	141	44	18	27.2%
		比例	0.4%	26.9%	50.5	15.8%	6.5%	
宁波市	442	人数	7	111	170	32	54	26.7%
		比例	1.6%	25.1%	38.5%	7.2%	12.2%	
温州市	326	人数	1	23	55	42	26	7.4%
		比例	0.3%	7.1%	16.9%	12.9%	8.0%	
嘉兴市	83	人数	1	9	40	21	12	12.0%
		比例	1.2%	10.8%	48.2%	25.3%	14.5%	
湖州市	223	人数	3	52	100	24	11	24.7%
		比例	1.3%	23.3%	44.8%	10.8%	4.9%	
绍兴市	497	人数	12	146	135	62	34	31.8%
		比例	2.4%	29.4%	27.2%	12.5%	6.8%	
金华市	1 190	人数	9	244	366	192	123	21.3%
		比例	0.8%	20.5%	30.8%	16.1%	10.3%	
衢州市	535	人数	0	28	51	11	32	5.2%
		比例	0.0%	5.2%	9.5%	2.1%	6%	
舟山市	7	人数	0	3	2	1	1	42.9%
		比例	0.0%	42.9%	28.6%	14.3%	14.3%	
台州市	656	人数	1	73	267	81	46	11.3%
		比例	0.2%	11.1%	40.7%	12.3%	7.0%	
丽水市	511	人数	5	100	111	88	27	20.5 %
		比例	1.0%	19.6%	21.7%	17.2%	5.3%	
合　计	**4 749**							

（6）高技能人才。陈金浩、单海涛获全国水利技能大奖；万志军、郑文栋、饶瞬被评为“全国水利技术能手”；姬战生获浙江省五一劳动奖章；万志军、徐辉、齐成杰、单海涛、朱方剑、宋剑波、刘远财、王力江、王晓栋、朱志冠、杨云、朱琦获浙江省技术能手；黄坚、张云、郑太林、葛赛斌、饶瞬、金发清、高超、董坚、林荷节、景新燕、聂阳、楼厦被评为“浙江省水利技术能手”。

【院校教育】

（1）浙江水利水电学院。截至 2017 年 12 月，浙江水利水电学院有本科专业 22 个、专科专业 15 个（2017 招生专业数，中外合作未重复计算），水利工程、电气工程、测绘科学与技术、土木工程、机械工程和软件工程等 6 个学科为浙江省 B 类一流学科。有中外合作办学项目 2 个，省级本科优势专业 1 个（“十三五”优势专业），省级本科特色专业 7 个（“十二五”新兴特色专业 4 个，“十三五”特色专业 3 个），中央财政资助实训基地 2 个，省级实验教学示范性中心重点建设点 1 个，省级示范性实践教学基地 4 个，学校有全日制学生 9 220 人，其中本科生 5 058 人。2017 年招生 2 890 人，其中本科生 1 567 人。2017 届毕业生 2 659 名，截至 2017 年 8 月 31 日就业 2 579 人，初次就业率为 96.99%。

（2）浙江同济科技职业学院。以浙江省“十三五”优势和特色专业为基础，7 个专业开展以《悉尼协议》为范式的专业建设，开展创新课堂教学和创新创业融入课程的“一述三说两创新”活动，获得第四届水利行业现代数字教学资源大赛一等奖 1 项，省信息化教学大赛二等奖 1 项，全国水利职业教育教学成果奖一等奖 2 项、二等奖 3 项。在水利“大禹班”试点基础上，与浙江圣都家居装饰公司签订圣都现代学徒制式定向班，深入推进“双主体”“双身份”的现代学徒制改革试点工作。承办全国职业技能大赛“水环境监测与治理技术”赛项省级选拔赛包揽所有项目冠军，晋级国赛并获团体总分二等奖。4 个实训基地被列为浙江省“十三五”高等职业教育示范性实训基地。

2017 年共录取新生 2 454 人，其中提前招生录取 291 人，单考单招录取 459 人，中外合作专业办学录取 48 人，“五年一贯制”录取 268 人。“五年一贯制”合作招生 571 人。2017 年共有毕业生 1 870 人，就业人数 1 845 人，就业率 98.66%，其中专升本人数为 236 人，成人教育招生 663 人。获得浙江省“互联网 +”创新创业大赛和职业生涯规划大赛 4 银 3 铜。在省级专业技术人员继续教育基地考核中评为优秀。

2017 年引进新教师 25 人，其他专业技术人员 7 人。选派 3 名干部挂职锻炼，聘请 2 名全国水利行业首席技师担任学院技能导师。5 名教师入选省高职高专院校专业带头人培养对象，1 名教师获得全国水利职教教学新星，7 名教师入选 2016 年度省高校访问工程师，1 名教师在 2017 年省高校访问工程师校企合作项目评审中获二等奖。

【在职培训】 浙江省水利行业2017年度共发放水利行业继续教育登记电子证书12 738人次，其中4 032人第一次获得水利行业继续教育登记证书，自2009年推行全省水利行业继续教育证规范化管理以来，已有41 410人、94 482人次获得全省水利行业继续教育登记证书，继续教育登记证书的发放范围基本覆盖全省各水利专业。各专业领域继续教育登记卡见表4。

表4 各专业领域继续教育登记卡

专业领域	继续教育登记卡／张
防汛防台抗旱	765
水利工程标准化管理	561
水文	391
河道（堤防、水闸）	715
农村水利	1 748
农村水电	689
水资源管理	553
水土保持	114
水政监察	780
水利工程建设	1 113
围垦	76
质量安全监督	399
规划计划	149
财务审计	87
党务	162
人事教育	1 942
水利宣传	101
其他	2 393
合计	**12 738**

【老干部工作】

1. 老干部政策

（1）调整退休人员基本养老金。按照省人力资源和社会保障厅、省财政厅《关于2017年调整退休人员基本养老金的通知》（浙人社发〔2017〕84号）规定调整退休人员基本养老金。

（2）给予省直属单位离退休干部党组织书记工作补贴。按照中共浙江省委组织部、中共浙江省委老干部局、省财政厅印发《关于给予省直属单位离退休干部党组织书记工作补贴的通知》（浙老干〔2017〕22号）规定发放，从2017年11月1日起实施。

（3）提高浙江省生活长期完全不能自理的离休干部护理费和高龄护理补贴。按照中共浙江省委组织部、中共浙江省委老干部局、省财政厅、省人力资源和社会保障厅印发《关于提高我省生活长期完全不能自理的离休干部护理费标准和高龄护理补贴的通知》（浙组〔2017〕25号）规定，提高护理费标准。

（4）调整机关事业单位工作人员死亡后遗属生活困难补助费等标准。按照省人力社会保障厅、省财政厅《关于调整机关事业单位工作人员死亡后遗属生活困难补助费等标准的通知》（浙人社发〔2017〕94号）规定，调整相应补助费标准。

（5）调整精减退职人员生活困难补助费标准。按照中共浙江省委组织部、省人社资源和社会保障厅、省财政厅印发《关于调整精减退职人员生活困难补助费标准的通知》（浙人社发〔2017〕95号）规定，调整相应补助费标准。

2. 老干部活动

（1）1月13日，省水利厅组织召开厅

系统厅局级老领导年终情况通报会。会后，老领导们实地考察德清县中小河流治理重点县综合整治蠡山段工程建设现场。

（1）4月14日，省水利厅组织100余位离退休人员赴嘉兴市嘉善镇参观歌斐颂巧克力小镇和嘉善姚庄水利工程。

（2）5月15日，省水利厅邀请杭州市肿瘤医院副院长林胜友教授为离退休干部专题授课“认识中医与保健漫谈”。

（3）5月24日，省水利厅组织召开厅系统党组织书记和老干部工作人员工作交流座谈会，传达中央和省委省政府重要会议精神。

（4）7—8月，省水利厅开展“夏送清凉暖人心”离退休干部慰问活动，上门走访慰问年迈生病的老同志。

（5）10月19日，省水利厅组织近百位离退休老同志们参观考察湖州图影湿地公园和南太湖渔人码头，深入了解湖州市生态水利工程建设情况。

（胡乃利）

财务管理

【概况】　2017年，围绕浙江省水利工作中心，编制省级水利部门预算；组织审计直属单位经济活动情况，监督省级水利资金使用管理；指导水利基本建设财务管理、直属单位国有资产及非税收入管理、直属单位财务管理及会计核算工作。

【预算单位情况】　2017年，省水利厅所属独立核算预算单位共26家，其中行政单位3家，参照公务员管理的事业单位4家，财政补助事业单位17家，经费自理事业单位2家。至2017年底，省水利厅及所属预算单位职工1 734人，其中在职职工1 703人占98.2%，离退休职工31人占1.8%。

【省级部门预算】　2017年，省水利厅部门收入调整预算数185 388.30万元，其中：财政拨款90 960.54万元，占49.1%；事业收入15 238.68万元，占8.2%；经营收入9 541.51万元，占5.1%；其他收入20 833.50万元，占11.2%；用事业基金弥补收支差额171.49万元，占0.1%；上年结转收入48 642.59万元，占26.2%。省水利厅2017年支出调整预算数185 388.30万元，按支出功能分类，包括一般公共服务支出123.50万元，教育支出52 277.26万元，科学技术支出137.93万元，文化教育与传媒支出320万元，社会保障和就业支出6 395.95万元，医疗卫生与计划生育支出1 526.85万元，农林水支出120 196.33万元，住房保障支出3 934.36万元，其他支出476.14万元；按支出用途分类，包括人员支出4 5421.75万元，日常公用支出22 186.05万元，项目支出108 205.41万元，经营支出9 575.10万元。

【省级部门决算】　2017年，省水利厅部门决算总收入180 027.64万元，其中2016年结转47 601.73万元，用事业基金弥补收支差额117.80万元，2017年收入132 308.12万元；全年累计支出180 027.64万元，结余分配3 294.10万元，年末结转30 806.51万元。

1. 收入情况

2017 年，省水利厅部门决算收入合计 132 308.11 万元，其中：公共预算财政拨款 90 960.54 万元（政府性基金财政拨款 0 万元），上级补助收入 0 万元，事业收入 13 928.45 万元，经营收入 7 388.81 万元，其他收入 20 030.31 万元。较 2016 年部门决算收入 187 529.38 万元减少 55 221.27 万元，下降幅度 29.5%。

2. 支出情况

2017 年，省水利厅部门决算总支出合计 145 927.03 万元，其中：基本支出 58 163.61 万元，项目支出 82 118.51 万元，经营支出 5 644.91 万元，比 2016 年 163 059.94 万元减少 17 132.91 万元，下降 10.51%；其中基本支出增加 10 339.29 万元，项目支出增加 20 187.74 万元，经营支出减少 47 659.94 万元。

（1）基本支出 58 163.61 万元，占总支出 39.9%，较 2016 年 47 824.32 万元增加 10 339.29 万元，增长 21.6%，其中：人员经费 41 530.60 万元，占基本支出 71.4%，较 2016 年 36 490.80 万元增加 5 039.80 万元，增长幅度为 13.8%；日常公用经费 16 633.02 万元，占基本支出 28.6%，较 2016 年 11 333.52 万元增加 5 299.50 万元，增长幅度为 46.8%。

（2）项目支出 82 118.51 万元，占总支出 56.3%，较 2016 年 61 930.77 万元增加 20 187.74 万元，增长幅度为 32.6%，其中：行政事业类项目支出 69 424.39 万元，占项目支出 84.5%；较 2016 年 57 534.78 万元增加 11 889.61 万元，增长幅度 20.7%；基本建设类项目支出 12 694.12 万元，占项目支出 15.5%；较 2016 年 4 395.99 万元增加 8 298.13 万元，增长幅度 180.8%。

（3）经营支出 5 644.91 万元，占总支出的 3.9%，较 2016 年 53 304.85 万元减少 47 659.94 万元，减少幅度为 89.4%。

3. 年初结余情况

2017 年初结转结余 47 601.73 万元，其中基本支出结转 7 915.10 万元，项目结转 39 688.77 万元，经营结余 - 2.14 万元。

4. 结余分配情况

2017 年末结余分配 3 294.10 万元，其中缴纳所得税 401.82 万元，提取职工福利基金 737.67 万元，转入事业基金 2 154.61 万元。

5. 年末结转情况

2017 年末结转 30 806.51 万元，其中基本支出结转 8 674.24 万元，项目支出结转 22 132.27 万元，经营结余 0 万元。

【资产、负债及净资产情况】 2017 年，省水利厅直属行政事业单位资产总计 598 162.30 万元，较 2016 年 700 343.98 万元减少 102 181.68 万元，减少幅度为 14.6%；负债总计 97 346.81 万元，较 2016 年 141 277.54 万元减少 43 930.73 万元，减少幅度为 31.1%；净资产总计 500 815.49 万元，较 2016 年 559 066.44 万元减少 58 250.95 万元，减少 10.4%。

【水利资金预算管理】

（1）科学编制部门预算。厘清基本支出与项目支出边界，对基本支出实行费用标准化，结合人员、编制、资产、政策变动和单位实际情况，实行动态调整，实现公平合理。建立健全项目支出标准体系，提高项目预算精准性、科学性。

（2）加强预算执行管理。制定下发《浙江省水利厅关于加强预算支出执行进度的通知》，对预算执行工作提出明确要求。建立预算执行通报、约谈制度，加大预算执行考核问责力度。按月对预算执行情况进行统计排序，分送各单位，对重点项目的执行情况重点关注及时督促。对连续3个月低于平均进度的单位，要求作出书面说明并提出改进措施，努力提升单位预算执行的主体责任意识。2017年，省水利厅系统各单位预算执行率全部合格，部门预算总执行率为93.64%，在省级预算部门中位居前列。

（3）推进信息公开打造阳光预算。完善财务信息管理系统，在预算项目库管理平台上实时公开预算编制标准、分配金额、审批流程、预算执行情况、绩效评价结果等预算全过程资料。在省政府网站信息公开栏目、水利厅网站向社会公开2017年部门预算（含“三公”经费预算）和2016年部门决算（含“三公”经费决算）。

【水利国有资产管理】

（1）做好资产配置使用处置工作。在2016年资产清查的基础上，进一步厘清省水利厅系统现有资产存量，督促厅属单位充分使用资产，发挥存量资产价值，促进资产合理配置和使用。2017年度完成厅属5家单位房产出租事项共8批次；7家单位资产价值变动事项共13批次；2家单位错账更正事项1批次；12家单位资产调拨（划拨）事项共14批次（含车辆调拨5家5批次，股权划转2家2批次，房产调拨3家5批次）；22家单位资产报废报损事项2批次；3家单位土地使用权处置事项共4批次。

（2）做好资产收入收缴工作。省水利厅行政事业单位所有资产处置、出租收入均纳入一般预算，实行“收支两条线”管理，及时全额上交省财政厅，杜绝截留、挪用、坐支等现象。2017年完成对厅属12家单位申报的资产收入收缴审核报批工作共20批次，申报金额共计2 327.97万元。

（3）做好行业协会脱钩改革中资产管理工作。2017年，省水利厅下属浙江省农村水电行业协会被列入第二批全省性行业协会商会与行政机关脱钩试点范畴，省水利厅专门成立工作小组，制定工作方案，及时完成对协会的资产清查工作，避免国有资产流失，保障水利国有资产在改革发展过程中的安全完整。

【财务审计工作】

（1）组织开展内部控制自我评价。根据省财政厅《关于开展行政事业单位内部控制自我评价工作的通知》（浙财会〔2017〕27号）要求，组织省水利厅各单位开展内部控制自我评价工作。查阅各项内控管理制度、了解内部控制实施情况，从单位层面和业务层面入手，对内部控制建设和执行的有效性进行评价，对评价中发现的内部控制缺陷提出改进建议和措施，完善内控体系，提升单位财务风险防控能力。

（2)加强水利基本建设项目财务管理。

2017年，完成杭州市三堡排涝工程、省水文应急机动测验队、中小河流预警预报系统等7个项目竣工财务决算的审核；完成浙东引水萧山枢纽工程、钱塘江海塘北岸险段标准塘等5个建设项目的竣工财务决算的审核与批复；参与嘉兴市域外引水工程、龙游衢江治理二期工程、瑞安飞云江治理二期工程等6个工程可行性研究投资估算的审查，强化全面监管，确保水利资金合理合法有效使用。深入基层指导，完成《浙江省水利基本建设财务管理指导手册》及基本建设财务主要业务标准化参考模板的编写，提高水利基本建设项目财务管理水平。

（3）推进各项财务日常工作。做好省水利厅本级、厅直属机关党委、省围垦局、省防办等12家二级单位的会计核算与财务管理工作，做到运作有序、监督有力；完成2016年度部门决算、政府财务报告、固定资产投资报表等各类财务报表的编审汇总工作；做好财务集中管理信息平台的日常运行维护和系统升级工作；组织完成全体干部职工交通意外险的参保工作；指导省水利厅所属各单位完成新旧年度财务工作的顺利衔接。

（4）加强内部审计监督。2017年，完成6家单位领导干部经济责任审计，共审计资产151 819.91万元；对厅属16家事业单位及其所属企业进行年度财务收支审计；对厅属22家单位开展绩效工资发放情况专项核查；对10家单位公务支出公款消费情况进行专项审计；开展2次专项财务审计和资产评估工作，为水利国有资产在改革发展过程中的安全完整提供有效保障。配合审计署、省审计厅完成国家重大政策措施落实情况跟踪审计、“最多跑一次”“放管服”改革落实情况等共计13项（次）审计工作；参与对省水文局、省水资源管理中心等5家单位全面从严治党主体责任巡察工作；配合开展公款购买消费烟酒集中排查整治检查，以问题为导向，指导督促被审单位做好整改落实工作。

【水利资金监管】 2017年，对温州、台州、衢州3个地区各市县（区）2016年度面上水利资金和全省8个地区41个县（市、区）2013—2016年中央财政山洪灾害防治经费管理使用情况进行专项检查，检查总金额106 183.62万元。对发现问题能立即整改的责成相关单位即查即改，累计完成问题整改78项。督促各责任主体加强任务和资金分解落实、提升财务管理、质量管理、制度建设，提高水利资金使用效率，促进项目建设管理规范化。

（林文平）

合作交流

【概况】 2017年，紧密围绕防灾减灾、水利工程标准化管理、河湖库塘清淤等全省水利中心工作，开展出国（境）公务考察和培训学习18批次，个人国（境）外学术交流、访学21人次等工作。

【学习交流】

（1）交流互访。组织完成因公交流团

16 批、培训团 2 批，因公个人 19 人次，因公出国（境）预算执行率达到历史最高，加强与美国、加拿大、新西兰、澳大利亚、荷兰、德国、俄罗斯、波兰、南非、毛里求斯等国水利管理部门的友好合作。

（2）考察学习。抓好技术人员出国（境）培训工作，全年共组织 2 批 38 人次赴德国、美国进行“水利资源与水利工程管理”“生态河道治理与水利工程管理”等专题培训。为提高培训质量，在培训内容和人选上严格把关，研究制定培训计划，科学编制培训课程。突出抓好赴境外中长期培训工作，有 6 人赴新西兰尼尔森马尔伯勒理工学院为期 3 个月的访学，10 人赴台湾健行科技大学为期 3 个月的访学，3 人赴加拿大康考迪亚大学为期 4 个月的访学，1 人赴美国佐治亚大学为期 7 个月的访学，1 人赴美国弗吉尼亚海洋科学研究所为期 6 个月的访学。

（汪晓娟）

【学术会议】 开展学术交流活动。为了不断提高会员的学术与业务管理水平，浙江省水利学会（以下简称“学会”）积极组织开展各类学术交流活动，搭建高品质学术交流平台。2017 年学会联合省钱塘江涌潮研究会等在杭州举办“钱塘江科技群体采集工程”学术研讨会，弘扬老一辈水利人的优良品质和奉献精神；同时，围绕浙江省“百项千亿防洪排涝”“剿灭劣Ⅴ类水”等水利中心工作，组织召开“生态护岸新产品应用交流会”“小微水体治理及河湖生态修复技术交流会”“排涝泵站技术交流会”；围绕河长制开办“全省河道生态建设培训班”，此次培训围绕浙江省“大湾区”“大花园”“大通道”建设，分析有关地区生态河道建设谋划、实践案例，思考探讨河道治理有关问题，为扎实推进下阶段生态河道建设发挥作用。

积极组织会员参加省内外举办的各类学术交流活动，如组织会员参加省水利河口研究院组织的“五四青年科技论坛”；参加中国水利学会等 9 大学会联合主办的“第三届资源环境与生命科技创新知识网络大赛”；参加“2017 中国水资源高效利用与节水技术论坛”及“第十二届中国水务高峰论坛”等。通过多种方式为会员提供参加学术交流活动的机会，帮助会员更新并储备相关知识，提升学术和科研水平。

【学会活动】

（1）开展优秀推选举荐工作。学会主动与中国水利学会及省内科技组织联系，组织开展涉及会员成长的各类评先创优和推荐工作。向浙江省科学技术协会、浙江省妇女联合会推荐浙江省水利方面女科技工作者协会会员 30 名，向浙江省科学技术协会推荐“育才工程”资助培养人员 2 名，组织开展中国水利学会年会论文征稿活动，入选论文 5 篇，向第七届中国湖泊论坛推荐论文 3 篇，通过举荐优秀，营造良好的学术氛围。

（2）积极配合省水利厅相关处室开展标准、导则、规程等的制定，8 月，学会联合农村水利专业委员会印发《浙江省山塘综合整治技术导则》，规范山塘综合整治工作。

【学会管理】

（1）2017 年初，召开学会第十届三次常务理事会暨十届三次理事会议，对学会理事、常务理事、专委会等进行调整。目前，浙江省水利学会有理事 43 人，常务理事 27 人，下设专业委员会 18 个，增设学会副秘书长 1 名。同期，审议通过《浙江省水利科技创新奖奖励办法》《浙江省水利学会专家库管理办法》《浙江省水利学会财务管理制度》及《浙江省水利学会期刊编辑出版管理规定》的征求意见稿，规范学会工作，提升学会服务能力。

（2）做好刊物出版工作。学会共有 3 本刊物，与省水利河口研究院合办的双月刊《浙江水利科技》是浙江省水利行业公开出版的省部级重点和省优秀期刊，可向会员传播水利技术研究和应用的专业信息，提升会员专业水平。《地方水利技术的应用与实践》是正式出版的学术论文辑，面向会员征稿，是专门为会员提供展现技术应用和实践经验而设立的学术交流平台，2017 年已经编辑出版第二十七辑。季刊《浙江水利水电》是学会内部交流刊物，每期都免费向会员寄送，旨在向会员多角度宣传、报道浙江省水利水电方面的重要政策、工作动态、科研成果及科普知识等，目的是为加强会员间学术交流和信息传递。

（3）学会会员管理。浙江省水利人员流动比较大，很多会员联系方式变化，年龄结构也非常不合理。2017 年初，在更新原有会员信息的基础上，开展发展新会员的工作，包括单位会员和个人会员的发展，积极吸纳年轻的水利科技工作者和有活力的企业加入到会员队伍中，目前共有单位会员 110 个，个人会员 2 283 名，在新发展的会员中大约 1/3 是具有研究生以上学历的“80 后”青年。

（裴　瑶）

政务工作

【概况】 2017 年，政务工作紧紧围绕省水利厅中心工作，主动作为、认真履职，不断推动政务、事务和服务规范化、常态化和长效化，对照各项年度目标任务，狠抓落实，苦干实干，有力保障了省水利厅机关日常工作的高效、规范和有序运转。

【服务大局】

（1）注重以文辅政，全面提升综合文字水平。重视学习省委省政府和水利部的重要决策部署，注重研究掌握省水利厅重点工作。牢固树立精品意识，力求文稿思路清、高度够、表达清、特色明。同时，建立办公室“电子文稿资料库”，做到动态更新，及时共享，交流学习。

（2）注重协调督办，抓好工作落实。及时精准分解省委省政府重点工作、省水利厅年度重点工作清单，制定各处室、单位年度一类、二类工作目标。强化领导批示办理情况的跟踪督办，加大督办检查力度，确保事事有着落、件件有回音。建立政务交（督）办平台管理系统，做到即时登记、定时催办、销号管理。全年共办理省部领导批示251件，人大建议和政协提案40件，其中主办件24件，办结率和满意率均达到100%。

（3）注重调查研究，发挥参谋助手作用。围绕领导关注的焦点、热点、难点问题，及时总结和推广全省各地不断涌现的创新做法和先进经验。全年共编发16期《参阅件》，及时报送德清、龙游等地先进经验做法，得到副省长孙景淼等省领导的批示肯定。同时，认真对照分析研究省委第五巡视组对省水利厅党组巡视反馈10大问题，完成报结巡视反馈意见整改落实情况的专题报告。

（4）注重信息挖掘，服务领导决策。紧盯水利发展改革重点难点问题，跟踪水利建设热点亮点，不断加大信息采集、整编、报送力度。全年向省委办公厅、省政府办公厅和水利部办公厅报送政务信息200余条，被录用80条，4条得到省领导批示。同时，认真组织做好《浙江水利年鉴2017》《中国水利年鉴》浙江章节、《浙江年鉴》水利章节的资料整理、编纂、校对等工作。

（5）《浙江通志》水利类卷编纂工作。8月25日，《浙江通志》水利类卷编纂委员会召开会议，部署编纂工作，推进编纂进度。《水利卷》《海塘卷》《运河卷》《钱塘江卷》的编辑部，分别召开编纂业务学习会，组织参加省方志办志稿编纂培训；针对水利行业特有的行文规范问题，编写“编纂约定”；开展集中编纂工作，指导资料长编和志稿编纂工作；进行编纂工作质量与进度检查；多次组织召开水利专家座谈会，广泛征求意见，进一步修改完善。至2017年12月，《水利卷》《海塘卷》《运河卷》完成初稿，《钱塘江卷》完成复审稿。

【政务服务】

（1）高标准完善管理制度。修订《水利工作年度考核方案》和《市县年度水利工作综合考核办法》，建立清单化年度考核机制，完善考核信息系统，实现考核“可查询、可反馈、促改进”。出台《政务督查工作办法》，清单化、联动式、全过程推动各项工作落到实处。制定《关于进一步精简文件简报和会议活动有关事项的通知》，对文风会风集中进行整治。印发《关于公布督查检查事项清单的通知》，进一步提高对市县督查检查的质量和效率。制定《关于贯彻省第十四次党代会精神促进厅机关“两强三提高”的意见》，进一步促进省水利厅转作风、提效能、优服务。起草《关于建立改革创新容错免责机制的实施办法（试行）》，进一步激发省水利厅系统广大干部职工干事创业、改革创新的激情和活力。

（2）高要求规范公文管理。认真做好收文发文办理工作，全年省水利厅办公室登记收文3 767件，较2016年增长10.8%。严格审核各类发文，严控发文数量，全年核稿发文1 643件，其中以省水利厅名义发文352件，较2016年减少29.9%，未出现因公文文种、格式等不规范而被省政府办公厅退文通报的情况。进一步落实保密责任和制度，全面开展省水利厅保密自查自评工作，全年机要保密工作无发现失、泄密现象。加强档案管理，获全省“示范数字档案室”称号。全年累计完成档案扫描图幅共计27万多幅，完成电子文件归档1 945件。

（3）高质量组织政务活动。认真做好全省水利工作会议、全省市级水利局长会议、省水利厅厅务会议、厅机关职工大会、厅长办公会议、厅党组会议等重要会议的会前筹备、会中服务、会后落实等工作，形成省水利厅党组会议记录45期，组织编发《厅长办公会议纪要》14期。认真做好省领导调研和水利部及兄弟省市考察的行程方案编制、汇报文稿起草以及后勤服务保障等工作，全年共接待66余批次480多人次。

（4）高效率回应群众关切。认真处理群众来信来访来电以及网上信访，有效运用“浙江省统一政务咨询投诉举报平台”，切实维护群众合法权益。对全年524件信访件进行及时办理、转送，办结率100%，未产生新的积案。强化政务公开工作，不断健全主动公开、依申请公开制度，全年依法、及时、全面地进行答复依申请公开信息14条。

【后勤服务】 组织开展公务用车改革。积极稳妥推进省水利厅厅属各单位公务用车改革，成立车改领导小组，召开部署会、制定计划。组织各单位对车改中所涉的问题进行梳理，并邀请省车改办进行现场解答。涉改22家事业单位和32家国有企业的公车改革方案已经全部完成内部审查。

（方　敏）

宣传工作

【概况】 2017年，水利宣传工作坚持围绕中心服务大局，注重选题策划、挖掘报道深度，加密舆情监测、加强舆论正面引导，搭建活动平台、创新水情教育方式，不断扩大水利宣传的覆盖面和影响力，各项工作取得新成效，为水利改革发展营造良好舆论氛围。

【媒体宣传】 全年在中央、省级主流媒体和行业媒体发表水利稿件400多篇，其中在《中国水利报》发表头版头条7篇，《浙江日报》发表稿件85篇，均创历史新高。在浙江新闻客户端策划推出的“百项千亿”“标准化管理”2个H5均取得“10万+”的点击量。围绕党的十九大召开，在《中国水利报》推出“砥砺奋进的五年”主题报道，有力展示浙江水利改革发展成就；围绕“百项千亿”、标准化管理等主题，组织《浙江日报》《中国水利报》等媒体记者深入各地采访报道；围绕“水生态文明建设试点成效经验”主题，协调水利部宣传中心组织10多家中央媒体赴宁波市开展采访活动，推出有分量、有影响的报道。

【网站信息】 2017年，浙江水利网站编发各类信息近3 000篇；浙江水利微信公众号发布原创报道400多篇，单篇阅读量最高达2万次，其中50多篇报道被“浙江发布”“中国水利网”《都市快报》等媒体转载。在浙江水利网站和微信公众号策划“百项千亿在行动”“水利工程管理创新”“水管单位负责人谈标准化”“一把手谈安全生产”“记忆中的水利工程”“锚定目标加油干”等专题，深度报道水利改革发展取得的新进展、新经验、新成就，营造水利干部职工积极向上、干事创业、争先创优的良好氛围。

【舆情监测】 全年编发浙江水利舆情监测报告63期，其中舆情监测周报38期，防汛防台等特殊时期舆情监测报告8期，地方涉水舆情专报17期。编制浙江水利舆情分析报告2期。相关部门和单位对监测发现的负面和敏感信息，及时做好应对处置工作，全年水利舆情比较平稳。

【新闻发布】 在防汛防台期间，围绕社会公众关注的水雨情和台风信息等热点焦点问题，会同省防指办及时向媒体发布动态信息，并根据汛情需要，组织召开4场防汛防台工作新闻通气会，接待媒体60余批次，主动回应社会关切的问题，起到良好的舆论引导作用。

【水情教育】 会同浙江电视台、温州市水利局等单位在温州市举行以“爱水、护水，我们共同的责任”为主题的大型广场活动，吸引广大市民的踊跃参与。与“浙江之声”合作，在台汛期间循环播放防汛防台公益广告，提升社会公众防灾减灾意识。开展2017浙江“最美家乡河”推选活动，通过各地推荐、网络投票和专家评审，推选出10条“最美家乡河”，在《浙江日报》“浙江新闻”客户端和“浙江在线”连续进行报道，展示浙江省治水成效和经验，积极营造社会公众关心水利、爱护水利、支持水利的舆论氛围。活动期间，社会公众投票数达到143万多人次，社会反响热烈。组织推荐的仙居县永安溪成功入选全国“十大最美家乡河”。

（郭友平）

水利信息化

【概况】 2017年，印发《浙江省水利信息化建设“十三五”规划》，指导浙江省“十三五”时期水利信息化建设，提升水利管理能力和服务水平，促进水利事业的可持续发展。上线水利工程建设全过程动态管理平台，基本完成水利数据汇聚更新服务平台（一期）建设，推进水利工程标准化管理信息化建设。

【行业管理】

（1）浙江省水利信息化建设“十三五”规划。2017年2月15日，省水利厅面向全省印发《浙江省水利信息化建设“十三五”规划》（浙水信〔2017〕1号），指导浙江省“十三五”时期水利信息化建设，提升水利管理能力和服务水平，促进水利事业的可持续发展。

（2）省水利厅成立网络安全与信息化工作领导小组及办公室。2017年6月，成立省水利厅网络安全与信息化工作领导小组及办公室（以下简称“厅网信办”），组织指导浙江省水利网络安全和信息化工作，研究制定水利网络安全和水利信息化发展战略、宏观规划等。厅网信办设立在浙江省水利信息管理中心。

（3）水利信息化建设与管理办法。2017年12月，制定出台《浙江省省级水利信息化项目建设与管理办法》（浙水办信〔2017〕10号），完善和规范省级水利信息化项目的立项、建设、验收、运维等工作。

（4）水利信息化建设与管理指导意见。2017年12月，面向各市县水利局制定出台《关于加强水利信息化建设与管理的指导意见》（浙水信〔2017〕3号），指导市县水利部门开展水利信息化建设与管理，强化水利业务与信息技术深入融合，深化水利信息资源开发利用与共享，坚持公共服务与业务应用协同发展，以水利信息化驱动水利现代化。

（5）行业信息化发展情况摸底调查。围绕机构人员制度管理、信息系统建设管理、网络与网站管理、视频会议与视频监控管理等4个方面开展水利行业信息化指标体系建设，全面掌握市县水利部门关于水利信息化机构、人员、资金、制度、网络、系统、数据、安全等与水利信息化发展密切相关的基本信息，进行多维度、多层面数据统计与分析，编制《2017年度浙江省水利信息化发展报告》，为后续浙江省水利信息化发展提供支撑。

（6）网络安全检查。2017年4月和6月，面向全省印发《浙江省水利厅办公室关于转发〈2017年公安机关网络安全执法检查工作方案的通知〉的通知》（浙水办信〔2017〕1号）、《浙江省水利厅办公室关于转发〈浙江省公安厅关于组织开展网络安全执法检查工作的函〉的通知》（浙水办信〔2017〕2号）和《浙江省水利厅办公室关于开展2017年水利行业关键信息基础设施网络安全检查工作的通知》（浙水办信〔2017〕4号）文件，布置落实2017年度网络安全检查工作，查找安全隐患和漏洞，对薄弱环节和潜在威胁进行整改，提升行业关键信息基础设施的安全防护能力。

【信息系统】

（1）水利工程建设全过程动态管理平台。围绕项目基本情况、项目资金、工程进度、工程质量、工程验收等方面，2017年1月，完成水利工程建设全过程动态管理平台整体建设方案的编制；2017年10月，基本完成对省、市、县各级水行政主管部门，水利建设市场从业单位以及重大重点项目法人的调研工作，编制完成水利工程建设现状监管能力调研评估报告；围绕项目法人、施工和监理3个管理维度，按照水利工程建设基本程序的各个环节要求，以姚江上游“西排”工程为试点，初步实现项目基础数据采集和日常工作台账的“痕迹化”管理。项目法人工作平台于2017年11月初正式上线运行。

（2）国家防汛抗旱指挥系统二期工程。截至2017年底，6个标段11个单项中除监理标段外均完成合同完工验收，在水利部项目办2017年11月中央资金支付进度考核中，浙江排名第五（共39家单位）。

水雨情等部分项目成果已服务于浙江省2017年防汛工作，数据汇集平台正在按国家防办要求部署开展全省试运行。

（3）水利数据资源整合共享。基本完成水利数据汇聚更新服务平台（一期）建设，在线数据汇聚更新平台初步建立；2017年12月18日，省水利厅率先完成“最多跑一次”前100高频事项共享整合改造工作，获浙江卫视的专题报道和浙江省政府领导的肯定；列入省政府大数据应用示范工程——水资源监测大数据应用项目取得初步效果，项目以象山县为示范区，整合取水许可、水资源监测、水利工程基本属性、社会经济等数据，初步开发象山县水资源数据大屏，探索开展“岗位+场景”的水利大数据应用模式。

【水利工程标准化管理信息化建设】

（1）水利工程标准化管理监督和服务平台应用。2017年5月23日，印发《关于做好浙江省水利工程标准化管理监督与服务平台用户注册使用工作的通知》（浙水信〔2017〕2号），列入2017年创标任务的3 309个水利工程全部注册接入省监督服务平台，平台已面向全省市县水利部门开放注册使用。

（2）水利工程视频图像监控系统建设。509座水利工程1 819个水利视频监控点接入省平台，视频图像监控系统在工程日常管理中投入使用，为中国水利博物馆提供视频资源，为台风路径实时发布系统等重要应用提供数据共享。

（3）水利工程移动巡查管理系统应用。初步完成水利工程通用版移动巡查系统研发，搭建移动巡查管理平台，开发基于IOS和Android的移动巡查系统。

（4）水利行业地图作业平台建设。为水资源监测大数据应用示范工程、水库工程协同管理平台、河长制管理平台等应用提供空间地图服务，已有5万多个水利工程上图，20万多个自然村以上及水利工程地名数据，完成水利电子地图脱密处理并获互联网公开发布许可（审图号为浙S〔2017〕229号）。

【信息网络】

（1）全省水利系统视联网。组建全省水利系统90余个防汛会场节点视联网，在浙江省政府各组成部门中第一个实现行业视联网县级以上全覆盖，水利行业视联网已成为防汛会商系统的重要补充和第二备份通道，并在全省性视频会议中得到应用。

（2）远程视频会商系统运维保障。2017年，防汛指挥中心共召开各类会议210余场，其中水利部和浙江省政府的重要会商会议60余场，系统全年无故障发生。

（3）信息系统运行管理维护。2017年，“浙江水利”网站全年访问量2 250多万次，发布新闻近6 000篇；协同办公系统收发文处理4 000多件，预约调度车辆500多次，预约调度会议室近300次；信息门户全省开户1 200人，即时交流65万余次，文件传输15万余次；台风系统年访问总量突破2亿次。各系统运行正常。

（4）高危计算机病毒应急处置工作。

2017 年 5 月以来，以“永恒之蓝”勒索病毒为代表的一系列高危计算机病毒陆续爆发，浙江省水利信息管理中心第一时间全面部署，采用“全网关闭、单机查杀、逐一接入”的方式，做好中心机房服务器和省水利厅机关计算机病毒查杀、补丁安装和病毒防控等安全防护工作。2017 年，省水利厅机关计算机未发生病毒感染情况。

（5）省水利厅机关软件正版化工作。按照国务院办公厅《政府机关使用正版软件管理办法》文件要求，全面开展厅机关软件正版化工作，对厅机关办公计算机的操作系统、Office 办公软件和杀毒软件的正版化情况进行全覆盖检查。在 2017 年 12 月 1 日的省级政府机关软件正版化检查情况反馈会议上，省水利厅被列入 16 家 100% 软件正版化的省直单位（被检查的省直单位共 43 家），获国家版权局会议点名表扬。

（邱　雁）

地方水利

Local Conservancy

杭州市

【单位简介】 杭州市林业水利局（以下简称“杭州市林水局”）是主管杭州市林业、水利工作的市政府工作部门，承担杭州市的林业生态规划建设、林业产业指导与管理、森林资源保护、水利工程建设管理和规划、防汛防台抗旱、水资源管理、河湖治理保护等职责。

【综述】 2017 年，杭州市林水局全面落实剿灭劣 V 类水、防洪排涝、“最多跑一次”改革等任务，完成水利建设投资 65 亿元，占省计划 63 亿元的 103%，其中百项千亿防洪排涝工程完成投资 20 亿元，占年度计划投资 15.3 亿元的 130.7%，完成市本级财政资金水利支出预算 7.76 亿元，实现持续增长。杭州市本级和建德市获浙江省水利“大禹杯”竞赛提名奖、萧山区获银杯奖，杭州三堡排涝工程获 2016 — 2017 年度中国建设工程鲁班奖(国家优质工程)，年度各项计划任务全面完成，取得良好工作成效。

【水利建设】 2017 年，杭州市下达中央资金水利项目 13 170 万元，新增强排能力 25 m^3/s，加固江河干堤 20.8 km，列入百项千亿防洪排涝工程项目前期计划的 5 个项目全部完成年度计划。组织编制《杭州城西科创大走廊水利综合规划》，开展江北城区防洪排涝优化方案、西险大塘防洪能力研究、东苕溪洪水出路分析及城西南排通道工程方案研究等 4 个课题，稳步推进杭州市水利前期规划工作。杭州市林水局主要领导专题部署开展“千人万项”活动 4 次，问题解决率超过 85%。加快推进农田水利基本建设，新增高效节水灌溉面积 2 713.33 hm^2、改善灌溉面积 2 666.67 hm^2，农田灌溉水有效利用系数提高到 0.595。完成山塘整治 110 座，水库除险加固 15 座、农村饮水安全巩固提升 17.29 万人。

【防汛防台】 认真履行杭州市防指办牵头抓总职能，全面做好各项防御准备工作，有效应对梅汛期“6 • 25”钱塘江干流 1955 年以来第二高水位和“纳沙”“泰利”“卡努”等强台风，实现了“不死人、少伤人、少损失”和“四不一正常”防汛工作目标。

（1）夯实乡镇村基层防汛责任。根据换届结果调整公布了 638 座水库、282 座农村水电站安全管理责任人名单。组织编制 193 个乡镇街道、3 011 个村级防汛形势图，标绘了 680 处山洪危险区、400 多处地质隐患点，并逐一落实了预警转移责任人。

（2）修编预案落实物资。修编钱塘江、东苕溪、浦阳江流域洪水防御方案和市级防汛预案操作手册，对全市 14 座大中型水库控运计划进行批复。做好抢险物资储备，杭州市共计储备抢险袋类 300 万条、土工布 4.3 万 m^2、砂石料 3.6 万 m^3、冲锋舟 55 艘，组建防汛抢险应急队伍 13 支 482 人。

（3）精准测报科学调度。2017 年，杭州市、县两级防指发布调度指令、调度意见 68 次，预警 2 400 余次，水文部门接收处理遥测数据近 8 200 万条，编撰水雨情快报 48 期。三堡排涝工程累计外排 2 650 万 m^3，七堡排涝泵站累计外排 870 万 m^3，萧山平原沿江闸站累计外排 8 500 万 m^3。杭州市大中型水库累计拦蓄洪水 1.64 亿 m^3，有效发挥拦洪错峰效益。

【水利管理】 完成省市最严格水资源管理制度考核工作，有效推动水资源消耗总量和强度双控制。2017 年，杭州市用水总量 33.62 亿 m^3、万元工业增加值用水量 26.6 m^3、万元 GDP 用水量 28 m^3，同比下降 1.8%、11.3%、9.7%；35 个国家重点水功能区水质达标率 100%。建立健全水资源管理考核制度体系，制定印发《杭州市“十三五”最严格水资源管理制度考核办法和实施方案》和 2017 年度考核细则。水利工程标准化管理扎实推进，完成水利工程标准化创建 422 项，超额完成 2017 年度 367 项创建的目标任务，完成率 115%，标准化创建省级抽查复核通过率 100%。萧山区、桐庐县作为全省标准化管理示范县，率先全面完成标准化创建任务。完成水土流失综合治理面积 52.18 km^2，超额完成 48 km^2 的年度任务，完成率 109%。省水利厅、杭州市政府、沿江各区政府三级联合，强势开展钱塘江杭州段非法采砂整治行动，22 艘采砂船全部取缔并拆解完毕，钱塘江杭州段全面禁采，结束了长达 30 多年的采砂历史，省委书记车俊专门批示：“真下决心，综合施策，真见成效。”防潮安全管理连续两年实现人员“零伤亡”，全年累计劝阻下堤下江 5.8 万余人次。

【剿灭劣Ⅴ类水工作】 杭州市林水局严格落实河长及水利主体责任，所有区、县（市）水利部门均设置河长制机构，全面推进河道清淤、排放口整治、生态配水与修复等水利剿劣行动。2017 年，完成河湖库塘清淤 1 253 万 m^3，上塘河 4 个劣Ⅴ类控制断面全部顺利“摘帽”；完成 128 家企业入河排污口设置审核并录入省水利厅系统；实施生态调水 28.4 亿 m^3；完成农村河道综合整治 271.4 km、水土流失治理 52.18 km^2、无违建河道创建 561 km、河道管理范围划界 542 km，新增水域面积 0.18 km^2，剿灭劣Ⅴ类水工作全面完成年度任务，杭州市水生态环境质量稳步提升。

【依法行政】 杭州市林水局贯彻落实省市法治政府建设决策要求，全面推进依法治水管水。完善法规体系，《杭州市山塘安全运行管理条例（草案）》申报列入 2018 年杭州市人大立法建议项目；完成《杭州市钱塘江防潮安全管理办法》修订和《杭州市河道管理条例》修订调研。组织专项执法，结合无违建河道创建、剿灭劣Ⅴ类水等行动，查处各类水事违法案件 55 件。履行审批职能。2017 年，杭州市本级受理水利行政许可 22 件，其中开发建设项目水土保持方案审批 19 件，涉河涉堤建设项目审批 2 件，取水许可 1 件。开展抽查监管，开展取用水监督管理、防汛汛前检查、大中型水利工程管理考核、千岛湖配水工程质监等“双随机”抽查监管，出动检查人员 140 人次，覆盖率 100%。

【水利改革】 围绕“最多跑一次”改革，制定改革工作实施方案，按照省水利厅下达的指导目录，100% 纳入“最多跑一次”事项和浙江政务服务网。探索试行水土保持弃方处置方案信用承诺制创新举措。落实新修订的《浙江省钱塘江管理条例》，钱塘江杭州段全面禁采，杭州市、区两级平稳承接钱江管理事权。积极推进水权交易制度改革，完成东苕溪流域 16 座山塘水库水资源确权登记，指导临安区制定出台《农村集体经济所有的山塘、水库水权转让暂行办法》。启动农业水价改革试点，编制完成《农业水价综合改革试点实施方案》，临安区、建德市两地列入浙江省农业水价综合改革第二批试点县。

【水利科技】 杭州市林水局在水利工程的建设和管理中积极申报水利科技创新项目，推广应用水利科技成果。2017 年，发布全国首个《堤坝白蚁防治管理规范》，成为杭州市地方标准；计算机软件著作《钱塘江涌潮经验预报系统》获国家版权局授权；《钱塘江涌潮多模式融合检测与实时递归预报系统》获浙江省科技进步奖二等奖；6 项水利发明获国家专利，4 个市级科技推广项目圆满完成。

（裘　靓）

宁波市

【单位简介】 宁波市水利局是根据《中共浙江省委办公厅、浙江省人民政府办公厅关于印发〈宁波市人民政府机构改革方案〉的通知》所设立的，主管宁波全市水利工作的市政府工作部门。内设 7 个职能处室：办公室、组织人事处、计划财务处、建设与管理处（安全监管处）、水政处（行政审批处）、市人民政府防汛防旱指挥部办公室、水资源与水土保持处。直属事业单位 11 个，共有正式在编人员 221 人。主要职责：贯彻执行国家、省有关水利的法律、法规、规章和方针、政策，受委托起草有关水行政管理的地方性法规、规章草案；负责保障水资源的合理开发利用；负责统一管理水资源；负责水资源保护工作；负责水利设施、水域及其岸线的管理与保护；负责水旱灾害防治工作；负责水土保持工作；负责节约用水工作；组织、指导水政监察和水行政执法。指导农村水利工作；指导水文工作；开展水利科技、教育和队伍建设和监督市级水利资金和直属单位国有资产的运行管理。设有市治水办、市姚江二通道（慈江）项目建设推进办、市水利工程标准化办等临时性综合协调组织。此外，宁波 10 个区县（市）除了海曙区、江北区设置为农林水利局，镇海区机构设置为农业局，其余 7 个都独立设置水利局，市级功能区也分别设立了水利机构。

【综述】 2017 年，宁波市水利系统深入贯彻落实党的十九大和省、市党代会精神，围绕省“百项千亿”工程、市防洪排涝“2020”行动计划、剿灭劣Ⅴ类水等决策部署，各项水利工作取得较好成绩，继续保持平稳增长的发展势头。

水生态文明建设成效显著。宁波市以

全国水生态文明城市试点建设验收为总目标，积极开展剿灭劣Ⅴ类水、饮用水源保护、河湖库塘清淤等工作，示范试点成效突出。8月，宁波市正式通过全国水生态文明城市试点工作验收，经过3年努力，投入316亿元，全面完成试点实施方案的各项建设目标与任务。全市已实现省级、市级、县级、乡镇级、村级五级河道“河长制”全覆盖，累计建成19个水环境整治示范镇和345个水环境示范村，打造北仑小浃江、古林西洋港河等一批亮点生态河道工程，全市河道水环境面貌有了明显改观。

水利工程标准化工作继续走在全省前列。完成305项工程标准化管理达标创建和验收，慈溪市示范县和余姚梁弄等8个示范乡镇实现五年“创标”任务两年提前完成。在全省率先开展2016年“创标”工程“回头看”和运行管理平台专项检查。

智慧水利和水利科技不断推进。水利科技创新取得突破，滨海城市洪涝风险动态预判与智能跟踪关键技术及应用》获全国大禹水利科技二等奖，《宁波市水文数据管理与分析应用系统》获省水利科技创新三等奖，《农村河道水环境生态治理技术研究与示范推广》获浙江省学技术三等奖。

【机构职能调整】 针对机关职能交叉、分工不清问题，结合局领导分工调整，对机关内设处室进行职能理清。经市编委办批复，水政水资源处（行政审批处）更名为水政处（行政审批处），建设与管理处增挂安全监督处牌子；完成水资源信息管理中心和水利发展研究中心职责的调整新增、皎口水库机构升格等机构编制调整基础性工作。

【工程建设和管理】 2017年，宁波市完成水利投资103.6亿元，占年度目标95亿元的109%；其中重点工程完成投资83.5亿元，占年度目标80亿元的104%，水利投资首次突破百亿元大关。

【洪水蓄分工程】 奉化葛岙水库工程公路迁建工程已开工，移民大纲已上报省政府；宁海清溪水库工程已获得省发展改革委立项受理；姚江西分工程已实现开工；姚江西排工程总干渠导流明渠实现通水；姚江二通道（慈江）工程的慈江闸站、澥浦闸站、化子泵基础处理基本完成。余姚扩大北排工程的陶家路江二期一标段已完工。

【洪涝分治工程】 余姚城区包围工程的城区堤防一期、二期已完成；候青江闸泵具备通水条件；海曙鄞江堤防整治工程正在完善可行性研究报告；东钱湖北排工程完成可行性研究报告技术审查。

【平原排涝河道工程】 慈溪新城河一期、二期以及城区潮塘江排涝工程、鄞州九曲河整治工程开工建设。江北大河（城区段）河道整治工程完成可行性研究批复；甬江防洪工程东江剡江奉化段提防整治二期项目建议书已完成技术审查；县江龙潭段主体基本完成。

【泵闸工程】 6座沿江泵站进展顺利，海曙风棚碶闸泵工程已完成基础处理，完成各类水泥桩4 923根；镇海涨鉴碶闸泵工程水下部分施工已完成，机电设备及配电系统安装完成，已具备应急通水条件；江北孔浦闸站改造工程完成主泵房下部结构及上游左右岸扶壁翼墙建设。

【镇村防洪工程】 完成小流域治理约65 km，完成投资4.5亿元。7座小型水库除险加固工程全部完工，107座山塘治理项目中，报废山塘6座已全部完成，全面整治山塘完成60座，在建41座。象山下沈、黄湾等标准海塘维修加固开工。

【水源工程】 钦寸水库实现下闸蓄水试运行。水库群联网联调西线工程隧洞已全线贯通。宁海西林水库、杭州湾慈西水库按计划推进。宁波至杭州湾引水工程、横溪水库至东钱湖水厂引水工程开工建设。

【农田水利建设】 完成小型农田水利建设0.4万 hm^2，喷微灌面积0.15万 hm^2，与市农科院建立水肥一体化技术应用示范核心基地，中央小农水项目建设任务圆满完成。

【防汛抗旱】 2017年，宁波市气候总体平稳，全年受到3个台风影响，较常年略少。受第20号“卡努”台风影响，姚江干流出现超保证洪水，余姚站最高水位2.82 m，超保证水位0.42 m，重现期达到10年一遇；姚江大闸站最高水位2.63 m，超保证水位0.43 m，重现期达到20年一遇。在全市上下的共同努力下，宁波市没有因汛情造成人员伤亡和重大财产损失。

【雨情】 汛期雨量略偏多，时空分布不均。汛期，全市面雨量1 115 mm，较常年偏多9%，属平水年份。从降雨区域分布看，中北部地区和东南部地区降雨偏多，其他地区与常年基本持平；从时间分布看，呈现“两头多中间少”的格局，即4—6月和10月雨量明显偏多，7—9月明显偏少。梅雨量明显偏多，强度大。2017年6月9日入梅，7月5日出梅，梅雨期26天，接近常年，梅雨量354 mm，较常年偏多40%，且主要集中在2次较短时期的降雨过程，6月11—13日首场梅暴过程面雨量达160 mm，是2017年宁波市最大的一次集中强降雨过程，也是近20年来最大的首场梅暴雨。台汛期降雨时空分布不均，暴雨强度中等。台汛期降雨主要集中在9号“纳沙”、18号“泰利”和20号“卡努”台风影响期间，其中20号“卡努”台风期间受冷空气南下影响，全市面雨量达149 mm，为今年对宁波市影响最大的台风；而受9号“纳沙”、18号“泰利”台风影响，宁波市降雨均为46 mm。

【水情】 由于汛期雨量与常年相比略偏多，且时空分布不均，汛期主要平原河网水位呈现“两头高、中间低”及变幅大的特点。汛期，姚江大闸排水78次，排水量达7.69亿 m^3。大中型水库水情总体平稳，出汛蓄量比常年偏少。汛初，全市32座大中型水库蓄水量7.92亿 m^3，与常年持平。由于梅雨期降水丰沛，水库增蓄明显，出梅时全市大中型水库蓄水量 9.85 亿 m^3，比常年多 12%。伏旱期由于持续高温少雨，水库蓄水持续下降，后期受 9 号“纳沙”、18 号“泰利”降雨影响补充水量，但因降水量不大，水库增蓄不明显，至汛末“卡努”台风期间甬江流域各水库拦蓄水总量为 0.99 亿 m^3，其中奉化江流域水库拦蓄水总量为 0.38 亿 m^3，姚江流域水库拦蓄水总量为 0.46 亿 m^3，甬江干流水库拦蓄水总量为 0.15 亿 m^3。汛末，32 座大中型水库蓄水量 7.96 亿 m^3，比常年偏少 9%。

【汛情】 受第 20 号台风“卡努”外围环流和冷空气共同影响，宁波市普降大到暴雨，局部大暴雨，全市面均雨量 149 mm，强降雨造成全市各主要平原河网水位代表站普遍超警戒，姚江干流水位超过保证水位，其中余姚站最高水位 2.82 m，超过保证水位 0.42 m，重现期达到 10 年一遇；姚江大闸最高水位 2.63 m，超过保证水位 0.43 m，重现期达到 20 年一遇。除五乡站达到警戒水位外，全市主要河网代表站均超过警戒水位，超警戒水位历时为 26 ~ 60 小时；部分区（县）城镇低洼地和农田受淹。

【旱情】 出梅后，宁波市受副热带高压控制且无台风影响，出现较长时间的高温少雨天气。从 7 月 5 — 28 日，全市基本无有效降雨，偶有面雨量 10 mm 以下的阵性降水，高温天数超长，导致山区部分乡村发生用水紧张，同时平原河网及姚江下游水位持续偏低，姚江大闸最低水位降至 0.5 m 以下，平原河网水体蓝藻爆发，出现了严重的“水华”。

【灾情】 2017 年汛期，宁波市相继遭受“6 • 11 梅暴雨”和“泰利”“卡努”台风暴雨等灾害性天气。受“卡努”强降雨影响，宁波市部分区（县）城镇低洼地和农田受淹。据统计，全市有 24 个乡镇不同程度受灾，受灾人口 9 700 多人，直接经济损失 1.49 亿元。

【水资源管理】 水生态文明建设成效显著。8 月，宁波市正式通过全国水生态文明城市试点工作验收，经过 3 年努力，投入 316 亿元，全面完成试点实施方案的各项建设目标与任务。全市已实现省级、市级、县级、乡镇级、村级五级河道“河长制”全覆盖，累计基本建成 19 个水环境整治示范镇和 345 个水环境示范村，打造北仑小浃江、古林西洋港河等一批亮点生态河道工程，全市河道水环境面貌有了明显改观。

按期完成全市合法保留的 51 个入河排污口的审核登记工作。组织开展《宁波至杭州湾新区引水工程区域节水评估专题报告》编制审查，为全省首例开展区域节水评估。严格落实饮用水源保护措施，及时关闭白溪水库旅游景区。启动实施第三轮（2017 — 2020 年）用水城区与供水库区挂钩结对工作，由 10 个用水城区挂钩结对供水库区 10 个乡镇（街道），每对结对帮扶资金提高到每年 200 万元。全市共开展河湖执法专项巡查 1 983 次，累计巡查河道长度 8 381 km，巡查水域面积 419 km^2；现场制止处理违法行为 300 件，立案查处偷排泥浆等涉水案件 28 起；坚持以“无违建河道”创建为抓手，完成全市省级和 70% 市级河道基本无违建目标。《宁波市河道管理条例》修改已完成前期调研工作。

【剿灭劣Ⅴ类水工作】 全市河湖库塘完成清淤方量 1 363 万 m^3，占年度计划的 136%，其中剿劣清淤完成 226 万 m^3，占年度计划的 113%。河道综合整治完成 316.6 km，占年度任务的 138%，新增水域面积 3.5 km^2。研究制订《关于加强平原河网环境补水工作的意见》《2017 年宁波市区平原河网环境补水方案》，组织开展《宁波市区河道引配水专项规划》编制工作。全市累计实施河道环境补水 3.61 亿 m^3，其中市区 1.6 亿 m^3。

【第一轮三江常态清淤工程】 2017 年，宁波市在不增加总投资的情况下，又向庆丰桥以下甬江清淤延伸 10.5 km，大大提升甬江排洪能力。经过 3 年的实施，总计完成三江疏浚 284 万 m^3（实际清淤土方 284 万 m^3，结算方量 220 万 m^3），投资 9 000 万元。清淤后河段排涝畅通，全年甬江露滩仅 24 天，姚江露滩仅 9 天，远小于 45 天的设计要求，清淤效果十分明显。

【“世界水日，中国水周”系列活动】 2017 年 3 月 22 日由市水利局和市三江河道管理联席会议办公室主办，市三江河道管理局、市水政支队、市水利学会和江北区农林水利局具体承办的第 25 届世界水日、第 30 届中国水周主题宣传活动，在姚江畔的宁波大剧院举行，活动的主题是“保护三江，你我同行”。此次宣传活动，得到市五水共治办、市河长制办公室、市环保局、市科协和共青团宁波市委、北京摩拜科技有限公司等相关单位的大力支持。活动表彰三江保护优秀志愿者，展示从全国范围征集的三江保护徽标和宣传画优秀作品，开展“百团计划”首批 22 个友好合作团队的集体签字仪式，近 300 人参与“保护三江，你我同行”之“骑行三江”宣传活动。

【“最多跑一次”改革】 宁波市大力推进“最多跑一次”改革，坚持严格审批与提高服务并重，梳理出可实现“最多跑一次”事项 19 项，占应纳入事项的 100%，达到市政府提出“力争覆盖 80% 左右的行政权力事项”的要求。2017 年初以来，市级涉河涉堤、建设项目水体保持方案等水利行政审批办理完成 100 多件，已通过提前介入、容缺受理、快递送达等方式实现“最多跑一次”，无超期办理现象。

【人才队伍建设】 宁波市白溪水库管理局、宁波原水集团有限公司 2 家单位被评为全国文明单位；周公宅水库管理局、皎口水库管理局被评为省级文明单位。做好专技人才培养工作。1 名市级领军拔尖人才赴美进行为期 1 年的进修，2 名专技人才入选 2017 年度市级领军拔尖人才工程第三层次。组织参加全省第七届技能竞赛并配合做好中国技能大赛相关项目竞赛工作，组织各区县（市）水利局、下属单位专业技术人才和技能人才开展市级选手选拔赛，参加全省水利行业职业技能竞赛，市水利局获团体第三及优秀组织奖；在中国技能大赛相关项目竞赛中，市三江局单海涛同志获河道修防工第六名、周公宅水库管理局郑文栋同志获泵站运行工技能竞赛第十二名。

【党建工作】 出台市水利局班子成员全面从严管党治党履职清单，建立市水利局党委与驻局纪检监察组情况互通制度，狠抓“四专三书一报告”落实，进一步推动“两个责任”落地生根。深入开展“两学一做”学习教育常态化制度化活动，通过市水利局党委中心组、专题辅导报告会、党支部研讨会等多种方式，推动党的十九大及省市党代会精神学习不断引向深入。同时开展领导干部15个重要节点廉政风险提醒防范工作。全面排查和管控在水利工程建设项目立项审批、资金安排、工程招投标、设计变更等环节可能产生的廉政风险。市本级编制了化子闸泵工程廉政风险防控手册，提出建设单位人员行为“10个不准”，并建立廉政监察员制度。大力开展市水利局“大脚板走一线、小分队破难题”专项行动，局领导领衔24个小分队，建立“大脚板”月通报督办和“小分队”联络会商工作机制，推动清溪水库等一批难题取得突破。

（傅明里、杨梓艺）

温州市

【单位简介】 温州市水利局（市珊溪水利枢纽管理局）内设7个职能处室，珊溪管理局设3个职能处室，直属事业单位14个，共有正式在编人员290人。主要职能：贯彻实施水法律、法规和水利方针政策，承担全市水行政监督管理和水利行业指导；承担珊溪水源保护管理工作；承担全市“五水共治”建设美丽浙南水乡的组织、协调、监督和考核等工作。根据市委、市政府的部署，市水利局还承担多项重要工作职能。主要有市治水办、市珊管办、市采砂办、市河长办、市创建水生态文明城市领导小组办公室等综合协调机构。此外，温州市11个县（市、区）除鹿城区、洞头区机构设置为农林水利局外，其余9个都独立设置水利局，市级功能区也分别设立了水利机构。

【综述】 2017年，温州市水利系统干部职工紧抓重点、突破难点、争创亮点，全面推进治水剿劣，水利建设，各项工作有序有力推进。全面完成全省最重的剿劣任务，全市平原河网水质稳步提升，温州治水工作得到省领导的批示肯定；基层防汛防台体系全面覆盖，前线分指挥部全国首创；水生态文明加速提升，水资源管理考核全省第一；农村水利屡树典型，典型经验全省推广。

【治水剿劣】 健全“问责追责、三色预警、现场推进、考核激励、督查督导”五大机制，实施“拆、截、清、封、防、调”六大措施，统筹推进剿灭劣Ⅴ类水攻坚战，全面消除20个劣Ⅴ类水质断面（超全省的1/3）、2 947个劣Ⅴ类小微水体，顺利通过省治水办验收。全年完成治水投资326.4亿元、完成率149.4%；完成河湖库塘清淤1 037万m^3、生态调水4.54亿m^3；8 751名市、县、乡、村四级河长常态化履职，开创了河长、督查长、警长“三长”治河新局面。据环保部门统计，平原河网氨氮、高锰酸盐、总磷平均浓度与2016年相比分别下降40.9%、5.3%、25.3%，与2013年相比分别下降71.2%、24.8%、53.8%，另外还有15个断面水质提高1个类别，河道水质进一步改善。得到省委常委、统战部熊建平部长（时任分管副省长）的批示肯定。

【重点水利工程建设】 以“千人万项”为抓手，强势推进19个百项千亿防洪排涝工程，完成投资29亿元，完成率110%。其中，鳌江干流治理麻萧段、横阳支江堤防加固等2个项目完工；鳌江干流水头段防洪工程、温瑞平原东片排涝工程、温瑞平原西片排涝工程、飞云江治理一期等项目超年度计划；平阳县瑞平平原排涝工程、江西垟平原排涝工程等项目前期有序推进。加强与金融机构战略合作，温瑞平原西片排涝、永嘉县瓯北三江标准堤等项目采用PPP模式，进一步拓宽水利投融资渠道。

【围垦工程以及其他工程建设】 推进瓯飞一期北片、瑞安丁山三期西片等8项目围垦面积1.46万hm^2，完成投资13.3亿元，占年度计划（12.57亿元）的106%，围垦面积、完成投资、圈围数量全省领先。完成瓯飞一期北片0.44万hm^2圈围；龙湾二期0.23万hm^2、洞头环岛西片226.7 hm^2已全面完工。瓯江翻水站维修加固工程恢复通水，市区生态用水得到更好保障。

【防汛防台】 组织开展9号台风“纳沙”、18号台风“泰利”防御工作，确保全市人民群众生命财产安全。出台《关于切实做好人防、技防、工程防三结合全面提升防汛防台工作水平的实施意见》，明确人防、技防、工程防的15项相关工作。在全国率先建立防汛防台前线指挥机制，建成平阳北港、瓯海泽雅等7个前线分指挥部。全面开展责任人调整工作，全市185个乡镇（街道）全部按时完成村级责任人调整和省级基层信息平台的更新录入，明确危险区责任网格44 158个、落实村级网格责任人51 373人；开展了市、县、乡三级共229班、22 712人次的责任人培训，进一步夯实防汛防台基础。185个乡镇的防汛形势图全部完成更新并上墙，5 788个村居（社区）的防汛形势图全部绘制完成，并录入省基层防汛信息平台。

【民生水利建设】 2017年，温州市农村饮水安全工程继续推进，截至11月，全市完成农村饮水安全巩固提升人口19.7万人，完成率100.2%，完成总投资1.24亿元，人口数占全省的1/4，居全省最多；全市农村水质抽检合格率达到74.6%，合格率提高幅度连续3年保持在5%以上。推进农田水利设施建管工作，截至11月，共完成农田水利投资2.89亿元，全市完成新增高效节水灌溉工程 0.26 万 hm^2，完成率 101%。开展“美丽山塘”创建，全市试点创建 11 座美丽山塘，努力提升山塘综合效益。完成 36 座 1 万 ~ 10 万 m^3 山塘综合整治，完成率 100%。

【水利工程质量和安全生产监管】 全面推广使用质量安全监督移动工作平台手机 APP，及时出具监督意见，施工质量得到有效提升。积极开展在建水利工程安全文明施工标准化工地创建，温州市龙湾二期围涂工程施工Ⅱ标、Ⅲ标获“浙江省建筑安全文明施工标准化工地”称号，水利安全生产形势持续稳定。组织全市在建水利工程标准化工地评选活动，温州市瓯飞一期围垦工程获得“2015 — 2016 年度全国水利建设工程文明工地”称号（全省 3 项），温州市龙湾二期围涂工程施工Ⅰ标、温州市鹿城区瓯江绕城高速至卧期山段海塘工程Ⅳ标（区）段、温州市鹿城区瓯江治理一期工程等 3 项工程获得“浙江省建筑安全文明施工标准化工地”（全省水利 6 项）。积极培育质量创优工程，温州市龙湾二期围涂工程、温州市鹿城区瓯江治理一期工程获浙江省建设工程“钱江杯”奖（优质工程）。

【水行政执法】 持续开展涉河三改一拆工作，截至 11 月共拆除涉水违建 2 305 处、523.96 万 m^2，5 条省级河道和 25 条市级河道均已完成“基本无违建”创建工作，任务完成率 100%。认真开展瓯江干流河道砂石采运销综合整治工作，稳妥处置瓯江采砂信访案件，与 8 艘闲置采砂船签订拆解协议，完成拆解 7 艘，另外 1 艘采取冲滩加固措施并纳入网格化管理，彻底消除防汛防台安全隐患。

【水利管理改革】 加快推进水利工程标准化管理创建，全市共 9 类 320 处水利工程通过标准化管理验收，任务完成率 108%。目前全市超过 50% 的大中型水利工程和 70% 的小型水利工程已经实现标准化管理。水文测站标准化走在全省前列，获得水利部水文局的充分肯定。全面落实“最多跑一次”改革，率全省之先开展水行政审批服务标准化建设，苍南县水利审批作为浙江水利“最多跑一次”改革内容在《中国水利报》12 月 14 日头版头条刊登。农村水电站生态改造取得突破，全面推行农村水电站安全生产分类登记、分类管理、分类整治工作，这一做法得到省水利厅充分肯定，在全国农村水电安全生产培训班上进行推广。率全省之先建立三色管理模式，通过全面清查注册、智能监督管理、分类综合治理，加强山塘安全监管，工作成效获副省长孙景淼批示肯定。

【水生态文明建设】 落实最严格水资源管理制度，实行水资源消耗总量和强度双控行动，严守三条红线，各项控制指标均超过省下达目标任务，获得“全省 2016 年度实行最严格水资源管理制度考核”优秀等次（第一名）。全面开展节水型社会建设，积极创新取用水监管方式，在瑞安市推行取水口“身份证”管理，统一制作安装标识牌，方便执法管理和群众监督，该举措在《浙江日报》等多家媒体报道。加快推进全国水生态文明城市创建，超额完成年度投资任务，积极开展验收准备工作。

【珊溪水源保护】 超额完成水源保护工程建设任务，全年完成投资2亿元，投资完成率200%，新建续建4处污水处理厂尾水深度处理工程，建立健全生活污水第三方运维机制，出水水质达标率提升明显，两库水质持续稳定在Ⅱ类水；研究出台库区水土流失治理实施意见，组织召开全市会议部署推进珊溪（赵山渡）库区水土流失治理、乱点整治等水源保护相关工作；组织开展28次跨区域联合执法行动，发现违章乱点23处，完成整改14处，落实整改方案9处；探索建立保水渔业共享共管机制，帮扶库周集体经济薄弱村转化，让库周经济薄弱村群众共享渔业收益的新福利；积极推动二级水源保护区人口统筹集聚工作，完成抗震安居工程搬迁人口40 888人。

（陈 晔）

嘉兴市

【单位简介】 嘉兴市水利局（以下简称“市水利局”）和嘉兴市杭嘉湖南排工程管理局（以下简称“市南排管理局”）实行合署办公，实行2块牌子1套班子。市水利局内设机构5个，分别为办公室、组织人事处、财务审计处、规划计划与建设处、水政水资源处（市节水办、水保处、农村水利处）。市南排管理局（公益一类）内设机构3个，分别为基本建设处、工程管理处、综合经营处。另设局机关党委和驻局纪检组。下属事业单位13个：市防汛防台抗旱指挥部办公室（参公）、市水政监察支队（参公）、市河道管理处（参公）、市质量监督管理站（监督管理）、市水文站（公益一类）及杭嘉湖南排工程长山闸管理所、南台头闸管理所、盐官枢纽管理所、独山枢纽管理所平湖河道管理站），杭嘉湖南排工程海盐河道管理站、海宁河道管理站、桐乡河道管理站和城郊河道管理站，共计4所4站（均为公益一类）。局属国有企业有2个：市水利水电勘测设计研究院、市水利工程建筑有限责任公司（均为事改企）。现有在职在编行政事业人员162人。主要职责有：贯彻执行《水法》《水土保持法》《防洪法》等法律、法规，研究制订水利发展规划和有关政策；组织制订全市主要江河流域（区域）综合规划和有关专业规划，并组织和监督实施；研究起草有关水行政管理的规范性文件草案，经审议通过组织实施。负责水利科技、信息、教育和对外合作工作；指导全市水利队伍建设，制订行业人才培养规划；指导水利行业多种经营工作；监管局直属单位的水利国有资产。

【综述】 2017年，全市水利工作以实施百项千亿防洪排涝工程为重点，统筹推进圩区治理、小农水重点县建设、中小河流治理和城防工程建设，全面落实最严格水资源管理制度，加强防汛防台抗旱工作，促进水生态文明建设。嘉兴市、嘉兴市秀洲区、嘉善县、平湖市、海盐县、海宁市、桐乡市等7个市县（市、区）获得全省水利工作综合考核优秀。

【重点水利工程建设】

（1）嘉兴市域外配水工程（杭州方向）。围绕嘉兴市域外配水工程（杭州方向）2017年开工的阶段目标和实现嘉兴人民与杭州人民基本同步喝上千岛湖水的总目标，全力以赴推进项目各项前期工作。2017年4月13日，项目经嘉兴市人大常委会审议，表决同意纳入2017年市级政府重大投资项目实施范围；5月31日，项目可行性研究报告取得省发展改革委批复；12月12日，项目初步设计报告取得省发展改革委批复。同时，为确保项目按时开工，在加快项目报批工作的基础上，同步开展项目征迁工作和招投标工作。

（2）平湖塘延伸拓浚工程。完成年度投资6.19亿元，占年度计划任务的103.14%；累计完成投资32.01亿元，占总概算投资的89.67%。其中，河道工程基本进入扫尾阶段，桥梁工程已完成11座，其余19座正在施工。

（3）扩大杭嘉湖南排工程（嘉兴部分）。完成年度投资9.14亿元，占年度计划任务的101.58%；累计完成投资31.04亿元，占总概算投资的68.33%。其中，长水塘海宁段和南台头干河除险加固工程基本完成，桥梁工程已完成5座，22座桥梁正在施工；南台头泵站进入基础支护阶段；长山河泵站正在进行建筑流道。

（4）嘉兴市南排闸站除险加固工程。南台头闸除险加固工程全部完工；长山闸大修主体工程基本结顶，并于主汛期前具备应急排涝能力；盐官上河闸大修基本完成，并在主汛期前具备应急排涝能力；盐官下河站闸完成液压启闭机油缸应急抢修工程施工，排涝闸已具备应急排涝能力，站闸大修工程可研报告已报嘉兴市发展改革委审批。

【农田水利建设】 2017年，嘉兴市共完成农田水利基本建设投资31.2亿元，新修加固堤防108.06 km，新增防渗渠道438.42 km，新建小泵站117座，改造98座，圩区整治1.34万hm^2，新增节水灌溉面积7 646.67 hm^2，发展高效节水（管道输水、喷、微灌）面积3 200 hm^2。2017年，中央财政小型农田水利重点（项目）县建设批复总投资2.06亿元，项目前期工作基本完成，已完成投资1.84亿元。

【防汛防台抗旱】 2017年，嘉兴市主要经历梅汛、短历时强降雨以及“纳沙”“泰利”“卡努”等台风的外围影响，全市降雨量总体略偏多。依托基层体系，结合防汛“三张清单”，汛前突出防汛检查和准备工作重点，组织开展防汛大检查，并结合防汛隐患大排查大整改工作，排出时间表，对防汛检查发现的隐患问题实行“销号制”管理，进一步强化防汛隐患的整改落实。针对2016年以来各级政府集中换届的实际情况，以基层防汛防台体系规范化长效管理为抓手，更新完善各县（市、区）

及75个镇级防汛指挥部成员和1 093个村级防汛防旱工作组人员，落实镇级责任人1 766人，村级责任人6 118人；细化基层责任区网格，建立防汛责任网络10 444个，落实网格责任人10 817人；落实县、镇、村三级避灾场所1 152处，全面完成全市行政村村级防汛防台形势图电子图绘制及安装，巩固提升创建成果，更好地发挥基层防汛防台体系防灾减灾效益。同时，全市建成县级以上防汛物资仓库面积达11 787 m²，确保防汛物资充足、完备；落实抢险队伍1 387支，总计19 699人，各地积极组织开展防汛演练，防汛抢险队伍不断适应实战要求。加强“三张清单”管理和完善工作，全面实行动态监管。各级防指办认真落实24小时在岗值班制度，密切关注水雨情，及时组织会商，做好汛情研判分析，落实各项防御工作，全年累计启动防汛（防台）Ⅳ级应急响应3次，并兼顾站闸大修施工和排涝两不误，启动南排工程排水7.45亿m³，做到预防在先，确保了平稳度汛。

【水环境综合治理】 积极做好河长制和剿灭劣Ⅴ类水利部分工作，成立市水利局河长制工作领导小组和河长制办公室，完成《嘉兴市河长制水利工作实施方案》编制。加快河道等级划分工作，全面梳理复核省、市、县三级河道名录。围绕全市剿灭劣Ⅴ类水体行动，建立剿劣水利工作“四张清单”，持续推进河湖清淤轮疏，加快推进河湖综合治理，加强入河排污口监管，抓紧实施活水畅流等相关工作。全年累计完成清污（淤）1 208万m³，完成年度计划的123%。加快中小河流治理，列入“十二五”中小河流治理规划的16条河流32个项目已全部完工并完成完工验收，其中15个项目完成竣工验收，累计完成河道综合治理352.11 km，完成规划治理率100%。列入“十三五”中小流域建设项目的3个项目已开工建设，完成河道治理151.37 km。嘉善、平湖、海盐、桐乡4个全国中小河流治理重点县及水系连通试点规划治理的45个项目区，已完工42个项目区，完工率为93.33%，累计完成河道治理长度2 065.6 km，占批复长度的103%，累计完成投资11.98亿元。省级考核嘉兴94个水功能区，2017年达标70个，达标率74.5%，达标率同比提高14.9%。同时，认真履行河长河道责任部门职责，协调推进河长河道综合治理，确保河长要求得到全面贯彻落实。

【水政执法】 根据推进河长制、水利部河湖专项检查和“无违建河道”创建，剿灭劣Ⅴ类水等工作要求，市水利局下发《嘉兴市水利局办公室关于认真组织开展河湖执法检查活动的通知》，以水行政监督管理“双随机”抽查为手段，严格落实河道巡查制度，全市水政监察队伍加强河道的巡查频率，及时查处水事违法行为，其中海盐县实施巡查网格化管理，强化违法行为的查处力度。共开展水政巡查442次，1 175人次，巡查河道421条，总长2 049.98 km。现场制止违法行为150起，立案查处16起。进一步开展涉水“三改一拆”巡查活动。按照省级河道100%、市级河道70%的“无违建”创建工作目标任务，把全市省级、市级河道按照区域分解任务。各县（市、区）水利局对年度列入整治创建的18条省、市级河道管理范围内开展现场排查，摸清底数、制定整治任务清单，全市排查疑似违建点共计151个，违建面积6.82万m^2。开展河湖专项检查、水环境综合整治、剿灭劣V类水专项督查巡查活动。督查活动根据需要，采取分组或集中明查暗访进行，每月不少于5次。重点检查河道上有无漂浮物、拦挡设施有无损坏、河道日常保洁情况、区域联防联控等措施及其他影响水生态文明的行为和水事违法行为及剿灭劣V类水所采取的措施，确保河道环境面貌得到明显改善。持续开展整治非法开采地下水专项活动，有效遏制地面沉降速率。一方面对辖区范围打深井广告进行彻底的清理，有效阻止偷打深井信息来源渠道，另一方面通过几年的打击，擅自开采地下水行为得到有效控制，地面沉降速率明显放缓。

【水资源管理】 开展县级落实最严格水资源管理制度考核工作，严格贯彻落实取水许可制度，继续深化建设项目水资源论证工作。实现全市年取水5万m^3以上企业监控全覆盖，下达年度取水计划1 075家，取水许可总量9.49亿m^3，年度计划量8.12亿m^3，计划用水管理得到有效控制。开展现存入河排污口审核登记工作，对依法保留的39个入河排污口基本情况、管理制度落实情况和监测监控情况进行资料收集和信息汇总，实行“一口一档”管理和日常动态巡查。积极推进水生态文明城市试点建设，完成中期评估自查。严格落实水土保持“三同时”制度，加大水土保持补偿费征收力度，确保应征尽征、及时足额到位，市本级征收水土保持补偿费68.26万元。

【水利改革】

（1）“最多跑一次”改革。水利行政审批和服务事项缩减至19项，其中18项纳入“最多跑一次”事项。

（2）水利工程标准化管理改革。2017年，全市共完成84个项目的创建工作，为年度计划的101.2%，4项工程入选省水利工程标准化管理省级“典型工程”。

【水利科技】 加快科学治水，积极推进水利科技成果应用。在市级工程建设过程中，先后在平湖塘延伸拓浚工程中推广生态砌块，在南台头排水泵站中运用工程钢筋混凝土咬合灌注桩施工技术和水利工程软土地基深基坑三轴搅拌桩止水帷幕结合灌注桩及内支撑复合支护施工工艺流程。

（孙澄宇、包潇玮）

湖州市

【单位简介】 湖州市水利局是根据《中共浙江省委办公厅、浙江省人民政府办公厅关于印发＜湖州市人民政府机构改革方案＞的通知》（浙委办〔2010〕113号）设立的主管水利工作的政府工作部门。主要有拟定并监督实施水利规划、负责并监管水资源

（含空中水、地表水、地下水）的开发利用和 保护等 12 项职责。内设办公室、财务审计处、规划计划处、建设管理处和水政处五个职能处室。行政编制共 14 名。

【综述】 2017 年，湖州水利系统在湖州市委、湖州市政府的坚强领导下，扎实推进水利各项工作，取得阶段性较好成效。2017 年初确定的“两大目标”基本实现：一是全国水生态文明试点城市高水平通过水利部验收，获得高度评价；二是“五水共治”水利工作 19 个考核指标提前达到要求，继续走在全省前列。

【水利建设】 2017 年，湖州以“千人万项”蹲点指导服务为主要抓手，深入工程一线，开展蹲点服务，认真落实省水利厅厅长陈龙指导调研湖州时的重要指示部署，全面加快工程推进步伐。2017 年，湖州完成水利总投入 30 亿元，完成率 115%，其中央投资 5.6 亿元，完成率 97%。

（1）四大骨干工程加速建成。作为“172 重大项目”的太湖治理“四大工程”，经过 3 年努力现已基本建成，期间经受住太湖高水位考验，并在多次防汛中发挥重要作用。据统计，截至 2017 年底，四大骨干工程完成投资 12.9 亿元，累计完成 109.8 亿元，完成率 96.6%。其中，苕溪清水入湖完成年度投资 11.4 亿元，累计完成 61.7 亿元，完成率 95.2%，主体工程基本建成；扩大杭嘉湖南排完成年度投资 1.5 亿元，累计完成 9.3 亿元，完成率 92.1%，主体工程基本建成；太嘉河工程累计完成 22.15 亿元、杭嘉湖地区环湖河道整治工程累计完成 16.75 亿元，完成率均为 100%，现已开展验收。

（2）三大后续工程前期进展顺利。环湖大堤后续可行性研究报告已报水利部待批；苕溪清水入湖河道整治后续工程（开发区段）获批，已全面启动政策处理，并开工建设，完成投资 3 亿元；太嘉河及杭嘉湖地区环湖河道整治后续工程完成年度投资计划，启动前期政策处理工作。湖州“百项千亿”工程推进主要做法获得了副省长孙景淼的批示肯定。对水资源调度、杭嘉湖防洪能力调查、杭嘉湖北排通道（湖州段）后续工程、《湖州市信息化及智慧水利规划》等方面进行探索，取得一些初步成果。

（3）农田基础设施提档升级。围绕服务农业“两区”和农业现代化建设，以中央财政小型农田水利重点县为主要抓手，深入开展农田水利建设，加速农田水利设施提档升级，取得显著成效。2017 年，完成 3 座水库除险加固，完成率 150%；13 座水库安全鉴定，完成率 130%；53 座山塘综合整治，完成率 129%；0.98 万 hm^2 圩区整治，完成率 113%；提升农村饮水安全人口 6.07 万人，完成率 100%；新增高效节水灌溉面积 2 040 hm^2，完成率 195%；灌溉水有效利用系数提升到 0.627，较 2016 年进一步提升。

（4）工程建设管理趋于规范。严格执行水利工程招标投标行政监督和设计变更规定，不断强化水利工程重大实现的过程监管。不断创新工程建设监管手段，灵活采用委托检测、移动监督 APP 等新型方式，开展水利工程质量大排查、大整治，实现质量监督突击检查常态化。出台《湖州市水利工程安全文明标准化工地管理办法（暂行）》，从长兴开始逐步向全市文明工地进行检查考核。2017 年，全市水利工作无人员伤亡事故发生，无重大财产损失，安全生产工作取得较好成效。

【防汛防台】 2017 年，湖州市汛情比较平稳，雨量与常年基本持平，但也先后遭遇了梅雨洪水以及“纳沙”“海棠”“泰利”等台风的外围影响。按照省水利厅统一部署，以“防大汛、抗大灾”的标准，扎实做好监测、预警、巡查、值守等工作，确保全年安全度汛。一是汛前准备扎实充分。以行政首长负责制为核心，逐条堤段、逐个工程落实防汛责任人 1.8 万人，落实各类防汛抢险队伍 1 219 支 2.55 万人。扎实做好防汛物资更新、储备，共储备袋类 343 万条、布膜类 2.9 万 m^2、桩木 3 913 m^3、水泵 3 834 台套、防汛舟艇 220 艘等。扎实做好工程度汛方案和抢险预案修订工作，重点修订 11 座大中型水库控运计划。2017 年，共派出县级以上检查组 157 组，共发现防汛隐患 293 处，在主汛前全部整改到位。二是防汛指挥科学有序。切实开展水文基础设施建设，完成长兴县港口、姜湾、武康水文站，安吉县横塘村、递铺、箬河口水文站的竣工验收，目前已开展测验工作。扎实开展水文测站标准化建设，完善水文预报预测信息系统，湖州市 192 个站点实现与省防汛水情信息网络的实时传输。根据水文、防汛监测预报数据有序开展水利工程调度，梅雨期间，对合溪、老虎潭等大中型水库、东苕溪导流诸闸等实施动态调度，有力保障湖州市的防洪安全。同时，围绕水环境治理，启动实施环太湖、溇港及东苕溪导流港沿线渚闸口门的水量自动监测项目，逐步实现水量自动连续测量。三是防汛基础不断夯实。以群测群防体系为主要抓手，不断完善基层防汛防台网络，湖州市 1 291 个乡镇、村级防汛防台体系全部完成“一图”“一平台”配备，编制“村级防汛防台形势图”，确保村级防汛调度指挥及时有效；启用“基层防汛体系信息管理平台”和“防汛手机 APP”，确保基层防汛责任人履职到位，并实现“痕迹化”管理。深入开展防汛宣传、培训和演练，组织开展市、县两级防指培训 22 次，培训人员 2 100 余人次；组织演练 13 场，参加演练人数 610 人次，观摩人数 1 020 人次。稳步推进防汛信息化建设，谋划智慧防汛系统建设，完成顶层设计，目前已通过审查，将于 2018 年正式启动建设。

【水环境治理工作】 2017 年，湖州水利系统积极参与“五水共治”剿劣行动，深化“河长制”，大力实施以河道清淤保洁、生态河道建设、水土水源保护，水环境治理成效明显。湖州市在测的 71 个重要水功能区平均水质达标率为 98.6%，比 2016 年同期上升 7%，在全省率先通过剿劣验收。一是高质量完成清淤保洁。扎实推进河道清淤，截至 2017 年底，湖州市共完成河道清淤 1 200 万 m^3，完成率 108%。为妥善处置淤泥，建立54个淤泥循环利用堆场处置淤泥，在浙江省对湖州市清淤现场检查考核中获得充分肯定。落实河道长效保洁管理，组织开展水葫芦、蓝藻的集中打捞工作，有效改善河道面貌。2017年，湖州市还开展入河排污口的普查和登记工作，实行入河口“身份证”式的管理，后续将对新增入河排污口开展纳污能力审核，审核意见作为环保部门审批排污口的前置条件，进一步从源头减少污染入河。二是打造秀美生态河道。依托农村河道连片整治和中小河流、中小流域治理，完成河道生态化整治300 km。结合湖州实际，制定发布《水工程生态建设技术规范》（DB3305/T 48 — 2017）地方标准，打造一大批水清岸绿的生态示范河道，河道水环境面貌得到极大提升。湖州市吴兴区太湖溇港水利风景区成功创建成为国家级水利风景区。三是严格监管深化水源保护。严格开发建设项目水土保持监督管理，2017年，审批水土保持方案26件，市本级征收水土保持设施补偿费1 313万元。全年共实施水土流失综合治理19.3 km^2。在老虎潭、合溪、对河口、赋石、凤凰等大中型供水水库，健全完善水库水源地保护生态补偿机制，落实专项资金，用于水源保护区内镇、村的水源保护考核奖励、生态保护项目补助及污染企业整治补偿。全市主要供水水库水质稳定保持在Ⅰ类和Ⅱ类，县级以上集中式供水水源地水质达标率为100%。

【标准化管理】 2017年，湖州市共有220个水利工程启动“创标”工作，其中德清、长兴、安吉作为示范县，启动全部工程的标准化创建。截至10月底，220个水利工程都达到“制度化、规范化、景观化、信息化”要求，管理面貌大幅提升，通过全省标准化验收。涌现出导流东大堤、西险大塘、青山水库、湘溪闸站等一大批示范样板工程，6处工程被省水利厅评为“典型工程”，占全省的1/6。湖州市标准化工作做法，得到副省长孙景淼、省水利厅厅长陈龙等领导的批示肯定。

【水资源管理】 严格落实取水许可、计划、计量、收费等基本制度，全面推行“三条红线”考核。在省政府水资源管理考核中，连续第四年获得“优秀”“全国水资源管理工作会议”在湖州市德清县成功举办，湖州市水利局被省水利厅向水利部推荐为“全国水资源管理工作先进单位”。德清县、安吉县完成节水型社会年度任务，吴兴县、南浔区启动第三批节水型社会建设，长兴县完成节水型社会达标建设工作方案。湖州市共完成水平衡测试企业32家、节水型企业28家、节水型灌区3个，节水型小区12个，节水型公共机构56家。

【水利改革】 一是“最多跑一次”逐步落地，2017年，湖州市水利局梳理了水利办事事项，优化办事服务，有效提高水利审批效率。湖州市20项涉水办事事项已全部完成办事流程精简、办事指南公示等工作，实现网上在线审批“最多跑一次”。二是水利投融资改革实现“破冰”，长兴县泗安水库除险加固工程采用PPP模式，目前已动工建设，预计2018年底全面建成。长兴县泗安塘综合整治工程也完成PPP招标，由政企合作共同建设。另外，长兴环湖大堤后续、苕溪清水入湖后续，南浔区“百漾千河”也在积极谋划推行PPP模式。三是其他各项试点稳步推进，湖州“国家级河湖管护体制机制创新试点市”进入验收阶段。德清“国家级农田水利设施产权制度改革试点县”通过验收，启动水利现代示范园建设。长兴县被省水利厅列为“践行新时期水利工作方针先行区”；德清县、南浔区被列为“全省农业水价改革试点县”。

【行业管理】 2017年，湖州水利系统持续加强作风和党风廉政建设，努力打造一支“守规矩、有作为、讲奉献”的水利铁军。湖州作为全省唯一一个零报告的地市，在全省水利系统党风廉政建设会议上作典型交流发言。主要体现在3个方面：一是开展水利工作“大比拼”。坚持开展水利工作“大比拼”，年初对全年工作进行梳理，将每一项工作明确分管领导、责任人、完成时间，同时进行承诺、晾晒。每月由专人负责督查通报，通报结果上报市政府主要领导和局系统，进度慢的需说明情况。二是营造浓厚干事氛围。高度重视信息宣传工作，在多家省部级主流媒体报道湖州市水利工作的各类新闻信息20余篇，在省水利厅网站、微信公众号共发布信息35篇，水利宣传覆盖报纸、电视等传统媒体及微信、微博、网络、在线等各类新兴媒体。先后与省级、市级等媒体平台合作，集中宣传水生态文明城市建设、全国水资源现场会、单位一把手讲安全生产等，营造良好的水利工作氛围。注重水情教育，将水土保持讲课带进党校、走进企业、融入学校。三是强化党风廉政建设。坚持将全面从严治党与业务工作同部署、同推进，通过“清单管理、党员承诺、督查问责”三项机制不断压实责任。对于工程建设、行政审批等领域，出台《重大问题议事规范》等一大批内控制度，扎密制度笼子，有效规范权力运行。同时，坚持和加强日常廉政教育，通过“日学、周讲、季课”等灵活多样的教育形式，使廉政教育、纪律意识深入人心。

（朱　慧）

绍兴市

【单位简介】 绍兴市水利局是主管全市水利渔业工作的市政府工作部门。主要职能是贯彻实施水法律、法规和水利方针政策，承担全市水行政监督管理和水利行业指导；负责全市水资源保护、开发利用和实施渔业渔政工作、水政监察和水行政执法工作；负责水旱灾害防治工作，承担市政府防汛防旱指挥部的日常工作。内设机构6个，分别是办公室、规划计划处、建设安监处（挂小水电处牌子）、水政水资源处（挂渔业处牌子，行政审批服务处与其合署）、市人民政府防汛防旱指挥部办公室和曹娥江管理处；下属事业单位12个，分别是水政渔业执法局、防汛防旱应急保障中心、水环境综合整治中心、水库管理站、河道管理站、农村水利站、水文站、曹娥江引水工程管理处、水产技术推广站、水利水电工程质量安全监督站、用水管理处和水利水电勘测设计中心。编制人数148名，其中公务员编制14名，参公编制56名，事业编制78名。在编人员137人，其中公务员14人，参公54人，占50%；全额事业50人，自收自支事业19人，占50%。学历结构，博士研究生1人，硕士研究生29人，大专及以上学历占100%。专业技术结构，教授级高工2人，高级30人，中级28人，中级及以上占专技人员的75%。

【综述】 2017年，绍兴市各级防汛部门立足“防大汛、抢大险、救大灾”，抓细基层责任落实、抓实隐患检查整改、抓深预案编制及宣传培训、抓好梅雨台风及抗旱应对，实现安全度汛的工作目标。水利基础建设取得新的突破，完成各类水利建设投资91.5亿元，为年度计划的103%，同比增长39.5%，其中新昌钦寸水库实现下闸蓄水，柯桥区平原排涝快速通道工程（一期）实现全线贯通，上虞区世纪新丘治江围涂工程基本完工并完成海塘标准化管理建设，诸暨市高湖蓄滞洪区和嵊州市湛头滞洪区改造等重点工程有序推进。按照“加快一批、开工一批、推进一批”要求，积极推进重大水利项目循环储备，马山闸强排及配套河道工程完成初步设计批复并提前开工，曹娥江综合整治工程完成项目建议书受理和可行性研究送审稿编制，上虞区虞北平原崧北河综合治理完成可行性研究批复，嵊州市长乐江干流综合治理工程完成可行性研究初稿。

2017年，水环境综合整治持续深入推进。全市完成清淤（污）1 678万m^2，为年度计划的167.8%，清淤总量和完成率均居全省第一。扎实推进贺家池综合治理，完成《绍兴市贺家池水环境综合治理规划调整》编制，恢复水域面积0.953 km^2。完成《曹娥江“一河一策”治理方案（2017—2020）》编制，曹娥江流域23个市控及以上断面水质继续保持在Ⅲ类及以上标准。落实最严格水资源管理，协调开展《绍兴市城市总体规划》水资源论证，完成62家企业省级节水型企业验收，156个小区省级节水型小区命名以及84家节水型公共机构创建。强化涉水行政执法管理，全年作出水行政处罚60起，罚款83.3万元，拆除各类涉水违法建筑物、构筑物30.8万m^2。加强水文化研究和推广，完成《绍兴市水利志》34个章节试写稿以及《中国鉴湖》第三至四辑编纂工作。太湖流域片第二次河长制工作会议、全国水利风景区建设与管理会议以及水利部“关爱山川河流”志愿服务暨公益宣传活动先后在绍兴市举行。

【水利建设】 2017年，绍兴市加快推进重点水利建设，着力补齐基础设施“短板”，年内完成各类水利建设投资69.2亿元，为年度计划的106%，同比增长5.5%。其中列入省级“百项千亿”重大水利项目完成投资42亿元。

（1）防洪项目建设。上虞区世纪新丘治江围涂工程基本完工并完成海塘标准化管理建设，完成年度投资3.0亿元。诸暨市高湖蓄滞洪区改造工程完成清淤35万m^3，主排水沟开挖4.5 km，完成年度投资4.0亿元。嵊州市湛头滞洪区改造工程前期政策处理有序推进，堤坝工程完成主体建设，完成年度投资4.0亿元。全市完成病险水库除险加固15座。

（2）供水项目建设。全省在建最大水库项目钦寸水库顺利实现下闸蓄水，完成年度投资3.5亿元，电站试运行累计发电241万kW•h。汤浦水库提升工程开工建设，完成年度投资0.5亿元。全市完成万方以上山塘整治102座，实施农村饮用水安全巩固提升工程100个，改善农村饮用水条件6.2万人口。

（3）排涝项目建设。柯桥区平原排涝快速通道实现全线贯通，完成年度投资20亿元。新三江闸排涝配套河道拓竣工程（越城片）完成年度投资15亿元，其中鱼渎江下穿萧甬铁路（遵义铁路桥）扩建工程竣工验收。绍虞平原东入曹娥江排涝工程（袍江片）I标七〇丘环塘河工程基本完成，II标工程完成形象进度50%，III标工程完成施工招标，完成年度投资6.0亿元。

（4）节水项目建设。完成2016—2017年度冬春农田水利基本建设任务，累计投资33.02亿元，占年度计划的118%。全市完成新增旱涝保收面积2 870 hm^2，新增改善灌溉面积2 730 hm^2，新增高效节水灌溉面积1 470 hm^2。推进2017年全市农田灌溉水有效利用系数测算，完成17个样点灌区量水设施率定工作。推进农业水价综合改革试点县工作，完成诸暨市试点方案编制并组织实施。

（5）开展“千人万项”蹲点指导服务行动。制定《绍兴市水利局“千人万项”蹲点指导服务水利重点工作方案（2017年）》，40余名专家组成的7个蹲点指导服务片组，对全市1 689项水利项目开展指导服务。全年累计开展蹲点指导服务6 290人次11 560人日，协调解决重大问题61个，解决率达100%。

（6）深入“河长制”管理。贯彻中央和浙江省工作部署，出台实施方案，深化“河长制”管理工作。完成《曹娥江“一河一策”治理方案（2017—2020）》编制，协调推进流域水环境治理，列入年度计划的99个治理项目完成投资101.6亿元，占年度计划的100.4%。流域23个市控及以上断面水质继续保持在III类及以上标准。会同市治水办率先全面推行“湖长制”管理，打造治水升级版。

（7）助推剿劣攻坚。率先在全市完成挂联乡镇剿劣作战图编制，指导协调挂联乡镇提前完成72个治理项目建设，68个劣V类小微水体提前销号并通过省、市考核验收。发挥引水效益，编制实施《虞北平原引配水专项调度方案》，促进区域水体活水畅流。结合年度清淤，全面摸排全市劣V类水体，确定剿劣清淤项目1 163个，完成清淤200万m^3。

【防汛防台防旱】 2017年，汛期梅雨降水量大，高温持续时间长，台风影响小。4—9月全市平均降雨量938.5 mm、比常年偏少 2.7%，其中 7 — 9 月降雨量 300.5 mm、比常年偏少 38.0%。经过努力，实现了安全度汛工作目标。

一是梅雨量大，局部受灾。6 月 9 日入梅，7 月 5 日出梅，梅期 26 天（常年 23 天）。梅雨期遭遇 4 轮强降水过程，全市平均梅雨量 379.7 mm，比常年偏多 37.1%（常年 277 mm），其中面雨量新昌 436.8 mm 为最大，点雨量最大为诸暨叶家坑 581.0 mm。受第二轮梅雨强降雨影响，经嵊州市防指上报，嵊州 21 个乡镇（街道）受灾，受灾人口 5.87 万人，农作物受灾面积 0.78 万 hm^2，成灾面积 1 490 hm^2，工矿企业停产 3 个，供电中断 4 条次，15 条次公路交通中断或关闭，损坏堤防 5 km，损坏水闸 13 座；直接经济损失 9 224 万元，其中农业 3 944 万元、工业交通 576 万元、水利 3 086 万元、其他 1 618 万元。

二是高温持续时间长，局部农作受灾。7 月 5 日出梅后，绍兴市持续遭遇高温少雨，全市平均高温(大于 35℃)天数 50.2 天（柯桥 49 天、诸暨 54 天、上虞 43 天、新昌 55 天、嵊州 50 天），比常年同期偏多 22 天（常年同期为 28.2 天）。7 月下旬部分山区出现旱情。据市农业局统计，全市有 2 730 hm^2 果园、2 000 hm^2 茶园和花木基地受灾，主要成因是连续的高温导致作物减产、灼伤。

三是台风影响小。2017 年第 9 号“纳沙”、10 号“海棠”、18 号“泰利”、20 号“卡努”等台风外围影响绍兴市，风雨影响都甚小。

【基层防汛防台能力建设】 深入开展以乡镇（街道）“七个有”（办事机构、应急预案、值班人员、值班记录、信息系统、抢险队伍、防汛物资）和行政村（社区）“八个一”（一张责任网格、一本预案、一套监测预警设备、一批避灾场所、一批防汛物资、一套宣传警示资料、一组警示牌、一次培训演练）为主要内容的基层防汛体系标准化建设，全面完成 2 514 个村（社区）防汛防台形势图编制。入汛后，加大对基层防汛责任人进岗履职情况的抽查督查力度，并对发现的问题进行通报整改，落实专人对 1 356 名各类基层防汛防台责任人进行抽查。诸暨市防汛防台群测群防整体提升项目实施完成并通过验收。

【防灾成效】 2017 年汛期，全市 557 座水库共拦蓄洪水 2.55 亿 m^3，减少农田受灾面积 2 940 hm^2，减少受灾人口 64.16 万人，减少直接经济损失 6.42 亿元。应急期间全市 94 362 人次基层防汛防台责任人进岗到位，各地共组织 165 072 人次的巡查，对 10 878 人次进行安全转移。梅汛期间，按照“未涝先排、全力抢排”的原则，曹娥江大闸、绍兴平原新三江闸、马山闸和虞北平原新东进闸、2 号闸等沿江排涝闸，均做到提前开闸预排和全力抢排。由于主动防御，科学调度，有效降低“两江”干支流洪峰流量和水位，减少灾害损失。梅雨后期，及时关闸蓄水，为后期抗旱供水提供保障。

【水政执法巡查】 按照纵向到底、横向到边的管理要求，实行领导带班、全员上河等制度，实施巡查网格化管理，以行洪排涝骨干河道、“河长制”管理河道为重点，加强日常巡查，针对偷排泥浆、盗采砂石等夜间高发违法行为，开展夜间值班巡查。全年累计组织巡查 1 820 次，8 900 余人次，组织夜间及节假日值班巡查 425 次，1 600 余人次，通过巡查及时发现制止违法行为 23 起，查处违法案件 12 起。

【“无违建河道”创建】 采取航拍、摄像等手段开展河道违建排查，对 219 处涉水违建及时落实整改，涉及面积 4.9 万 m^2，基本实现市级以上 528 km 河道无违建。

【水政社会化管理】 选取新昌县镜岭镇溪西村、坪桥村为试点，通过制定村规民约的形式对一些轻微的违法行为进行自管自控，将执法治标转向管理治本，前移管控关口，改善事后应对的被动局面。

【水资源概况】 2017 年，全市平均降水量为 1 447.7 mm，较多年平均降水量偏少 1.1%，较 2016 年降水量偏少 13.2%。全市地表水资源量为 60.0 亿 m^3，地下水资源不重复计算量 2.0 亿 m^3，总水资源量为 62.0 亿 m^3，较多年平均偏少 2.8%，较 2016 年偏少 22.5%。2017 年，全市总用水量为 18.522 9 亿 m^3，其中农业用水 8.545 6 亿 m^3，工业用水量 5.038 4 亿 m^3，城镇公共用水量 1.860 5 亿 m^3，居民生活用水量 2.694 6 亿 m^3，生态与环境用水量 0.383 8 亿 m^3，环境配水 3.1 亿 m^3。省重点考核水功能区水质达标率为 98.4%。

【水资源管理基础体系建设】 落实最严格水资源管理制度，“三条红线”控制指标体系覆盖到各县（市、区）。对全市 803 家取水户下达取水计划，下达计划总量 8.93 亿 m^3，实现取水计划全覆盖。辖区内年取水量 5 万 m^3 以上的企业全部安装实时监控，并委托专业技术单位进行日常运行维护；对全市 75 个地表水重点水功能区水质断面及 9 个地下水监测断面进行日常监测，并形成水质通报。

【节水型社会建设】 柯桥区开展节水型社会建设提标工作，上虞区、诸暨市加快推进节水型社会建设，启动越城、嵊州、新昌 3 个区县市节水型社会建设工作，嵊州、新昌 2 县（市）完成建设方案编制，节水型社会全市 6 个县（市、区）全覆盖。全市 87 家企业完成水平衡测试并申报省级节水型企业，完成 18 家市级、66 家县级节水型公共机构创建，全市 156 个小区获省级节水型小区命名，全面完成省下达的目标任务。

【水利建设市场管理】 出台《绍兴市水利工程现场督查办法（试行）》，加强施工现场管理。出台《绍兴市水利行业失信黑名单管理暂行办法》，加强工程招标监管。

【水利工程质量监督检查】 加大受监工程“项目法人质量管理体系、监理单位质量控制体系、施工单位质量保证体系以及设计单位现场服务体系”的监督检查力度，落实各方质量安全主体责任，实现项目法人质量委托检验率 100%。全面实行移动质监APP和质量"飞检"常态化，全年开展质量检查310次，出具意见书253份，落实问题整改290条。

【水利工程标准化管理】 全市共完成水利工程标准化验收334个（座、处）工程，其中大中型水库4座、小型水库162座、海塘水闸6座、河道水闸2座、堤防58处、海塘7处、泵站10座、山塘58座、农村饮用水工程3个、水文测站21座、大中型灌区1处。诸暨市基本完成水利工程标准化管理"示范县"创建工作，柯桥区平水江水库、诸暨市青山水库分别完成省级水管单位创建。

【"最多跑一次"改革】 完成市本级行政许可事项审批项目22个，清退2015年前审批项目保证金149.1万元，顺利完成《钱塘江管理条例》事权下放承接工作。一是健全改革制度。成立绍兴市水利局"最多跑一次"改革领导小组，制定出台《绍兴市水利局关于加快推进最多跑一次改革实施方案》。二是统一事项标准。梳理完成33项"最多跑一次"事项以及64项公共服务事项，实现"最多跑一次"事项全部进便民中心办理。三是规范权力运行。制定出台《绍兴市水利局关于进一步加强涉水审批事项事中事后监管的通知》，确保下放事项落实到位，不断提高服务效能。

【行业发展】 承接省钱塘江管理局下放管理事权。2017年5月26日，省第十二届人民代表大会常务委员会第四十一次会议第二次全体会议作出《关于修改 < 浙江省钱塘江管理条例 > 的决定》，《浙江省钱塘江管理条例》修改后，钱塘江绍兴段及曹娥江河口段河道（百官老公路桥至曹娥江大闸段45 km河道和84.4 km一、二线海塘）取土许可、部分涉河涉堤（含占用水域）行政审批以及水行政处罚等管理职能下放至绍兴市与所辖的相关区（开发区）负责管理。绍兴市积极协调应对事权承接，协调属地水利部门提前参与海塘工程与河道管理事务，印发《绍兴市人民政府办公室关于明确 < 浙江省钱塘江管理条例 > 修改后相关管理事权的通知》，成立联络工作小组，多次召开对接会，确保各项工作平稳过渡、承接有序。

（俞　宏）

金华市

【单位简介】 金华市水利渔业局成立于1985年（金华撤地建市后，设立金华市水电局；1995年10月，更名为金华市水利水电局；2001年12月，更名为金华市水利局；2011年11月，更名为金华市水利渔业局），是主管全市水利渔业工作的政府职能部门，内设办公室、规划计划与建设处、行政审批处、安全监督与综合处，下属事业单位17个，企业2个，现有干部职工352人。其主要职责是贯彻执行水利、渔业法律法规；研究起草并组织实施水利、渔业规范性文件及有关政策；组织制订并监督实施全市水利、渔业产业发展规划、计划；统一管理和保护全市水资源、渔业资源和水利设施；负责全市水资源监测和调查评价、发布全市水资源公报及水质监测报告；组织、指导和监督全市节约用水，水功能区划、城镇供水和向饮水区等水域排污的监测控制工作；组织指导全市河道、水库、河口、滩涂和江堤等水域及岸线的管理和保护。负责全市水利、渔业基建项目规划、计划、建设施工、质量监督等工作；负责水利、渔业行政许可事项及制度的监督实施；负责水利、渔业规费征收、行政执法，协调处理并仲裁地域间、部门间的水事、渔事纠纷；组织、协调、监督、指导全市防汛防旱、水土保持工作；组织、指导全市水文工作，负责水文行业管理；组织协调农田水利基本建设和乡镇供水、人畜饮水等工作；负责全市水利、渔业科技、教育工作，指导全市水利、渔业队伍建设；制订水利、渔业行业经济调节措施、指导水利、渔业行业多种经营工作、研究并提出经济调节意见；承办省水利厅、省海洋与渔业局、市委、市政府交办的其他事项。

【综述】 2017 年，全市完成水利投资 37.6 亿元，完成“五水共治”水利投资 39.8 亿元，分别占年度投资计划的 125.51%、132.95%。全市共争取省以上资金 7.192 9 亿元，其中市区 1.078 亿元。2017 年，全市累计平均降雨量 1 381.9 mm，比常年同期 1 512.9 mm 偏少近 10%，据统计，全市向基层及社会公众发布预警短信 100 多万条次，全市 29 座大中型水库全年共拦蓄洪水 7.95 亿 m^3，泄洪 1.5 亿 m^3，减少农田受灾面积 2 639.2 hm^2，减少受灾人口 4.3 万人，直接经济效益 8.48 亿元。兰溪市、浦江县节水型社会建设试点工作正稳步推进。浦江县水生态文明试点建设工作通过省级验收，成为浙江省第二个水生态文明县。

【水利建设】 2017 年，全市完成水利投资 37.6 亿元，完成“五水共治”水利投资 39.8 亿元，分别占年度投资计划的 125.51%、132.95%。全市共争取省以上资金 7.192 9 亿元，其中市区 1.078 亿元。全市完成病险水库除险加固 19 座，开工建设“美丽城防”干堤加固 74.36 km，完工 45.14 km，整治山塘 118 座，农村河道综合整治 261.1 km，创建无违建河道 376.36 km，编制并印发《浙中生态廊道水利建设专项规划》，治理水土流失面积 37.9 km^2。新增改善灌溉面积 2 954 hm^2、高效节水面积 2 400 hm^2，完成农田渠道改造 559 km，全市提升农村饮水条件人口 8.08 万人。

在全市全面开展水利工程标准化管理创建工作，全市 2017 年共完成 472 处水利工程标准化管理创建工作任务，完成率 116.54%。在省百项千亿防洪排涝重点工程中，金华江二期治理工程可行性研究顺利获省发展改革委批复，兰溪市钱塘江提防加固工程顺利推进，省重点水利项目金华市安地水库灌区节水配套改造项目、永康市北部水库联网工程完成年度建设任务。市本级沙畈水库除险加固工程、安地水库灌区节水配套工程、东阳市东方红水库除险加固工程、永康市杨溪水库西湖除险加固工程等77个列入省、市水利工程竣工验收计划的工程项目顺利通过竣工验收，列入省水利厅和金华市委、市政府考核的指标任务全部完成，部分指标任务超额完成。市本级金华江治理（武义江左岸洪坞桥至330国道桥段）工程、梅溪流域综合治理（干流部分）、通元溪流域综合治理工程等项目稳步推进。

【防汛防旱】 2017年，防汛防旱工作早计划早部署，坚持以人为本、科学防御，实现“不死人、少伤人、少损失”的总目标，最大限度地减轻洪涝台旱灾害损失。在全省率先编制《乡镇长防汛手册》《村长防汛手册》，破解基层换届选举后防汛责任断层难题，得到副省长孙景淼批示肯定，并在全省推广。2017年初，市防指及时下发《2017年防汛抗旱工作要点》，提出全年防汛抗旱工作总体要求和对策措施意见。4月13日在《金华日报》上公布各类防汛责任人，接受社会监督；组织开展汛前防汛大检查，全市共投入人力8 053人次，全面检查水库山塘、堤防备汛情况，跟踪整改安全隐患；汛前转报、审批29座大中型水库和在建项目的度汛方案；落实防汛抢险物资和队伍；督促修复水毁设施，汛前水毁设施修复率100%；定期宣传防汛防台抗旱科普知识，发放宣传资料；全市共组织各级防汛责任人培训50余场次5 000多人，开展防汛宣传演练30余场次3 000多人；升级“金华防汛”微信公众号、改版APP。市委、市政府高度重视防汛防旱工作，主要领导、分管领导多次调研指导防汛备汛工作，坐镇市防指研究部署防御工作。市防汛防旱指挥部随时连线各地，指导部署防汛防台抗旱工作。水利、防汛、气象、国土资源等防指成员单位领导24小时带班值班。

（1）2017年，全市累计平均降雨量1 381.9 mm，比常年同期1 512.9 mm偏少近10%，梅雨期遭受中华人民共和国建国以来第二大流域性洪水袭击，受灾较重；出梅后出现持续高温少雨天气，部分山区旱情露头；台风影响较小。汛情主要特点：总降雨量偏少，时间分布不均。1—5月面雨量484.5 mm，比常年同期650.3 mm偏少30%；6月面雨量469.1 mm，比常年同期257.5 mm偏多80%；7—10月面雨量明显偏少，全市累计平均面雨量210.4 mm，比常年同期343.7 mm偏少40%；11—12月全市累计平均降雨量151.8 mm，比常年同期111.3 mm偏多近40%。

（2）梅雨期天数接近常年，梅雨量偏多。6月9日入梅，6月30日出梅，梅期21天（常年22天），梅雨量457.3 mm，比常年253 mm偏多80%。其中平均面雨量最大的武义县512.2 mm，单站雨量最大的武义县竹翠站558.5 mm。梅雨期间全市共出现2轮大范围强降雨过程，第一轮降雨集中在6月9—16日，过程雨量211.6 mm，降雨过程范围广、强度大、空间分布上较为均匀，平均面雨量最大的为东阳市234.4 mm，最小的为婺城区182.6 mm，单站降雨量最大的为东阳市游鱼站264.5 mm。第二轮降雨集中在6月21—29日，过程雨量为228.5 mm，降雨过程范围广、强度大、空间分布不均匀、降雨区域叠加，平均面雨量最大的为婺城区 283.2 mm，最小的为磐安县 183.2 mm，单站降雨量最大的为婺城区井下站 380.5 mm。

（3）梅雨期全市主要江河发生流域性洪水。受梅雨期强降雨影响，全市江河水位全线上涨，兰江发生自 1955 年以来最大洪水，兰江兰溪站 6 月 25 日 20 时 15 分出现洪峰，实测洪峰水位 32.04 m（超过保证水位 1.04 m），最大流量 14 500 m^3/s；衢江、金华江、东阳江、武义江等主要江河也相继出现超警戒水位洪水。金华江金华站 6 月 25 日 20 时出现洪峰，实测洪峰水位 36.40 m，洪峰流量 4 250 m^3/s。

（4）灾情险情频发，灾害损失较重。受梅雨洪水影响，金华市出现城乡积涝、农田受淹、房屋倒塌、山体滑坡、公路中断、堤防管涌等灾情，兰溪市梅溪前畈排涝站堤段发生严重管涌、局部坝体垮塌决口。据统计，2017 年全市共 146 个乡镇（街道）受灾，受灾人口 24.67 万人；倒塌房屋 1 311 间；农作物受灾面积 1.91 万 hm^2；停产工矿企业 132 个，公路中断 66 条次，供电中断 11 条次；堤防决口 1 处、损坏堤防 226 处计 32.22 km，洪涝灾害直接经济总损失 17.91 亿元（其中兰溪市 15.62 亿元）。全市共紧急转移危险区域人员 9.39 万人（其中兰溪市 7.93 万人），未接到人员因灾伤亡报告。受灾程度和直接经济总损失远低于 2011 年梅雨洪水（直接经济总损失 48.5 亿元，其中兰溪市 29.9 亿元）。

（5）2017 年下半年多高温少雨天气，台风影响较小。7 月 1 日出梅后持续晴热高温少雨，35℃以上高温天气长达 63 天。10 月 14 — 16 日，受台风“卡努”外围环流云系与冷空气共同影响，金华市出现降雨，过程雨量 33.2 mm，其中最大的磐安县 43.5 mm、最小的金东区 27.0 mm，单站最大的东阳市游鱼站 75 mm，对金华市未造成明显影响。

据统计，全市利用水雨情测报预警系统、农民信箱和广播、电视等渠道，向基层及社会公众发布预警短信100多万条次。全市 29 座大中型水库共拦蓄洪水 7.95 亿 m^3，泄洪 1.5 亿 m^3，水库拦洪削峰作用明显，直接经济效益 8.48 亿元，水利工程防洪减灾效益显著。

【水政执法】 2017 年，全市强化水政队伍建设，开展联合执法，执法技能竞赛，有效地提升水政执法队伍素质。一是开展县市区水政队伍联合执法检查。先后结合河湖专项执法、无违建河道创建、水政队伍年度考核开展 6 次联合执法检查，每次检查抽调 3 名县（市、区）水政大队负责人参加。通过联合执法检查，强化水政队伍的沟通联系，对工作中涉及到的问题进行深入探讨，有力地促进业务工作，在全市水政队伍中营造比学赶超的干事氛围。二是开展执法技能竞赛。11 月，市水利局联合市总工会组织开展全市 2017 年度水政执法技能竞赛，永康市水务局、武义县水务局和义乌市综合行政执法局获得前三名，金华市劳动竞赛委员会授予第一名“金华市技术标兵”荣誉称号，授予第二、三名“金华市技术能手”荣誉称号。

2017年，全市各级水政监察队伍以河湖专项执法和无违建河道创建为执法抓手，深入开展大摸底、大排查、大执法，打击一批涉水违法案件，拆除大量涉水违章建筑物，有效地维护全市的水事秩序。全年共完成巡查37 854人次，巡查河道10 836 km，水域237 km^2，接受群众举报274次，办结268次，现场处理水事违法行为311起，下达责令停止违法行为通知书203份，立案查处水事违法案件44件，办结37件，收缴罚款40.32万元。一是开展水库饮用水源保护执法宣传，对进入市区饮用水源保护区范围的移动手机用户发送“您已进入金华市区饮用水源保护区，禁止垂钓、游泳、烧烤、采砂、抛撒垃圾等污染水源行为，违者将依法查处”的提醒短信，2017年发送短信110万条。组织市区四大水库联动，联合执法，打击库区钓鱼、游泳违法行为。全年共劝离人员1 845名，扣押鱼竿231根。二是开展无违建河道创建。将5条省级河道（242.4 km）、8条市级河道（182.6 km），列入2017年度无违建河道创建范围。全市各级水行政主管部门在创建工作活动开展中取得了较好的成效。市水利局先后组织召开2次全市无违建河道创建工作推进会、1次现场会议、6次县市区联合执法督查；同时根据省无人机航拍资料，通过市“五水共治”办、河长办将相关情况传达至各县（市、区）。2017年，全市拆除违法建筑点88处，拆除违法建筑28 805 m^2。

【**水资源管理**】 截至2017年底，全市共有839家取水单位，其中取水量5万m^3以上的用水单位共安装实时监控点178个。全年共开展建设项目水资源论证报告书18项，水资源论证报告表28项。严格落实水资源有偿使用制度，2017年共征收水资源费11 238万元，其中市本级1 998万元。加快农村饮水安全工程建设，提升改善农村饮水条件人口9.4万人，东阳市、义乌市、浦江县、武义县4个农村饮用水检测中心投入使用。开展全市农村饮用水水源地保护范围的划定工作，完成供水规模200 t/d以上的农村饮用水水源地保护范围划定工作并报当地政府批复。加强水功能区水质监测系统建设，对全市61个水功能区共80个监测段面开展水质监测，编制每月1期《金华市重点水功能区水资源质量通报》，形成较为完善的水功能区动态监测系统。建立源口水库、金兰水库藻类监测点，成为全省唯一的水生态监测试点。加强饮用水水质监测监控和预警体系建设，科学划定全市饮用水水源保护区，全力推进合格规范饮用水水源保护区创建工作，完成县级以上8个饮用水源一级保护区物理或生物隔离工作以及短信提醒；金兰、横锦等18个重要供水水源地水功能区水质监测频次每月不少于1次；金兰、九峰水库水源地水质在线监测站建成并投入使用。完成全市71个依法设置的入河排污口审核登记和信息公布工作，统一录入浙江省水资源管理信息平台，实行“一口一档”管理。全面推进节水型社会建设，加大节水型载体创建力度。完成213个市级节水型单位创建，其中市级机关单位41家。全国节水型社会创新试点方案通过水利部审查。完善饮用水源涵养生态功能区补偿机制。实施饮用水源生物链治水，开展饮用水源水库的渔业增殖放流工作。加强地下水监测网络建设。2017 年，金华市新建国家级地下水监测井 12 口，改建 27 口，全面完成国家地下水监测点年度建设任务，已通过省国土厅验收，市本级共封堵地下水井 7 口，永康市共封填无证深井 311 口。安地水库、九峰水库合格规范饮用水源保护区创建通过验收。浦江县水生态文明试点建设工作通过省级验收，成为浙江省第二个水生态文明县。

【工程管理】 出台全市水利工程分类质量监督实施意见，加强对属地内工程质量强行检测。建立健全安全生产责任制，落实安全生产规章制度，认真开展打非治违和安全生产大检查等专项活动，2017 年全市水利系统未发生亡人等安全生产事故。加大水利工程竣工验收力度。市本级沙畈水库除险加固工程、安地水库灌区节水配套工程、东阳市东方红水库除险加固工程、永康市杨溪水库西湖除险加固工程等 77 项列入省、市水利工程竣工验收计划的工程项目顺利通过竣工验收；基本完成第一批至第五批中央财政小型农田水利重点县的年度验收，东阳市、金东区、永康市、浦江县、武义县小型农田水利重点县建设项目通过省级 3 年总体验收；磐安县、婺城区、兰溪市均已完成 3 个年度的市级验收。加大水利工程维修养护力度。2017 年，共落实市本级中型水库维修养护资金 712.1 万元，直管河道维修养护资金 313 万元；灌区维修养护资金 405 万元。9 个县（市、区）均已出台《小型农田水利工程管护办法》，明确小型农田水利工程维修养护资金。推行水利工程集约化管理。永康、义乌等市实行推广“区域化集中管理”“以大带小”“以点带片”等工程管理模式，合理整合现有水利工程管理资源，确保水利工程管理专业化运行。

【水利改革】 以职能转变、减政放权为核心，全面推进水利发展改革，健全完善管理体制机制，不断提高依法行政水平和为民服务能力。全力推进“最多跑一次”改革，分 3 批向社会公布“最多跑一次”事项 42 项，100% 实现浙江政务服务网上办理，100% 实现承诺期限内按时办结；现有 274 行政权力事项，全部纳入省政务服务网；全年通过政务服务网办理办结行政许可事项 72 件；通过行政处罚网上办理系统办结案件 1 个。开展水利“微政务”建设，通过“微信公众号 + 工作群”提高水利工作行政效能。加快推进小型水利工程建设与管理体制改革，出台市级指导意见，明确试点县（市、区）并完成年度考核工作。

【水利科技】 2017 年，市水利渔业局牵头实施“九峰粮蔬基地‘基于云技术的洁水灌溉控制系统’示范应用”项目，项目位于金华市蒋堂农村九峰果蔬基地，种植面积 13.33 hm^2，计划实现田块远程和现地管道出水控制，实时查看基地现场视频、大棚温度等数据，实现基地语音预警，实现手机端远程视频监控、报警、灌溉控制，项目于2017年8月完成基础施工。《金华江流域洪水调度》列入浙江省水利科技项目。

【行业发展】 严格执行《党政领导干部选拔任用工作条例》，2017年提拔任用局管干部2人。培养水利专业技术人才，具有教授级高级工程师3人，全市水利系统新增高级工程师18人、工程师108人；高技能人才队伍建设成效明显，金华市获全省水利行业职业技能竞赛暨第二届全省水利工程标准化管理职业技能竞赛团体总分第二名，4人分别获“浙江省技术能手”“浙江金蓝领”“浙江省水利技术能手”荣誉称号，与市总工会联合举行2017年全市水行政执法技能竞赛。加强基层水利队伍建设，开展村级水务员培训5 000余人次、基层渔技人员培训700余人次。2017年，市水利渔业局通过全国水利文明单位复评。

（倪 霄）

舟山市

【单位简介】 舟山市水利水务围垦局是主管全市水利工作的市政府工作部门。主要职责是贯彻执行国家和省有关水利的法律、法规、规章和方针、政策，组织拟订全市水利发展、水资源开发利用、滩涂围垦规划和年度计划，研究拟订水资源管理和水行业管理的规范性文件，并组织实施；负责全市水资源开发利用和保护工作；负责全市水资源（含地表水、地下水）统一管理；负责全市水旱灾害防治工作；指导全市水利工程建设和水利设施、水域及其岸线的管理与保护；负责滩涂资源的保护和开发利用；负责全市水行政执法工作；指导全市农村水利工作。截至2017年底，市水利水务围垦局内设机构6个，分别为办公室、水政水资源处、规划建设处、工程管理处（海涂围垦管理处）、水务管理处（市节约用水办公室、浙东引水管理局舟山管理处）、行政许可服务处。下属市防汛防旱防台指挥部办公室、市水政监察支队、市水利围垦工程建设管理中心（挂牌市水利围垦工程质量监督站和市水利围垦工程招标办公室）、市水文站、市农村水利管理站、市水利信息管理中心等6家事业单位。

【综述】 2017年，全市水利系统围绕“四个舟山”建设，聚焦“五大会战”，真抓实干，攻坚克难，推进新区水利事业的发展，为新区经济社会提供有力的保障。全年累计完成水利投资27.29亿元，完成计划投资25.03亿元的109%。

（1）实施拓库扩容工程。针对舟山海岛选址造库难、现有库容小、调蓄能力差、防洪能力弱的现状，对11座水库、25座山塘实施库底挖深、库坝加高、库面拓宽等拓库扩容工程，增加蓄水库容126万m^3，提升水库的容量，同时提高防洪排涝能力。

（2）开展饮用水源治理。开展饮用水源地综合治理，实施水源地物理措施（植物隔离）、进水口隔离、进水口治理、水体湿地、生物（微生物）治理等综合治理工程。对白泉岭下等8座水库实施“一库一策”治理，在此基础上对小高亭水库等6座重点饮用水源水库和盐仓等2条取水河道实施综合治理，改善水库、河道的水环境，水质得到显著提升，其中虹桥水库水质达到Ⅱ类标准，盐仓大河水质达到Ⅲ类，被评为全省“最美家乡河”称号。

（3）实施水质自动监测工程。实施水质自动监测平台建设，对全市9座城镇水厂、6座饮用水源水库和3条取水河道安装水质自动监测和水体监控装置，实现全天候实时监测，确保饮用水安全。整合市级和各县（区）所有视频监控点位资源，搭建完成舟山市水利视频监控平台，实现全市水利视频数据共享，为舟山“智慧水利”建设打下基础。

（4）打造小型水利工程标准化管理模式。立足舟山海岛实际，创新形成具有海岛特色的“以大代小”“区域联管”“以标促标”等小型水利工程标准化管理模式，以重点水利工程为基点，进一步整合资源优势，加强人员、装备、经费、制度等方面的保障，实现区域联管、分级负责、打包管理，确保每项水利工程都有人管、管得牢，提升小型水利工程标准化管理实效。

（5）实施洞库蓄水工程。探索实施洞库蓄水工程，通过改造利用海岛上废弃的坑道，将周边水源引入洞库，实现整洞蓄水，以强化边远海岛居民的用水保障。定海马目进行洞库蓄水试点建设的基础上，又在普陀东极、嵊泗花鸟等小岛上建设、应用洞库蓄水，有效解决边远小岛用水难题。

（6）深化内部机构改革。按照“精干、统一、效能”的原则，以构建分工明确、运转高效的工作机制，调整内部机构设置、整合内设机构职能、调配内设机构人员；组建三防应急指挥中心，下设8个专项工作组，由市三防办主任牵头，市水利局相关领导和处室负责人担任组长、副组长，统一执行市防指命令，开展应急指挥、协调和调度，为汛期三防应急指挥工作打好基础。

【水利建设】

（1）大陆引水工程三期。全力推进大陆引水三期工程建设，提前完成镇海至马目段跨海输水管道工程，建成大沙调蓄水库导流洞、防渗墙等项目，完成年度投资7.01亿元。

（2）定海强排工程。列入省百项千亿防洪排涝工程，包括沿塘闸泵建设、水库拓库扩容和河道整治工程。至2017年底，按计划实施定海区白泉钓浪海塘配套加固工程一期、干览丰产塘配套加固、庆丰堤配套加固、小沙新塘配套加固、永安海塘配套加固一期、白泉钓浪海塘配套加固二期、白泉岭下水库扩容整治工程、城北水库扩容整治、舵岙流域水系综合整治和茶山浦水闸抗洪排涝强排系统等工程，完成年度投资2.78亿元，占年度投资计划1.5亿元的185.3%。

（3）除险加固工程。实施水库、海塘、水闸除险加固工程43项，总投资7.63亿元。其中水库除险加固15座，投资1.92亿元；

海塘除险加固 14 条，投资 6.15 亿元，水闸配套加固 10 座，投资 2.77 亿元。全年完成 8 座水库，4.77 km 海塘，6 座水闸的加固建设工程，超额完成省、市年度目标任务。

（4）河道治理工程。推进河道治理工程，实施 6 个中小流域综合治理项目，完成河道治理 21.79 km，完成投资 1.94 亿元。全年完成 53.32 km 河道综合整治，超额完成省水利厅下达的 37 km 河道治理任务。

（5）海水淡化工程。

1）衢山镇海水淡化三期工程。该工程位于衢山镇西碗煤场，新建 5 000 t/d 反渗透海水淡化设施，总投资 4 372 万元。2015 年 10 月，项目开工建设，至 2017 年底，已完成土建工程，累计完成投资 2 800 万元。

2）嵊山镇海水淡化二期工程。该工程位于嵊山镇大玉湾，新增 2 000 t/d 反渗透海水淡化系统一套，同步建设厂房、水池、取水管网等配套设施，工程总投资 2 240 万元。2015 年完成项目工可编制、地址勘查、工艺设计及工程可行性研究报告编制等，2016 年底完成设备采购以及原厂房拆除。至 2017 年底，累计完成投资 1 163 万元。

3）嵊泗海水淡化提升改造。该工程位于嵊泗菜园海水淡化厂内，新建 2 套产水能力 1 000 t/d 的海水淡化设备，更换 2 000 t 级反渗透膜元件 1 套，并配套新增变压器及部分电气设备、管道改造等，项目总投资 1 000 万元。2017 年 11 月，提升改造工程开始，至 2017 年底，主体设备正在安装。

4）舟山绿色石化基地海水淡化工程。该工程位于岱山县鱼山岛的舟山绿色石化基地规划区南部，设计海水淡化总规模 241 500 t/d（其中，近期 99 000 t/d、中期 76 500 t/d、远期 66 000 t/d），在 2017－2020 年期间，实施 175 500 t/d 的近中期海水淡化工程建设，项目总投资 116 517 万元。2017 年 3 月 27 日，舟山绿色石化基地海水淡化工程完成核准批复。

（6）滩涂围垦。

1）普陀北部围垦工程（钓梁三期）。该工程位于舟山岛东北部展茅街道北侧滩涂，围垦面积 480.67 hm^2，配套海堤 1 条和水闸 2 座；项目估算投资 13.52 亿元。至 2017 年底，完成用海规划初稿，海域使用论证、海洋环评由国家海洋局第二海洋研究所进行编制中；工程可行性研究报告初稿基本完成，其中螺门渔港通道工程完成梁横山水闸闸墩浇筑、3 t/m^2 土工布和碎石垫层铺设完成，正在插打排水板；政策处理（拆迁加围区内渔船补偿）部分基本完成工程周边企业评估工作，渔船临时停靠补偿逐年发放，部分企业已完成签约；累计完成投资 3.80 亿元。

2）六横小郭巨二期围垦工程。该工程位于普陀区六横岛小郭巨，围垦面积 1 500 hm^2，新增深水岸线 8.5 km，工程包括海塘、水闸、临时围堰等。其中海塘、水闸、通航孔防潮设计标准为 50 年一遇，工程等级Ⅲ级，围区道路及河道等工程等级Ⅳ级，临时围堰等级Ⅴ级，工程概算总投资 16.3 亿元，2011 年 12 月开工。至 2017 年底，累计完成投资 12.15 亿元。

3）普陀朱家尖西南涂围垦工程。该工程位于舟山市普陀区朱家尖岛西南部反修塘外侧滩涂。工程北接福利门一期围涂工程，内连泥螺山反修塘。围垦面积 327.87 hm^2，新建海堤 4 370 m，进排水闸 3 座。其中海堤、水闸防潮设计标准为 50 年一遇，工程等级Ⅲ级，围区河道等工程等级Ⅳ级，临时性建筑物等级Ⅴ级。2013 年 4 月工程开工，2017 年 12 月 27 日，工程竣工通过验收。总投资 3.67 亿元。

4）岱山县黄泽山围垦先期工程。该工程位于岱山县大衢岛东北侧隔海 6 km 的黄泽山岛上的原南岙村东侧。工程围涂面积以外坡脚线计 43 hm^2，以挡浪墙为轴线计 38.8 hm^2，此工程作为 69.13 hm^2 衢山黄泽山促淤围垦项目的先期工程，为下步黄泽山岛和小衢山岛间的连岛促淤围垦工程提供建设基地。项目批复概算投资为 7 880 万元，调整后批复概算投资为 10 689.56 万元。2011 年 3 月 1 日工程开工，2014 年 8 月 30 日全部完工，实际完成投资 13 048.864 7 万元。2017 年 4 月，组织并通过岱山黄泽山围垦先期工程竣工验收。

5）舟山绿色石化基地围填海工程（包括岱山大小鱼山促淤围垦工程）。该工程位于岱山县大、小鱼山岛，是在大鱼山的东西两侧开展围填海工程，为舟山绿色石化项目提供建设用地。建设内容为工程填海成陆总面积 17.35 km^2，新建围堤 12.85 km，项目估算总投资 183.75 亿元。工程分二期实施，2015 年工程实质性启动，至 2017 年底，总共 12 个标段进展顺利，一期（共有二期）完成开山标段、南防波堤标段及陆域形成标段，移交浙江石油化工有限公司土地 900 hm^2，累计完成投资 30.15 亿元。

6）长涂双剑涂围垦加固工程。该工程位于岱山县长涂镇大长涂岛东南侧，围涂面积 751.33 hm^2，由海堤和水闸组成。加固方案分二期实施：一期实施西片围区周边西围堤加固、磨盘山水闸修复及磨盘山至狗山咀隔堤加固；二期实施东片东围堤未建堤段和已建堤段加固。工程概算投资 5.87 亿元，1 月，一期加固工程进入施工阶段，至 2017 年底，累计完成投资 4 亿元。

7）长涂樱连门促淤围涂工程。该工程位于岱山县长涂镇大长涂岛东侧，围涂面积 208.67 hm^2，采用先促淤后围涂的开发模式。促淤堤总长 3 370 m，潜坝促淤，顶高 -1.0 m，概算总投资 5.85 亿元。至 2017 年底，工程已完成前期报批工作进入招标阶段。累计完成投资 0.3 亿元。

8）嵊泗马关围涂工程。该工程位于嵊泗县菜园镇西南侧小关岙村，公路距离 7.5 km。围涂工程建设内容为：围涂面积 202.67 hm^2，新建 1 号、2 号海堤 2 572 m（其中 1 号海堤长 1 893 m，2 号海堤长 679 m），闭气加固已建 3 号、4 号海堤 480 m，新建水闸 1 座。其中海堤水闸防潮设计标准 50 年一遇，工程等级Ⅲ级，临时性建筑物等级Ⅴ级，概算总投资 3.5 亿元。9 月工程开工，至 2017 年底，累计完成投资 3.1 亿元。

9）小洋山围垦一期工程。该工程东以大指岛为界，西以已建 2 号堤为界，属于小洋山围垦工程的先期启动项目，分 6 个施工标段。新建一条 3 539 m 隔堤，隔堤以南吹填成陆，面积 217 hm^2，工程投资概算 16.44 亿元，由浙江海港洋山投资开发有限公司负责实施。2012 年 5 月工程开工，2017 年 8 月完工，至 2017 年底，累计完成投资 14.59 亿元。

10）岱山本岛北部促淤工程。该工程位于岱山岛北部，围涂范围经双合山 — 大虾爬礁 — 寨子山 — 鲞蓬山所形成的区域，促淤面积 0.8 万 hm^2，外围堤线全长约 22 km。工程分二期施工：一期工程 2015 年 11 月通过完工验收，2017 年 4 月通过竣工验收；二期围区面积约 0.6 万 hm^2，先期拟建东垦山 — 寨子山促淤堤一条，堤长 6 440 m，基础采用塑料排水板插打，概算投资 19.3 亿元，2016 年 2 月，完成项目建议书批复。至 2017 年底，累计完成投资 5.72 亿元。

11）小洋山港区配套开发海堤一期工程（北区）。该工程东至大指头岛、西接小洋山高泥滩促淤试验工程、南邻小洋山港区配套开发海堤一期工程（南区）、北侧以本工程拟建海堤为边界。新建一条长约 3 920 m 的正堤，一条长约 1 106 m 的东侧堤，海堤建成后形成堤内新增围垦面积约 391 hm^2，工程概算投资 37.46 亿元。2013 年 12 月，工程初步设计通过省发展改革委和省围垦局技术审查。由于区域建设用海规划未得到国家海洋局的批复，该工程初步设计批复进入待批。

12）小洋山北侧薄刀嘴西区围填海工程。该工程东以薄刀嘴山体为天然边界，南临在建的“小洋山港口公共设施及资源综合利用区围垦工程”，西接拟建的“小洋山港区配套开发海堤一期工程”，北侧面朝东海。新建一条长 2 915 m 的北侧围堤，一条长 1 011 m 的西侧围堤，海堤建成后形成堤内新增围垦面积约 189 hm^2，工程概算投资 20.70 亿元。2013 年 12 月，工程初步设计通过省发展改革委和省围垦局技术审查。由于区域建设用海规划尚未获得国家海洋局批复，该工程初步设计批复进入待批。

（7）农村饮水安全提升工程。根据“十三五”规划，全年计划改善 2.74 万人的饮水条件，实际完成省水利厅下达的岱山县衢山深度水处理工程等 3 个县（区）4 个农村饮水安全工程，自主完成普陀东极、虾峙等偏远海岛的供水管网改造工程和海水淡化工程，提升改善 3.15 万人的渔农村饮水条件。

（8）水雨情遥测站点。落实 2017 年县（区）水文遥测站点建设任务，向省水文局争取遥测站点建设相关资金补助，督促指导各县（区）水雨情遥测站点的建设。全年全市新增 46 个水文遥测站点。至 2017 年底，全市有各类水文站点 265 处。

【防汛防台防旱】

（1）防洪减灾责任落实。坚持以行政首长责任制为核心的防汛防台工作责任制，落实市、县（区）、乡（镇、街道）、社区（村）四级防汛防旱防台职责，确定各级安全责任主体，层层签订“安全度汛责任书”，汛前在《舟山日报》公布全市小型以上水库大坝安全管理责任人、基层防汛防台体系管理乡（镇、街道）行政责任人名单，接受全社会的监督。各水库管理单位完善水库大坝巡查制，明确水库管理人员的职责；加强对水库的巡查，确保水库安全运行。

（2）基层防汛体系建设。按照省防指统一部署，开展以乡（镇、街道）“七个有”（办事机构、应急预案、值班人员、值班记录、信息系统、抢险队伍、防汛物资）和行政村（社区）“八个一”（一张责任网格、一本预案、一套监测预警设备、一批避灾场所、一批防汛物资、一套宣传资料、一套警示牌、一次培训演练）为主要的基层防汛防台体系建设。建好“一个平台”、绘好“一张图”为重点，完成全市39个乡（镇、街道、管委会）、338个社区（村）各类网格及其责任人相关信息录入，并实行动态管理；全市编制完成村级防汛防台形势图320份，及时上网、上墙公布告示，其中防汛防台重点社区（村）编制率达到100%。同时组织开展各类责任人的防汛培训、演练和宣传，举办各类培训班、演练、宣传活动18次，参加人数3 000余人，提升基层防汛综合能力。

（3）应急抢险人员物资储备。建立协调有序、专兼结合、军地互补、保障有力的抢险救灾应急队伍，发挥驻舟部队在洪、涝、台灾害抢险救灾中的作用。6月底，市防指出台《舟山市军地抗洪抢险救灾应急联动方案》，组成由驻舟部队、预备役、武警、边防、消防等为主的军地抗洪抢险救灾应急联动协防力量，配备一批应急抢险装备，提高抢险救灾能力。市、各县（区）、防指成员单位相应成立各类抢险应急分队，随时做好抢险救灾的准备。按照各自的防汛职责，全市防汛部门储备防汛物资700余万元，包括大功率排水泵车1台、冲锋舟7艘、橡皮艇30艘、发电机28台及一批麻袋、水泵、应急照明设备等，各防指成员单位也储备近千万元的防汛物资，用于防汛防台应急抢险。各乡镇（街道）、村（社区）全部储备必要的防汛抢险物资。

（4）防汛防台安全检查。结合近年来防汛防台工作中出现的新问题、新情况和存在的薄弱环节，组织开展汛前、汛中检查等工作，在乡（镇、街道）自查的基础上，县（区）对辖区内的重点工程进行全面检查，市防指组织人员进行重点抽查，通过层层检查，找出问题和隐患，对检查中发现的问题，通过督查、督办、通报、复查等形式，及时督查督办，提出整改意见，落实整改责任，限期消除安全隐患。市防指成员单位按各自的防汛防台工作职责，开展防汛防台安全隐患排查工作，及早发现问题，及时整改，充分做好防御各项准备。通过电话抽查的方式，不定期对各类责任人的履职情况进行抽查，对于抽查中发现的问题，市防指以通报的形式，要求责任单位限期整改。严格执行汛期24小时值班制度，一旦汛情超过预警指标，立即下发汛情通告单，及时做好防御准备。同时，加强防汛会商系统、水情遥测设备、实时监控系统的日常管理维护，确保防汛防台期间可靠运行。

（5）防汛信息指挥系统建设。按照“精干、统一、效能”的原则，进一步强化三防指挥系统及应急通信建设，健全完善预警信息传输网络，实现全市水文、水利、气象信息实时共享，为灾害防御决策提供科学支撑。整合三防信息资源，设立623处监控视频点，对渔港、重点堤防、水库等防汛重点区域实施实时监控。做好山洪灾害监测预警平台数据实时更新，实现传真和短信的群发，提高防办的办事效率。

（6）防灾减灾管理及宣传工作。加强信息资源整合应用，完成全市重点区域基础信息的统计汇总造册。加强上下对接沟通，合理安排防汛水毁修复项目，做好防汛经费的使用管理工作。加强防汛会商系统、水情遥测设备、实时监控系统的日常管理维护，确保防汛防台期间顺利运行。同时，结合防汛防台日、防灾减灾日、预案演练周，向公众发放《舟山市防台风手册》、防台风知识传单5 000余份，广泛宣传防汛防旱防台知识，进一步提高广大群众防灾减灾意识和风险防范能力。

（7）抗台救灾。全年遭受第9号台风“纳沙”、第18号台风“泰利”和第20号台风“卡努”的影响。其中第20号台风“卡努”倒槽和弱冷空气的共同影响对舟山造成较大损失。在防御“卡努”台风中，全市受灾人口达22.887万人，转移人员5 137人，造成直接经济损失10.05亿元。“卡努”雨水情特点：一是降雨量大。9月14日8时至17日8时，全市平均雨量284.9 mm，达到常年10月平均降雨量的3.4倍，全市雨量超500 mm站点6个，300～500 mm站点7个，200～300 mm站点31个，100～200 mm站点82个，雨量最大单站为普陀区展茅干施岙754.0 mm，创有记录以来的最大值。二是短时雨强大。普陀区展茅干施岙站最大1小时降雨86.5 mm，最大3小时降雨199.5 mm；最大6小时降雨达到317 mm；定海区白泉西岙底陈站最大1小时降雨68 mm，最大3小时降雨174.5 mm。三是持续时间长。从14—17日，全市出现72小时以上连续降雨，期间全市普降暴雨、大暴雨，局部特大暴雨。四是潮（水）位高。受风暴潮影响，10月15日19时20分，定海潮位站测得潮位2.38 m，超警戒潮位0.08 m。受强降雨影响，定海白泉主河、展茅河、朱家尖四丈河、北蝉河、马岙东围河都出现超保证水位。

【水政执法】

（1）水政监察执法。全年开展联合执法巡查拆除涉水违法建筑10处（定海岑港水库2处养殖场、新城高云水库1处简易房、新城徐家岙山塘下游溪坑1处挡水墙、普陀螺门河等6处简易房），清理普陀南岙水库管理范围内建筑垃圾1处，立案查处岱山岱南水库管理范围内浇筑堆放混凝土预制构件行为，罚款500元；公安部门查处虹桥水库垂钓人员殴打巡查人员行为，对2名当事人分别拘留5日并罚款200元。全年出动巡查人员644人次，巡查车次283车次；办理信访投诉件5件；立案查处水事案件4起（市本级、定海、岱山各办理1起未经批准擅自取水案，嵊泗办理1起水利工程串标案）。定海和普陀的各饮用水水源地内劝阻、驱离、警告违法捕钓者2 079人次，游泳125人次，烧烤、野餐159人次，对库区捕鱼、放地笼的暂扣网具和地笼147顶，渔具82套，移交执法与公安处理2起。通过进广场、社区、学校和各类新媒体等，开展“3•22”水法系列宣传，全市发放宣传手册资料1 000余份，发送宣传短信3 000余条，展出宣传画报20余块，悬挂横幅40余条。全年全市30余人参加省水利厅新任水政监察员培训、水土保持管理人员培训；市法制办行政执法资格证考试培训。率先完成水政监察证件年审注册工作，注册人数140人，注册率100%。

（2）无违建河道创建。全年全市11条县级河道(34.08 km)列入“无违建河道”创建名录。各县（区）水利部门结合“五水共治”、涉水“三改一拆”、河湖专项执法行动联合乡镇街道对创建河道加大巡查频率、不定期开展排查，对创建河道每月必巡，开展两轮督查、抽查，全市排查出违建点9处计801 m^2，主要是河道管理范围内搭建简易木棚、管理房、堆放建筑物料废弃物，河面架设简易便桥。针对排查出的违建点，各县（区）强化工作措施，因点施策，落实责任人，明确拆违时间节点，9处违建点全部拆除。开展涉水违法建筑专项整治行动，全年拆除涉水违法建筑29处计7 657 m^2，其中定海16处计2 870 m^2，普陀6处计1 115 m^2，岱山7处计3 672 m^2。

（3）水土保持工作。对宁波舟山港主通道（鱼山石化疏港公路）工程（富翅门大桥段）、329国道舟山段改建工程、百里滨海大道、新奥能源LNG加注站项目、鱼山绿色石化项目等工程开展现场服务指导，督促帮助落实水保措施。全年审核水土保持方案报告书54个，核查全市附码登记255个生产建设项目，市本级补办审批水保方案报告书10个，检查160个项目，形成反馈监督意见检查189份，整改意见报告5份，下发3份整改通知书，补办水土保持变更手续10项，新增落实水保监测项目11个，市本级验收通过46个项目，市本级征收水土保持补偿费1 226.74万元，为企业减负148.08万元。全年治理水土流失面积4.4 km^2，立足项目特点和实际工作，编制完成全市水土保持监督性监测实施方案和今后三年水保监测目标、计划，确定舟山作为全省试点从2018年开始推进水土保持“天地一体化”工作。

【水资源管理】

（1）最严格水资源制度。落实水资源管理“三条红线”，强化水资源管理制度考核，水资源开发利用和节约保护各项工作取得进展，完成水资源管理控制目标。全年全市用水总量1.595 4亿m^3，万元国内生产总值用水量、万元工业增加值用水量、农田灌溉水有效利用系数、重要水功能区水质达标率均符合省政府考核要求。

（2）水资源管理和保护。落实河长制、取水许可和水资源有偿使用、节水管理等制度，提高水资源管理水平。落实“五水共治”节水专项审计调查情况，加强建设项目水资源论证；推进水资源消耗总量和强度“双控”行动，加强用水效率管理；落实《浙江省取水许可和水资源费征收管理办法》，规范水资源费征收，落实就地缴库制度；健全取水计量监控运行维护长效管理机制，做好用水总量统计、水资源公报和水资源管理年报编制等工作。

（3）饮用水水源治理与水功能区监管。开展饮用水水源治理保护行动。落实《舟山市进一步加强饮用水水源保护实施方案》，成立“舟山本岛饮用水源综合治理工作领导小组”，制定2017年度饮用水水源保护计划，完成白泉岭下水库、虹桥（叉河）水库、大岙水库、小高亭水库、基湖水库、南长坑水库6座饮用水水源水库综合治理。同时，在完成200 t以上的农村饮用水水源划定工作的基础上，公布舟山市农村饮用水水源名录。制定2017年度水功能区监测计划，做好对水功能区监测断面的调整，指导原水中心水质实验室开展监测业务，抓好水功能区达标监管。指导县区开展水功能区的达标管理与动态情况的掌握，实现全市全年水功能区达标率50%以上。

（4）剿灭劣V类水。包括河湖库塘清淤、排放口整治和生态配水修复3项内容。至2017年底，全市完成河湖库塘清淤243万 m^3，排放口整治812个。

（5）水务管理工作。全年全市新建供水管网10 km，改造供水管网15 km，新增供水能力14万t/d、改造供水能力2万t/d，年底累计完成新建供水管网11.05 km，完成率111%；改造供水管网20.83 km，完成率104%；完成新增供水能力和改造供水能力的任务。全年全市抓节水计划建设屋顶集雨等雨水收集系统175处、改造节水器具7 100套，改造“一户一表”0.05万户，年度完成屋顶集雨等雨水收集系统181处，完成率111%、改造节水器具13 000套，完成率103%，“一户一表”改造0.05万户，完成率100%。

【工程管理】

（1）水利工程标准化管理。全市水利工程标准化管理创建任务607项。至2017年底，完成标准化管理创建和验收403项，其中水库146座、万方以上山塘26座、一线海塘142条、堤防河道52条、各类水闸14座、泵站等其他水利工程23项；统一建设水利工程运行管理平台。

（5）河湖库塘清淤。对全市1 468处工程（其中：河道619条，山塘661座，池塘14座，水库174座）淤积情况进行全面摸排，各类水域淤积总量约1 200万 m^3；确定“十三五”时期全市清淤总量750万 m^3；全年完成清淤243.43万 m^3，超额完成省、市考核目标任务。

（3）工程安全鉴定与管理考核。督促工程管理单位落实水利工程安全鉴定制度，对点灯湾等7座水库，庆余等8条海塘，燕头山等4座水闸进行安全鉴定，核定并出具工程安全鉴定报告书。开展督促工程管理单位自评、县（区）水利局复评和市级考核，现场检查和考核16家水管单位31项工程管护情况，做好省水利厅对舟山市的抽查考核工作。

（4）工程控制运行管理。按照大中型水库、水闸工程管理规范，督促工程管理单位制订年度控制运行计划，审批虹桥水库及15座中型水闸控制运行方案。督促小型水库管理单位落实水库控制运行计划，确保水利工程管理规范、运行有序。

（5）水利工程质量监督和质量管理。全年办理质量监督手续15项，按照工程项目的规模和特点，分别编制质量监督计划书。组织开展质量与安全监督检查67次，检查工程质量、建设（监理）单位质量检查体系、施工单位质量保证体系、进度、资金、施工资料、安全等情况，抽检关键部位单元工程和重点隐蔽单元工程。存在的问题提出整改要求，全年发文104份，包括56份质量监督意见和3份停工整顿通知。对定海区农业开发双桥高标准农田建设项目、新城茶山浦海口水闸抗洪强排工程等15个工程的质量监督和设计交底。审查螺门新渔港配套围垦工程等18个工程施工质检资料，对存在的问题提出修改意见。

（6）水利工程安全生产与监管。水利安全生产工作重点以水利工程专项方案为抓手，结合十九大期间的水利安全，深化打非治违行动。以水利工程建设、水利工程运行为领域，对工程施工企业，安全隐患集中或已发生过事故的经营单位开展水利安全专项方案和打非治违工作。全年派出检查组121人次，检查工程56个，企业23家，发出整改通知书8份。

（7）水文站点管理。重点对长春岭水文站、定海潮位站等国家基本站及重要水库水位站进行检查，对有问题站点及时进行修复。完成市本级47个水文站点维护保养工作，全年共清洗维护水文站点188次，故障站点维护23次。

（8）涉水项目监管与检查。全年完成各类涉水涉塘审批15项，并对329国道、长峙岛恒大房地产、普陀观音法界居士学院、正法讲师工程、舟山液化天然气接受及加注项目一期工程配套码头涉塘工程5项涉水审批项目进行监督检查，催缴占用水域补偿费11笔。

（9）基层水利站管理。通过对镇（街道）水利管理服务站标准化建设，进一步做到机构健全、人员到位，经费纳入财政预算、基础设施配套完善、技术装备配置齐全，制度健全、管理规范、运行高效。按照标准化水管站建设要求，在原有12座完成验收的乡镇标准化水利管理站的基础上，全市又新增6座乡镇水利管理服务站的任务，市级财政投资240万。

【水利改革】

（1）水利行政审批。市本级“最多跑一次”事项办件量196件（含产业集聚区水保登记表备案24件），其中许可件126件，包括涉河涉塘（含占用水域）项目审批13件，水土保持方案批复及备案96件，初步设计审批4件；其他类权利事项70件，其中水土保持验收42件，水利工程竣工验收13件，水库水闸控件运行计划核定13件，水文资料查阅服务8件。市本级网上申报水利事项约80%，邮寄送达约70%，“最多跑一次”率达100%。受理办结局内部流转其他进窗口事61件，其中办理招投标备案3件，核定临时用水计划34件，用水确认14件；流转企业资质审查及安全许可证审核各10件。

（2）“最多跑一次”改革。OA办公系统对接舟山市内门户网站端口，实时跟踪项目审批进程，关注审批会签耗时长的处室；建立上门服务“新”常态，递交申报材料前提前告知域内业主办事全流程，提供项目化上门服务日程表，无需委托第三方承办的事项让部门代替企业跑，凡委托第三方中介办理事项全程由中介代替企业跑，确保企业“零跑次”；应用数据、物流“新”模式，窗口对咨询人员均预留电话、微信、QQ、邮箱等社交通信方式，分区域建立业主单位通讯目录，为跑零次夯实基础。参与舟山千岛中央商务区基础设施工程方案设计工作协调会、甬舟铁路与500 kV舟山联网输变电工程路由对接会、建设项目防雷审批工作协调会等前期联合协调。对接波音项目、舟山绿色石化基地水土补偿费鉴定等事宜。

（3）水利建设市场管理。完成舟山市政府投资水利工程预选施工总承包商制度，将全市水利施工企业分A、B两个档次，其中A名录34家，B名录18家。分别承接不同规模的工程，确保水利工程安全生产建设和水利建设市场秩序。加强水利施工企业资质管理，根据《舟山市水利行业施工企业日常监管考核实施细则（试行）》，对在建工程进行扣分。

【水利科技】

（1）水利勘测设计。全年新签订勘测设计等合同128份，总金额2 103万元。其中设计合同34份，金额797.4万元；咨询合同47份，金额926万元；地质勘察合同41份，金额354万元；施工图审查合同3份，金额15.5万元。至2017年底，合同完成金额1 500万元左右。根据岗位目标任务，结合业务完成情况及进度，抓好经营收费，至2017年底，经营收入1 385万元。完成舟山群岛新区定海强排工程可行性研究报告、舟山市定海区大沙湾围区垦造水田项目施工图审查、虹桥水库安全技术认定、衢山本岛库库连网实施方案、嵊泗县小关岙水库初步设计、嵊泗县库库联网工程实施方案等75个设计咨询项目。完成舟山市普陀区寺岙河道整治工程地质报告、舟山市普陀区朱家尖机场北塘工程地质报告、定海区虹桥水库安全鉴定地质报告、岱山东沙长坑水库地质报告等63个地质勘察项目。建立水利专家团队，48人分5个小组，解决朱家尖观音法界补水方案及防渗技术，舟山绿色石化基地一期炼化项目海水取排水、雨水排水方案存在的技术等问题，组织团队调查勘测因卡努台风造成的普陀展茅受淹区域地形水文情况，分析雨量、洪水频率，提出下一步防御措施。

（2）信息管理工作。完成勾山河流域及取水口的视频监控项目建设、局中心机房升级改造项目、水利工程标准化运管平台项目，参与水质自动监测数据采购、小流域洪水预报系统和水利数据中心（一期）等项目的建设和管理。做好防汛远程会商系统的运维工作，全年召开省、市、县视频会议20余次，未出现会议故障；做好全局局域网及设备的运维工作，对现有设备加强登记管理，规范设备操作流程，完善服务器备份机制，全年提供网络技术服务近百次，未发生重大网络安全事故；做好水利业务信息系统的运维工作，特别是山洪灾害预警平台、水利工程标准化运管平台、河长制信息平台、水利视频监控平台等业务系统，派专人全程监管，保障正常稳定运行；做好水利外网、水利内网及局OA系统的运维管理，保障全局工作正常开展。

（3）科技推广应用。开展科技周宣传活动，对“五水共治”、日常节水知识、防台风知识等进行宣传。实现在建水利工程标准化管理系统、山塘水库信息管理系统、质监人脸识别系统等在水利工程管理中的推广应用，成功申报舟山市定海区盐仓流域水生态综合治理技术推广应用项目（2018—2020年）。

【行业发展】

（1）水利规划与编制。开展《本岛水系连通规划专题研究》，研究舟山本岛的主要水库的库库连通、库河连通、拓库扩容措施，提出白泉以西区域和临城勾山区域水资源优化利用方方案，以便统一调度、统一管理，进一步综合利用水资源和保护水环境、提高舟山市区防洪排涝能力。结合功能区划调整，推进海洋产业集聚区、普陀山—朱家尖管委会、新城管委会区域防洪排涝规划修编。

（2）水利建设计划。制定《舟山市市级水利建设与发展专项资金管理办法》和《舟山市水利工程标准化建设资金管理办法》，分配省、市2017年水利建设与发展资金、水利工程标准化建设资金和“五水共治”水利部分专项资金，组织编制市本级2018年省级水利项目计划、中央财政水利发展资金项目计划、中央预算内投资项目计划、市政府投资项目计划、省公共建设投资项目计划，谋划省“百项千亿”重大水利工程项目。

（曹继党）

台州市

【单位简介】 台州市水利局是主管水行政的台州市人民政府组成部门，内设办公室、规划计划处、水政水资源处、建设围垦处、行政审批处等5个行政处室，下辖5个参公管理事业单位（市人民政府防汛防台抗旱指挥部办公室、市水政监察支队、市农村水利管理处、市河道管理处和市水土保持监督管理处）、1个行政管理类事业单位（市水利水电工程质量监督站）、5个公益类事业单位（市水电建设管理处、市水文站、市防汛抗旱物资管理中心、市长潭水库灌区建设管理处和市水利综合设施调控中心）、3个生产经营类事业单位（市小水电服务站、市水利水电勘测设计院、市水利水电建设工程处）。台州市水利局现有正式干部职工111人，其中：行政人员13人、事业人员98人（参公编制26人、事业编制72人）。其中，具备高级专业技术资格人员37人，占33%；具备中级专业技术资格人员42人，占38%；工勤技能人员中技师3人、高级工6人。具备研究生学历 20 人，占 18%；具备大学学历 85 人，占 77%。主要职能是“贯彻实施水法律、法规和水利方针政策，组织制定全市水利发展规划、滩涂围垦中长远规划、主要江河的流域（区域）综合规划和有关的专业规划，以及承担全市水行政监督管理和水利行业指导等工作”。目前，台州 9 个县（市、区）除路桥区机构设置为水利海洋渔业局、天台县机构设置为水利水电局外，其余 7 个都独立设置水利局。此外，台州湾循环经济产业集聚区设置建设局、台州经济开发区设置建设水利局承担区域内水行政监督管理等职能。

【综述】 2017 年，台州市水利局以“五大发展理念”为指导，以“五水共治”为主线，以“五大百亿”水利工程建设为抓手，按照省水利厅提出“大干快上、提速创优”的总基调，完成年度水利建设投资 70.2 亿元，较 2016 年增长 60%，投资增幅居全省第一；实施最严格水资源管理再获省政府考核优秀等次，在全省排名第二；连续 12 年实现防汛防台人员“零死亡”，连续 10 年实现水利工程安全生产人员“零死亡”；永安溪入选全国“最美家乡河”；里石门水电站被评为全国首批“绿色小水电站”；台州市被国务院表彰为全国重点区域大气、重点流域水环境质量明显改善的城市（全国 4 个）；被省政府表彰为浙江省第二十一届水利“大禹杯”竞赛评比提名奖；台州市水利局被省委、省政府办公厅表彰为全省“五水共治”工作优秀单位，并在 2017 年台州市委、市政府工作目标考核和全省水利工作综合考核中均获得优秀等次，其中在全省水利工作综合考核中排名全省第一。

【水利建设】 2017 年，台州市完成水利建设投资 70.2 亿元，占年度计划的 108%，较 2016 年增长 60%，投资增幅居全省第一。防洪治涝方面，东官河综合整治工程完成河道整治 6.3 km 及安然湿地、太阳城示范段建设；洪家场浦排涝调蓄工程完成河道贯通 13 km、桥梁 7 座；栅岭汪排涝调蓄工程路桥段基本完工，椒江段完成栅浦 2 号闸主体及永宁河拓浚 3.9 km；临海大田平原排涝一期工程隧洞提前 6 个月贯通，河道全面开工；温岭南排工程完成启动段隧洞上台阶进尺 112 m；洪家场浦强排、七条河拓浚、永宁江闸强排、黄岩区北排、临海大田平原排涝二期、临海东部平原排涝和天台始丰溪流域综合治理工程开工建设。水源保障方面，朱溪水库工程完成 2 号施工便道填筑，导流洞进洞 263 m；盂溪水库工程完成大坝填筑；方溪水库工程完成环库路路基开挖 2 km；东屏水库工程完成南林支洞进洞 100 m。滩涂围垦方面，路桥黄礁涂、临海南洋涂、温岭担屿涂、三门洋市涂围垦工程完工；临海白沙湾标准海塘工程完成堵口合龙及主堤子堤抛石填筑；温岭南海涂开展可行性研究报告报批工作。水生态治理方面，天台县始丰溪综合治理一期工程主体工程基本完工；仙居县永安溪综合治理与生态修复工程完成堤防加固 8 km；实施断头河连通 104 条；完成河湖库塘清淤 1 300 万

m^3，为计划任务的131%，其中劣Ⅴ类水断面河道清淤完成157.56万m^3；完成河道综合整治119 km、堤岸加固40 km，增加植被护坡20 km；完成水土流失治理面积36.02 km^2，实施生态修复面积0.77 km^2，落实治理成果管护面积18.26 km^2。农村水利方面，完成病险水库除险加固16座，实施海塘加固9.1 km、水闸加固2座，整治万方以上山塘50座；继续实施农村饮水提升工程，改善农村饮用水条件人口18.05万人；大力推进小型农田水利建设，新增高效节水灌溉面积9 846.6 hm^2；长潭灌区续建配套与节水改造工程完成三至五期项目市级验收，中央小农水重点县第四批黄岩区、第五批仙居县和三门县完成验收，第九批天台县加快实施。

【防汛防台抗旱】 2017年，台州市面年平均降雨量1 314.2 mm，为历史同期面平均雨量1 671.8 mm的78.6%。从降雨地域分布上来说，降雨呈现北多南少，山区多平原少的情况，高值点位于天台山区，低值点位于温岭、玉环沿海地区，其中玉环年平均降雨量965.5 mm，为历史同期面平均雨量1 672.8 mm的57.7%。台州6月9日入梅，7月5日出梅，梅雨期26天，比常年（19天）多7天。梅雨期全市平均总量为324.5 mm，比历史平均偏多60%以上，其中天台梅雨量超出历史平均1倍多。2017年，第9号台风“纳沙”、第10号台风“海棠”、第18号台风“泰利”和第20号台风“卡努”对台州影响较小，全年台汛期雨量386.6 mm，只占历史同期的62.7%，占2017年汛期雨量的43.1%。出现短历时强降雨，主要为9月30日受低层东南急流影响，东部沿海地区出现暴雨天气，全市面平均雨量32.3 mm，最大降雨量站点为三门山场站320.0 mm，其次为临海小芝站212.0 mm和椒江葭芷闸197.5 mm，其中三门山场站1小时暴雨量96.0 mm，3小时暴雨量185.0mm， 6小时暴雨量265.0mm， 12小时暴雨量318.5mm。

2017年初，台州市14座大中型水库蓄水量为7.60亿m^3,汛期初始蓄水量为6.70亿m^3，台汛期初始蓄水量为7.84亿m^3，汛期结束时蓄水量为5.84亿m^3，年末蓄水量为5.41亿m^3；梅汛期蓄水量增加1.14亿m^3，台汛期蓄水量减少2亿m^3，整个汛期蓄水量减少0.86亿m^3。

在各级防指部门努力下，全力组织转移群众，加强水库、堤防等安全巡查和管理，科学预泄、预排和拦蓄洪水，分阶段、分层次做好各项防范工作，连续12年实现防汛防台人员“零死亡”。由于全年降雨明显偏少，尤其是温黄平原偏少约30%，玉环偏少43%，玉环、温岭分别启动抗旱Ⅲ、Ⅳ级响应，实行有计划的隔日供水、分区供水、错峰供水，并限制用水量较大企业用水，对山区和偏僻地方采取引水和挖井等办法解决水源问题，全市未出现旱灾。

【依法行政】 开展行政权力清理梳理，推进“容缺受理”。2017年，市本级共办理涉水行政许可38件，实现按时办结率100%。6月中旬组织开展全市水行政许可案卷评查，通过自查互查进一步规范许可案卷，全市涉水行政许可无违法违规情形。开展水事纠纷排查调处工作，将水事纠纷矛盾遏制在萌芽状态，全年实现无水事纠纷。成立“双随机一公开”抽查监管工作领导小组，制定《台州市水利局“双随机一公开”抽查监管工作实施细则（试行）》，公布“双随机一公开”抽查监管“一单两库”，全面完成双随机抽查监管年度工作任务。强化水域岸线管理保护，完成河道划界 1 033 km。积极开展水政巡查，全市累计出动水政巡查人员 3 875 人次，出动水政监察艇和监察车 1 119 车次，现场制止违法行为 527 起，累计拆除涉水违章建筑 50 万 m^2。以铁的行动开展非法采砂专项整治，1 个月内拆解在灵江流域的全部非法采砂船只；在永安溪拆除非法采砂场 38 家，沿溪布控视频监控点 78 个，回填深潭深坑 700 多个，目前“一江两溪”主流及大小支流河道砂石资源已实现全面禁采。严格落实水土保持“三同时”制度，开展重点项目水土保持方案实施情况检查 708 次，检查项目 478 个，下发整改意见 3 份，查处水保违法案件 5 件。强化水法律法规宣传，媒体发表报道 100 余篇，张贴宣传画册 40 000 余张，悬挂横幅 3 000 余条，培训群众 20 万余人。

【水资源管理】 实施最严格水资源管理制度，修订《台州市实行最严格水资源管理制度考核办法》，出台《“十三五”实行最严格水资源管理考核实施工作方案》，建立省、市、县三级水资源管理控制指标体系；严守水资源开发利用控制红线，开展台州城市总体规划水资源承载能力分析，严格落实取水许可制度，对 519 家自备水取水户实行计划用水，并施行超计划累进加价制度，全市年用水总量控制在 18.37 亿 m^3 以内，实现用水总量稳中有降；严守水功能区限制纳污控制红线，对规模以上排污口进行逐一踩点排查，对 65 家合法入河排污口进行审核登记，对全市 86 个水功能区监测断面进行日常监测，列入省“十三五”考核名录的水功能区监测实现全覆盖，全市水功能区水质达标率较上年提高 6.9%；严守用水效率控制红线，完成 23 家节水型企业、5 家节水型灌区、117 家节水型公共机构、9 个节水型小区、1 个节水教育宣传基地创建工作，椒江区、黄岩区、路桥区、温岭市、玉环市、三门县等 6 个第一批通过浙江省节水型社会创建县市区开展提升行动，临海市、仙居 2 个浙江省第二批节水型社会加快建设，天台县节水型社会建设方案通过审查，在全省率先实现县（市、区）节水型社会建设全覆盖，台州市再次获得省政府实施最严格水资源管理制度考核优秀等次，全省排名从第四上升到第二。

【工程管理】 路桥黄礁涂、三门洋市涂围垦工程完成完工验收，玉环漩门三期、温岭担屿涂、临海南洋涂完成标准化验收。完成 5 座水库、0.6 km 海塘竣工验收，完成水库安全鉴定 31 座、水闸安全鉴定 7 座、海塘安全鉴定 31 km，水库完成注册登记复查换证，沿塘水闸完成重新注册，完成水电站下闸蓄水验收 1 座、合同完工验收与机组启动验收2座、“十二五”增效扩容试点竣工验收28座。借助北斗高精度自动化变形监测技术，有10座水库、6 km海塘的大坝水平沉降实现主体变形监测自动化。出台《台州市市级风景区管理办法》，路桥区南官河、上分水、山水泾河道景观水利风景区和天台县始丰湖公园创建为市级水利风景区。在全省率先组建成立市级水利工程管理协会，有会员单位72家，培育专业物业化管护公司35家。组织开展水利工程标准化培训110次，培训管理人员2 400人次，完成标准化创建水利工程300座。开展水电站安全生产大检查，整改各类安全隐患20处，报废不安全电站2座，所有1 000 kW以上电站完成标准化管理创建，天台里石门电站被评为全国首批绿色小水电。强化水利工程质量和安全生产监管，开展现场质量监督活动58次、抽查（检）35项次，发出质量监督文件（意见）23份，出具质量核定意见和质量监督报告8份，发布质量监督通报4次；组织开展安全生产大检查3次，督促整改各类安全生产隐患24处，2017年全市水利工程未发生质量事故和重大安全责任事故。

【水利改革】 全面推进重点领域改革，激发水利发展新活力，推进水利投融资体制改革，努力让民资参与、PPP融资成为水利建设新常态，洪家场浦强排工程集聚区段已完成PPP招标，七条河拓浚、洪家场浦强排工程市区段签订项目PPP战略框架协议、黄岩区北排、永宁江闸强排工程项目PPP实施方案通过黄岩区政府审议，台州、温岭同时入选全省水利投融资机制创新试点，《盘活社会资源，完善投资环境，台州治水民资撑起半壁江山》在《浙江日报》头版刊登。推进农业水价综合改革，形成《台州市农业水价改革实施意见》，被列为浙江省委全面深化改革重要内容之一。推进“最多跑一次”改革，明确“最多跑一次”涉水许可事项6大项、12小项，实现所有“最多跑一次”审批项目进市行政服务中心，实现网上申报、网上审批。推进市区水务一体化改革，制定《台州市区水务一体化总体方案》并经市政府讨论通过。

【水利科技】 完成3项水利科技应用推广，开发并应用台州智慧水务基层体系管理系统在全市各基层应用。加快“全国智慧水务示范基地”建设，建成5 000多个雨量水位监测站点和覆盖5 000个村的智慧终端，开发集防汛防台、工程建管、水资源管理、民生水利等功能为一体的“智慧水务”云中心并上线应用。借助北斗高精度自动化变形监测技术，在全省率先启动实施水库、海塘大坝水平沉降位移自动监测，全市有10座水库、6 km海塘基本实现主体变形监测自动化。

【行业发展】 出台《中共台州市委 台州市人民政府关于构建“山海水城”水治理体系，加快实施“五大百亿”水利工程建设的实施意见》（台市委〔2017〕69号），成立台州市水治理委员会。编制（修编）《台州市水资源综合规划》《椒江流域综合规划》《温黄平原水利规划》《温黄平原防洪排涝专项规划》《台州市水资源保护规划》等重要规划。编制《台州市水利风景区建设发展规划（2016 — 2025）》，明确今后10年规划总投资54.7亿元，建设各类水利风景区共76个。完成椒（灵）江建闸专题研究，市委常委（扩大）会议明确“同意建设椒（灵）江建闸引水工程”的决定。市防汛办增挂温黄平原水系管理局牌子，新增5名参公编制，其中2名正科、2名副科；整合台州市金清新闸管理局、台州市十一海塘管理中心、台州市坝头闸管理处3家单位，新成立台州市综合水利设施调控中心，台州市金清新闸管理局、台州市坝头闸管理处28名差额事业编制全部转为全额事业编制。组织做好水利专业技术人才、技能人才参加各类在职培训和继续教育，组织水利干部到厦门大学进行集中学习培训。2017年，台州水利系统干部被评为台州市技术能手6人、台州市水利技术能手12人和浙江省技术能手4人、浙江省水利技术能手8人。组织做好水利专业技术人才、技能人才参加各类在职培训和继续教育，2017年全市新增水利专业技术高级职称11人、中级职称56人。

（李欠林）

衢州市

【单位简介】　衢州市水利局（渔业局）内设6个职能处室，市人民政府防汛防旱指挥部办公室设于衢州市水利局。同时，设立行政审批处，派驻市行政服务中心。下属事业单位9个，分别是水政与渔政执法支队、河道管理站、农村水利管理站、水利工程质量与安全监督站、水土保持监督管理站、信安湖管理处、浙江省防汛机动抢险总队衢州支队、水产技术推广站、水文勘测站。下属企业单位1个：水电发展总公司。归口管理事业单位2个，分别为乌引工程管理局和铜山源水库管理局。现有正式在编人员83人。主要职能是“贯彻实施水法律、法规和水利方针政策，承担全市水行政监督管理和水利行业指导；统一管理水资源（含空中水、地表水、地下水），负责水资源保护和保障水资源的合理开发利用，受委托研究起草相关规划、制定有关制度并组织实施，发布全市水资源公报；负责水旱灾害防治工作，组织、协调、监督、指导全市防汛防台抗旱工作；指导水利设施、水域及其岸线的管理与保护；组织、指导水政监察、水行政执法和渔业行政执法；指导农村水利工作；负责水土保持和节约用水工作；指导水文工作；负责全市渔业行业管理，开展水利、渔业科技和教育工作；承办市政府交办的其他事项。”此外，衢州市6个县（市、区）均独立设置了水利（渔业）局。

【综述】　2017年，衢州市水利局紧紧围绕省、市重点决策部署，全力抓好“五水共治”“河长制”各项工作落实，加快补“短板”、提能力、促转型，全年完成水利投资26亿元，扎实推进一批重点水利项目建设，切实加快城乡河道水环境综合整治，有力推进“洁水渔业”转型提升，为衢州经济发展、社会和谐、绿色生态提供坚实的水利支撑和保障。

【水利建设】 2017 年，全市完成水利投资 26 亿元，其中百项千亿防洪排涝工程投资 13.9 亿元。完成病险水库除险加固完工验收 19 座，干堤加固 10.15 km，河湖库塘清污（淤）510 万 m^3，河道综合整治 72.62 km，新增高效节水灌溉面积 2 133 hm^2，新增解决 13.41 万人饮水安全问题。

【水利体系现状】 全市水利设施较为完善，现有水库 467 座，其中大型水库 5 座，中型水库 9 座，总库容 34.83 亿 m^3，水库兴利库容 21 亿 m^3，设计年供水量 23.3 亿 m^3。

现有江河堤防 520 km，已初步建立衢江、常山港、江山港、灵山港等重要地段的防洪体系，县级以上城市建成区基本形成防洪闭合圈。现有大中型灌区 18 个，灌溉面积 11.43 万 hm^2。另有国家级水利风景区 4 个。已初步形成集供水、防洪、灌溉、发电、旅游等多功能于一体的水利体系。

【防汛防台抗旱】 2017 年 1—9 月，全市平均降雨量 1 468.7 mm，比常年同期（1 532 mm）偏少 4.1%。6 月 9 日入梅，比较常年（6 月 10 日）偏早；6 月 30 日出梅，比常年（7 月 10 日）偏早，梅汛期全市平均面雨量 574 mm，较常年梅雨期平均（403.2 mm）偏多 170.8 mm，面雨量最大为开化县 648.2 mm。梅雨期间出现 3 轮强降雨过程（6 月 11 — 13 日、21 — 22 日、23 — 25 日），3 轮强降雨区域基本重叠，特别是第 3 轮强降雨平均面雨量达 178.5 mm，为全省最大。后两轮强降雨的间歇时间 14 小时左右，远低于常年最短 2 ~ 4 天的水平。出梅后出现持续晴热高温少雨天气，由于前期水库调度得当，全市未出现较重旱情。全年共有 3 次台风影响衢州，分别为第 9 号台风“纳沙”、第 10 号台风“海棠”和第 18 号台风“泰利”，总体受台风影响不大，未造成较大损失。

梅汛期间，受强降雨影响，全市大中型水库蓄水总量明显增加。蓄水率从入梅前的 65.7% 增加到 98.2%，蓄水总量增加 8.1 亿 m^3，其他各类山塘水库均满负荷运行。全市 14 座大中型水库，除碗窑水库外均出现泄洪或溢流，454 座小型水库基本蓄满。衢江干流上长风、塔底、安仁铺、红船豆、小溪滩水利枢纽全部敞开行洪。全市江河水位出现 2 次较大的洪水过程，衢州水文站于 6 月 25 日 9 时出现洪峰（水位 63.48 m，流量 6 270 m^3/s），超警戒水位（61.2 m）2.29 m，接近保证水位（63.7 m），超警戒水位历时 31 小时，为 1998 年以来第二大洪水，仅次于 2011 年“6 • 16”洪水（水位 64.1 m，流量 6 320 m^3/s）。

受梅汛期多轮暴雨叠加影响，多地发生小流域山洪与山体滑坡等地质灾害，全市 97 个乡镇（街道）受灾，受灾人口 33.16 万人，直接经济损失 6.2 亿元。

2017 年，全市切实落实防汛抗洪各项责任制，建立有效的防汛责任监督机制，加强对防汛责任的监督，保障各项防汛责任和目标任务的落实。衢州市委、市政府主要领导、分管领导组织多次召开防汛视频会议，高度重视防灾救灾工作。各地各部门迅速行动，通过周密部署，科学决策，积极应对，全市虽然出现较大灾情，但未发生因灾人员死亡事故，得到省委、省政府主要领导的充分肯定。同时，加强科学调度，汛末成功调蓄“最后一库水”，有效保障长时期秋旱期间的用水需求，把灾害损失降到最低。

【水政执法】 2017 年，衢州市水政执法工作借助“五水共治”“四边三化”“三改一拆”的契机，充分发挥联动机制，严厉打击各类涉水违法行为，有效地维护水利正常秩序。持续推进全域河道禁止采砂，全年立案调查非法采砂案件 19 件，结案 17 件，2 件正在办理中，严厉打击涉河违法采砂行为，有效巩固全市域河道禁采的成果；涉水“三改一拆”行动以来，全市完成拆除涉水违章建筑 257 处，共计面积 499 243 m^2；做好水法宣传工作，依托世界水日、中国水周活动，共张贴水政渔政法律宣传标语 320 余条、悬挂横幅 69 条、出动水政、渔政车（艇）巡回宣传 72 次、印发宣传材料 3 万余份、利用电视广播报刊宣传 20 余次。

【水资源管理】 2017 年，全市平均降水深 1 849.1 mm，折合年降水总量 163.38 亿 m^3，比 2016 年减少 12.75%，比多年平均值多 1.66 %，属平水年份。全市年总水资源量 103.22 亿 m^3，人均拥有水资源量为 4 723 m^3。全市 14 座大中型水库，年末总蓄水量为 13.64 亿 m^3，比 2016 年末减少 21.56%。全市总供水量 12.14 亿 m^3，比 2016 年 12.83 亿 m^3 减少 0.69 亿 m^3，其中地表水源供水量 11.93 亿 m^3，占 99.7%。全市平均水资源利用率为 11.8%。全市总用水量 12.14 亿 m^3，比 2016 年 12.83 亿 m^3 减少 0.69 亿 m^3。其中农田灌溉用水 6.37 亿 m^3，占总用水量的 52.5%。全市总耗水 6.65 亿 m^3，其中农田灌溉耗水 3.93 亿 m^3，占总耗水的 59.1 %。全市人均年综合用水 556 m^3，万元 GDP 用水量 94 m^3，万元工业增加值用水 68 m^3。

【工程管理】 2017 年，全市水利部门认真开展水利工程管理工作，根据省水利厅《全面推进水利工程标准化管理实施方案》的要求，衢州市及各县（市、区）通过明确管理名录、落实工程管理单位或责任主体、编制管理手册、操作手册及人员岗位事项对应表，划定管理和保护范围、工程形象面貌提升、标识标牌设置、信息化平台建设等措施达到对工程实施标准化管理要求。2017 年，完成 268 处水利工程标准化管理创建。

【水利改革】 根据《关于开展农业水价综合改革试点工作的指导意见》和国家有关部委关于开展农业水价改革的文件精神，江山市列入浙江省第一批农业水价综合改革试点，目前已按照实施方案开展试点改革相关工作，成立改革领导小组，建立节水奖励机制，完善试点灌区农田水利设施。龙游县作为第二批农业水价综合改革省级试点，目前已确定改革试点灌区，并已完成实施方案审查和批复。

【水利科技】 2017年，衢州市各级水利部门认真贯彻落实科学发展观，坚持科技兴水，围绕生态水利、民生水利建设，大力开展水利科技推广应用项目建设，共实施项目12个，主要包括农村饮用水供水增压技术、水库大坝渗漏隐患探测及定向处理技术、农村饮用水工程标准化管理平台采购、农村饮用水节能一体化净水设备、BD型一体化净水设备、无源自控水表、生态挡墙建设等水利科技推广应用项目。

【行业发展】 2017年，全市水利部门按照上级有关文件的要求和精神，进一步做好水利建设工程安全文明施工。衢州市水利局印发《衢州市水利建设工程安全文明施工标准化工地创建操作手册（试行）》，从制度层面细化加强水利建设文明施工标准化管理。

（胡文佳）

丽水市

【单位简介】 丽水市水利局内设7个处室（办公室、直属机关党委、规划计划处、建设管理处、水资源水保处、渔业渔政处、开发区分局），下属事业单位9个（其中参照公务员管理单位3个，事业单位6个）。全局行政编制15名，依照公务员管理编制22名，事业编制54名。纪委派驻水利局纪检组3人。现有干部职工86人，其中副高以上职称19人。

【综述】 2017年，丽水市水利局工作取得较好成绩。从严治党工作得到全面落实，防汛防台实现“不死人、少伤人、少损失”的目标，水利安全生产未发生死亡事故，渔船安全生产事故实现“封零”。水行政与渔业行政管理持续加强，水生态文明城市建设试点、河长制、绿色水电管理等创新工作不断推进，完成水利投资38.47亿元，较2016年同期增加4.3亿元，占年度投资计划的110%，投资完成率为全省第一，投资增速全省第三，全市投资完成额从全省第九上升至全省第七，24个重大水利建设项目全部完成年度任务，向上级争取资金10.45亿元；市本级及遂昌、云和、景宁、松阳、缙云、龙泉等6个县市获得省级水利综合考核优秀；在全省水利行业职业技能竞赛中勇夺第一；在全省“河长杯”篮球赛中获得第一名；在全省率先开展文化遗产普查。

【水利建设】 2017年，水利投资创历史新高，全市水利计划投资35亿元，实际完成水利投资38.47亿元，占年度计划的110%，较2016年同期增加4.27亿元，同比增长12.5%。列入省百项千亿防洪排涝工程水利项目共9个，完成投资17.84亿元，完成率108%。投资完成额和完成率都创历史之最。全市24个重大水利建设项目，均超额完成年度任务，实现历史性突破。完成独流入海建设6.42 km，河道综合整治234.22 km，完成水库除险加固9座，山塘整治39座，完成农村饮用水安全提升14.31万人，“双百万”节水面积0.25

万 hm^2。

【防汛防台抗旱】 2017年，全市降水量1 626.8 mm，比同期多年平均降水量偏少5.5%。遭遇梅汛期4轮强降雨，“7•2”“8•30”“9•8”等局部地区强降水以及台风“纳沙”“海棠”“卡努”等自然灾害的侵袭，受灾人口9.95万人，直接经济损失3.98亿元，其中梅汛期损失3.11亿元。面对重大汛情，丽水市防指根据市委市政府的统一部署，以“不死人、少伤人、少损失”为目标，精心组织，周密部署，层层压实责任，顺利完成防汛抗台工作。创新开展水利工程第三方巡检，201处隐患点中71处完成整改，130处落实管控措施。全年组织31次培训，3 451责任人参加。各防汛储备中心防汛物资储备达5 300多万元。全面完成2 804个村的防汛形势图编制工作和173个乡镇省级基层防汛防台信息管理工作。

【水政执法】 全面加强水行政执法铁军队伍建设，大力推进水行政执法管理体制革新，通过全方位设定、全过程规范、全员化参与，圆满完成龙泉市水政执法标准化大队创建试点和《水行政执法管理规程》编制，确立形成一套可推广、可复制的水行政执法管理体系。强化与公检法、纪委等部门的协作力度，统一确定全市渔业违法案件入刑标准，从严查处水事、渔业违法行为。全市共立案145起，罚没46.8万元，移送涉嫌水事、渔业违法案件13起，拆除涉河违建点67个，拆违3.2万 m^2，全面完成268 km省级河道和229 km河道的“无违建河道”创建任务。

【水资源管理】 深入开展最严格水资源管理制度考核，逐步建立“以考促管”的长效机制。严格水资源开发利用控制，用水效率控制和水功能区限制纳污“三条红线”管理，发挥河长办作用，开展取水许可和取水计划管理检查，严格依法征收水资源费。推进入河排污口审核登记，对1 238个排污口进行复核，对符合条件的61座进行备案登记。全域推进节水型社会创建。

【工程管理】 从严落实水利安全生产管理，全面加强水工程质量监督，深入推进水利工程标准化管理创建。2017年，共有305处水利工程纳入标准化管理创建任务，其中“五水共治”考核任务数为268处。分别为中型水库18座，中型堤防50段，小型水库102座，小型堤防29段，山塘25座，水文测站48处，农村供水工程20处，水电站12座。累计共投入标准化创建资金3 100多万元，完成标准化验收工程305处。

【水利改革】 三项水利改革有力推进。一是“最多跑一次”改革取得突破。丽水市本级完成水利系统最多跑一次17条主事项及30条子事项的梳理，出台《丽水市水利局服务事项办事指南一本通》，让群众办事一目了然，做到“照单抓药”。严格按照市政府要求，基本服务事项做到一窗受理、集成服务，其中水资源费征缴实现零上门。二是水电产权制度改革成效初显。小水电企业产股权改革、交易机制体制研究等基础工作扎实开展。完成交易体制机制研究、《小水电产股权交易管理办法（初稿）》水电站土地《建设程序遗留问题处理指导意见（初稿）》等，确定景宁县为全市小水电产股权改革试点县。三是河长制形成“五位一体”标准化管理新机制。在全市开展河长制责任网格全覆盖、任务清单全覆盖、信息管理全覆盖、履职制度全覆盖、合力治水全覆盖“五位一体”标准化管理模式建设，高标准推进河长制工作。全市设置各级河长 4 349 名，其中市级河长 12 名、县级河长 213 名、乡级河长 803 名、村级（小微水体）河长 3 321 名，实现市、县、乡、村四级河长全覆盖。全市 10 条市级河道、226 条县级河道、989 条乡镇级河道全面完成“一河一档”创建工作。河长制工作被省河长办作为典型推荐到国家河长办。累计已接待上海宝山、陕西西安、云南昆明等 20 多个前来学习考察的代表团。

【行业发展】 丽水市水利工作将以十九大精神为指引，着力打造“干净干事、本领干事、激情干事”的水利干部队伍，围绕浙江（丽水）绿色发展综合改革创新区和大花园建设，聚焦“生态、安全、美丽、民生、开放”五大水利，全力推进瓯江河川公园、全国生态渔业示范区、全国水生态产品价值实现机制示范区、国际绿色小水电示范区、全省美丽河湖示范区建设，完成 2018 年水利投资 38.5 亿元的目标。

（刘　穹）

厅直属单位

Directly Affiliated Institutions

浙江省水文局

【单位简介】 浙江省水文局为浙江省水利厅管理的副厅级纯公益性事业单位，下设办公室、水情预报处、站网处、通信管理处、资料应用处、水质处（同时挂浙江省水资源监测中心牌子）等6个处（室）和之江（同时挂浙江省水文机动测验队牌子）、兰溪、分水江等3个直属水文站。核定编制数106人，控制编制数95人，截至2017年底，实有在编人员83人。主要承担对设区市、县（市、区）水文机构的工作指导和监督，统筹协调全省水文工作；负责水文水资源监测，水文站网建设和管理，对江河湖库和地下水的水量、水质组织监测，发布水文水资源信息和情报预报；承担全省水文事业发展规划的编制并组织实施；负责全省水文行业管理和业务指导。

【概况】 2017年，浙江省水文局完成水情服务、水质监测、站网与行业管理、资料整编、通信管理、第三次水资源调查评价等基本任务。全年浙江省水文基本建设投资额5 310万元，主要开展瓶窑水文迁建、宁波市测报中心建设等项目建设。全省水文站网基本保持稳定，共有国家基本水文站94个，国家基本水位站132个，国家基本雨量站483个，地下水监测站155个，墒情站15个。

【水情服务】 2017年，受梅雨影响，钱塘江中上游发生1956年以来（近62年来）第一大洪水。受4个台风先后影响，丽水市、舟山市、宁波市等部分地区出现50年一遇暴雨。舟山市普陀区最大24小时降水量重现期接近50年一遇，定海区、岱山县、嵊泗县20年一遇左右，均列历史实测第二位，单站雨量最大为舟山市普陀区干使岙746 mm。

为做好防汛水文测报工作，浙江省水文部门坚持早动员、早部署，狠抓汛前测报准备。汛前省水文局派出6个督查组对全省40个县（市、区）82个水文测站进行明察暗访，针对存在问题进行反馈，共发出20份督查单，累计反馈36个问题，各地按要求完成整改。入汛前修订完善防汛防台工作预案、情报预报考核办法和三江两溪重要控制站预报方案，完成2017年全省水文情势分析和预测，开展水情报汛要素分析及站点优化工作，新增105个省级报汛站。为规范洪水作业预报，梳理明确市县预报任务职责，强化预报任务分级管理，完成16个预报任务站点的预报方案审查，落实47个站点的作业预报任务和职责，将120条中小河流预报任务站点落实到相关县级水文站。完成全省大型水库通信系统升级改造，新增周公宅等6座大型水库水雨情信息数据接入，实现对全省大型水库的全覆盖；开展水文大数据云平台的前期设计研究等工作，做好省水情数据接收中心系统运行维护，保障全省水雨情信息接受畅通准确。

2017年，浙江省水文部门积极拓展水情信息服务领域，为省国土资源厅、省钱塘江管理局、国能电力公司等部门提供实时可靠的水情信息服务。全年向水利部信息中心等有关单位报送实时水情信息数据近 3 889 万余条，其中汛期报送 2 326.8 万余条，实现全省所有已建的大中型水库、大部分小（1）型及以上水库的各类信息以及已建墒情站实时信息的报送；全年报送各类基础信息 2.34 万余条；梅雨期、多次台风影响期间等加密报送各类水情信息和分析材料，累计完成 277 期《最新水雨情》、35 期综合水情预测及分析材料和 13 期抗旱形势分析。

【水质监测】 实验室资源配置。2017 年，全省投入约 300 万元，购置连续流动化学分析仪、超纯水仪、红外测油仪、紫外分光光度计等仪器设备，持续改善实验室硬件条件。完成省中心和湖州、台州分中心资质认定变更评审及后续工作，省中心和湖州、嘉兴分中心分别通过水利部、太湖局组织的“水质监测质量管理监督检查与考核”，考核成绩优秀。加强实验室质量控制，全年省中心及各市分中心组织实验能力验证及质控考核 28 项次。

水质监测。2017 年，开展水功能区水质断面的常规监测工作，对 240 个国家重要水功能区水质全覆盖监测，继续做好地下水水质常规监测。完成近 40 万个水功能区水质监测数据的收集、整理、校对及入库工作，上报水质数据 22.5 万个，进行评价 8 000 余次，为全省的水功能区水质达标评价、最严格水资源管理、限制纳污红线考核工作提供坚实的技术支撑。编制完成《浙江省水资源公报》《全省重要水库、湖泊浮游植物监测报告》（季报）、《浙江省水功能区（2015 版）纳污能力核定工作方案》《浙江省重点水功能区水资源质量通报》《河道清淤水质达标分析》《2016 年度浙江省境内太湖流域水功能区水质资料成果报告》《2016 年度浙江省境内东南诸河区水功能区水质资料成果报告》等，为浙江省水资源保护和管理工作提供依据。

水质信息系统建设。浙江省水质实验室信息管理系统（简称 LIMS 系统）于 2016 年 11 月 21 日完成招投标工作，9 月 22 日召开项目验收会议。目前初步建立满足资质认定要求的实验室管理流程，提高工作效率、减轻人员负荷。

【第三次水资源评价】 省水文局成立第三次水资源调查评价项目办，下设协调组、综合技术组等，明确各组的主要职责。参加水利部、长江委、太湖局等召开的第三次水资源调查评价技术工作会议，项目办完成《浙江省水资源调查评价技术方案（讨论稿）》，编制有关培训材料。

【规划与建设】 完成《全国水文基础设施建设规划（2013 — 2020 年）》（浙江省）、《潮水位站规划》《墒情监测站建设调整方案（2017 — 2020）》编制及上报。

2017 年，全省水文部门无中央投资计划项目，主要是省、市、县（市、区）地方投资项目。全年浙江省水文基本建设投资金额 5 310 万元，主要开展瓶窑水文站迁建、宁波市测报中心建设、峃口水文站改造、硖石水文站改造、海宁县巡测系统、嘉善县巡测系统、湄池水文站改建、温岭市水文站建设等项目建设。同时，完成了江山市水文站缆道拆除迁建、安吉县横塘水文站改建、长兴县港口水文站迁建、德清县大桥水文站立柱改建、泰顺县泗溪水文站缆道安装、富阳区徐畈水文站汛期缆道抢修等10多个站点建设。完成湄池、黄渡、碧莲、长台、下岙、西球等6个水文站验收。

【站网及行业管理】 2017年，浙江省水文站网基本保持稳定，全省共有国家基本水文站94个，国家基本水位站132个，其中河道站98个，潮位站34个。国家基本雨量站483个，地下水监测站155个，墒情站15个，实验站1个，辅助站1个，专用水文站160个，其中中小河流建设站56个。向县级以上防汛部门拍报水文信息的水文测站1 103个，发布预报的水文测站42个。

规范站网调整审批。完成涉及“最多跑一次”事项——国家基本水文站、专用水文站管理事项梳理、办事指南编写、后台系统修订等相关工作。完成下岙水文站更名启用、洪家塔水文站测站任务调整、临平（上）和塘栖北水位站回迁原址、秋塘水文站雨量站码变更、撤销吴沈门闸（闸上）水文站、德清大桥水文站测绳塔重建、义乌水文站流量停测、暂停江山水文站流量及泥沙测验项目、诸暨雨量站迁移、重启青山水库（隧洞）站等10多个测站相关批复工作。

推进水文测站标准化创建。注重标准化管理顶层设计，对浙江省水文测站标准化运行管理平台进行升级改造，经浙江省质量技术监督局批准，浙江省地方标准《水文测站运行管理规范》于2017年12月29日发布实施。省水文局加强对各地标准化创建和验收工作的指导、督导和暗访，组织开展标准化管理要点和验收管理办法培训，确保相关规范标准真正落地。先后到湖州、金华、丽水等地开展标准化管理专项暗访。针对暗访中发现的突出问题，要求对照标准补“短板”，尽快整改到位，确保“依标管理”真正落地。全年完成330个测站标准化创建验收工作。

加强水文站网管理保护。由省水利厅下发《浙江省水利厅关于在水利工程前期中加强水文设施保护等有关工作的通知》（浙水计〔2017〕26号）。全年参加钱塘江瓯江浦阳江流域防洪规划等各类审查会21个，对涉水工程对水文测站可能的影响及区域站网布设提出意见，有效避免或减轻水文监测环境受影响的程度。积极处理湖州姜湾水文站、德清大闸水文站、长兴港口水文站、长兴（二）水文站、金华水文站、拱宸桥水文站、七堡水文站、江山水文站、南林水文站、仙居水文站等10多个测站受交通和工程影响事宜，其中湖州姜湾水文站和杭州拱宸桥水文站2站均受到交通建设严重影响，经过省水文局反复的艰难交涉，成功维护水文部门的合法权益。

开展水文应急监测。积极开展水文应急监测技术培训和演练，4月在杭州桐庐举办全省水文勘测及水文应急机动监测培训班，5月省水文局联合金华市水文站在金华市兰溪塔山水文站开展水文应急监测联合演练。通过演练提高省、市、县水文应急监测队伍的配合水平，增强全省水文应急监测实战能力。6月下旬，受梅雨期第三轮强降雨影响，钱塘江干流、东苕溪流域、杭嘉湖平原全线超警，发生流域性洪水。6月24日，浙江省水文机动测验队赴常山县、临安市开展洪水流量监测支援，对相关技术人员就走航式ADCP、雷达枪等测验设备的使用和数据处理进行培训。

【资料整编】 组织开展水文数据管理及水文资料整汇编工作调研，稳定推进水文资料在线整编，对水文数据库综合服务系统进行功能完善，新建杭嘉湖专题库，开通8个地级市数据库端口，全年为政府机关、企业、个人共提供数据7 800余万条。完成2016年度全省大区、大中型水库站、杭嘉湖水文巡测水文资料的汇交、复审、入库工作。完成4册水库水文资料、1册杭嘉湖水文资料的汇编、刊印；完成2005年国家水文年鉴7卷1、2、3册恢复刊印，多年来浙江省水文资料质量保持稳定。2017年，浙江省负责汇编和参编的5册水文年鉴在全国年鉴终审中被评为优秀。

【通信保障及信息化】 制订颁发《浙江省防汛通信平台管理办法》，提高平台安全运行管理水平，规范信息共享流程，落实管理责任。完成“国家防汛抗旱指挥系统二期工程（浙江）水、旱情信息采集系统”项目实施，通过竣工验收。2017年，通过浙江省防汛通信平台实现省市县共享的水雨情遥测站达到6 400个，各级（分）中心站420个，全省水雨情信息实时、有效、稳定运行。遥测站基础数据和维护信息与实时信息同步传输，年转发量超5亿条数据，涵盖雨量、水位、流速流量、墒情、蒸发、气象、水质等水文要素。

开展全省遥测站点分级分类管理工作。编制完成《2017年浙江省水文遥测站分类分级管理目录》，目录涵盖全省重要水情防汛站点431个、水文资料站点95个、水资源站点157个，明确遥测站的责任单位和责任人，规范水文遥测站日常运维活动，全面提升水文遥测站管理水平，更好地为全省防灾减灾服务。

开展水文信息化调研工作，对全省水文信息化现状进行调研，完成调研报告《浙江省水文业务信息化框架思路》，为实现掌握浙江省水文信息化发展的基本情况和存在问题，科学合理制定水文信息化发展规划提供思路。

【队伍建设】 协助省水利厅承办第七届全省水利行业技能竞赛水文勘测工分赛项目，在全省水文系统形成岗位练兵的良好氛围。义乌市水文站的朱志冠、杭州市水文水资源监测总站的杨云、金华市水文站的朱琦分别获得个人总成绩前三名，获“浙江省技术能手”荣誉称号。宁波市水文站景新燕、杭州市水文水资源监测总站聂阳、临安市水文站楼厦3人获“浙江省水利技术能手”荣誉称号。金华市水文站、杭州市水文水资源监测总站、浙江水文新技术开发经营公司代表队分别荣获团体前三名。

积极做好第六届全国水文勘测工技能竞赛浙江赛区选手选拔和强化训练。代表浙江省参赛的2位选手凭借优异的理论成绩和娴熟的技能操作全部进入30名以内并受到表彰，其中省水文局陈金浩以个人综合成绩第5名获得二等奖，杭州市水文水资源监测总站姬战生获表彰。

鼓励职工开展科研活动，省水文局参与的“浙江省无资料流域设计洪水及水文预报关键技术及应用研究”和“钱塘江河口地区城市排涝关键技术及应用研究”获省科技进步三等奖。

援藏援疆。在援藏方面，组织技术业务骨干赴西藏阿里开展高寒高海拔地区自动测流系统运行可靠性试验进行技术合作。向阿里水文局阿里扎达县水文站免费提供47万元的测流系统一套，并做好设备安装调试和业务培训工作。在援疆方面，协助太湖局水文局承办水文援疆太湖组对接工作会，制定浙江省水文局2017年援疆工作计划。根据受援单位阿克苏水文局要求提升实验室规范化管理水平的需求，组织业务技术骨干对4名阿克苏水文局从事实验室管理人员进行业务培训。针对阿克苏水文局地区各县水文数据信息互不兼容，造成水情中心平台的数据难以整合和处理的问题，组织有关专家在调研的基础上提出解决该地区水文信息整合的初步方案。

稳步推进干部人事改革，推进机构整合和干部轮岗交流，实现了站网处和直属水文站之江水文站合署办公，对8名干部职工进行了跨处室轮岗交流，对新进人员和调整岗位的人员实行导师传帮带制度，激发干部队伍活力。

【党建和党风廉政建设】 认真学习贯彻党的十九大和省第十四次党代会精神，扎实开展“两学一做”常态化制度化学习教育，全面落实党风廉政建设主体责任，深入开展廉政及失职渎职风险排查，印发《局廉政风险防控手册》，明确每个工作岗位的失职渎职风险和廉政风险防控责任。切实加强局内控制度管理，印发《局内控风险评估办法》，对局内部控制进行基础性评价，完成局内部控制基础性评价报告、局内部控制年度自评报告。针对局内控制度中存在的问题，进一步修订完善各项规章制度，全年修订完善预算管理、干部轮岗交流等15个制度。督促局属企业完善法人治理，强化内控制度建设，规范运作行为。加强党组织建设，严格落实党支部“三会一课”、民主评议、组织生活等活动，全年完成3个党支部标准化创建任务。认真做好省水利厅全面从严治党巡察反馈问题的整改，针对巡察组反馈的问题，逐项明确整改目标、责任人和整改时间，圆满完成各项整改任务。

（全俏俏）

浙江水利水电学院

【单位简介】 浙江水利水电学院是浙江省政府和水利部共建院校、全国文明单位，现有下沙和江东2个校区，占地面积84.1 hm^2，建筑面积27万 m^2。现有水利与环境工程学院、测绘与市政工程学院、建筑工程学院、电气工程学院、机械与汽车工程学院、经济与管理学院、信息工程与艺术设计学院、国际教育交流学院、继续教育学院等9个教学院，基础部、社科部（马克思主义学院）、体育与军事教育部等3个教学部，有水利工程、测绘科学与技术、土木工程、电气工程、机械工程、软件工程等6个省级一流学科建设项目，有本科专业22个、专科专业21个，其中全国水利职业教育示范专业5个、省级特色专业6个、省级本科新兴特色备案专业4个。有中外合作办学项目2个、国家精品课程8门、省级精品课程28门。有教学仪器设备总价值1.5亿元，图书馆藏书126万余册，国家级财政支持实训基地2个、省级示范性实训基地4个，省级实验教学示范中心1个。学院有教职员工680余人，其中专任教师512人；全日制学生9 200余人，其中本科生5 058人。

【概况】 2017年，学院录取学生2 890人，毕业生初次就业率达96.99%，首届本科生考研录取率11.45%。继续优化专业结构和学科布局，获批浙江省级优势专业1个和特色专业建设项目3个，新增本科专业5个，本科专业已超过专科专业数。6个专业以优异成绩通过浙江省专家评审组的学士学位授予权评审，学院成为具有学士学位授权单位。签订横向科技合同75项，立项纵向项目59项，其中省部级项目18项、国家自然科学基金3项。学院成立全国首个河长学院。获批“国家水情教育基地”。

【教学科研】 2017年，学院全面深化教学改革，在全省高校中率先开展校级教学专项巡查工作。继续优化专业结构和学科布局，获批浙江省级优势专业1个和特色专业建设项目3个，新增本科专业5个，本科专业已超过专科专业数。加快推进“1+6”一流学科建设，以水利学科为龙头，学科建设逐步迈入“水科学”大学科体系阶段。与丽水市人民政府签订战略合作协议，“瓯江流域生态水利研究基地”正式挂牌。积极推进省财政支持的“提升服务水利行业能力研究平台”建设，初期1 500万元建设资金得到落实。签订横向科技合同75项，合同到款额2 100万元。立项纵向项目59项，经费309万元，其中省部级项目18项、国家自然科学基金3项。获授专利270项，同比增长40%，其中发明专利31项，同比增长20%。获得浙江省水利科技创新奖二等奖1项和三等奖2项，科研水平不断提升。

【学生工作】 2017年，学院进一步强化“以学生为中心”服务理念，贯彻落实高校思想政治工作会议精神，推进“思政课程”向“课程思政”转变，全力推进学生个性化发展。学生获全国“三下乡”暑期社会实践优秀团队1个、浙江省级及以上学科技能竞赛奖90余项，大学生艺术节一等奖3项、二等奖2项、三等奖3项，立项大学生创新创业训练计划项目15项、浙江省“新苗人才”计划项目12项，参加浙江省大学生篮球甲A联赛获得第三名、大学生足球校园甲A组联赛获得第八名。2017年，录取学生2 890人，毕业生初次就业率达

96.99%，首届本科生考研录取率 11.45%。

【社会服务】 2017 年，学院进一步深化与地方政府、行业企业的需求对接，积极推进“剿灭劣 V 类水”“双十双百双千”科技服务，主动服务“五水共治”“百项千亿”“水利标准化”，派出专家教师 300 余人次，承接水利科技服务 100 多项，2 名教师获评“千人万项”浙江省级优秀专家。《建立丽水市中小水电产权交易中心》科研成果成功转化落地，推动丽水市水电产权（股权）流转平台开通运营。学院拓展水利行业继续教育，完成各类培训 60 期、5 570 人次，实现产值 1 053 万元。成立全国首个河长学院，举办首届浙江河长论坛。完成《浙水千秋》动画片制作、《浙江通志》志稿编纂任务及扶贫结对帮扶黄岩区上郑乡干坑等 5 个村的各项任务。学院被推荐参评 2013 — 2017 年度结对帮扶优秀单位。

【队伍建设】 2017 年，学院围绕建设新时期高素质专业化干部队伍，制订学院干部队伍建设 2018 — 2023 年行动计划。制定中层干部选拔任用工作实施细则，进一步规范干部选任。开展新一轮干部选聘工作，首次尝试开展干部对外公开招聘二级学院院长（主任）2 名（其中 1 名已正式到岗），完成 76 名中层干部的选聘工作。加大干部培养力度，95 名干部赴外地学习培训、15 名干部挂职锻炼，进一步提升干部能力素质。

新进博士 29 名，其中 4 名新进博士认定为 5 类人才，聘请 4 名高层次学科方向带头人，1 名获评全国水利高等院校水利类专业带头人。新增浙江省中青年学科带头人培养对象 8 名、“浙江省 151 第三层次人才”1 名。成功选派 23 名教师赴加拿大、新西兰、香港进行 3 个月以上的访学，选派 8 名教师进行国内访学、访工项目。教师培训达 4 000 多人次。

【党建活动】 2017 年，学院把学习贯彻党的十九大精神作为首要政治任务，印发落实学习宣传方案，多措并举推出系列主题活动，在全校师生中持续掀起学习新热潮。相关做法得到省水利厅主要领导批示，作为典型印发省水利系统学习，省教育厅官网予以报道。以党的十九大精神为指导，全面贯彻落实上级党委决策部署，深化落实党委领导下的校长负责制，修订出台学院党委会、校长办公会议“两会”议事规则和“清单”；深入推进“两学一做”学习教育常态化制度化，不断增强党员“四个意识”“四个自信”。设立“红船圆梦爱心基金”，组织党员缴纳第 13 个月“情怀”党费共计 14 502 元；推行党支部小型化和党支部建在学科上、部门上试点，党支部从 31 个调整到 43 个。推进党支部标准化建设，22 个党支部完成达标验收，发展党员 212 名。完成省纪委执纪监督检查反馈意见整改。持之以恒正风肃纪，落实中央八项规定实施细则和习近平总书记整治“四风”新批示，完成失职渎职风险排查、首轮校内巡察以及制度建设和执行情况检查、内部审计等重点工作。进一步落实办公用房整改、推进公务用车整改。

【和谐校园】 2017年，学院严格落实“平安校园”工作责任制，确保校园安全稳定。以《浙江水利水电学院章程》实施为引领，制定完善制度50余个。推进校院二级管理，激发二级单位办学积极性。完成新一轮岗位聘任和绩效工资分配。落实“最多跑一次”改革要求，编制完成104项审批服务流程图，启动学院“网上办事大厅”建设工作，获评为高校网络信息化建设工作先进单位。继续做好江东土地的开发规划工作，顺利推进水利综合楼建设，开展第二实验实训大楼的前期工作，学生宿舍建成已投入使用。顺利通过“全国文明单位”三年建设期满验收。推进“水主题”系列景观雕塑建设，举办文化艺术活动50余项，接待校友等4 000余人次。举办“大禹爱心助学圆梦基金”捐赠仪式，接收捐赠202万元。成立党外知识分子联谊会。

【入选“国家水情教育基地”】 3月15日，《水利部关于公布2016年国家水情教育基地名单的通知》（水办〔2017〕118号）印发，确定12家单位为国家水情教育基地，浙江水利水电学院成功入选。

【“剿灭劣Ⅴ类水 共建美丽浙江”出征仪式】 3月18日，省委常委、宣传部长葛慧君宣布“剿灭劣Ⅴ类水 共建美丽浙江”主题实践活动正式启动，副省长成岳冲，省政府副秘书长李云林，省政协常委、政协科教委主任鲁善增出席出征仪式。省教育厅厅长郭华巍主持会议。省水利厅厅长陈龙，省委教育工委副书记、省教育厅副厅长陈根芳，省教育厅副巡视员吴永良，20所在杭高校分管领导、学工部长、团委书记、学生代表参加仪式。出征仪式上，出席领导共同向各高校代表授旗。浙江大学学生会主席章成之带领全省1 000名大学生代表宣誓。

【通过学士学位授予权评审】 4月13日，水利水电工程、农业水利工程、测绘工程、电气工程及其自动化、机械设计制造及其自动化、人力资源管理等6个专业通过浙江省专家评审组的学士学位授予权评审，学院成为具有学士学位授权单位，具有学士学位授予权。

【浙江省院士专家工作站揭牌】 10月13日，王浩院士、杨志峰院士成立的浙江省院士专家工作站揭牌仪式在学院举行。中国工程院院士杨志峰，中国工程院二局巡视员王元晶，中国环境科学研究院研究员、国家杰出青年基金获得者席北斗出席揭牌仪式。学院院长叶舟参加仪式并致辞，副院长邹冰主持仪式。浙江省院士专家工作站的揭牌，标志着学院在水利相关学科领域开展科学研究、推进产学研合作、提供社会服务方面迈出新的步伐，为学院在学科建设、人才培养、科研科技服务等方面搭建了更高的平台。

【全国首个河长学院成立】 12月28日，学院举行河长学院成立仪式，水利部发展研究中心河长制工作处处长刘小勇，浙江省治水办（河长办）副主任王以淼，省水利厅党组成员、驻厅纪检监察组长赵向前和学院党委书记符宁平分别致辞，王以淼宣布“浙江河长学院”成立。学院院长叶舟主持成立仪式。浙江河长学院将积极探索构建培训、研讨、参观、实践于一体的办学模式，致力于建成服务全国治水工作的重要基地。

（薛　磊）

浙江同济科技职业学院

【单位简介】 浙江同济科技职业学院由浙江省水利厅主办，是一所从事高等职业教育的公办全日制普通高等院校。前身是1959年成立的浙江水电技工学校和1984年成立的浙江水利职工中等专业学校。2007年经浙江省人民政府批准正式更名为浙江同济科技职业学院，与浙江省水利水电干部学校合署办学，采取的是“一套班子、两块牌子”的形式。

浙江同济科技职业学院由校本部（22.63 hm^2）、大江东校区（42.39 hm^2）、城北校区（1.57 hm^2）组成，总占地面积66.59 hm^2，总建筑面积17.68万m^2。学院立足浙江，依托行业，以大土木类专业为主体，以水利水电、建筑艺术类专业为特色，相关专业协调发展，致力于培养生产、建设、管理一线需要的高端技能型专门人才。学院设有水利工程系、建筑工程系、机械与电气工程系、工程与经济管理系、艺术设计系、基础教学部等6个教学系（部），开设水利工程、建筑设计、工程造价等22个专业，还设有国家职业技能鉴定所、水利行业特有工种技能鉴定站，为行业培训考证服务。

【概况】 2017年，浙江同济科技职业学院坚持走内涵式发展道路，以立德树人为根本，不断完善顶层设计，提升管理水平，加强优势特色专业建设，深入推进现代学徒制试点，完善学生管理与服务，在专业建设、队伍建设、校企合作、社会服务等方面均取得了突出成绩，办学水平有了显著提高。

截至2017年底，浙江同济科技职业学院共有在校生6 300余人；拥有一支数量充足、结构合理、行业认可的“双师型”教师队伍，有教职工405人，其中专任教师228人（硕士及以上学位比例75.87%，双师素质比例达82.46%），教师中获得全国优秀教师、享受国务院特殊津贴专家、浙江省“151人才工程”、水利“325拔尖人才工程”等各类人才30人；拥有教学科研仪器设备值6 600余万元，馆藏纸质图书和电子图书共计92万余册；建有工学结合校外实习基地383个、校内实训基地18个。

【教学建设】 以浙江省“十三五”优势和特色专业为基础，启动水利工程等7个专业试点，开展以《悉尼协议》为范式的专业建设。开展“一述三说两创新”活动，进一步推动高职教育教学改革新理念的落实。积极践行课堂教学改革，持续开展翻转课堂等多种教学模式创新，获得第四届水利行业现代数字教学资源大赛一等奖1项、省信息化教学大赛二等奖1项、全国水利职业教育教学成果奖一等奖2项、二等奖3项。深入推进现代学徒制改革试点，在水利“大禹班”探索的基础上，与浙江圣都家居装饰有限公司成立“圣都班”，实践“双主体”“双身份”的现代学徒制人才培养。承办全国职业技能大赛“水环境监测与治理技术”省级选拔赛并包揽所有项目冠军，荣获团体总分一等奖；晋级参加全国赛并获得团体总分二等奖，实现历史性突破。持续深化校际合作，与美国、澳大利亚、泰国及中国台湾地区的6所高校建立新的合作关系，组织30名学生参加交流学习，进一步加大开放力度。

【招生、就业】 2017年，共录取新生2 454人，总报到率达96.58%。完成提前招生录取291人，单考单招录取459人，中外合作专业办学录取48人，普通类最低录取分数线在全省高职高专院校排名第20位。新增2所合作中职学校，“五年一贯制”合作招生571人。2017年，共有毕业生1 870人，就业人数1 845人，就业率为98.66%，其中专升本人数为236人。依托翔宇创业学院，基本建立起“教学 + 实践 + 孵化”三位一体的人才培养模式，首届飞翔班20名学员顺利毕业。

【学生管理】 举办“互联网 +”创新创业大赛和职业生涯规划大赛，获得4银3铜。完善学生事务中心“一站式”服务和运行机制。深入开展学风建设，加强日常教育引导，做好心理健康护航，完善“五位一体”的资助体系。在2017届毕业生职业发展与人才培养质量调查中位列全省49所职业院校中第16名，较2016年提升3位。

【科研与培训】 围绕全省水利中心工作，不断延伸地方科技服务，积极投身“五水共治”“百项千亿”等水利重点工作，选派10名专家参与“千人万项”蹲点指导。拓展业务培训，2017年开展各类水利教育培训69班次，合计7 511人次，完成水利行业特有工种鉴定考核400余人次。获得省级专业技术人员继续教育基地考核优秀。编制浙江省水利人力资源年报和行业特有工种目录梳理与新工种职业标准。做好水利行业职业技能竞赛组织工作，配合完成“第五届全国水利行业职业技能竞赛”集训和选拔工作，1人获得全国水利技能大奖，3人获得技术能手奖。成教新增2个教学点，完成招生任务663人。与河海大学等院校开展合作办学，在册学员1 800余人。加强科研项目管理，2017年共立省级项目3项、厅级项目43项、其他学会类项目12项。首次承办全国高校科研专题研讨会，进一步提升教师科研积极性和科研能力。

【队伍建设】 2017年修订出台《干部选拔任用工作办法》，打通专业技术岗位人员提任中层干部的通道，选派3名干部挂职锻炼。出台《高层次人才引进管理办法》等3项制度，引进新教师25人，其他专业技术人员7人，聘请2名全国水利行业首席技师担任学院技能导师。组织教师参加网络培训、国培、省培、国（境）外培训等570人次，下企业锻炼65人，提升了教师的综合素质。启动名师打造工程，制定“名师教学创智团队”遴选办法，推荐各类专家库专家12名，5名教师入选省高职高专院校专业带头人培养对象，1名教师获得全国水利职教教学新星，7名教师入选2016年度省高校访问工程师，1名教师在2017年省高校访问工程师校企合作项目评审中获二等奖。

【校企合作】 2017年，新增紧密型校企合作单位15家，分别从顶岗实习、就业招聘、科技合作、人才培养等方面深入合作，实现互利共赢。与浙江江能建设有限公司共建“电力试验中心”，筹建“浙江江能机电联合学院”；与浙江天成项目管理有限公司共建校内“双师”工作室；与浙江省第一水电建设集团、省水电建筑安装有限公司等多家企业合作，共建校企共同体。校中企大禹公司顺利通过AAA级企业信用等级评定，实现产值1 350万元，完成年度工作目标112.5%。

【校园文化】 秉持立德树人，构建分层实施的教育体系，以推进思想政治理论课改革为重点，全方位育人的文化校园建设取得实效。“周恩来班”“邓颖超班”创建，“一系一品”“五节两会”等校园文化精品活动常办常新，学生综合素质进一步提升。获第十五届“挑战杯”全国大学生课外学术科技作品竞赛三等奖1项，参加浙江省大学生艺术节获各类荣誉4项，“亲水之旅”志愿服务总队获2017年度萧山区“青年卡”杯青春治水金奖，1名学生获全国学生运动会“优秀志愿者”称号。组织承办省水利厅系统第十届“钱塘江杯”乒乓球比赛并获得男子团体第一名、女子团体第三名及优秀组织奖等荣誉；组队参加2017年省水利厅系统职工羽毛球比赛获得团体第一名。加快推进校史馆建设，持续开展“春华秋实”校友专访，组织完成《浙江通志・水利卷》阶段性编纂工作。高质量通过第五届全国文明单位复审。

【综合治理】 根据省委《贯彻执行高校党委领导下校长负责制的若干意见》精神，制定完成党委领导下校长负责制实施办法，通过细化党政议事规则和清单，进一步明确党政责任，确保科学、民主、高效决策。开展内设机构调整及定岗定编工作，理清部门职责，提高工作效率。启动内部教学工作质量诊断与改进制度建设，制定出台内部质量保证体系建设与运行实施方案。以《浙江同济科技职业学院章程》为基本准则，制修订制度27项，发布制度实施说明8项。理顺校方与校办企业的产权关系，完成股权调整，完善校办公司管理制度。响应浙江省“最多跑一次”改革号召，以提高管理效率和服务师生为目标，完成网上办事大厅建设前期调研，梳理优化办事流程87项。校园基础建设稳步推进，2号教学楼工程完成主体施工验收，学生公寓扩建工程完成基础工程建设，完成16个新建实训室和改造项目的申报建设工作，新增2个实训基地，水利工程等4个实训基地被列为浙江省“十三五”高等职业教育示范性实训基地。编制完成《智慧校园建设实施方案（2018 — 2020）》，加大教学信息化投入，建设校本数据管理平台。浙江同济“移动校园”APP 正式上线运行，校园实现无线网络全覆盖。以平安校园建设为抓手，重点做好十九大、第四届世界互联网大会等时期的安全维稳工作，校园环境持续和谐稳定。

【党建和党风廉政】 认真学习党的十九大、省第十四次党代会、省委十四届二次全会、全国全省高校思想政治工作会议精神，深入推进“两学一做”学习教育常态化制度化，全年安排校党委理论中心组学习扩大会议 6 次。认真做好思想政治与意识形态工作，印发《关于进一步加强和改进新形势下思想政治工作的实施方案》及《意识形态工作责任分工》，牢牢把握工作主动权。健全党建工作机制，出台《关于加强新形势下党委班子自身建设若干意见》等 4 项重要制度。推进基层党支部标准化建设，切实发挥战斗堡垒作用，新增达标支部 7 个。认真履行党风廉政建设“两个责任”，组织做好省水利厅专项检查组反馈意见整改工作，深化细化院系（部）、单位二级党风廉政建设与反腐败工作体系建设，组织开展党风廉政建设巡查、作风建设专项巡查，组织对全院 399 名教职员工开展分级负责的廉政主题谈话活动，实现廉政主题教育和书面承诺全覆盖。

（梅婷婷、朱彩云）

中国水利博物馆

【单位简介】 中国水利博物馆（以下简称“中国水博”）是 2004 年 7 月经国务院批准，由中央机构编制委员会办公室批复设立的公益性事业单位，隶属水利部和浙江省人民政府双重领导。核定事业编制 24 名，实有在编人员 24 人。中国水博主要职责是贯彻执行国家水利、文物和博物馆事业的方针、政策和法规，制定并实施中国水博管理制度和办法；负责文物征集、修复及各类藏品的保护和管理，负责展示策划、设计、布展和日常管理工作；负责观众的组织接待工作，开展科普宣传教育、对外交流合作，做好博物馆信息化建设；承担水文化遗产普查的有关具体工作，开展水文化遗产发掘、研究、鉴定和保护工作，建立名录体系和数据库；承担水文化遗产标准制订和分级评价有关具体工作；开展水利文物、水文化遗产和水利文献等相关咨询服务，承担相关科研项目，开展国内外学术活动；组织实施中国水博工程及配套设施建设工作；承办水利部、浙江省人民政府和浙江省水利厅交办的其他事项。中国水博内设办公室、财务处、展陈处、研究处、宣教处、设备处（筹）6 个职能部门。

【概况】 2017 年，中国水博以讲好中国水利故事为己任，一是凸显智慧互联的展陈平台。构建百水颂、大禹为证等交互性、体验性、真实性统筹兼顾的智慧展馆，增设浙江治水馆。二是串起江河湖海的社教平台。不断拓展文化巡讲、书画笔会、辞赋诵读、校外课程、暑期游学等社教活动，丰富“菜单式”服务格局。利用国家级行业博物馆的宣传辐射作用，接待浙江省和杭州市5 000名老干部的集中参观考察，得到高度评价。三是整合文化资源的联盟平台。成功召开全国水利博物馆责任与创新座谈会，发起成立全国水利博物馆联盟，发布《杭州宣言》，建立资源共享和馆际合作机制。会前，水利部部长陈雷作出重要批示，在肯定中国水博工作成效的同时，作出新部署、新要求，为中国水博发展指明方向。四是坚定文化自信的国际平台。馆长张志荣应邀出席联合国教科文组织召开的全球水博物馆网络国际研讨会，专题报告获得高度评价和广泛赞誉，在“走出去”等方面达成多个合作意向。

【展馆工程】 2017年，重点开展“馆中馆”——浙江治水馆策展工作，与浙江省11个地市、13个重点县（市/区）和30多家省直部门对接，整理电子数据资料361 GB，其中照片近5万张；查阅报刊，归集“五水共治”相关报道，整理出文章1 300多篇共计70余万字、照片2 000多张，完成治水馆策展方案。展览应用全国首创的三叠玻璃艺术展墙、玻璃镀膜投影、格栅棚内嵌拢音罩、干冰造雾氛围烘托、4 m×5 m大幅面拼接液晶屏和分屏互动、甩屏互动等先进技术手段。“百水颂”展区通过大量书画作品，以诵读台、录制台的形式让观众参与互动，构建弘扬传统文化和传承治水精神的沉浸式、可成长展项。治水成果和大禹为证展区引入断面水质检测、实时雨情水情、引调水工程规划等实时信息查询功能，观众可点选重点水利工程设施的实时监控画面，从而将治水成果变为直观的展示内容。

【藏品管理】 2017年，中国水博征集接收各类藏品和资料461件。新石器时代良渚文化炭化稻米、战国狩猎竞渡纹青铜钺、东汉“戒火东井”陶井圈、五代草鞋、明代“禹王琐蛟”磁州窑瓷塑、五代钱王告水府银简、岩头闸螺旋式启闭机、浙江“五水共治”大禹鼎等已在浙江治水馆展出。

【遗产调查】 2017年，组织开展华东片区7个省（市）遗产点名录汇总，调查发现各类水文化遗产点1 800余处；对福建、山东、浙江等省开展外业测点抽样调查。

【遗产研究】 2017年，对古代河工储运器具开展专题深入研究，在确定船型、比例等关键要素的同时，增加与河工物料运输相关的河运、海运制度等延伸研究；组织专题组考察红河学院国际哈尼/阿卡研究中心，与该中心哈尼族研究专家就哈尼族民俗、服饰文化、该地梯田水系生态环境、分水习俗和制度进行深入研讨，完成梯田分水具象复原前期研究、方案设计和室外雕塑制作。

【古籍整理】 2017年，继续对各类存世水利典籍进行排查和梳理，完成《河防志》《历代河防类要》2种水利古籍的校点整理。开展专题性、流域性水文化史料选编及电子化工作，从古籍中择录水利史料，做好后续研究的基础性工作。

【交流合作】 作为目前全球规模最大的水博物馆，2017 年 5 月受邀出席在威尼斯举行的第一届关于全球水博物馆网络的国际研讨会，与全球水博物馆网络建立长期国际合作交流关系。11 月，召开全国水利博物馆责任与创新座谈会，发起成立全国水利博物馆联盟，发布《杭州宣言》，全国 30 家博物馆参加。承办“九三学社社员喜迎十九大”水文化创作笔会、金农诞辰 330 周年书画联谊笔会、联合浙江省钱江书法研究会举办“绿水青山美浙江，翰墨丹青迎盛会”书画笔会，为中国水博征集引进一批书画作品。

【宣教活动】 一是开展世界水日主题宣传活动。开展“水美城市”主题游学活动，杭州崇文实验学校及其他学校 500 多名师生参与活动；联合杭州江干区九堡街道开展社区宣传活动，发放宣传资料 1 000 余份。二是开展青少年水文化教育。与 26 家中小学开展馆校共建合作，推出“水之旅”青少年教育课程；开展“红领巾助力五水共治”暑期社会实践活动。三是创新开展多元化活动。面向全国，水博“水润童心”项目作为水利部“关爱山川河流·保护城市水体”公益宣传活动的一部分，走进绍兴市稽山小学讲授公益课程；面向全省中小学，策划开展《百水赋》朗诵比赛；面向高校，举办“水与生活 —— 全国水科技创意设计作品大赛”；面向媒体小记者，开展“让水成为我们的朋友”馆长公益导师课、“我是护水小卫士”等专场活动；针对志愿者，举行“探寻海上丝绸之路”体验活动、“弘扬水博文化，倡导雷锋精神”主题志愿服务活动。四是举办送巡展、送巡讲活动。举办“水与风俗礼仪”“水与中华文明”“水与战争”和“水与衣食住行”4 个主题巡展共计举办 16 场。走进杭州市景华中学，为 300 多名师生带去城市水文化讲座等。参加水利部“关爱山川河流·保护城市水体”志愿服务暨公益宣传活动，走进绍兴市稽山小学讲授公益课程。

【接待服务】 一是配合做好上级部门检查指导工作。浙江省人民政府党组成员、副省长孙景淼，省政府办公厅副主任蒋珍贵，省浙江省水利厅党组书记、厅长陈龙，省浙江省水利厅党组副书记、副厅长徐国平，省发展改革委党组成员、副主任徐幸等各级领导高度重视浙江治水馆，莅临指导建设布展工作。水利部党组成员、中纪委驻水利部纪检组组长田野，浙江省纪委、浙江省监察厅派驻浙江省水利厅纪检组组长、省水利厅党组成员赵向前先后莅临博物馆调研全面从严治党工作，并参观指导。二是做好上级部门和兄弟单位的接待参观服务。水利部总规划师、规划计划司司长汪安南、水利部人事司司长侯京民、水利部水情教育中心（中国水利报社）党委书记涂曙明，水利部黄河水利委员会副主任牛玉国和黄河博物馆馆长王建平等调研博物馆工作。吉林省水利厅党组书记、厅长张凤春，宁夏回族自治区水利厅党委书记、厅长白耀华先后参观考察博物馆。三是丰富学生社会各界参观体验内容。2017 年，全年博物馆接待观众人数达 29 万人次。重新开馆当日，组织萧山宁围小学学生在博物馆接受开学第一堂水文化教育课。“喜看杭州新面貌”重阳节活动中，接待 5 000 名退休干部游览中国水博、眺望钱潮。联合海宁宏达学校开展“带你走进水世界”校外课程，250 余名师生共同参与。联合杭州胜利小学开展“我是杭州小伢儿”知行课程，以“水”为主题，让学生感悟家乡水文化。暑假期间，携手爱田课堂联合开展暑期治水专题教育实践活动；联合亲子机构开展“亲亲水世界”亲子活动；联合旅行社开展“小禹治水”亲子科普活动。为“2017 年发展中国家水资源与管理研修班”“2017 年中东欧国家小水电开发与管理官员研修班”学员，举办中国水利文化遗产现场参观学习课，讲好“中国水利故事”。

【教育成果】 2017 年，被教育部命名为第一批“全国中小学生研学实践教育基地”，获 50 万元研学教育经费；被评为杭州市青少年学生第二课堂活动基地；“水润童心”护水行动青少年思想道德教育项目被浙江省文明办列为“未成年人思想道德建设十件实事”；“水之旅”青少年教育课程荣获水利部国家水情教育基地优秀活动案例奖；《公众防汛防台抗旱知识读本》科普丛书被列入国家“十三五”重点出版物后，又被科技部评为年度全国优秀科普作品。

【党建与党风廉政】 2017 年，中国水博坚持正确的政治方向，全面推进党风廉政建设。一是健全学习教育活动机制。通过党委理论学习中心组学习（扩大）会、党委（扩大）会和全体职工会等形式，认真学习贯彻党的十九大精神，深入推进“两学一做”学习教育常态化制度化，支部标准化建设全部达到合格以上，开展警示教育主题活动，策划“水博家文化”建设系列活动。二是认真落实巡视整改工作。根据水利部巡视组反馈的问题和整改意见，成立巡视整改工作领导小组，研究制定整改工作方案，逐条逐项落实责任，实行“销号制”管理。细化后的 25 条整改内容，已落实整改 22 条，涉及体制机制编制的 3 条内容已报部省研究落实中。经职工大会满意度测评，满意率达 100%。三是加强领导班子建设。调整充实馆领导班子，充实一名副馆长，配备一名党委委员专职分管纪检监察工作，落实“一岗双责”，充分发挥党委的领导核心作用和纪检监察的监督监管作用。四是建立完善管理体系。修订完善党委议事规则、自身建设、八项规定、请示报告和干部选拔任用等 6 项制度，坚持不懈反“四风”，巩固和扩大已取得的成效。

（王玲玲）

浙江省河道管理总站
钱塘江管理局

【单位简介】 浙江省钱塘江管理局（以下简称“钱管局”）成立于 1908 年，当时称浙江海塘工程总局。几经合并，至1973年，成立浙江省钱塘江工程管理局。1992年正式更名为浙江省钱塘江管理局；浙江省河道管理总站（以下简称“河道总站”）成立于2004年。2016年，钱管局与河道总站（以下简称“站局”）实行合署办公。站局下属4个副处级事业单位，2个企业单位，干部职工603人（含离退休人员），其中机关参公编制70名，事业编制183名，企业编制85名，离退休人员265名。党委下辖5个党总支，27个党支部，在职党员174名。

【概况】 2017年，组织实施西江塘闻堰段应急除险加固工程。嘉兴管理处2段海塘，宁绍管理处6段海塘已完成标准化创建验收。会同杭州市政府开展钱塘江杭州段非法采砂联合整治行动，处置采砂船舶20艘，查扣非法改装采砂船2艘。

【机构职能转变】 2017年5月26日，新修订的《浙江省钱塘江管理条例》对浙江省钱塘江管理局主要职责进行了调整，现主要职责为：①负责钱塘江省直管江堤、海塘的建设、维护和管理，负责河口其他海塘监督指导的日常工作；②承担钱塘江流域规划实施监管和河道监管的具体工作；③负责钱塘江河道水行政执法监督检查、跨设区市水事纠纷调查处理等具体工作；④承担钱塘江流域干流防洪有关基础工作，指导河口海塘防汛抢险工作；⑤负责做好钱塘江河口涉河涉堤建设项目（含占用水域）省级审批与监督检查的日常工作；⑥负责河口治理的基础工作等。

【防汛安全保障】 2017年6月23日，钱塘江流域发生中华人民共和国成立以来的第二大洪水，站局根据上级指示，及时派出工作组分赴衢州、金华兰溪抢险现场，研究抢险技术方案，及时组织实施西江塘闻堰段应急除险加固工程，确保钱塘江两岸海塘、堤防安全。在3号台风“南玛都”、18号台风“泰利”的防御中，加强值班，做好海塘巡查及其他各项防台工作，确保钱塘江海塘安全。组织完成3次河道常规大测量及2次汛前江道测量，并形成3期《钱塘江河口江道观测简报》。完成“2017年钱塘江河口杭州段防汛形势初步分析”“钱塘江河口杭州段2017年汛期洪水位预报”“2017年汛期钱塘江河口天文潮高潮位预报”“2017年富阳至七堡干旱期低水位预报”4个专项项目工作，并下发沿江各有关单位。完成编制钱塘江河口海塘工程防洪防台应急处置预案和杭州、嘉兴、宁绍省管海塘工程（防洪防台）应急处置预案。完成钱塘江流域、瓯江流域调研报告并编制防洪调度基础工作建设方案（含杭嘉湖地区）。组织召开钱塘江河口地区防汛工作座谈会议。

【海塘建设和管理】 围绕水利工程标准化管理中心工作，嘉兴管理处2段海塘、宁绍管理处6段海塘已完成标准化创建验收，钱塘江省管12段海塘工程标准化管理创建工作全部完成，省管海塘全面开始工程的依标管理。以打造“安全线、生态线、文化线”为主要目标，2017 年做好省管 458 km 海塘的维修养护及除险加固项目监管，开展钱塘江北岸省管海塘海宁段堤脚防冲加固工程相关前期工作。

【河口管理、涌潮研究】 《钱塘江河口治导线规划》完成验收，并启动《钱塘江河口治理规划》的编制工作。全年共完成各类许可复函 22 个，同时做好各项目的批后监管工作。2017 年 5 月，站局会同杭州市政府开展钱塘江杭州段非法采砂联合整治行动，妥善处置采砂船舶 20 艘，查扣非法改装采砂船 2 艘，实现钱塘江杭州河段全面禁采，为顺利通过中央环保督查奠定基础，得到省委书记车俊充分肯定。2017 年 9 月 30 日至 10 月 8 日，第二十四届中国国际钱江（海宁）观潮节在海宁举行；10 月 6 — 8 日，2017 中国国际（萧山）钱江观潮节在萧山举行。2017 年，开始组织编制《钱塘江河口涌潮影响评价技术规定》，作为钱塘江河口涌潮影响评价的管理依据。

【站局文化建设】 《浙江通志·钱塘江卷》完成初稿并提交复审稿；《浙江通志·运河卷》完成资料收集和长编工作，部分章节开始试写。开展民国时期期刊有关钱塘江文献整理、明清钱塘江沙水变迁和治理研究。完成《钱塘江古海塘文化价值初探》《钱塘江海塘的水神祭祀文化》课题。制作钱塘江水情教育基地设计方案，向社会公众宣传钱塘江的治理历程、钱塘江海塘的修筑历史、钱江潮文化的独特性。钱塘江图书馆开馆。3 月 31 日至 4 月 1 日，举办钱塘江治江历程的回顾与展望座谈会暨“钱塘江科技群体学术资料采集工程”研讨会；6 月 28 日，在首届杭州市钱塘江文化节上，与杭州市、区共同主办的“钱塘论潮·人类与河流”钱塘江可持续发展国际文化论坛。

【党建与党风廉政】 2017 年，站局党委强化党建统领，坚持党建与业务工作、单位文化、单位环境“三个融合”；实行党建工作项目化清单式管理，持续推进“两学一做”学习教育常态化制度化；开展“双百服务”。建设省直机关党建示范点，创建全国水利文明单位，促进职工精神面貌、业务质量、党建水平“三个提升”。全力推进从严治党，层层压实“两个责任”，强化作风引领，以传统方式与“互联网 +”载体相结合的形式强化党性党风党规党纪日常教育，深入开展廉情分析和风险排查防控，健全制度、规范流程、强化执行，用好“四种形态”、强化监督执纪问责，全面推进站局改革发展。

（陈　炜）

浙江省水利水电勘测设计院

【单位简介】 浙江省水利水电勘测设计院（以下简称“设计院”）成立于 1956 年，是一家集咨询、勘测、设计、科研、岩土工程施工、工程建设监理、工程总承包、项目代建、水库蓄水安全鉴定、施工图设计审查和投资等业务于一体的大型专业勘测设计单位。下设二级部门 23 个，其中职能部门7个，生产部门16个；另外，下属全资或控股子公司有：浙江东洲建设咨询有限公司、浙江大禹信息技术有限公司、浙江弘洲水电工程有限公司、龙游县浙水设计投资有限公司、云南省大姚县多底河水电开发有限责任公司等5家；另设分支机构5家。目前拥有各类资质共计33项，其中持有《工程设计证书》水利行业甲级、电力行业的水力发电专业甲级、建筑行业建筑工程专业甲级、《工程勘察证书》（综合类）甲级资质、工程咨询单位信用评级甲级等甲级资质证书15项；持有生产建设项目水土保持方案编制单位水平评价、水土保持监测单位水平评价5星证书2项；持有《工程设计证书》市政行业给水专业乙级、市政行业排水专业乙级、市政行业道路工程专业乙级、市政行业桥梁工程乙级、环境工程水污染防治工程专项设计乙级、环境工程大气污染防治工程专项设计乙级、环境工程固体废物处理处置工程专项设计乙级、风景园林工程设计专项乙级等乙级资质证书11项；其他级别（或未定级）资质5项。

【概况】 2017年，保障"千人万项"服务工作和百项千亿防洪排涝工程勘测设计工作，积极投身水利标准化工作，按时保质完成各项重点规划和任务，全力支援防汛抢险工作。获厅级及以上科技进步奖10项，省部级勘测设计类奖项19项，国家级奖项1项，另外还首次荣获菲迪克（FIDIC）年度优秀工程奖。继续保留"全国文明单位""浙江省勘察设计行业诚信单位"称号。转企改制工作方案经省水利厅党组会议审议通过后，于2017年12月28日报送省事改办。

【服务省水利厅中心工作】 2017年，一是继续保障好"千人万项"服务工作。精心选派并全力支持新一批技术专家开展服务，全年派出专家共计24人600余人次，服务全省20个重点项目，共提出80余条意见和建议，问题解决率近90%。二是突出保障百项千亿防洪排涝工程勘测设计工作。按照设计院关于加快推进百项千亿防洪排涝工程勘测设计工作的实施方案，突出保障承担的40余项重点项目；先后完成姚江上游西分工程、台州市永宁江强排等15项重点项目前期工作，推进杭嘉湖治太项目、姚江上游"西排"工程等20余项重点项目的施工图设计。三是按时保质完成各项重点规划和任务。先后完成钱塘江、瓯江、浦阳江三大流域防洪规划修编及鳌江流域水头镇分洪等重点规划的前期策划和调研工作，参与编制《2018—2022年五年水利建设总体方案》；继续做好《浙江通志·水利卷》编撰任务，按时完成本年度任务。

【水利标准化工作】 配合省水利厅编制工程运管平台方案和建设导则、出台水利工程标准化管理示范县建设自检报告大纲和评估办法，先后在丽水、舟山、诸暨、嵊州、永康等多个地市开展标准化服务。

【防汛防台抗旱抢险】 在防御钱塘江流域大洪水期间，设计院利用风险图等信息化手段，全程值守，持续提供决策支持；第一时间组织专家驰援“6·25”兰溪防汛抗洪抢险一线，安排测绘无人机小组拍摄第一手视频资料；在兰江支流黄沙圩水毁现场，专家组连续工作，及时完成缺口封堵技术方案，为抢险提供强有力的技术、决策支持。

【荣誉情况】 2017年，设计院通过三年一次的复审，继续保留“全国文明单位”称号；顺利通过“浙江省勘察设计行业诚信单位”复评。

获厅级及以上科技进步奖10项，省部级勘测设计类奖项19项，国家级奖项1项。另外，曹娥江大闸枢纽工程首次荣获菲迪克（FIDIC）年度优秀工程奖；杭州三堡排涝工程获2016—2017年度中国建设工程鲁班奖；在科技进步和BIM应用上取得较好成果，“钱塘江河口地区城市排涝关键技术及应用研究”获2016年度浙江省科学技术进步三等奖；宁波市鄞州区风棚碶泵闸BIM设计荣获“优秀水利电力BIM应用奖”。

【生产经营】 2017年，设计院承担了嘉兴域外引水、开化水库及姚江上游西排等中央重点水利工程和“百项千亿”重点项目，以及一大批“五水共治”考核项目。通过整合资源，加强管理，以完善生产协调管理体系、“千人万项”平台、重大项目动态管理、设计项目管理系统为抓手，重点确保中央重大水利项目和省级重点工程的勘测设计工作。

2017年，在业务模式上实现了新突破，成功签订龙游县高坪桥水库PPP项目合同。全年签订勘测设计咨询净合同额4.9亿元，工程总承包合同额6亿元；全年实现主营业务净收费3.9亿元。

【人才队伍】 设计院在职人才队伍总量1 200余人（含下属子公司和劳务类人员），离退休人员375人。具有博士研究生学历11人，硕士研究生学历400人，本科学历507人，本科及以上学历人数占比73.8%；具有正高级职称55人，副高级职称258人，中级职称280人，中级及以上职称人员占比47.7%，在职人员平均年龄35岁。拥有国务院特殊津贴人才1人；水利部“5151”人才1人，省有突出贡献中青年专家1人，省勘察设计大师2人，省“151”人才13人。

【科技创新】 加强科研和技术创新，与院士工作站团队联合开展水环境等课题研究；完成水利部“948”项目和公益项目、省水利科技计划项目14项；完成核心技术的挖掘整理5项及专业标准化项目20余项；获专利和软件著作权22项。三维协同设计取得新进展，长山河泵站、斯里兰卡南部工程（一级水电站）等项目实现了主要专业协同设计；初步提出数字化交付方案和BIM应用技术路线。

【改企转制】 根据有关文件精神，积极推进并完成转企改制工作方案。工作方案经省水利厅党组会议审议通过后，于12月28日报送省事改办。

【安全生产】 全面贯彻落实安全生产目标责任制，层层分解，压实责任；不断加强安全生产教育和监督检查，深入开展“安全生产月”和各项安全生产专项检查；持续加大安全生产投入，扎实做好劳动保护、消防设施、监控设施等软硬件投入，切实提升安全生产保障水平，实现全年无安全生产责任事故，安全生产工作平稳有序。

【党风廉政建设】 2017年，一是强化思想建设，坚定理想信念。深入学习宣传贯彻党的十九大精神和省十四次党代会精神，牢固树立“四个意识”，落实好两学一做学习教育，充分发挥各级党组织、广大党员对改革发展稳定的保障作用。二是抓好责任落实，坚守“两条底线”。细化院党委党风廉政建设主体责任清单，层层签订责任书，形成以上率下、责任分级的党风廉政建设工作格局，坚持党风廉政建设工作与生产业务工作“五个同步”。制订落实《2017年度惩防体系及廉政相关制度建设工作计划》，坚持问题导向，进一步规范总承包招标评标工作机制，完善勘测设计采购合格供方库评价管理；开展“走访促勤廉”活动，强化监督、提醒和指导；编制《工程项目审计案例汇编》《质量信息反馈典型案例汇编》等案例汇编，加强风险教育和警示。三是抓好队伍建设，打造浙水设计“铁军”。按照打造水利“铁军”的要求，不断加强院党委领导班子自身建设、中层干部队伍建设及骨干员工培养力度，不断强化作风建设，持续改进工作作风。

（郭浩亮）

浙江省水利河口研究院（省海洋规划设计研究院）

【单位简介】 浙江省水利河口研究院（以下简称“研究院”）成立于1957年，隶属于浙江省水利厅、浙江省科技厅，是一家从事水利与海洋行业应用基础研究、高新技术开发和技术服务的公益类科研院所。2011年，按照浙江海洋经济发展战略，经省编委批复，又新增“浙江省海洋规划设计研究院”牌子。业务范围涵盖河口海岸、防灾减灾、水资源水生态、农村水利等众多领域以及海洋、能源、交通等多个行业，综合实力已位居全国省级水利科研院所之首。下设9个科研部门、7个管理部门及浙江省河海测绘院、浙江广川工程咨询有限公司、杭州定川信息技术有限公司3家下属企事业单位。具有各类资质37项，包括咨询、中介、服务、承包、代建等，业务范围广泛，服务对象涵盖水利、农业、海洋、交通、能源、环境、城建等多个领域。

【概况】 2017年，研究院相继迎来了建院六十周年纪念和深化改革试点的破局。一年来，在省水利厅等上级主管部门的关心支持下，在全院干部职工的共同努力下，全院紧紧围绕新时期水利和海洋中心工作，开展综合防汛减灾工作，保障“千人万项”服务，投身百项千亿防洪排涝工程，积极为河（湖）长制和水利工程标准化管理提供技术支撑，大力支持节水型社会建设，持续开展水利工程安全监督和督查。科技创新与技术服务项目合同额突破6亿元，项目成果获得各类奖励27项，继续保留全国文明单位称号。

【建院甲子】 2017年，研究院建院六十周年，站在新的发展起点上，总结近十年改革发展与创新成效，编撰出版《六十年发展历程》和《2007—2016年度科技发展报告》。召开建院六十周年纪念大会，举办系列纪念活动；开展青年科技论坛、总工程师论坛、学术研讨会等学术交流；开展建院60周年徽标征选、征文比赛、书画摄影作品展、建院60周年宣传片制作；开展体育竞技、登山、毅行等活动，不断传承和弘扬院所文化。

【改革试点】 2017年8月，深化改革试点方案获得省政府办公厅正式函复同意。9月省水利厅、科技厅联合印发研究院改革试点实施方案，并组织召开改革试点动员大会，正式开启院深化改革试点工作。及时研究成立改革试点领导小组和工作小组，分解细化改革目标和计划任务，明确改革时间表和路线图，落实领导和部门责任，深化改革工作已纳入年度工作目标体系予以落实，各项工作已取得初步进展。

【人才队伍】 截至2017年底，在册职工总数763人（不含劳务类人员）。共有各类专业技术人员740人，其中高级职称248人（含教授级高工61人），中级职称242人，中级及以上职称人员占专业技术人员总数的64%，具有大专及以上学历747人，占职工总数的97.9%。拥有政府特殊津贴人才3人，入选水利部全国水利青年科技英才1人，水利部“5151”人才3人，省突出贡献中青年专家1人，省“151”人才25人，省优秀科技工作者2人。

【成果转化】 全年签订成果转化合同84项，转化合同额约5 500余万元，转化收益800余万元，成果转化不仅为职工薪酬激励提供源头保障，也为驱动社会经济发展作出应有的贡献。

【科研成果】 全年争取各类省部科研项目58项，获得财政经费1 553万元，自筹配套经费749.4万元。项目成果获省部级以上奖励10项，其他科技奖励17项；全院发表论文130篇，EI和SCI分别收录14篇、11篇；申请专利与著作权95项，授权51项，参与行业标准和规范建设取得重大进展。

【技术推广】 全年为基层提供各类科技服务700多人次，技术培训1 000多人次，帮助企事业解决技术难度25项，开展科研攻关40多项，取得年度绩效考核优良。

【经营服务】 科技创新与技术服务项目合同额突破6亿元大关，较2016年增加10.5%，各项经济指标呈现良好的发展态势。

【服务常规工作】 按时完成钱塘江、杭州湾3次水下地形常规测量、2次汛期江道监测以及7项指令性预报工作，参与汛期值班、防汛预报、防汛检查、应急抢险等日常工作，赴兰溪提供水利应急测绘保障，跟踪服务省级山洪灾害防治项目的实施与指导，全面助力基层防汛防台体系建设。

【千人万项】 召开“千人万项”工作专题推进会，派出34名“千人万项”专家深蹲基层、发现问题、解决问题，累计提供服务380人次，服务时间达1 000余人日，发现问题183项，问题解决率87.4%。通过蹲点指导服务，不仅协助解决大量工程建设难题，也为发挥人才优势服务基层渠道提供更加广阔的空间。

【美丽水网行动】 为河（湖）长制工作和水利工程标准化管理提供人才和技术支撑，全面完成省级河长制信息化平台的研发和升级改造，实现省级与市、县级平台的数据对接，实现近6 000条河段信息化管理全覆盖。组建河长制工作团队，对全省六大河口设立技术河长进行持续跟踪。派出多名技术骨干全面参与全省河湖管理保护相关工作，为实现河湖标准化管理，助推全省河（湖）长制管理升级发挥积极作用。完成水利工程标准化监管平台的改版升级和运行维护工作，推出标准化运行管理平台3.0升级版，为全省248个大中型工程、3 069个小型工程提供全面的信息化服务。组织全省标准化相关咨询和培训，培训人数6 000余人次。对水利工程标准化开展督查、验收、暗访等工作。

【服务水利工程建设】 全年完成24个水利工程安全鉴定、61座大中型水库运行管理安全督查、48个重大水利工程稽察复查、64个面上水利工程质量抽检、16个重大水利工程项目监督抽检以及140座农村水电站的安全检测任务。为绍兴、衢州和杭州等地提供水利安全社会化中介服务，先后完成80多项重点水利工程质量和安全督查工作。承担全省水利建设项目质量隐患排查与考核工作，为浙江省水利工程建设质量考核获得全国第一提供重要支持。

【节水型社会建设】 全力参与并支撑全省节水型社会建设。完成全省第三批32个县（市、区）26个节水型社会创建技术支撑服务，其中金华市成功申报全国节水型社会创新试点。组织开展101个灌区（园区）、218家企业、187家省级公共机构等典型节水型载体的技术指导和复核评估，有效推动了浙江省工业、农业、生活等领域的节水工作。以浙江省高效节水灌溉技术推广工作站为依托，开展高效节水灌溉咨询服务10余项，完成江东基地“太阳能光伏提水灌溉喷微灌系统”示范工程建设。

【最严格水资源管理制度建设】 作为主要参与单位，完成浙江省2016年最严格水资源管理制度技术报告的编制工作，为浙江省在全国考核评比中取得第二名的好成绩做出贡献。积极参与全省农业水价综合改革相关工作，全面支撑全省水功能区纳污能力核定和入河排污口管理工作，承担全省淤泥调查和核查工作。

【文献编撰】 组织40多名科技骨干和专家参与《浙江通志·水利卷》《浙江通志·海塘卷》的年度编纂和审稿工作，共编撰志稿

56 万余字，保质保量完成浙江通志年度任务。组织完成《中国大百科全书》（第三版）地方水利分支（浙江水利）的编撰任务并得到水利部的肯定。完成 2016 年、2017 年度《浙江水利年鉴》的编撰统稿和出版，《浙江水利科技》2017 年共 6 期编辑出版等工作。

【党风廉政建设】 扎实开展“两学一做”学习教育，全年开展 6 次党委理论中心组学习；院属 20 个在职党支部均参与党支部标准化创建并达标。签订党风廉政建设目标责任书，开展党风廉政建设分析会，坚持廉政提醒谈话全覆盖。开展失职渎职风险点排查，对下属单位和部门开展定期廉政专项检查。

（孙杭明）

浙江省浙东引水管理局

【单位简介】 2012 年 6 月，浙江省机构编制委员会批复成立浙江省浙东引水管理局，为公益一类事业单位，机构规格相当于县处级，主要承担浙东引水工程的管理、调度、协调等相关工作。具体负责制订并实施浙东引水工程管理制度、技术标准和规程规范；负责统一引水调度，审核各具体工程的调度办法，编制旱情紧急情况下水量调度预案并监督实施；负责提出重要引水调水口调度计划和重要取水口取水计划建议，以及重要控制断面水质水量考核目标建议；负责浙东引水工程管理标准化、信息化建设；组织实施浙东引水工程重要引水调水口水量水质监控；负责浙东引水工程运行管理，以及与沿线市、县（市、区）和相关单位的协调工作；提出浙东引水管理和萧山枢纽工程维修养护年度经费安排的建议，负责萧山枢纽工程安全运行管理、维护、工程防汛等工作，指导浙东引水沿线工程运行管理和安全生产工作；承担全省水利工程运行管理相关技术性工作；实施浙东引水工程沿线水资源保护相关工作。

【概况】 浙东引水工程任务是引钱塘江水向萧绍宁平原及舟山地区提供生活、工业和农灌用水，并兼顾改善水环境。工程由萧山枢纽、曹娥江大闸枢纽、曹娥江至慈溪引水、曹娥江至宁波引水、舟山大陆引水二期和新昌钦寸水库等 6 大工程组成，跨越钱塘江流域、曹娥江流域、甬江流域和舟山本岛，引水线路总长 294 km。工程设计多年平均引水量 8.9 亿 m^3，总投资超 117 亿元，是浙江省有史以来跨流域最多、跨区域最广、引调水线路最长和投资最大的水资源战略配置的重大工程。

目前，萧山枢纽、曹娥江大闸枢纽、曹娥江至慈溪引水、舟山大陆引水二期、钦寸水库等 5 项工程已先后建成并发挥效益。曹娥江至宁波引水工程结合姚江上游西排工程一并建设，计划 2019 年底发挥效益。

【工程建设】 姚江上游西排工程是省委省政府研究确定的姚江流域防洪排涝综合治理骨干工程和浙东引水工程重要组成部分，工程结合曹娥江至宁波引水工程实现引水功能，是浙江省水利发展“十三五”规划和“五水共治”重点推进项目。工程位于绍兴市上虞区境内，是以防洪排涝、引水为主，同时兼顾改善水环境等综合利用的大型水利枢纽工程和跨流域水资源配置工程。工程通过开辟姚江流域向曹娥江排洪的通道，提高上虞区四十里河沿岸的防洪排涝能力，并有效减轻姚江干流及余姚城区的防洪压力，同时结合浙东引水曹娥江至宁波引水工程，保障宁波、舟山水资源需求。工程设计排涝流量 165 m^3/s，引水流量 40 m^3/s，批复概算投资 12.33 亿元，于 2016 年 11 月 18 日三通一平等施工准备工程提速开工，主体工程 2017 年 2 月 22 日开工，计划 2019 年底发挥效益。截至 2017 年 12 月 31 日，工程已累计完成投资 3.78 亿元。

【运行管理】 根据《浙江省浙东引水管理暂行办法》，做好各项运行管理工作。

（1）引水管理。逐日分析引水条件，加强水雨情监测，分析引水需求，组织引水会商，全年累计会商 46 次，监督调度令执行情况，提高引水调度的科学性。根据《浙江省浙东引水管理暂行办法》《浙江省浙东引水管理考核办法（试行）》，组织开展沿线引水管理机构年度考核，通过考核使各管理机构管理更规范、程序更标准、引水更高效。

（2）运行经费分摊。积极推动沿线运行经费分摊，广泛听取引水沿线各地水行政主管部门及各引水管理机构意见，《关于核定曹娥江大闸枢纽工程运行经费的通知》已由省水利厅、省财政厅联合印发，《关于进一步落实浙东引水工程有关运行经费的通知》已经省水利厅印发实施，为工程长效运行提供基础保障。

（3）沿线巡查。组织开展引水巡查工作，通过水量水质自动监测系统开展每日监测，现场人工流量监测 6 次，水质监测 4 次，及时发现问题并予以协调解决，确保引水调度指令有效执行，引水工作安全有序开展。

（4）基础研究。开展浙东引水工程萧山枢纽至慈溪段防洪排涝效益分析，萧山枢纽工程运行直接提高了蜀山平原河网外排能力 50 m^3/s，据初步测算，有了浙东引水工程水资源保障，沿线预泄量约 5 000 万 m^3。组织实施萧山枢纽水质净化现场工程试验。

（5）萧山枢纽工程运行管理。严格遵守《浙东引水萧山枢纽控制运用计划》，修订《浙东引水萧山枢纽工程标准化管理手册》；完成标准化管理工程（土建部分）的建设；完成 4 台水泵大修、口门清淤、闸站屋面维修等工程。全年引水 186 天，闸（泵）安全运行 1 万台小时，其中泵引累计时间 6 968 小时，闸引累计时间 3 032 小时，累计引水 5.09 亿 m^3。

（6）引水情况通报。编印《浙东引水工程引水简报》共 9 期，通报引水最新进展及工程建设管理重大事项，对引水实施情况进行有益宣传，沿线各地对引水工作的重视与支持力度不断加强，引水效益社会认可度不断提高。

【引水成效】 贯彻落实《浙江省劣Ⅴ类

水剿灭行动方案》，在确保防洪排涝安全的前提下，认真研究挖潜浙东引水工程活水畅流作用，引水期水质明显改善，防汛调度灵活性大大增加，为引水沿线各地“剿灭劣Ⅴ类水”作出积极贡献。

（1）区域水资源保障。7—9月高温干旱期间，采取有力措施引水2.4亿m^3，有效缓解浙东引水沿线相关地区的旱情。浙东引水工程全年共引水246天，萧山枢纽工程累计引水5.09亿m^3（比2016年增加24.2%），主要受水区慈溪市累计受水3.95亿m^3（比2016年增加39%）。

（2）平原区河网水环境改善。浙东引水沿线11个交界段面水质与2016年相比有较大幅度改善，其中Ⅲ类水及以上天数增加了23.2%，Ⅳ类水天数增加5.8%，从9月份开始，监控断面全面消灭了劣Ⅴ类水。

（3）区域防汛能力提升。有了浙东引水工程水资源保障，浙东引水沿线萧绍、虞余慈平原汛期预泄量达5 000万m^3，防洪调度灵活性大大提高。

【队伍建设】 根据《党政领导干部选拔任用工作条例》和局《中层干部选拔任用实施办法》精神，提任3名中层干部，对2名中层干部的试用期转正；先后组织开展3次人才招聘工作，其中事业公开招聘2次、企业招聘1次，共招入电气管理等专业技术人员4人；申报推荐教授级高工1人、省“151”人才1人、高工评委专家库专家5人、浙江省水利学会专家库专家1人。

组织中层及以上干部参加省水利厅组织的能力提升培训；组织开展部门工作交流、标准化管理“应知应会”、保密工作等培训。根据省人力社保厅（浙人社厅函〔2016〕62号文）批复的岗位设置方案，以“因事设岗”为原则，印发实施《首轮岗位聘期考核办法》《第二轮岗位设置实施方案》，开展首轮聘期考核与第二轮全员岗位聘用工作。

【制度建设】 2017年，出台《党委议事决策制度》《中层干部职务任期、交流和任职回避的规定》《职工考勤、加班、假期管理办法》等29项管理制度，编制《机构、职责、制度汇编》。

【党建和党风廉政建设】

（1）思想建设。制定《2017年年度党委理论学习中心组学习计划》、“两学一做”学习教育实施方案，推进“两学一做”学习教育常态化制度化。深入贯彻学习十八届历次会议精神、习近平总书记系列讲话精神及十九大报告等。

（2）组织建设。完成在职党支部的设置，且在职党支部全部通过标准化支部验收；规范党内组织生活，组织离退休、在职党员的活动；做好党支部书记培训、述职和民主评议党员等工作；抓好党委民主生活会，增强党的生机活力。

（3）党风廉政建设。制定《2017年党风廉政建设和反腐败要点》《2017年局党委党风廉政建设主体责任清单》《2017年度党风廉政建设责任书》；组织召开全局党风廉政建设工作会、分析研判会，研究部署全年党风廉政工作；修订8项党委规章制度，规范管理；组织开展全局失职渎职、廉政风险点排查，抓好源头防范；抓牢西排工程基建、萧山枢纽项目采购及办公室设备采购、干部人事等重点部位，实施有效监督。

（4）党风廉政建设责任制考核。党风廉政建设责任制领导小组根据《党风廉政建设责任制考核实施细则》《党风廉政建设责任制执行情况考核办法》，通过自查、抽查等方式对局属各部门、单位、支部进行考核，并向局党委作了专题汇报。

（王泽宇）

浙江省水利水电技术咨询中心

【单位简介】 浙江省水利水电技术咨询中心（以下简称“咨询中心”）是省水利厅直属公益二类事业单位。咨询中心具有工程咨询甲级、水土保持方案编制三星级、水资源论证乙级等资质。主要从事全省水利规划、项目建议书、可行性研究报告等编制与咨询评估，水利工程施工图审查、社会稳定风险评估、防洪影响评价、水土保持方案编制以及水利工程项目管理、稽察、绩效评价等业务，为水利水电建设提供全程技术服务。咨询中心有5家下属单位：浙江省水利水电建筑监理公司、浙江水利水电工程建设管理中心、浙江水利水电工程审价中心、浙江金川宾馆、浙江水电职业技能培训中心。

【概况】 2017年，咨询中心较好地完成全省188个大中型水利工程管理考核，115个百项千亿防洪排涝工程项目的投资核查，50个重点水利工程项目督查，获省级以上优秀咨询成果奖2个。

【人才队伍】 咨询中心现有在职职工316人，其中在编事业人员43人。中心本级工作人员71人，具有大学本科以上学历67人（占94%），硕士及以上36人（占51%）；专业技术人员中具有中级及以上职称45人（占67%），其中副高级以上职称26人（占39%），正高级职称7人（占10%）；平均年龄35.5岁。

【改革创新】

（1）深入谋划改革发展。通过外部调研和内部座谈等形式，深入分析单位内外环境，结合单位发展定位，完成单位改革发展、培育核心竞争力和提高凝聚力等3个课题研究。在此基础上，编制单位五年事业发展纲要。

（2）优化内设机构。根据各部门、单位的职能定位，调整、优化内设机构，设立杭嘉湖水利研究中心。

（3）着力推进制度体系建设。为增强单位的规范管理，全面梳理整合行政、技术质量和生产经营三大管理制度，共修订（制定）制度69项。

【技术服务】

（1）全力做好技术支撑。根据省水利厅党组全力做好百项千亿防洪排涝工程的要求，咨询中心全年共完成112个重点水利项目的技术咨询、重点水利工程稽察等项目。全力保质保量做好太湖流域杭嘉湖地区防洪能力调查，以及乍浦塘、麻泾港防洪排涝工程专题研究等重大项目。较好地完成全省188个大中型水利工程的管理考核；115个百项千亿防洪排涝工程项目的投资核查；50个重点水利工程项目稽察等各项工作。

（2）扎实开展创新团队建设。按起点高、收效快、产研结合的要求，组建杭嘉湖水利研究等12个创新团队，完成从顶层设计到具体实践的转换，在关键技术上取得重大突破，既培养人才队伍又初步形成核心竞争力。

（3）为基层提供优质技术服务。全力做好“千人万项”蹲点指导服务，承担台州、机动组的专家组长，共派出17名高工及以上专家进行服务，全年429人次参与服务。其中，台州组共协助解决125项问题，问题解决率90.6%。在独流入海项目实施情况核查评估中共发现150多个问题并提出建议举措和多项典型经验做法。

（4）强化精品意识和质量水平。深化技术咨询服务的内控流程和质量体系建设，强化技术质量监督检查和顾客回访。全年召开项目内部讨论会272次，技术咨询会127次，咨询中心组织技术质量问题分析专题会8次。全年成果质量实现“双100”，即合格率100%，优良品率100%。获省级以上优秀咨询成果奖2个，其中《杭州市千岛湖配水工程咨询评估》获2016年度全国优秀工程咨询成果奖。

（5）生产经营结构进一步优化。加强重点地区、重点项目的跟踪，主动服务，提前介入，不断拓展技术服务范围。咨询中心全年签订合同9 500多万元，实现经营收入8 000多万元，全面完成省水利厅责任书指标。

【人才培养】

（1）全面实施专业化建设。制定专业化建设实施方案，明确专业化建设目标。水文、规模、水工结构、造价和施工等专业已具备编制、咨询和施工图审查能力。

（2）优化人才培养模式。在坚持导师制的基础上，进一步探索产研结合的人才培养模式。以强化核心竞争力为契机，充分利用专业化建设和创新团队建设，将其与单位生产经营工作有机结合，形成产研结合的创新发展模式。通过努力，初步形成“以生产促进研究，以研究反哺生产”的良性互动机制，产研结合的人才培养模式初见成效。

（3）强化内部培训和技术交流，提升职工综合能力。制定年度培训、交流计划，全年共开展培训、技术交流（研讨）127次，参训人数1 490人次。培训内容涉及技术质量、生产经营、行政管理、财务审计、安全生产等众多方面。

【党建工作】

组织全体党员学习贯彻党的十九大及省委十四次党代会等重要精神，进一步增强党员干部的党性修养，坚定理想信念。

全面、客观地向省水利厅巡查组汇报履行全面从严治党主体责任工作情况，针对巡查组反映的问题和提出的意见，及时提出整改落实方案。进一步优化党支部设置，全面推进党支部标准化建设，党支部标准化率达到100%。

【党风廉政建设】 深入开展风险排查，对全中心岗位廉政风险点进行再排查，排查出88个重点部位、133个廉政风险点，并针对性地制订防控措施；全面开展失职渎职风险排查，正式印发《岗位廉政风险点及防控措施》《失职渎职风险及防控措施》。咨询中心党委制订《党风廉政建设和反腐败工作要点》《党风廉政建设主体责任清单》，与各部门、下属单位签订《2017年度党风廉政建设责任书》，并狠抓监督检查。全年开展2次全员廉政提醒谈话，对可能存在的问题进行提醒和纠正，确保中央八项规定、省委“28条办法”“六个严禁”的贯彻落实。

【内部管理】 全力确保安全生产。以隐患排查整治为重点，不断强化安全生产基础。制定年度安全生产工作要点并组织实施；签订安全生产责任书并落实全员责任制；坚持安全生产月例会制度，监督检查相关工作落实情况；全员签订保密协议书。开展“安全生产月”活动，进一步提升职工安全意识。全年未发现重大安全隐患，未发生各类安全生产事故。

（江星洋）

浙江省水利科技推广与发展中心（省水利厅机关服务中心）

【单位简介】 浙江省水利科技推广与发展中心（浙江省水利厅机关服务中心）（以下简称“推广中心”）为正处级公益二类事业单位，内设办公室、人事科、财务审计科、推广科（示范基地管理办公室）、发展科、交流合作科（水利学会秘书处办公室）、资产管理科等7个科室，下辖浙江钱江科技发展有限公司、浙江钱江物业管理有限公司、浙江省围垦造地开发公司、浙江省灌排开发公司等4家企业。有事业编制员工33名，事业退休人员13名，直属企业员工近200名，党员56名。

资产情况：①房产。钱江科技大厦（建筑面积为3.77万m^2，其中裙楼面积1.1万m^2）属推广中心；省围垦技术培训大楼（建筑面积为3 413 m^2，位于艮山西路汽车东站对面）属厅机关服务中心。②土地。1 162.67 hm^2，其中推广中心名下873.33 hm^2，省围垦造地公司名下289.33 hm^2，分布在萧山、玉环、上虞、绍兴、慈溪、岱山等地。

【概况】 2017年，编制涵盖23项水利先进适用技术（产品）的推广目录，新增实施推广任务32项。组织5场学术交流或培训活动，开展“送科技下乡”活动2次。获评“全国水利文明单位”“浙江省文明单位”。被省水利厅评为年度工作目标责任制考核先进集体。作为组长单位参与“千人万项”湖州组蹲点指导服务，被省水利厅评为优秀专家组。安全生产工作保持平稳态势，未发生安全生产责任事故。

【科技推广】 开展先进适用技术（产品）征集、考察、评审和推广目录编制等工作。2017年，征集62项先进适用技术（产品），现场考察15项，组织评审19项，编制涵盖23项水利先进适用技术（产品）的推广目录，各地新增实施推广任务32项。开展科技推广任务指导服务工作，完成2016年度38项推广任务的终期和2017年度32项推广任务的中期指导服务。

开展新技术试点示范工作。完成双频测深技术等4项技术应用。探索水利技术集聚示范，依托推广任务推进平湖市等5地集聚示范工作。

开展新技术推介工作。举办全省生态护岸新产品应用、小微水体治理及河湖生态修复技术等4场专项交流会，促进先进成果转化应用。

健全科技推广工作机制。代省水利厅起草并出台《浙江省水利新技术推广指导目录管理办法（试行）》，制定《推广任务管理实施细则（试行）》，规范推广目录编制工作和推广任务管理。

【服务水利中心工作】 根据省水利厅统一部署，2017年，作为组长单位派遣5名技术专家参与“千人万项”湖州组蹲点指导服务，围绕重大项目建设和水利工程标准化创建，下沉一线服务，帮助解决问题35个，解决率达97.1%。选派2名干部赴省“河长办”和省水利厅标准办挂职锻炼。会同省水利厅有关处室、单位组织完成2017年全省水利工程标准化管理抽查复核、大型农村水利工程标准化管理年度验收评估、水功能区水生态监测分析评价等工作。开展“送科技下乡”活动2次，利用水下机器人、双频测深仪、地质雷达等先进设备赴温州、舟山等市开展基层技术应用服务15次。

【水利学会秘书处】 做好学会自身建设。2017年，组织召开省水利学会理事长会议、市级水利学会秘书长座谈会，完成理事、常务理事、专委会人员调整，起草并经审议通过《浙江省水利学会理事长会议议事规则（试行）》《浙江省水利学会财务管理制度》《浙江省水利学会期刊编辑出版管理规定》《浙江省水利学会专家库管理办法》《浙江省水利科技创新奖奖励办法》等制度，开发上线浙江省水利学会网站。发展学会会员，推进专家库建设，完成110个单位会员、2 283名个人会员信息采集更新，征集专家400余名。

开展学术交流和科普宣传。2017年，组织全省排涝泵站技术交流会、全省河道生态建设培训班等5场学术交流或培训活动；联合省钱塘江涌潮研究会举办“钱塘江科技群体采集工程学术研讨会”；组织会员参加“2017中国水博览会”“第十二届中国水务高峰论坛”“中国水利学会2017学术年会”等6次学术交流活动，促进水利科技交流创新。结合“3•22”开展“水利科普进校园”活动，编辑出版《地方水利技术应用与实践》第27辑、《浙江水利水电》3 期。

【后勤保障】 2017 年，围绕“优质服务”目标，做好省水利厅机关日常会务和防汛防台等重大任务期间的后勤保障，累计服务 5 000 人次。

【资产管理】 2017 年，组建直属企业财务集中核算中心，加强对直属企业财务核算审计监督。修订《直属单位经营目标管理考核办法》，以企业经营目标责任制考核为抓手，引导企业提高核心竞争力。按照规定做好土地及房屋租赁工作，开发使用房屋租赁管理系统，规范租赁流程，房屋出租率达 95%，税后收入 1 579 万元，较 2016 年有所增长，实现国有资产安全完整和保值增值的目标。

【安全生产】 重点抓好钱江科技大厦、颐高数码、浙江省围垦技术培训中心等重点区域安全隐患排查与整改，2017 年，完成钱江科技大厦安全设施设备联动测试，组织安全检查 60 余次，投入安全生产经费 100 余万元；加强大厦客户安全教育与应急演练，提高应急处置能力；做好法定节假日和十九大、第四届世界互联网大会等重大活动期间 24 小时在岗值班，全年推广中心安全生产态势保持平稳。

【综合管理】 2017 年，完成 60 余项规章制度的梳理评估和 19 项规章制度废止、修订、新立工作，改版上线浙江水利科技服务网（浙江省水利学会网）、OA 系统手机端 APP。出台《干部选拔任用管理办法》，推选中层干部 4 名，新进职工 2 名，充实干部和人才队伍；修订《绩效工资分配办法》《岗位聘用实施办法》，抓好科室、直属单位以及工作人员目标责任制考核工作，强化工作业绩导向。加强财务内审、预算编制和执行等工作，财务工作规范化水平不断提高。加强干部职工素质培训，举办干部综合能力提升培训班、职工素质拓展培训。

【单位文化】 发挥党政工团组织作用，开展全国水利文明单位和浙江省文明单位创建工作，获评“全国水利文明单位”和“浙江省文明单位”称号。2017 年，赴黄岩、桐乡结对村开展扶贫帮困、文明共建，组织无偿献血、水环境保护等形式多样的志愿活动，开展“弘扬中华传统文 化，深化全民阅读”主题读书活动。

【党建和党风廉政建设】 全面落实从严治党“两个责任”，推进“两学一做”学习教育常态化。2017 年，召开 6 次党委理论中心组学习会，专题学习党的十九大精神和习近平新时代中国特色社会主义思想等内容，开展“勇立潮头建新功、党员干部当先锋”“两强三提高”大讨论，观看《将改革进行到底》等系列专题政论片，组织“红色教育、绿色发展”等主题党日活动。严格落实党风廉政建设主体责任，召开 2 次党风廉政建设专题会议，完成省水利厅党风廉政建设主体责任专项检查整改落实和办公用房、公务接待、公车使用管理、公款违规购买烟酒等专项检查整改。

开展岗位失职渎职风险大排查活动，完成90余个岗位失职渎职风险排查，制定针对性防范措施。加强日常监督执纪，开展2次廉政提醒谈话，做好节假日等重要节点廉政警示教育和提醒。做好5个党支部标准化创建工作，开展5个党支部换届工作，完成6个党组织、56名党员基本信息采集录入，转正预备党员1名。

（徐昌栋、袁　闻）

浙江省水利发展规划研究中心

【单位简介】　根据浙江省编委办批复，浙江省水利发展规划研究中心（以下简称“规划中心”）于2011年由浙江省围垦技术中心更名成立。根据《浙江省水利厅关于印发厅机关处室和部分厅属事业单位主要职责的通知》（浙水人〔2016〕14号），单位主要职责：开展全省水利发展改革重大问题的研究工作，编制水利战略规划；开展全省水利政策法规和体制机制研究；承担中长期发展规划、水利综合规划等的研究工作，提出水利改革发展对策和建议、开展全省水资源综合规划、节约用水规划、水土保持规划、防洪排涝规划、水工程建设规划等水利专业和专项规划的研究工作；开展已批复水利规划的实施评估工作；组织开展国内外水利政策、法规、规划、专题成果等基础研究，整编相关信息；承担水利创新发展的对策研究；开展水利规划管理研究工作，提出对策和建议；提出各地水利规划阶段性成果的研究意见，提出各地各部门涉水相关规划的技术意见；承担省水利厅交办的其他工作。单位现有职工17人，其中副高以上职称7人。

规划中心先后开展全省河口海岸滩涂治理管理规划、滩涂围垦规划、水利中长期规划、灌溉发展总体规划及钱塘江、瓯江、鳌江、曹娥江、杭嘉湖地区水利等综合规划及舟山群岛新区水资源保护与开发利用规划和浙江省沿海及海岛地区水资源保障规划等规划技术管理工作，承担浙江省水利发展“十三五”规划及相关重要支撑专题研究、钱塘江瓯江浦阳江等流域防洪规划编制、浙江省主体功能区示范县河道生态需水评价与研究、地方水利发展改革动态跟踪研究、浙江省“强排成网”和“百河综治”规划等组织管理工作，完成浙江省资源水利发展战略研究、舟山群岛新区水资源管理对策研究、浙江省水利现代化指标体系、浙江省水生态文明建设试点技术指导、水库防洪调度保险制度研究、浙江省水利工程标准化研究、政府与社会资本合作建设运营重大水利工程风险识别与控制研究和浙江省重要河湖健康评价等专题研究，编制《浙江省2013—2017年水利发展思路报告》《浙江省水利发展规划（2013—2017年）》和《浙江省水利现代化研究》等战略发展规划。

【概况】　2017年，规划中心主要开展钱塘江等三大流域防洪规划、鳌江等四大流域综合规划等规划编制管理工作，承担水利现代化研究、水利政策机制研究等发展研究工作，组织开展浙江省中小河流系统治理关键技术及评价研究等基础研究等工作。

【规划编制】 全力做好流域防洪规划编制、流域综合规划省级复审和规划技术指导等水利规划技术支撑服务。

（1）三大流域防洪规划。2017年是钱塘江、瓯江、浦阳江三大流域防洪规划编制的攻坚关键期。规划中心通过与编制单位“一周一对接”，与主管处室、编制单位三方“一月一例会”、集中办公等措施，强化阶段成果衔接协调与进度、质量督促指导，确保第一时间协调解决规划编制过程中遇到的困难和问题。截至2017年底，规划报告已编制完成，钱塘江中上游防洪体系等10项规划专题研究报告已通过专家审查。

（2）四大流域综合规划。编制完成鳌江、曹娥江、飞云江、椒江四大流域综合规划。组织力量加强对规划编制技术把关，指导督促编制单位修改完善规划成果。2017年7月完成四大流域综合规划的省级复审工作，其中曹娥江、飞云江、椒江流域综合规划已由相关地方政府批复实施。

（3）规划技术指导和协调。在做好流域综合规划、防洪规划技术指导的同时，积极开展全省中小河流综合治理规划编制和“百项千亿”防洪排涝项目前期技术指导，开展相关调研，为地方提供技术服务。同时，做好规划实施的跟踪评价等工作，组织完成浙江省“百河综治”规划总报告编制工作。按照“多规合一”的要求，深入研究水利与涉水行业的相互关系，及时研究提出涉水规划的技术意见。2017年就城市建设、土地利用、旅游、交通、海洋等50余项涉水规划（或项目），研究提出水利部门在防洪安全、水域管理和水资源保护等方面的建议意见。

【发展研究】 扎实做好水利现代化、水利政策机制等水利创新发展研究工作，积极稳妥推进科技项目等基础研究。

（1）水利现代化研究。按照省水利厅领导指示精神，第一时间集中优势力量投入水利现代化研究工作。在完成文献综述、思路框架和评价指标体系初稿的基础上，提请省水利厅分管领导并先后主持召开系统内座谈会和专家咨询会。研究提出浙江省水利现代化建设愿景、主要任务、实施路径和保障措施，并围绕水安全保障和水管理服务主线，研究提出防洪（潮）排涝、水资源保障、水生态环境、公共安全管理、公共资源和空间管控、行业发展能力共6个方面22项水利现代化评价指标体系，编制完成浙江省水利现代化研究报告。

（2）水利政策机制研究。把全面梳理涉水法律法规和政策要求作为业务能力提升的重点之一，在开展水利现代化、吸引社会资本参与水利建设运营和全面深化水利改革等研究过程中，有针对性地加强对相关法规和政策的分析。完成社会资本参与面上水利工程建设运营政策分析与经验借鉴、浙江省加入GPA工程组2017年度研究等。

（3）科技项目研究。2017年，就浙江省中小河流系统治理关键技术及评价研究项目进一步深化对外技术合作，研究提出以“人水和谐”为目标的中小河流系统治理评价指标体系，并组织省内外专家进行咨询。基本完成全省河流基本情况及百河综治河流特色梳理分析，初步完成河流三维形态维护研究。配合兄弟技术单位开展浙江省典型山区性河流生态需水研究，基本完成典型山区性河流生态环境现状调查及问题分析。

【单位发展】 谋划未来发展路径，加强人才队伍建设，提升科学研究能力，完善制度强化执行，增强干部职工务实创业的积极性，做好中国水利学会滩涂湿地保护与利用专业委员会日常工作。

（1）深入调查研究，夯实发展基础。组织完成开化县水利空间规划等3项专题调研工作，配合完成“最多跑一次”审批制度改革、加快推进水利PPP项目建设等调研。积极为全省水利中心工作出谋划策。围绕提升服务水利中心工作能力的总体目标，认真研究单位发展形势和改革方向，赴广东、福建开展同类事业单位发展情况调研，借鉴同类单位发展经验，深入查找影响规划中心长远发展的“短板”，进一步开拓单位发展思路。

（2）加强队伍建设，增强发展潜力。严格贯彻落实“三重一大”集体决策机制，认真落实民主集中制、党政正职末位表态和“四个不直接分管”制度，班子成员间经常性开展谈心谈话活动，切实增进理解互信，增强领导班子的凝聚力。细化目标需求、优化岗位方案、加强分类管理、做到量才使用；坚持以老带新，落实部室负责人和项目负责人带好队伍的职责，不断提升年轻干部的综合能力，逐步形成人才队伍培养的长效机制。以项目管理和科学研究为载体，不断加强组织协调能力和科学研究能力的提升。积极搭建对外合作平台，集中力量加强对水利现代化、中小河流系统治理关键技术及评价等重大项目的研究。

（3）加强制度建设，完善发展保障。2017年，规划中心研究制（修）订了中层干部选拔任用和管理办法、绩效考核和绩效工资分配、项目招投标管理、会议制度、劳务费收取发放、车辆与驾驶员管理等9项制度，进一步规范内部管理，特别是中层干部选拔任用和管理办法，建立干部能上能下制度，畅通年轻干部成长渠道，切实增强广大干部职工干事创业的积极性。

（4）做好滩涂专委会日常工作。加强向中国水利学会的汇报，与江苏省沿海集团、南通市有关单位衔接协调，在江苏南通主办中国水利学会滩涂湿地保护与利用专业委员会2017年学术年会。组织修改完成滩涂专委会水利学科发展报告。完成《中国水利学会分支机构管理办法（征求意见稿）》等20余件有关规范、导则的意见反馈，完成团体委员单位新增和代表委员变更等工作。编制印发4期滩涂湿地保护与利用信息文摘等。

【党风廉政】 落实两个责任，推进“两学一做”，开展支部标准化创建，严守“两条底线”，严明纪律红线，持续抓好正风肃纪。

（1）落实两个责任，持续加强廉政建设。全力做好省水利厅全面从严治党主体责任巡察整改落实，根据省水利厅巡察组意见，研究制订 9 个方面 23 项整改措施，着力在谋划规划中心长远发展、加强党的领导、加强内部管理等方面下功夫、出实招、见成效，基本完成省水利厅巡察组反馈意见的整改落实。认真履行党风廉政建设“两个责任”的政治责任，通过全员开展廉政提醒谈话、层层签订党风廉政建设责任书、全面排查廉政风险和失职渎职风险等举措，进一步压实党风廉政建设主体责任，将党风廉政建设责任落实落细。

（2）推进“两学一做”，持续加强党员教育。研究制定工作方案，扎实推进“两学一做”常态化制度化。组织广大干部职工认真学习习近平总书记“7·26”重要讲话精神、党的十九大、省第十四次党代会和省委十四届二次全会精神，切实把全体干部职工的思想和行动统一到习近平新时代中国特色社会主义思想上来，统一到党的十九大确定的重大决策部署上来。

（3）开展标准化创建，持续加强能力建设。严格按照《关于推进厅系统党支部标准化建设的意见》和《党支部标准化建设工作考评标准要求》，以持续推进党支部标准化创建为抓手，全面提升党支部工作水平和工作成效。认真落实“三会一课”和组织生活制度，通过民主评议党员、召开专题组织生活会等组织生活，开展批评和自我批评，不断强化全体党员宗旨意识和党性修养。积极赴基层开展调研服务，与开化县水利局机关支部开展党支部联学联建。

（4）严守“两条底线”，持续加强作风建设。认真贯彻落实中央“八项规定”、省委“28 条办法”“六项禁令”和省水利厅有关规定，严明纪律红线，持续抓好正风肃纪。严格遵守组织人事、财经纪律，严格执行国有资产管理、政府采购、经济合同等制度规定。一年来，全体干部职工依法依规办事、恪尽职守、踏实工作，未发生任何违法违纪行为。

（杨　谥）

浙江省水利水电工程质量与安全监督管理中心

【单位简介】 浙江省水利水电工程质量与安全监督管理中心是隶属于浙江省水利厅的纯公益性一类事业单位。机构成立于 1986 年，初始名称为浙江省水利工程质量监督中心站；1996 年，经省编办批准（浙编〔1996〕88 号文），浙江省水利工程质量监督中心站与浙江省水利厅招投标办公室、浙江省水利厅经济定额站合并，组建成立浙江省水利水电工程质量监督管理中心；2007 年，经省编委批准（浙编〔2007〕39 号），将水利工程建设安全监督职能划入，机构全称更名为浙江省水利水电工程质量与安全监督管理中心（以下简称“质监中心”）。质监中心主要职责包括贯彻执行国家、水利部和省有关水利工程建设质量与安全管理的法律法规和技术标准；拟订全省水利工程建设质量与安全监督工作的规章制度、技术标准和规程规范并监督实施；负责省级监督的水利工程质量与安全监督的具体实施；组织全省面上小型水利工程质量抽检；指导全省水利水电工程质量与安全监督管理工作，承担考核市县水利工程质量监督机构的具体实施工作；参与重大水利工程质量与安全事故的调查处理；承担全省水利工程质量检测单位行业管理工作；组织指导全省水利工程质量与安全监督人员培训和考核工作；承担省水利厅水利水电工程招标投标办公室的日常工作；承办省水利厅交办的其他工作。

质监中心核定事业编制30人（其中领导职数3人），目前在编24人，设置5个科室。截至2017年底，在编的专业技术人员23人（其中教高2人、高工12人、中级及以下9人），质量监督经费列入省级财政预算。

【概况】 2017年，质监中心监督在建项目62个，开展监督检查152次（计划145次），监督项目未发生质量安全事故；按时完成面上70个小型水利工程和10个百项千亿防洪排涝工程质量抽检；通盘考虑质量监督信息化工作整体布局，建成“一网三平台”质量监督信息化管理体系；修订出台《浙江省水利工程质量检测管理办法》，建设完成全省统一的质量检测服务平台，积极开展质量检测“双随机”抽查，进一步规范质量检测行业管理；重视监督队伍建设，深入开展“一骨干一专项”人才培养计划，加强基层质量监督管理服务工作。浙江获水利部水利工程建设质量考核A级，名列全国首位。质监中心的移动监督APP、强制性条文检查执行情况等工作在水利部考核情况反馈文件上被作为亮点推广。

【质量监督与管理措施】 2017年，共开展监督检查152次，出具质量评价意见和监督报告共31份。一是加大突击检查力度。印发《关于加强水利工程质量监督突击检查的通知》，细化明确突击监督检查方式和日常质量管理要求，促进参建单位自觉做好各项日常管理工作。二是严格落实主体责任。编制《大中型水利工程项目法人质量安全管理工作手册》，将项目法人的首要责任落到实处；进一步落实各参建单位的质量责任承诺制，切实增强责任意识；通过数据管理平台监督数据的可视化分析及分类处理，有效督促责任单位尽职履职。三是加强施工全过程监督。针对性编制项目交底文书和监督计划，明晰监督重点和关键环节；事前分析质量风险点，加强对重要隐蔽工程、关键部位、专项方案编制落实等重点环节的检查；加强对参建单位质量体系、行为和实体质量的检查，强化监督检测，注重台帐资料同步整理，对检查发现的问题限期整改，重点问题适时组织“回头看”督查，对工程质量与安全隐患突出、性质比较严重的质量安全问题予以通报。

【监管能力建设】 全盘考虑质量监督信息化工作整体布局，2017年基本建成“质量监督门户网站＋移动监督数据平台＋项目管理平台＋质量检测服务平台”的“一网三平台”的质量监督信息化管理体系。质量监督门户网站多角度、深层次展现各级监督机构工作实绩，同时为“三平台”提供基础支撑，实现相互依托、互通互联。质量监督门户网站全年累计点击量达12.2万次，发布稿件476篇。移动监督数据平台，2017年新增站长监控、整改反馈等功能；各级监督机构采用移动监督APP开展检查已形成常态化。15个省外省级机构也主动试用，系统运用反映良好。项目管理平台于2017年经过调整完善重新上线，实现从监督受理起至竣工验收各个主要环节的工作线上运行。质量检测服务平台于2017年11月基本完成，并投入试点运行。

【项目质量监管】 一是全面完成面上项目质量抽检。2017年，安排专项资金对全省面上70个小型水利项目和10个百项千亿防洪排涝工程项目进行质量抽检。二是严格执行质量安全监督简报制度。依托水利工程质量监督数据管理平台，按月编印《浙江省水利工程建设质量与安全监督简报》。全面反映全省各级监督检查开展情况；从责任主体、问题频数等多个维度统计分析监督检查、发现问题，有针对性地提出加强监管的措施要求；通报重大质量安全问题，形成警示效应。全年编发简报12期，对18个工程进行通报。

【检测行业管理】 一是修订出台《浙江省水利工程质量检测管理办法》，进一步规范全省水利工程质量检测行业管理。二是建设完成全省统一的质量检测服务平台。促进质量检测行为更加规范、数据真实可靠，促进对质量检测行为的动态监管。三是严格落实质量检测“双随机”抽查制度。采用随机抽取检查对象、随机选择检查人员的原则，对8家检测单位开展突击检查。四是严格质量检测乙级资质审查工作。修订《质量检测单位乙级资质审查工作制度》，完成24家检测单位41个类别的乙级资质初审工作。

【人员队伍建设】 一是加强人才培养，促使能力提升。深入开展“一骨干一专项”人才培养计划，切实提升质量监督人员的业务能力。全年共组织专题汇报会8次，提交个人学习报告48篇。二是做好基层质量管理服务指导工作。组织建立一支涵盖多专业的省市县三级共享的质量监督专家库，深入基层开展服务指导。举办2期全省监督人员的业务培训，全年开展交流指导70余次、授课13次。作为专家联系单位派遣3名骨干进行舟山市“千人万项”蹲点指导服务。编制完成《浙江省水利工程质量安全监督宣传册》《浙江省小型水利工程施工质量检验与评定规程》完成总体框架方案设计。三是继续做好评先创优工作。2017年，评选出10个水利建设工程质量监督先进集体和41名先进个人。

【党建与党风廉政建设】 一是始终把学习贯彻落实党的十九大精神作为首要政治任务，认真制定实施方案，积极开展学习贯彻活动，撰写学习体会文章，不断强化党员政治意识、大局意识、核心意识、看齐意识。全年组织6次十九大精神专题学习讨论会，撰写学习体会26篇。二是以标准化建设要求为标杆，以每月的主题党日活动为载体，认真落实“三会一课”制度，加强党员思想建设，扎实推进支部党建各项工作，确保支部战斗堡垒作用得到充分发挥。全年开展12次主题党日活动、补选2名新支部委员、完善修订1项党建制度。三是以党风廉政建设为引领，完成党风廉政主体责任专项检查整改，全面梳理排查岗位失职渎职风险点及制定风险防控措施，采取多种形式加强全体党员职工党风廉政建设，着力抓实党员干部“红线”意识和“底线意识”。质监中心全年无违反廉政建设、作风建设等情况发生。

（吴阳锋）

浙江省水资源管理中心（省水土保持监测中心）

【单位简介】 浙江省水资源管理中心（省水土保持监测中心）（以下简称“水资源水保中心”）是省水利厅直属的公益一类事业单位，核定事业编制20名。2017年，实有在编人员16名，其中教高3人，高工8人，工程师2人，助理工程师2人，技师1人。水资源水保中心主要职责是：承担水资源论证、取水许可管理、建设项目水土保持方案等行政审批事项的技术性工作；承担用水户的取用水日常管理工作，指导取水户开展计量、节水有关工作；承担全省用水计划、用水定额编制和修订，区域节水评估、全省节水情况通报的编制；承担水资源管理统计；承担全省水资源管理、节水与保护的有关基础工作，全省节约用水、地下水管理、水功能区管理的技术指导；承担全省水土流失及其防治动态的监测和预报，全省水土保持监测规划、标准的编制并组织实施；承担全省水土保持监测网络的建设和管理，全省水土保持监测成果、仪器、设备的技术管理，组织开展国内外水土保持监测的技术合作与交流，承担全省水土保持综合防治的基础工作，组织推广水土保持技术；协助审查水资源管理信息系统、水土保持管理信息系统开发建设方案，协助提出年度建设计划，负责系统内容保障和日常维护管理等工作；受省水利厅委托，承担水资源费征收具体工作。

【概况】 2017年，加快推进国家水资源监控能力二期项目建设，切实抓好一期项目的运行维护，组织开展全省取用水管理专项检查，加强取水计划管理，严格把好建设项目水资源论证报告和水土保持方案的技术审查；开展全省水土保持监测站标准化管理创建，提升改造监测站，全面推进水土流失动态监测，创新开展生产建设项目监督性监测。规范水资源费和水土保持补偿费征收管理，2017年度全省征收水资源费15.49亿元，水土保持补偿费1.91亿元。配合做好最严格水资源管理制度考核和水土保持监督检查。组织召开浙江省水土保持学会第二次会员代表大会，举办学术交流会，承办中国水土保持学会规划设计专业委员会2017年年会。扎实做好水资源管理、节约保护和水土保持基础工作，举办全省水资源管理、水土保持监测技术与信息化培训各 1 次。

【规费征收】 2017 年全省征收水资源费 15.49 亿元，比 2016 年增长 24%，其中省本级征收 8 238 万元；全省征收水土保持补偿费 1.91 亿元，比 2016 年增长 59%，其中省本级征收 4 181 万元，比 2016 年增长 13%。组织开展全省 60 家重点取水户的水资源费征收管理核查，督促做好问题的整改落实。

【取水计划管理】 做好取水计划日常监管工作，2017 年度省审批取水计划管理的取水户共 49 家，其中非水力发电 44 家；下达取水计划量为 311.92 亿 m^3，其中非水力发电取水计划量 34.02 亿 m^3；非水力发电取水户 2017 年实际取水 32.15 亿 m^3。完成省审批取水户 2018 年度取水计划建议方案，并由省水利厅核定下达。

【取用水专项检查】 组织开展 2017 年度全省取用水专项检查，指导各地规范开展取水许可审批及事中事后监管。重点对取水许可审批、取水计划管理、计量监控管理、水资源费征收等方面进行检查，同时利用省水资源管理系统平台，重点对超许可取水等情况进行核查，共发现各类问题 402 个。检查情况由省水利厅进行通报，并将问题整改落实情况纳入年度最严格水资源管理制度考核。

【水资源管理系统平台运行维护】 制定印发《浙江省水资源管理系统运行维护管理办法》，进一步规范全省水资源监控运维工作。完善周例会、月简报、季度通报等工作机制，下发各类通报 70 余期，开展全省性业务培训 2 次。开发监控数据质量跟踪和纠错、系统预警、短信提醒等功能，发送预警短信 12 373 条。截至 2017 年底，全省省级以上有效监控点 2 674 个，年度监测水量 66.4 亿 m^3，年度监控数据上线率 95.5%。系统登记的全省有效许可证 6 920 份，平台全年累计访问量 36.7 万次。

【水资源监控能力项目建设】 2017 年，超额完成年度计划任务。组织召开项目建设领导小组会议，完成 2018 年度实施方案编制；完成灌区农业用水监控点建设 315 处；完成监测设施率定 200 处以及农业用水模型研发等工作。开展系统平台功能模块的开发、完善 22 项，其中水资源年度考核、取水计划管理等 6 项功能投入日常应用。截至 2017 年底，累计完成项目三年总任务量的 65%，中央、省级资金执行率均达 100%，在水利部项目办月度考评中始终保持排名领先。

【水资源管理基础工作】 做好取水许可省审批项目技术审查。2017 年，完成 7 项省级项目水资源论证审查和取水设施核验。配合做好最严格水资源管理制度考核工作，参与起草国考自查技术报告，配合完成省考的现场核查和技术评分等。完成全省第三批 32 个县（市、区）节水型社会建设方案技术指导，开展纺织印染行业用水定额修编评估工作。完成全省水资源管理年报、用水总量统计等编制上报。

【水土保持监测研究和规划】 完成全省水土流失动态监测规划编制和审查；承担与江西省水土保持研究院合作开展的水利部公益性行业科研专项《南方红壤丘陵区经果林水土流失防治技术研究》，完成专项验收审查。

【水土保持监测站点管理】 2017年，组织开展全省水土保持监测站标准化管理创建工作，制定印发《浙江省水土保持监测站管理规程》《管理手册》和《验收办法》，制订维修养护定额。组织召开全省水土保持监测管理工作会议，对标准化创建工作进行部署，确定创建名录和计划。优化水土保持监测站网布局，开工建设常山水土保持科技示范园，完成建德市更楼和临安区桥东村监测站的迁建工作并投入运行。完成苍南昌禅溪、安吉山湖塘、天台天希塘等水土流失监测站点的提升改造，提高监测成果质量。

【水土保持信息化】 按照《浙江省水土保持信息化总体建设方案》要求，稳步推进水土保持信息化建设。初步完成移动端的开发，基本完成历年水土保持基础数据整编，组织开展全省建设项目水土保持监督管理子系统的信息录入工作，做好水土保持监督管理信息系统运行维护。

【水土流失动态监测】 部署全省14个监测站点2017年度监测工作任务，规范水保监测工作，监测频次有所增加、监测数据更加完整、监测成果质量进一步提高。继续开展全省192个1 km^2的野外样地调查，掌握全省水土流失状况和变化趋势；编制印发《浙江省水土保持公报（2016）》，2016年全省水土流失面积8 813.88 km^2，占全省土地面积的8.35%，呈下降趋势。（注：2017年公报数据9月底出台）

【技术评审与质量抽查】 全年组织省审批建设项目水土保持方案评审32项，向省水利厅报送技术方案审核意见30份；同时按照“最多跑一次”的要求，利用互联网等手段，简化程序，提高工作效率。开展水土保持方案报告书质量抽查，按10%的比例对各级水行政主管部门审批的近1 000份水土保持方案报告进行质量评定，并以省水保学会名义通报。

【水土保持监测指导和检查】 定期分析全省338个各类生产建设项目监测季报信息，组织编制《生产建设项目水土保持监测季报》，为各级水行政主管部门对监测不规范、问题较突出的建设项目进行监督检查提供技术依据。组织开展生产建设项目监督性监测，对国家和省级重点防治区12个项目的水土保持监测工作开展抽查，规范生产建设项目水土保持监测工作。配合开展生产建设项目水土保持监督检查，牵头对省级审批的30个项目进行监督检查，对水土保持方案实施情况进行跟踪检查和督促落实。

【学会工作】 2017年，组织召开浙江省水土保持学会第二次会员代表大会，完成理事会及常务理事、理事长和副理事长、秘书长的换届工作，审议更新学会章程、会费标准及使用管理办法等；评选优秀论文21篇，在《浙江水利科技》“水土保持专栏”发表。承办中国水土保持学会规划设计专业委员会2017年年会。配合中国水土保持学会做好15家单位的“生产建设项目水土保持监测水平评价星级”评定和证书发放，7家单位会员水平评价证书变更手续。建立完善“浙江省水土保持中介服务信息平台”，更新发布70家方案编制单位和24家水保监测单位的信息。组织举办学会学术交流会，组织会员赴中科院南京土壤研究所学习、赴上饶市考察小流域综合治理。

【《浙江通志·水利卷》编纂】 完成《水资源管理》《水土流失与水土保持监测》《科技与示范》3个章节共计16个单元的长编修订，完成《取水许可》《水资源论证》《取水计量和监控》《地下水保护》等9篇志稿的编纂，并通过内审。

【队伍建设】 加强内部管理制度建设，修订8项制度。组织职工积极参加水利部和浙江省水利行业继续教育培训和业务学习。2017年，通过公开招聘新增1名职工，严格按《干部选拔任用规定》选拔中层正职1人。加强水资源水保业务培训，组织举办全省水资源管理、水土保持监测与信息化培训班各1次。

【党建和党风廉政】 加强党性教育，持续推进“两学一做”学习教育常态化制度化，学习贯彻党的十九大和省第十四次党代会精神，完善学习制度、丰富学习形式，建立党员书库。组织参观抗日战争受降纪念馆和临安新四军历史纪念馆，开展现场学习。加强作风建设，开展“勇立潮头建新功、党员干部当先锋”和“两强三提高”大讨论，与常山县水利局党委签订《联系共建协议》，组织社区志愿服务。严格执行民主集中制和“三重一大”议事制度，落实党风廉政建设“一岗双责”。加强廉政教育，开展失职渎职风险排查，并制定相应防范措施；召开廉政分析会，开展廉政谈话，做到无遗漏、全覆盖。落实全面从严治党主体责任巡察意见整改，对巡察组提出的2方面6个问题，共制定整改措施17项，全部完成整改任务。

（胡晓红）

浙江省防汛技术中心

【单位简介】 浙江省防汛技术中心前身为浙江省水利厅物资设备仓库。2003年经省编委批复为社会公益类纯公益性事业单位，2007年更名为浙江省防汛物资管理中心，挂浙江省防汛机动抢险总队牌子，核定编制15人，机构规格相当于县处级。2016年编制数调整为24名（浙编办函〔2016〕20号文），内设办公室、发展计划科、防汛技术科、物资管理科4科室。2017年8月省编委《关于浙江省防汛物资管理中心更名的函》同意更名为浙江省防汛技术中心（浙编办函〔2017〕107号）（以下简称“中心”）。2017年底在职人员18人，退休人员5人。更名后主要职责是，开展防汛抢险应急处置技术研究，开展防汛抢险和抗旱新技术、新工艺、新产品的推广应用；在省防指办的指导下，组织开展预案方案编制、洪水风险评估、灾害评价等防汛防台抗旱基础性技术工作；组织省级防汛机动抢险队伍参加重大水利工程险情应急抢险；协助做好全省防汛机动抢险队伍和抗旱服务队伍建设；做好全省防汛防台抗旱物资储备、调运有关具体性工作。

【概况】 按照新职能新要求，认真谋划防汛技术服务工作，紧扣省水利厅党组决策部署和水利中心工作，圆满完成年度目标任务，努力提升管理工作水平。加快迁建工程建设，完成杭印路基地建设扫尾，三堡基地迁建工程主体结顶并通过验收。加强全省级防汛物资储备监督管理，完成年度增储采购任务，管理标准化工作深入推进。组织开展汛前训练、防汛演练、设备操练、培训和技术交流，全省防汛机动抢险队伍能力建设得到加强。

【抢险队伍】 通过购买服务，落实省级机动抢险队伍建设，组织开展了汛前训练、防汛演练、设备操练、培训和技术交流等能力提升活动。完成防汛抢险指导专家库建设方案的制定，探索与武警队伍的合作模式，共商军地共建防汛抢险合作工作。组织台州红豹救援队、义乌西贝虎救援队等社会抢险救援队伍和厂家技术支援队伍参与全省演练和训练，拓展全省防汛机动抢险救援力量。有效完成实战抢险和日常演练，3月20日，组织完成杭州管理处进行应急排涝；6月下旬钱塘江发生流域性大洪水，组织抢险队伍将物资送到抢险现场。组织编制年度演练方案，在台州三门成功举办了全省防汛抢险演练。

【综合管理】 完善“浙江省防汛物资和抢险队伍管理信息系统”（一期）运行，完成二期项目建设，为推进全省防汛物资储备、抢险队伍和社会资源整合搭设信息平台。组织编制“浙江省防汛物资储备定额修编”，结合新时期的更高要求和历次抢险需求，开展“浙江省省级防汛物资储备规划”修编。

【物资储备管理】 完成省级物资增储、处置及调运工作。2017年增储物资276万元，处置到达储备年限物资79万元，应急调运184万元（其中兰溪“6•25”洪水抢险期间，调运物资130万元），截至年底，省级自储防汛储备物资总价值达3 273万元。推进省级防汛物资储备管理标准化建设，编制完成《防汛防台抗旱物资储备管理手册》《省级防汛物资（设备）使用手册》《防汛物资维护保养技术手册》《专用设备安全操作规程》等标准化管理手册。修订完善《省级防汛物资维护管理规定》，按“日常维护每月一次，车辆专业保养半年一次，设备故障即时维修，设备调试按需开展”的要求，做到“年度有方案、月度有计划、事前有审批、事中有监管、事后有验收”，全面强化省级在储物资的日常管理。加强全省防汛物资监管，统计汇总全省防汛物资储备数据，编制印发统计分析年报，为防汛抢险提供决策支持。通过实地检查、座谈交流、印发物资管理手册、学习考察、设备操作维护等一系列活动，为全省防汛物资储备管理提供咨询服务。

【基地迁建工程】 基本完成杭印路基地和三堡基地迁建工程年度建设计划。三堡基地完成了主体工程建设并一次性通过中间结构验收，幕墙、整体装修以及室外工程项目正在全面展开。在抓好进度的同时，制订工程质量现场监管方案，狠抓质量管理。组织设计、施工、监理等单位针对设计图纸中的错、漏、缺等问题，提出设计优化建议，从源头上提高工程质量。与监理单位共同对40个主体结构隐蔽项目、24个装修工程隐蔽项目、4个屋面工程隐蔽项目进行验收，确保主体结构、防水工程、管线预埋、装修工程的质量。杭印路基地项目完成了竣工决算报告，正在组织进行审计，严格全过程投资控制。在工程招投标阶段审核工程量清单，避免清单漏项，研究合同条款，减少索赔风险。严格按照建设程序和内部规章制度，谨慎处理施工单位提出的变更建议，对合理的变更进行费用测算后按规定流程签发，重大变更提交基地迁建领导小组决策会议决定。施工过程中，在第三方跟踪审计基础上，严格审核支付工程进度款，确保资金使用安全。

【安全生产】 按照省水利厅安委会工作部署，及时与各科室、施工单位、设计院岩土公司、抢险队和物业公司等签订安全生产责任制。落实安全生产计划、“安全生产月”活动方案和各项专项整治行动。中心领导小组认真组织各类安全生产隐患排查、消防安全和电气火灾等专项检查及安全生产活动，及时消除安全隐患。狠抓基地建设安全生产管理，全年组织安全检查共25次，迎接市质安监总站检查共8次，组织工地例会21次，共同研究分析施工安全质量问题，提出明确整改要求，实现安全生产零事故。

【廉政建设】 制定《2017年度中心领导班子成员党风廉政建设主体责任清单》，签订《党风廉政建设工作责任书》，主要领导履行第一责任人职责，坚持“谁主管、谁负责”原则，领导班子成员实行“双岗双责”；加强作风建设，完善防控机制，严格执行中央“八项规定”以及省委“28条办法”“六个严禁”“七个一律”等规定，严守“两条底线”，组织开展失职渎职风险排查，认真分析了中心17个工作岗位、78个重点部位共154条风险点，规范工作流程、完善防控措施，强化干部职工履职尽责意识；加强对重要岗位、重点工作的监管，与施工、监理单位、采购中标单位、物业公司签订《廉政责任书》，明确廉政纪律和规矩。开展廉政提醒谈话共42人次，并将廉政谈话延伸到合作单位，杜绝违纪现象发生。涉及基建招标、设计变更、原材料调整、物资采购、招标文件编制等事项，坚持集体民主决策。重要合同签订、大额资金支付层层严格把关，努力将廉政风险防范工作做深做细。

（黄昌荣）

附　录

Appendices

2017年浙江省水利厅发文目录

发文日期/（年-月-日）	文 号	文件标题
2017-01-09	浙水保〔2017〕2号	《浙江省水利厅 浙江省节约用水办公室关于公布2016年度浙江省节水型灌区（园区、灌片）名单的通知》
2017-01-16	浙水人〔2017〕3号	《浙江省水利厅关于印发〈浙江省水利人才发展“十三五”规划〉的通知》
2017-01-18	浙水办〔2017〕2号	《浙江省水利厅关于2016年度全省市县水利工作综合考核结果的通报》
2017-01-18	浙水人〔2017〕5号	《浙江省水利厅关于表彰2016年度考核优秀人员的决定》
2017-01-19	浙水办〔2017〕1号	《浙江省水利厅关于2016年度工作目标责任制考核先进集体的通报》
2017-01-20	浙水保〔2017〕48号 浙经信资源〔2017〕30号	《关于公布2016年度浙江省节水型企业名单的通知》
2017-01-22	浙水人〔201 〕6号	《浙江省水利厅关于印发浙江省水利厅行政权力事项网上运行管理办法的通知》
2017-01-24	浙水标〔2017〕2号	《浙江省水利厅关于公布2016年度通过水利工程标准化管理验收名单的通知》
2017-01-25	浙防指办〔2017〕2号	《浙江省人民政府防汛防台抗旱指挥部办公室关于印发〈村（社区）防汛防台形势图编制导则〉的通知》
2017-02-09	浙水法〔2017〕2号	《浙江省水利厅关于废止〈浙江省水利建设工程施工图设计文件审查备案管理办法〉的通知》
2017-02-09	浙水农〔2017〕5号	《浙江省水利厅关于2016年度农田灌溉水有效利用系数测算分析工作考评结果的通报》
2017-02-10	浙防指〔2017〕1号	《浙江省人民政府防汛防台抗旱指挥部关于印发2017年防汛防台抗旱工作要点的通知》
2017-02-13	浙防指〔2017〕2号	《浙江省人民政府防汛防台抗旱指挥部关于上报2017年度防汛防台抗旱行政责任人名单的通知》
2017-02-17	浙水建〔2017〕2号	《浙江省水利厅关于印发全省水利行业涉及危险化学品安全综合治理方案的通知》
2017-02-17	浙水人〔2017〕9号	《浙江省水利厅关于印发2017年“千人万项”蹲点指导服务水利重点工作方案的通知》
2017-02-20	浙水办法〔2017〕1号	《浙江省水利厅办公室关于印发2017年浙江水利改革主要任务及职责分工的通知》
2017-02-21	浙水保〔2017〕6号	《浙江省水利厅关于全民所有自然资源资产有偿使用制度改革的意见》
2017-02-27	浙水建〔2017〕3号	《浙江省水利厅关于2016年度安全生产目标责任制考核结果的通报》

续表

发文日期 /（年－月－日）	文　号	文件标题
2017－02－28	浙水党〔2017〕11 号	《中共浙江省水利厅党组关于认真学习贯彻省委十三届十次全会精神　从严加强干部队伍建设的实施意见》
2017－03－01	浙水委〔2017〕1 号	《浙江省水资源管理和水土保持工作委员会关于调整成员名单的通知》
2017－03－02	浙防指〔2017〕6 号	《浙江省人民政府防汛防台抗旱指挥部关于印发浙江省防汛防台抗旱预案管理实施细则的通知》
2017－03－06	浙水建〔2017〕4 号	《浙江省水利厅关于全省水利稽察项目复查情况的通报》
2017－03－09	浙水保〔2017〕8 号	《浙江省水利厅　浙江省发展和改革委员会关于印发〈浙江省实行水资源消耗总量和强度双控行动加快推进节水型社会建设实施方案〉的通知》
2017－03－17	浙水计〔2017〕41 号 浙财农〔2017〕19 号	《浙江省财政厅　浙江省水利厅关于修订浙江省水利建设与发展专项资金管理办法（试行）若干条款的通知》
2017－03－17	浙水计〔2017〕1 号	《浙江省水利厅关于印发百项千亿防洪排涝工程水利项目行业审查指导意见的通知》
2017－03－17	浙水农〔2017〕8 号	《浙江省水利厅关于印发浙江省 2017 年农村饮水安全巩固提升工程实施计划的通知》
2017－03－20	浙水科〔2017〕1 号	《浙江省水利厅关于公布 2017 年度浙江省水利科技创新奖获奖项目的通知》
2017－03－20	浙水河〔2017〕2 号	《浙江省水利厅关于印发劣Ⅴ类水剿灭行动水利工作方案的通知》
2017－03－22	浙水党〔2017〕14 号	《中共浙江省水利厅党组关于 2017 年省水利厅党组理论学习中心组学习的意见》
2017－03－29	浙防指〔2017〕10 号	《浙江省人民政府防汛防台抗旱指挥部关于调整浙江省人民政府防汛防台抗旱指挥部成员的通知》
2017－03－31	浙水建〔2017〕6 号	《浙江省水利厅关于印发 2017 年度在建重点水利工程稽察与指导服务计划的通知》
2017－04－01	浙水农〔2017〕10 号	《浙江省水利厅　浙江省农业厅　浙江省林业厅关于做好高效节水灌溉工作的指导意见》
2017－04－11	浙水办河〔2017〕4 号	《浙江省水利厅办公室关于印发〈浙江省水利厅贯彻落实河长制工作实施方案〉的通知》
2017－04－11	浙水办农〔2017〕7 号	《浙江省水利厅办公室关于印发〈浙江省农田灌溉水有效利用系数测算分析工作考评实施细则（2017）〉的通知》
2017－04－19	浙水计〔2017〕9 号 浙发改投资〔2017〕349 号	《省发展改革委　省水利厅关于下达 2017 年重大水利工程第一批中央预算内投资计划的通知》
2017－04－24	浙水农〔2017〕11 号	《浙江省水利厅　浙江省财政厅　浙江省农业厅　浙江省物价局关于农业水价综合改革扩大试点工作的指导意见》

续表

发文日期/(年-月-日)	文 号	文件标题
2017-04-24	浙水农〔2017〕13号	《浙江省水利厅 浙江省财政厅 浙江省农业厅 浙江省物价局关于印发〈浙江省农业水价综合改革2017年度实施计划〉的通知》
2017-04-24	浙水河〔2017〕5号	《浙江省水利厅关于印发〈浙江省水利厅贯彻落实河长制工作实施方案〉的通知》
2017-05-05	浙水保〔2017〕14号	《浙江省水利厅等九部门关于印发2016年度实行最严格水资源管理制度考核结果的通知》
2017-05-07	浙水标〔2017〕5号	《浙江省水利厅关于印发〈浙江省水利工程标准化管理验收办法〉的通知》
2017-05-10	浙水农〔2017〕16号	《浙江省水利厅关于印发〈浙江省山塘安全管理办法〉的通知》
2017-05-24	浙水人〔2017〕20号	《浙江省水利厅 浙江省人力资源和社会保障厅关于公布何晴等276人具有高级工程师任职资格的通知》
2017-05-27	浙水人〔2017〕23号	《浙江省水利厅关于公布汪建英等15位同志具有教授级高级工程师资格的通知》
2017-05-31	浙水保〔2017〕51号 浙环发〔2017〕22号	《关于2016年度全省跨行政区域河流交接断面水质保护管理考核结果的通报》
2017-06-01	浙水法〔2017〕1号	《浙江省水利厅关于印发〈浙江省水利厅重大行政执法决定法制审核工作规则（试行）〉的通知》
2017-06-01	浙水人〔2017〕27号	《浙江省水利厅关于公布2017年浙江省水利专业高级工程师资格评价业务考试合格人员名单的通知》
2017-06-05	浙水办〔2017〕5号	《浙江省水利厅关于印发〈浙江省市县年度水利工作综合考核办法〉的通知》
2017-06-06	浙水法〔2017〕3号	《浙江省水利厅关于印发〈浙江省水利厅规范性文件管理办法〉的通知》
2017-06-12	浙水建〔2017〕12号	《浙江省水利厅关于印发全省水利行业电气火灾综合治理工作方案的通知》
2017-06-20	浙水法〔2017〕4号	《浙江省水利厅关于进一步加强规范性文件备案管理的通知》
2017-06-20	浙水农〔2017〕20号	《浙江省水利厅关于开展小型泵站标准化建设的指导意见》
2017-06-24	浙水党〔2017〕31号	《关于印发〈中共浙江省水利厅党组关于规范干部在社会团体兼职的办法〉的通知》
2017-06-28	浙水河〔2017〕11号	《浙江省水利厅关于切实加强水域管理与保护的通知》
2017-06-29	浙水竞办〔2017〕1号	《浙江省水利厅“大禹杯”竞赛活动办公室关于印发〈浙江省第二十一届水利“大禹杯”竞赛活动评比办法〉的通知》

续表

发文日期/(年-月-日)	文 号	文件标题
2017-06-30	浙水建〔2017〕14 号	《浙江省水利厅　浙江省发展改革委关于调整〈浙江省水利水电工程施工招标文件示范文本〉有关事项的通知》
2017-07-05	浙水建〔2017〕15 号	《浙江省水利厅关于公布 2017 年度全省水利工程竣工验收计划的通知》
2017-07-06	浙水计〔2017〕47 号 浙发改投资〔2017〕644 号	《浙江省发展改革委　浙江省水利厅关于下达 2017 年水生态治理、中小河流治理等其他水利工程中央预算内投资计划的通知》
2017-07-07	浙水河〔2017〕12 号	《浙江省水利厅　浙江省“五水共治”工作领导小组（河长制）办公室　浙江省河长制办公室关于印发浙江省河湖库塘清淤考核办法（修订）的通知》
2017-07-07	浙水管〔2017〕35 号	《浙江省水利厅关于公布 2016 年度大中型水利工程管理考核结果的通知》
2017-07-07	浙水建〔2017〕32 号 浙发改法规〔2017〕605 号	《关于印发〈浙江省“互联网+”招标采购工作方案（2017—2019）〉的通知》
2017-07-14	浙水计〔2017〕46 号 浙财农〔2017〕49 号	《浙江省财政厅　浙江省水利厅关于印发浙江省中央财政水利发展资金使用管理实施细则的通知》
2017-07-14	浙水计〔2017〕13 号	《浙江省水利厅　浙江省发展改革委员会　浙江省财政厅关于印发〈浙江省加快灾后水利薄弱环节建设实施方案〉的通知》
2017-07-17	浙水农〔2017〕22 号	《浙江省水利厅关于印发〈浙江省中央财政水利发展资金小型农田水利项目组织实施指导意见〉的通知》
2017-07-18	浙水计〔2017〕49 号 浙财农〔2017〕55 号	《浙江省财政厅　浙江省水利厅关于下达 2017 年第二批中央财政水利发展资金的通知》
2017-07-20	浙水计〔2017〕23 号	《浙江省水利厅关于下达 2017 年第二批中央财政水利发展资金实施计划的通知》
2017-07-21	浙水科〔2017〕2 号	《浙江省水利厅关于公布第九批农村水利技术（产品）推广目录的通知》
2017-07-25	浙水建〔2017〕33 号 浙发改法规〔2017〕77 号	《关于印发〈浙江省 2017 年推进电子招标投标工作要点〉的通知》
2017-07-27	浙水直党〔2017〕12 号	《关于修订印发〈党支部标准化建设工作考评标准〉的通知》
2017-08-01	浙水保〔2017〕27 号	《浙江省水利厅关于下达 2017 年度开展大中型灌区农业取水许可工作任务的通知》
2017-08-02	浙水计〔2017〕22 号	《浙江省水利厅关于印发〈浙江省流域规划工作指导意见〉的通知》

续表

发文日期 /(年－月－日)	文 号	文件标题
2017－08－04	浙水计〔2017〕50 号 浙财建〔2017〕118 号	《浙江省财政厅 浙江省水利厅关于下达 2017 年农村水电增效扩容改造中央财政补助资金的通知》
2017－08－07	浙水保〔2017〕28 号	《浙江省水利厅 浙江省节约用水办公室关于下达 2017 年度节水型社会建设年度任务的通知》
2017－08－16	浙水人〔2017〕45 号	《浙江省水利厅 浙江省人力资源和社会保障厅关于印发＜浙江省水利专业技术人员继续教育学时登记细则（试行）＞的通知》
2017－08－18	浙水保〔2017〕29 号	《浙江省水利厅等九部门关于印发浙江省实行最严格水资源管理考核办法和“十三五”工作实施方案的通知》
2017－08－21	浙水农〔2017〕24 号	《浙江省水利厅关于印发＜浙江省 2017 — 2018 年冬春农田水利基本建设实施方案＞的通知》
2017－08－28	浙水保〔2017〕33 号	《浙江省水利厅关于印发＜浙江省水土保持监测站管理规程＞的通知》
2017－08－29	浙水保〔2017〕35 号	《浙江省水利厅关于印发＜浙江省水资源管理系统运行维护管理办法(试行)＞的通知》
2017－09－01	浙水建〔2017〕20 号	《浙江省水利厅关于印发“浙江无欠薪”行动水利工程建设领域专项治理实施方案的通知》
2017－09－05	浙水河〔2017〕17 号	《浙江省水利厅 浙江省环保厅关于印发 2017 年度平安县（市、区）河长制工作考核细则的通知》
2017－09－08	浙水科〔2017〕3 号	《浙江省水利厅关于下达 2017 年度水利科技项目计划的通知》
2017－09－11	浙水农〔2017〕25 号	《浙江省水利厅关于第六、七、八批中央财政小型农田水利重点县（项目县）2016 年度绩效考评结果的通报》
2017－09－15	浙水人〔2017〕87 号 浙科发条〔2017〕139 号	《浙江省科学技术厅 浙江省水利厅关于印发＜浙江省水利河口研究院（浙江省海洋规划设计研究院）改革试点方案＞的通知》
2017－09－19	浙水科〔2017〕4 号	《浙江省水利厅关于＜浙江省水利新技术推广指导目录管理办法（试行）＞的通知》
2017－09－29	浙水农〔2017〕40 号 浙土资发〔2017〕26 号	《浙江省国土资源厅等五部门关于调整下达“十三五”时期高标准农田建设任务的通知》
2017－09－29	浙水人〔2017〕59 号	《浙江省水利厅关于公布第七届全省水利行业职业技能竞赛暨第二届全省水利工程标准化管理职业技能竞赛优胜者名单的通知》
2017－09－30	浙水计〔2017〕27 号	《浙江省水利厅关于印发＜浙江省洪水风险图编制实施方案（2016 — 2020）＞的通知》

续表

发文日期/(年-月-日)	文 号	文件标题
2017-09-30	浙水法〔2017〕6号	《浙江省水利厅关于全面实行全员学法用法案例批注共享本（试行）有关工作的通知》
2017-10-10	浙水河〔2017〕29号 浙建城〔2017〕92号	《关于公布第一届“浙江最美绿道”评选结果的通知》
2017-10-11	浙水标〔2017〕7号	《浙江省水利厅关于印发〈浙江省水利工程标准化管理2017年度省级抽查复核工作方案〉的通知》
2017-10-20	浙水保〔2017〕38号	《浙江省水利厅关于印发〈浙江省建设项目水资源论证报告表（试行）〉的通知》
2017-10-30	浙水农〔2017〕28号	《浙江省水利厅等六部门关于印发浙江省农村饮水安全巩固提升工作考核办法的通知》
2017-11-06	浙水保〔2017〕40号	《浙江省水利厅关于印发〈浙江省水土保持监测站管理手册（试行）〉的通知》
2017-11-08	浙水建〔2017〕22号	《浙江省水利厅关于印发〈全省水利行业推进安全生产领域改革发展的实施方案〉的通知》
2017-11-09	浙水法〔2017〕7号	《浙江省水利厅关于公布规范性文件清理结果的通知》
2017-11-10	浙水建〔2017〕23号	《浙江省水利厅关于印发〈浙江省水利工程质量检测管理办法〉的通知》
2017-11-14	浙水农〔2017〕31号	《浙江省水利厅关于做好2017年度农村饮水安全巩固提升工作考核的通知》
2017-11-22	浙水建〔2017〕34号	《浙江省住房和城乡建设厅等部门关于印发贯彻落实加快建筑业改革与发展的实施意见重点任务分工方案的通知》
2017-11-23	浙水农〔2017〕32号	《浙江省水利厅关于印发小型农田水利工程产权制度改革典型经验的通知》
2017-11-24	浙防指办〔2017〕19号	《浙江省人民政府防汛防台抗旱指挥部办公室关于印发〈陈龙同志在全省防汛防台群测群防整体提升工作现场会上的讲话〉的通知》
2017-12-01	浙水管〔2017〕45号	《浙江省水利厅关于下达2018年水库海塘除险加固建设计划的通知》
2017-12-06	浙水计〔2017〕56号 浙财农〔2017〕112号	《浙江省财政厅　浙江省水利厅关于提前下达2018年第一批中央财政水利发展资金的通知》
2017-12-13	浙水保〔2017〕44号	《浙江省水利厅关于印发〈浙江省水土保持监测站标准化管理验收办法（试行）〉的通知》
2017-12-13	浙水宣〔2017〕3号	《浙江省水利厅关于印发〈浙江省水利厅新闻宣传工作管理暂行办法〉的通知》

续表

发文日期/（年-月-日）	文 号	文件标题
2017-12-15	浙水农〔2017〕30号	《浙江省水利厅 浙江省财政厅 浙江省发展和改革委员会关于印发浙江省农田水利设施产权制度改革和创新运行管护机制国家试点县验收考核意见的通知》
2017-12-18	浙水管〔2017〕46号	《浙江省水利厅关于印发〈浙江省水利工程管理考核办法〉的通知》
2017-12-18	浙水农〔2017〕35号	《浙江省水利厅关于印发2018年中央财政水利发展资金小型农田水利项目任务清单的通知》
2017-12-22	浙水计〔2017〕58号 浙财农〔2017〕117号	《浙江省财政厅等九部门关于深入推进农业供给策结构性改革加快建立以绿色生态为导向的财政支农政策体系的实施意见》
2017-12-22	浙水保〔2017〕52号 浙财建〔2017〕184号	《浙江省财政厅等四部门关于建立省内流域上下游横向生态保护补偿机制的实施意见》
2017-12-26	浙水保〔2017〕45号	《浙江省水利厅 浙江省节约用水办公室关于印发〈浙江省县域节水型社会达标建设工作实施方案（2018—2022年）〉的通知》
2017-12-26	浙水建〔2017〕27号	《浙江省水利厅关于实施遏制重特大事故工作指南构建我省水利“双重预防机制”的指导意见》
2017-12-26	浙水建〔2017〕28号	《浙江省水利厅关于印发〈水利建设施工领域安全生产综合治理三年行动方案〉的通知》
2017-12-27	浙水人〔2017〕83号	《浙江省水利厅关于厅机关处室与省钱塘江管理局相关工作职责分工的意见》
2017-12-27	浙水管〔2017〕47号	《浙江省水利厅关于下达2018年度水库海塘安全管理工作目标任务的通知》

2017 年浙江省洪涝台旱灾害公报（摘录）

一、洪涝灾情综述

据各地上报统计，全省 8 个设区市 39 个县（市、区）518 个乡（镇、街道）116.87 万人受灾，倒塌房屋 2 881 间，农作物受灾面积 107.13 千 hm^2、成灾面积 45.73 千 hm^2。直接经济损失 46.96 亿元，占全省 GDP（51 768 亿元）的 0.09%，其中，农林牧渔业损失 19.40 亿元，占直接经济损失的 41.3%；工业交通运输业损失 14.03 亿元，占直接经济损失的 29.9%；水利设施损失 10.95 亿元，占直接经济损失的 23.3%。全省没有人员因灾死亡（失踪），未出现明显旱情。浙江省洪涝台灾害损失情况见表 1。

表 1　2017 年浙江省洪涝台灾害损失情况

设区市	洪涝台面积 / 千 hm^2		受灾人口 / 万人	死亡人口 / 人	失踪人口 / 人	受淹城市 / 个	倒塌房屋 / 间	GDP/ 亿元	直接经济损失占 GDP 比例 /%	直接经济损失 / 亿元			
	受灾	成灾								总损失	农林牧渔业	工业交通运输业	水利设施
合计	107.13	45.73	116.87	0	0	2	2 881	51 768	0.09	46.96	19.40	14.03	10.95
杭州	18.03	8.82	13.00	0	0	0	87	12 556	0.04	5.00	2.36	0.70	1.71
宁波	13.17	4.23	1.04	0	0	0	0	9 847	0.02	1.49	1.17	0.15	0.15
湖州	0.06	0.05	0	0	0	0	0	2 476	0.001	0.02	0.002	0	0.01
绍兴	7.80	1.50	5.87	0	0	0	0	5 108	0.02	0.92	0.40	0.06	0.31
金华	21.39	12.47	28.53	0	0	0	1 467	3 870	0.48	18.75	4.54	9.39	4.38
衢州	30.32	11.64	34.83	0	0	1	492	1 380	0.48	6.57	3.46	0.70	1.88
舟山	6.19	4.31	23.65	0	0	1	9	1 219	0.84	10.23	5.95	2.18	1.52
丽水	10.17	2.71	9.95	0	0	0	826	1 298	0.31	3.98	1.52	0.85	0.99

（一）灾情特点

（1）灾害损失较常年少。2017 年，全省洪涝台直接经济损失、农林牧渔业损失、工业交通运输业损失、农作物受灾面积、受灾人口分别占 2000 — 2016 年均值的 28.3%、31.2%、26%、25.6%、52.6%。

（2）受灾区域较为集中。2017 年，全省洪涝台灾害损失主要集中在金华、舟山 2 市，共计 28.98 亿元，占全省直接经济损失的 61.7%。其中，金华 18.75 亿元，占 39.9%；舟山 10.23 亿元，占 21.8%。

（3）灾害主要集中在梅雨期。梅雨期，

前后遭受了三轮大面积持续强降雨，300 mm 以上笼罩面积达 8.53 万 km^2，占陆域面积的 80.8%，400 mm 以上笼罩面积达 4.99 万 km^2，主要集中在钱塘江中上游，兰溪断面以上达 528.1 mm。部分地区发生小流域山洪地质灾害，特别是钱塘江中上游出现 1949 年以来第二高水位洪水。全省梅雨洪涝灾害损失共计 34.25 亿元，占全省直接经济损失的 72.9%。

（4）台风影响小。台汛期无台风登陆浙江。9 号“纳沙”、10 号“海棠”、18 号“泰利”台风带来一定的风雨影响，但未引发明显灾情。汛末受 20 号“卡努”台风外围和冷空气共同影响出现罕见强降雨，造成舟山本岛和六横岛、宁波象山等地受灾，直接经济损失 11.54 亿元。

（5）夏季出现高温伏旱。7 月 5 日出梅以后，浙江省持续高温少雨，其中全省 35 ℃以上高温日数平均为 39 天，比常年同期偏多 20 天，为历史第三多（2003 年 41 天、2013 年 40 天）。受其影响，部分地区旱情露头。虽然 3 次台风影响带来的降水缓解了持续晴热高温天气，并在一定程度上缓解部分地区的旱情，但由于总体降雨偏少且降雨分布不均（温岭、玉环年降雨量较常年分别偏少 31.8%、35.0%），传统缺水的台州温岭市、玉环县等地水库蓄水量偏少，一些海岛和山区灌溉及供水紧张。

（二）分行业损失情况

（1）农林牧渔业。全省因洪涝台灾害农作物受灾面积 107.13 千 hm^2，其中成灾面积 45.73 千 hm^2、绝收面积 9.41 千 hm^2，因灾减产粮食 6.83 万 t，经济作物损失 11.58 亿元，大牲畜死亡 0.05 万头，水产养殖损失 5.38 万 t，农林牧渔业直接经济损失 19.40 亿元。

（2）工业交通运输业。全省因洪涝台灾害停产工矿企业 654 个，铁路 1 条次、公路 798 条次、供电线路 180 条次、通信线路 32 条次一度中断，工业交通运输业直接经济损失 14.03 亿元。

（3）水利设施。全省因洪涝台灾害损坏海塘 41 处计 1.50 km、堤防 4 301 处计 318.49 km、塘坝 428 座、护岸 1 729 处、水闸 50 座、灌溉设施 1 671 处、水文测站 55 个、机电井 13 眼、机电泵站 73 座、水电站 21 座，水利设施直接经济损失 10.95 亿元。

二、主要灾害过程

（一）梅雨

浙江 6 月 9 日入梅，7 月 4 日出梅，梅雨期 25 天，全省平均梅雨量 388.1 mm，比多年平均梅雨量（250.5 mm）多 54.9%。梅雨降雨区域较为集中，降雨总量大。衢州、金华、丽水梅雨量超过 400 mm，其中衢州 580.7 mm，比多年平均梅雨量（339.2 mm）多 71.2%；金华 477.7 mm，比多年平均梅雨量（251.0 mm）多 90.3%；丽水 421.3 mm，比多年平均梅雨量（261.6 mm）多 61.0%。温州、绍兴、宁波、台州、杭州、嘉兴、舟山分别比多年平均梅雨量多 59.8%、56.6%、53.9%、45.2%、40.5%、28.4%、15.2%。湖州梅雨量 214.4 mm，比多年平均梅雨量（245.4 mm）少 12.6%。

梅雨期间有 3 次较大范围的强降雨过程：

（1）6 月 11 日（8 时）至 14 日（8 时），出现入梅后首次强降雨过程，全省大部分地区先后降大到暴雨、局部降大暴雨。全省平均降水量 124.6 mm，有 3 个设区市平均降水量超过 160 mm，分别为绍兴 164 mm、宁波 161.8 mm、金华 160.5 mm；全省共有 2 171 个水情站累计降水量大于 100 mm、160 个站大于 200 mm，最大降水量为温州市永嘉龙潭背水库 266.5 mm。

（2）6 月 21 日（5 时）至 23 日（1 时），出现入梅以来第二次强降雨过程，强降雨主要集中在钱塘江中上游。全省平均降水量 45.7 mm，其中较大的衢州 101.7 mm、金华 64.1 mm；全省共有 211 个水情站累计降水量大于 100 mm、15 个站大于 150 mm，最大降水量为丽水市遂昌尹家 220 mm。

（3）6 月 23 日（6 时）至 25 日（23 时），出现入梅以来第三次强降雨过程（与第二次强降雨仅仅间隔 5 小时），钱塘江中上游再次出现强降雨。全省平均降水量 80.3 mm，其中衢州 201.5 mm、金华 128.7 mm、杭州 118 mm；全省共有 1 068 个水情站累计降水量大于 100 mm、184 个站大于 200 mm，最大降水量为杭州市临安大石门水库 375 mm。

三轮强降雨区域基本重叠，主要集中在钱塘江中上游（兰溪以上）。受集中强降雨影响，钱塘江中上游发生流域性大洪水，钱塘江、东苕溪、杭嘉湖区等 51 个水情站最高水位超过警戒水位，超警幅度 0.06 ～ 4.04 m，15 个站超过保证水位；其中，钱塘江中上游兰溪站 6 月 25 日 18 时 38 分出现最大流量 14 500 m^3/s、20 时 15 分出现最高洪水位 32.04 m（重现期超过 20 年一遇），超过 2011 年 12 500 m^3/s 的最大流量和 31.86m 的最高洪水位，仅次于 1955 年。兰溪站超保证水位历时达 24 小时，比 2011 年多 6 小时。

梅雨洪涝造成杭州、金华、衢州、丽水、绍兴等 5 个设区市 32 个县（市、区）453 个乡（镇、街道）87.73 万人受灾，倒塌房屋 2 792 间，农作物受灾面积 84.06 千 hm^2，成灾面积 35.49 千 hm^2。直接经济损失 34.25 亿元，其中：农林牧渔业 11.88 亿元、工业交通运输业 11.60 亿元、水利设施 9.02 亿元（见表 2）。

表 2　全省梅雨期间洪涝灾害损失情况

设区市	洪涝面积 / 千 hm^2		受灾人口 / 万人	受淹城市 / 个	倒塌房屋 / 间	直接经济损失 / 亿元			
	受灾	成灾				总损失	农林牧渔业	工业交通运输业	水利设施
合计	84.06	35.49	87.73	1	2 792	34.25	11.88	11.60	9.02
杭州	18.03	8.82	13.00	0	87	5.00	2.36	0.70	1.71
绍兴	7.80	1.50	5.87	0	0	0.92	0.39	0.06	0.31
金华	20.38	11.65	27.01	0	1 388	18.39	4.32	9.32	4.31
衢州	28.89	11.23	33.17	1	492	6.38	3.38	0.69	1.78
丽水	8.96	2.29	8.68	0	825	3.56	1.43	0.83	0.91

（二）台风

2017年，无台风登陆浙江，台汛期有9号“纳沙”、10号“海棠”、18号“泰利”3个台风影响，未引发明显灾情。汛末受20号“卡努”台风外围和冷空气共同影响出现罕见强降雨。

（1）201709号台风“纳沙”和201710号台风“海棠”双台风灾害。9号台风“纳沙”于7月26日11时在菲律宾以东的洋面上生成，之后逐渐向西北偏北方向移动，28日17时强度逐渐加强到台风级，29日19时40分在台湾宜兰东部沿海登陆，30日6时在福建省福清市沿海再次登陆（台风级），30日傍晚在福建境内减弱为低压。

第10号台风“海棠”于7月28日晚上在南海海面上生成，30日17时30分在台湾屏东县沿海登陆，31日2时50分在福建省福清市沿海再次登陆(热带风暴级)，登陆后穿过福建省，于31日傍晚进入江西省境内，8月1日早晨减弱为低压。

受第9号台风“纳沙”和第10号台风“海棠”及台风减弱后的低压环流共同影响，7月29日至8月1日，浙江省南部和东部沿海地区出现强降雨，全省平均降水量56.9 mm，其中温州170.9 mm、丽水92.1 mm、台州76.9 mm；飞云江流域平均降水量181.4 mm，鳌江流域178.9 mm、瓯江流域103.2 mm；全省共有1 228个水情站累计降水量大于50 mm、614个站大于100 mm、136个站大于200 mm、8个站大于300 mm，最大降水量为温州市泰顺九峰村站481.5 mm；全省最大1小时降水量84.5 mm（温州市鹿城区东山里水库）、最大3小时降水量126.5 mm（温州市鹿城区临江站）、最大24小时降水量241.5 mm（温州市泰顺九峰村站，达到大暴雨级别）。受双台风影响，29日夜里至8月1日，浙江省沿海海面持续出现8～10级（局部11级）大风、东部沿海地区7～9级，31日夜里至8月1日内陆部分平原地区风力6～8级，最大为平阳上头屿30.9 m/s（11级）。

双台风（“纳沙”和“海棠”）影响期间，仅海宁长安水位测站超警戒0.01 m。

温台丽部分地区降雨总量虽然较大，但有降雨间歇，强降雨区域不是很集中，缓冲了暴发严重小流域山洪的风险，全省未出现大的险情灾情，仅丽水市庆元县出现灾情，直接经济损失0.07亿元。

（2）201718号台风“泰利”灾害。第18号台风“泰利”于9月9日20时在菲律宾以东的洋面上生成，13日18时左右进入东海，逐渐影响浙江省，并在东经124.1°、北纬27.2°转向北上，至16日16时对浙江省的影响基本结束。

受18号台风“泰利”影响，9月14—15日，宁波、绍兴和台州北部等部分地区降大到暴雨、局部大暴雨，其中宁波52.4 mm、绍兴28.4 mm；甬江流域平均降水量最大为74.7 mm，曹娥江流域36.3 mm；全省共有303个水情站累计降水量大于30 mm、182个站大于50 mm、64个站大于100 mm，最大降水量为绍兴市上虞区乌洞水库221 mm；全省最大1小时降水量21 mm（宁波市宁海大佳何站）、最大3小时降水量37 mm（宁波市余姚史家弄水库）、最大24小时降水量159 mm（绍兴市上虞区乌洞水库）。

全省沿海海面及部分沿海地区出现8～11级大风，较大有嵊泗徐公岛30.4 m/s（11级）、嵊泗浪岗岛29.2 m/s（11级）、临海雀儿岙29.0 m/s（11级）。

（3）201720号台风“卡努”外围和冷空气共同影响灾害。第20号台风“卡努”于10月11日20时在菲律宾以东的海面上生成，12日21时加强为热带风暴，13日3时在菲律宾吕宋岛东部沿海登陆，登陆后逐渐向我国海南岛东部和广东西部一带沿海靠近，强度逐渐加强，16日03时25分前后在广东省徐闻县沿海再次登陆，登陆时最大风力10级（风速28 m/s），登陆后强度继续减弱，至17日对浙江省的影响基本结束。

受20号台风“卡努”外围云系和北方弱冷空气共同影响，10月14—17日，浙江省东部沿海地区普降暴雨，舟山、宁波局部特大暴雨。强降雨主要集中在15日，雨带由南向北移动，15日白天强降雨主要集中在台州市、宁波市，15日夜间集中在舟山市、宁波市。10月14—16日，全省面雨量49 mm，其中舟山270 mm、宁波146 mm、湖州73 mm；全省共有410个站超过100 mm、160个站超过200 mm、53个站超过300 mm、17个站超过400 mm、5个站超过500 mm，最大降水量为舟山市定海区干使岙站746 mm；全省最大1小时降水量86.5 mm（舟山市定海区干使岙站）、最大3小时降水量199.5 mm（舟山市定海区干使岙站）、最大24小时降水量619 mm（舟山市定海区干使岙站）。15日8时至16日8时，普陀区面雨量达259.1 mm，重现期接近50年一遇；定海区222 mm、嵊泗县183.7 mm、岱山县173.3 mm，重现期为20年一遇左右，均列历史实测第二位。

“卡努”造成舟山、宁波等2个设区市7个县（市、区）58个乡（镇、街道）23.92万人受灾，倒塌房屋9间，农作物受灾面积19.36千hm^2，成灾面积8.54千hm^2。直接经济损失11.54亿元，其中：农林牧渔业7.03亿元，工业交通运输业2.33亿元，水利设施1.62亿元。

（三）局地强降雨

（1）5月23日，浙江省中北部地区普降中到大雨，舟山、湖州局部降暴雨到大暴雨，其中舟山44.4 mm、湖州42.6 mm；县（市、区）面雨量较大的有岱山60.2 mm、南浔50.4 mm；129个水情站累计降水量大于50 mm、5个站大于100 mm，最大3小时降水量舟山市岱山黄沙水库105.5 mm。

（2）6月1日，浙南大部及浙北东部的部分地区降中到大雨，温州、丽水局部降暴雨到大暴雨，其中温州45.7 mm、丽水37.9 mm；县（市、区）面雨量较大的有庆元80 mm、泰顺69.7 mm、景宁66.3 mm；143个水情站累计降水量大于50 mm、6个站大于100 mm，最大24小时降水量为丽水市庆元斋郎站116.5 mm。

（3）6月7—9日，温州、丽水、杭州和衢州等部分地区降大到暴雨，其中温州42.4 mm、丽水34 mm、杭州31.6 mm；县（市、区）面雨量较大的有云和61.6

mm、瑞安 56.5 mm、龙湾 55 mm；347 个水情站累计降水量大于 50 mm、10 个站大于 100 mm，最大 3 小时降水量丽水市龙泉供村站 114.5 mm。

（4）8 月 17 日，全省大部出现降雨，台州局部降大暴雨，其中台州 26.1 mm、嘉兴 25.2 mm、绍兴 20.1 mm；县（市、区）面雨量较大的有天台 42.1 mm、平湖 40.4 mm、仙居 38.1 mm；353 个水情站累计降水量大于 30 mm、83 个站大于 50 mm、3 个站大于 100 mm，最大 3 小时降水量台州市天台寺加坑里站 131.5 mm。

（5）8 月 25 日，浙江省部分地区出现大到暴雨，浙北局部降大暴雨，其中杭州 21.7 mm、湖州 18.3 mm、宁波 15.3 mm；县（市、区）面雨量较大的有江干 74 mm、余杭 55.5 mm；221 个水情站累计降水量大于 30 mm、86 个站大于 50 mm、15 个站大于 100 mm，最大 1 小时降水量湖州市安吉石马水库 106 mm（2017 年单站最大 1 小时降水量）。

（6）9 月 7 日，浙江省大部出现降雨，温州局部降大暴雨，其中温州 48.6 mm、丽水 24.4 mm；县（市、区）面雨量较大的有龙湾 123.8 mm、文成 74.2 mm、瓯海 68.5 mm；315 个水情站累计降水量大于 30 mm、182 个站大于 50 mm、48 个站大于 100 mm，最大 1 小时降水量温州市文成百丈漈水库 103 mm、最大 3 小时降水量温州市龙湾区双岙水库 171 mm。

（7）9 月 20 日，浙江省浙中北地区普降小到中雨，部分大雨、局部大暴雨，其中舟山 43 mm、宁波 39.9 mm、嘉兴 29.9 mm；县（市、区）面雨量较大的有普陀 69.7 mm、象山 56.1 mm；542 个水情站累计降水量大于 30 mm、132 个站大于 50 mm、5 个站大于 100 mm，最大 3 h 降水量台州市临海东洋站 139.5 mm。

（8）9 月 30 日，台州东部和嘉兴等地普降大到暴雨、局部大暴雨，三门局部特大暴雨，其中台州 39.2 mm、嘉兴 29.9 mm、湖州 18.1 mm；县（市、区）面雨量较大的有椒江 85.6 mm、温岭 61.2 mm、三门 55 mm；128 个水情站累计降水量大于 30 mm、72 个站大于 50 mm、28 个站大于 100 mm，最大降水量 1 小时、3 小时、24 小时都为台州市三门山场溪站，分别达 96 mm、185 mm、320 mm。

上述强降雨造成湖州、金华、衢州、丽水等 4 个设区市 8 个县（市、区）74 个乡（镇、街道）4.11 万人受灾，倒塌房屋 122 间，农作物受灾面积 3.05 千 hm^2，成灾面积 1.50 千 hm^2。直接经济损失 1.10 亿元，其中：农林牧渔业 0.50 亿元、工业交通运输业 0.24 亿元、水利设施 0.34 亿元。

三、防汛防台抗旱行动与成效

2017 年，全省各级各部门在省委、省政府的正确领导下，按照国家防总的总体部署，深入贯彻习近平总书记提出的“两个坚持、三个转变”新时期防灾减灾新理念，紧紧围绕“不死人、少伤人、少损失”的总要求，立足“防大汛、抗大旱、抢大险、救大灾”，扎扎实实做好防汛防台抗旱工作。

（一）党政领导高度重视

省委常委会专题学习习近平总书记、李克强总理等中央领导有关指示批示精神，研究部署浙江省防汛减灾救灾工作。省人大常委会颁布《关于自然灾害应急避险中人员强制转移的决定》，省政府印发《浙江省应对极端天气停课安排和误工处理意见（试行）》。省委书记车俊、省长袁家军、副书记唐一军、副省长孙景淼等省领导多次检查指导防汛防台工作，并作出重要批示指示。省委书记车俊在地方党委和政府主要负责人参加的多次会议上部署防汛防台工作，强调要把防台防汛作为常态性工作和 2017 年的重点工作来抓，做到思想认识到位、工作举措到位、保障跟进到位、责任落实到位。省长袁家军要求创新工作方法，在科学预报、系统预防、避险管控、精准减灾上下功夫。兰溪出现历史第二高水位次日（6 月 26 日），省委常委会专题听取省防指关于钱塘江流域大洪水防御工作汇报。省委常委、宣传部长葛慧君和省人大常委会副主任王辉忠等省领导分别致电省防指，要求加强梅雨洪水防御；省委常委、杭州市委书记赵一德深入一线检查指导防汛防台；省委常委、温州市委书记周江勇亲自部署台风防御；副省长熊建平在钱塘江大洪水期间赴兰溪检查指导抗洪抢险救灾。省防指指挥、副省长孙景淼多次组织召开会议，研究部署防汛防台抗旱工作；在洪涝、台风影响期间，坐镇省防指组织指挥抗洪抢险。其他省领导主动抓好分管领域的防汛防台抗旱工作。温州市委市政府印发《加强新形势下防台抢险救灾工作的实施意见》，衢州市政府制定《防汛防台管理工作暂行办法》。各地党委、政府主要领导在防御洪涝台过程中靠前指挥，广大基层干部冲在一线，组织广大群众防汛抗灾。

（二）汛前准备扎实充分

2016 年汛期一结束，各级防汛部门就将工作重心转移到 2017 年防御准备工作。

（1）及早谋划部署。省防指认真总结，分析形势，研究提出 2017 年度目标任务、重点工作和总体安排，年初就印发了年度工作要点。4 月 14 日，省防指召开省、市、县三级防指成员视频会议，传达全国防汛抗旱工作视频会议和国家防总 2017 年第一次成员会议精神，全面部署防汛防台抗旱工作。省防指办还分别联合旅游、国土、建设、国资、能监等部门，专门就汛期旅游安全、山洪和地质灾害防御、城市洪涝灾害防范、省属国有企业安全度汛、水库水电站安全度汛等工作作出专门部署。

（2）全面落实责任。各级防指针对 2016 年以来地方党政集中换届情况，及时调整充实各级防汛防台负责人，确保责任无缝对接。全省共落实防汛防台抗旱各类责任人 34.55 万人，并在各级媒体公布，接受社会监督。各地通过修订预案、印发专函、发放清单等方式，进一步明确相关部门和人员的职责。各级防指办将年度重点工作任务细化分解，逐项排出任务表、责任表、时间表，把责任落实到岗到人。省防指办专门开发防汛值班信息管理系统，对各级防指办汛期值班加强监督；各地防指办加强对各类防汛责任人进岗到位情况的抽查，督促责任人履职尽责。

（3）狠抓隐患治理。各级防汛部门坚持关口前移，精心组织开展防汛防台风险隐患排查治理。省防指先后组织全省防汛大检查、市级防指对口检查、水库明查暗访等活动。全省出动50 586人次，检查工程27 337处，发现并整改防汛安全隐患2 800处。九景衢铁路开化站在施工中擅自在河滩堆置弃碴46万m^3，严重影响行洪安全，开化县责成承建方于4月15日前完成清理，消除防汛安全隐患。水利部门3月底前完成全部2 883处水毁工程修复，国土部门完成地质灾害隐患综合治理项目1 410个，住建部门完成58.9万m^2D级危房和141.5万m^2C级危房的治理改造。

（4）完善预案方案。省防指制定印发《浙江省防汛防台抗旱预案管理实施细则》，对预案编制、审批、备案、发布、评估、修订、宣传和演练等作出规定。各地根据实施细则，组织修订完善防汛防台方案预案，编制水库、水闸等水利工程控制运用计划、在建工程安全度汛方案，并落实安全度汛措施。舟山市制作《舟山市海上应急示意图》，衢州市修编《衢州市防汛防台抗旱应急预案》，绍兴市修编《绍兴市防台风应急预案》，湖州市修编《湖州中心城区重大洪涝台灾害人员转移预案》，温州市组织修编市县两级防台风应急预案、乡镇防汛防台应急预案。

（5）强化培训演练。各级防指针对今年集中换届后近半数基层干部缺少防御大洪水、强台风实战经验的实际，狠抓新任责任人防汛防台业务培训，全省共完成培训299班次3万余人次。副省长孙景淼和省水利厅厅长陈龙为全省新任分管农口市县长授课。为切实推动预案演练，提高防汛抢险应急处置能力，增强广大群众的防灾减灾意识，省防指联合台州市防指在三门县组织防汛防台抢险演练，省经信委等13个省防指成员单位以及10个市、93个县（市、区、功能区）防指组织开展近200次防汛防台演练。

（6）充实物资队伍。2017年汛前，各地共储备各类防汛袋、砂石料、水泵、舟艇等约7.6亿元防汛物资，组建约3.6万人的县级以上防汛抢险和抗旱服务队。住建、城管等部门储备95台大型移动泵车、4 200余台抽水泵、1 200余辆应急运输车，省民政厅新增价值710万元的救灾物资设备，防汛防台抢险救援保障能力进一步提高。

（三）基层基础不断强化

各地以水利工程标准化管理、基层防汛防台体系信息管理平台和村级防汛防台形势图为抓手，不断夯实基层防汛防台基础。

（1）水利工程标准化管理纵深推进。各地按照省政府《关于全面推行水利工程标准化管理的意见》要求，加快创建工作步伐，狠抓"标准落地"，大力推进管理范围划定、管理手册完善、运管平台使用等基础工作。截至12月底，全省累计通过标准化管理创建验收的水利工程共5 198个，占应创建计划的50.8%。通过实施水利工程标准化管理，基层水管单位进一步落实安全评估、监督检查、隐患治理、应急管理等各项措施，有效提升水利工程防汛防台综合能力。

（2）基层防汛防台组织责任体系更加严密。2017年以来，按照“网格化、清单式”管理和定格、定人、定责的要求，省防指办组织各县（市、区）防汛部门对自然村、居民区、企事业单位及各类危险区、保护对象等责任网格进行重新梳理，及时调整充实防汛行政责任人、村级防汛防台工作组、网格责任人，开发基层防汛防台体系信息管理平台，共录入1 398个乡（镇、街道）、30 855个村（社区）的34.55万名基层防汛责任人相关信息，进一步夯实基层防汛防台责任。

（3）村级防汛防台形势图百分之百完成。按照省领导“乡镇、村级预案要细化，要有具体的人员转移避险图”的指示要求，省防指办专门组织制定《村（社区）防汛防台形势图编制导则》，对编制内容、图例、格式等进行规范。组织各地落实专人、专项经费，委托专业机构，集中开展村级防汛形势图编制，全省共绘制防汛防台形势图30 860幅，有防汛防台任务的村（社区）实现全覆盖。

（4）群测群防整体提升工作扎实开展。在总结2016年群测群防示范乡镇建设的做法和经验基础上，按照乡（镇、街道）“七个有”和行政村（社区）“八个一”的要求，选取11个县（市、区）以点带面，开展群测群防整体提升工作。11月中旬，省防指在德清县召开现场会，对全省防汛防台群测群防整体提升工作进行全面动员和部署。为实现对基层防汛防台责任人在应急期间的履职情况实行“痕迹化”管理，省防指办组织研发防汛管理APP，群测群防整体提升试点县（市、区）的基层防汛责任人先行完成安装。

（四）应急处置科学有序

面对汛情，各级防指按照预案，分阶段、分层次落实防御措施，科学有序防灾减灾。

（1）及时监测预警。各级防汛、水利、气象、海洋、水文、国土、建设等部门加强水、雨、风、潮和地质灾害、城市内涝的监测，利用短信、网络、广播、电视、户外电子屏等，及时向公众发布洪涝台预警信息。据统计，省防指办联合省通信管理局组织发布预警信息1.4亿条，气象部门发布各类气象灾害预警信号5 238次，国土部门发布地质灾害预警946次，省水文局发布水文预报46期，省海洋监测预报中心发布海浪警报32期、风暴潮警报8期。

（2）提前动员部署。全省各级防指根据防御形势和应急预案，提前分析研判，有序启动应急响应，采取印发通知、召开会议、视频连线、派工作组等方式，分级部署安排，分部门督促指导。省防指召开防御工作视频会议14次，发出通知20份，启动应急响应7次；各市县防指共启动应急响应324次。梅雨第二轮强降雨尚未结束，省防指预判后期可能出现第三轮强降雨，在降雨量刚达预案启动阈值的低限时，于6月21日果断启动防汛Ⅳ级应急响应，并逐级提升到了Ⅱ级。钱塘江流域大洪水期间，兰溪市防指启动了防汛Ⅰ级应急响应，市委、市政府发布防汛抢险紧急动员令，号召全市人民群众参与抗洪抢险。

（3）突出避险管控。各级防指把确保

人民生命安全作为首要任务，按照“增加提前量，扩大转移面”和“应转尽转，不留死角、不漏空白”的要求，认真排查山塘水库、地质灾害隐患点、海上作业、海涂养殖、危房、工棚等危险区域人员，及时关闭旅游景区、停止部分农家乐经营，全省共转移危险区域人员 49.6 万人（钱塘江中上游大洪水期间，仅兰溪市就紧急组织低洼易涝地段及堤防险工险段内 7.9 万人安全转移）。台风影响期间，作业船只停工，沿海客运航线及时停航，全省共组织 2 万余艘次各类船只安全避风，海域 268 条次客运航线、380 条客渡航线停航。

（4）超常调度工程。面对梅汛期连续强降雨，省防指紧盯新安江、富春江、分水江、湖南镇、沐尘水库等控制性关键节点，实施超常规调度。在衢江、兰江洪峰来临前，省防指协调有关单位，临时停止发电和泄洪，与衢江干流洪水错峰，其中新安江、湖南镇、沐尘水库分别减少下泄流量 1 200 m^3/s、590 m^3/s、430 m^3/s，错峰时间达 48 小时、14 小时、14.5 小时；金华江流域各大中型水库全力拦洪，下泄流量从 960 m^3/s 降至 250 m^3/s，减少幅度达 74%；富春江电站水库控制坝前水位到安全运行极限 21.50 m 达 15 小时，下泄流量加大至 14 900 m^3/s，为建库以来最大值。据统计，钱塘江中上游大中型水库共拦蓄洪水 40.7 亿 m^3（其中新安江水库 28.4 亿 m^3），占富春江电站水库大坝以上洪量的 30.9%，充分发挥了水利工程的拦洪错峰作用。

（5）确保供水安全。出梅以后全省出现持续高温少雨天气，各级防汛水利部门密切关注供水、需水情况，积极协调有关工程管理单位处理好发电、供水的关系，及时做好跨流域区域引调水工作。2017 年，浙东引水工程萧山枢纽引富春江水 5.09 亿 m^3；乌溪江引水工程向金华境内供水 0.15 亿 m^3。8 月初，钱塘江中上游发生蓝藻水华，省防指积极协调华东电力调控中心和新安江、富春江水库，从 8 月 4 — 30 日，分别下泄 10.97 亿 m^3、18.06 亿 m^3，有效化解了蓝藻危机。温岭、玉环等地和个别海岛出现供水紧张状况后，及时启动抗旱应急响应（至 2017 年底，温岭、玉环仍分别维持Ⅲ级、Ⅱ级响应），并采取计划用水、节约用水、应急调供水等措施，保障了生产生活用水安全。

（五）团结协作合力抗灾

各级各部门按照职责分工，密切配合，通力协作，形成防汛防台抗灾强大合力。在 2017 年防御洪涝台灾害期间，省军区、省武警总队、驻浙部队先后派出近 5 200 名官兵，全省消防部队出动 2 000 余人，全省公安干警出动 58 230 人次，武警水电第二总队派出了 20 名抢险专家、50 台（套）设备，投入防汛抢险；在钱塘江中上游大洪水期间，3 100 多名驻金部队和民兵预备役官兵、500 余名武警官兵紧急奔赴兰溪，连续奋战 4 天 4 夜，累计加固堤坝 3 000 多米。省防指、省水利厅共派出 72 个（批）工作组检查指导防汛工作，紧急调拨物资设备支援各地抢险救灾。宣传、新闻部门加大宣传报道力度，增强全社会的防灾抗灾意识和广大群众的自救能力；省气象、海洋、国土、水文等部门加强监测预报预警；省海洋与渔业局利用渔船GPS海上安全管理系统和船舶动态监管系统，加强渔船动态监管，做到“定人到船”，不漏一船；海事部门出动船艇320多艘次、执法车辆650台次，全面巡查重点区域，加强对客渡轮船舶、无动力船只的安全监管；国土部门派出2 780多个检查组10 320多人次，巡查地质灾害隐患达7 700多点次；建设部门强化在建工地检查，停工8 000多个，及时转移危房、工棚等危险区域人员3.1万人；民政部门高标准完成避灾安置点建设1 396个，并加强避灾安置点安全检查，提升服务质量；交通部门加强交通管理，及时停航客运航线，停运客车班线；公安部门在危急关头组织人员、车辆、舟艇营救被困人员，疏散群众和交通管控工作；旅游部门及时组织关停受台风影响地区的各类景区景点；省通管局组织3家运营商在防汛防台期间向公众发送提醒短信；电力部门组织车辆6 384台次、2万余人及时巡查、抢修受损线路；省级其他部门按照职责分工，各司其职，密切配合。杭州、衢州、丽水、金华等市和华东电调中心顾全大局，克服困难，坚决服从省防指的统一调度，齐心协力抗御钱塘江流域性洪水，充分展示了大局意识、担当意识。

按照党中央、国务院和国家防总部署，在省委、省政府的正确领导下，全省各地各部门坚持以人为本，精心准备，周密部署，科学调度，积极发扬团结协作精神，全力防灾抗灾，确保主要河流重点河段、大中城市及重要城镇、重要基础设施的防洪安全，确保水库无一垮坝、重要堤防海塘无一决口，城乡供水正常。据统计，全省共投入抢险人员27.80万人次，消耗防汛袋47.58万条、沙石料72.45万m^3、木材10.22万m^3，用油71.79 t、用电15.49万kW·h，减少受淹耕地9.64千hm^2、减少受灾人口17.48万人、避免可能造成的伤亡事件638起1 663人次，防灾减灾直接经济效益达112.33亿元，有效减轻了灾害损失。